U0557116

国家出版基金项目

总主编 洪银兴

现代经济学大典

[世界经济与国际经济学分册]

A Dictionary of Modern Economics

主编 庄宗明

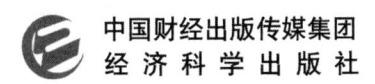

中国财经出版传媒集团
经济科学出版社

图书在版编目（CIP）数据

现代经济学大典．世界经济与国际经济学分册／庄宗明主编．—北京：经济科学出版社，2016.7
ISBN 978-7-5141-7112-9

Ⅰ.①现… Ⅱ.①庄… Ⅲ.①经济学-词典②世界经济-词典③国际经济学-词典 Ⅳ.①F0-61

中国版本图书馆 CIP 数据核字（2016）第 165984 号

责任编辑：于海汛　于潇潇
责任校对：杨　海
责任印制：李　鹏

现代经济学大典

（世界经济与国际经济学分册）

主编　庄宗明

经济科学出版社出版、发行　新华书店经销
社址：北京市海淀区阜成路甲 28 号　邮编：100142
总编部电话：010-88191217　发行部电话：010-88191522
网址：www.esp.com.cn
电子邮件：esp@esp.com.cn
天猫网店：经济科学出版社旗舰店
网址：http://jjkxcbs.tmall.com
北京中科印刷有限公司印装
787×1092　16 开　25 印张　430000 字
2016 年 8 月第 1 版　2016 年 8 月第 1 次印刷
ISBN 978-7-5141-7112-9　定价：139.00 元
（图书出现印装问题，本社负责调换。电话：010-88191502）
（版权所有　侵权必究　举报电话：010-88191586
电子邮箱：dbts@esp.com.cn）

《现代经济学大典》编委会

学术顾问 卫兴华　谷书堂　刘诗白　吴宣恭

主　　任 马建堂　邬书林

主　　编 洪银兴

副 主 编 逄锦聚　顾海良　林　岗　刘　伟　黄泰岩

委　　员（按姓氏笔画为序）

王广谦　史代敏　吕　萍　庄宗明　刘　伟
刘志彪　刘　灿　刘明晖　刘锡良　李子奈
李晓西　吴福象　邱　东　范从来　林木西
林　岗　金　碚　周法兴　赵晓雷　柳　敏
逄锦聚　洪银兴　贾　康　顾海良　高培勇
郭兆旭　郭熙保　黄少安　黄泰岩　黄桂田

出版说明

波澜壮阔的中国改革与发展，使我国快速跃升为世界第二大经济体，彻底改变了十几亿中国人的命运，深刻影响了世界经济的格局和未来，从而被世人称为"中国奇迹"。

"中国奇迹"，是中国共产党领导全国人民在前无古人的伟大改革与发展实践中探索中国特色社会主义道路的结果，创新中国特色社会主义理论的结果，构建中国特色社会主义制度的结果，坚定了我们的道路自信、理论自信和制度自信。

正因为有了这种自信，我们以中国改革与发展的实践为背景，以中国经济学的理论发展为线索，以解读中国奇迹之"谜"为己任，编写这部《现代经济学大典》（以下简称《大典》）。

《大典》的定位是对中国改革与发展的成功实践做出理论总结和概念提炼；特色是突出反映中国改革与发展30多年来中国经济学的研究成果；目的是把中国经济学推向世界，让中国道路、中国理论、中国制度以中国话语为世界所知、所享。

总结30多年来中国改革与发展的成功经验，其中最重要的一条就是实事求是、解放思想、创新发展。可以说，改革开放以来是中国的经济学理论创新最多、发展最快、成果最丰富的时期。中国改革与发展的实践提出经济学理论创新的问题和需求，而经济学的每一个理论创新又进一步推动中国改革与发展实践的不断深化。根植于中国广袤大地上的经济学创新，一是马克思主义经济学中国化的理论成果，因而《大典》在词条选择上力求体现开拓当代中国马克思主义经济学新境界，在阐述上力求继承与发展的结合；二是对中国改革与发展实践经验提炼和总结的理论成果，因而《大典》在词条选择上力求充分彰显中国特色，在阐述上力求理论与实践的结合；三是借鉴吸收国外经济学的科学成果，因而《大典》在词条选择上力求反映经济学的一般概念和规律，在阐述上力求中国化与国际化的统一。

《大典》的宗旨是展示当代中国经济学研究进展和理论创新。记录和总结中国经济学家的理论贡献，重点不在"引进来"，而在"走出去"，因此，《大典》没有安排专门的西方经济学专题。这种安排的客观依据是，中国改革与发展，不是在西方经济学的理论指导下取得成功的。当然，不排除在相关学科中充分吸收国外经济学的范畴。《大典》展示的中国经济学研究成果表明，中国特色的社会主义经济理论、经济制度、发展道路是中国经济成功之源。基于这种考虑，《大典》在词条的选择阐述上，力图在反映中国改革与发展的辉煌历程和经济学领域的丰硕成果基础上，建立中国特色、中国风格、中国气派的经济学学术话语体系。

中国改革与发展只有进行时，没有完成时。实践在发展，经济理论也随之不断创新。《大典》的编纂在2010年起步，编纂期间，党的十八大、十八届三中、四中全会和习近平总书记的系列重要讲话，把中国经济学的理论创新推到了新的高度。同时，中国经济发展进入"新常态"。《大典》的编纂不仅总结过去经济学的创新，还要跟踪中国改革与发展新阶段的新特点，特别是要反映党的十八大、十八届三中、四中全会和习近平总书记系列讲话的新精神、新理论。为此，《大典》不仅通过增加新词条的方式，而且还在已有的词条中融入了体现党的十八大以来新发展的经济思想，尤其是习近平总书记系列重要讲话的精神。这就保证了《大典》能够全面、准确、及时反映当前中国经济学各领域研究的最前沿的学术水平。

现在已经出版的各类经济学辞典有很多，《大典》的出版不只是新增加一本经济学辞典,而是要有特色。《大典》之所以要取名为大典,就是要体现大典的含义:一是"典籍"。《大典》囊括了经济学各个学科,涉及理论经济学和应用经济学两个一级学科门类的14个学科或领域,涵盖了中国经济学发展的各重要领域。当然,限于篇幅,所选的词条不可能求全,一些常识性的、内容没有发生根本变化的词条没有选入。同时,为避免重复,不同学科或领域交叉共有的词条只在一处出现。二是"成书"。《大典》对各个词条不是一般的名词解释,而是要突出"论"。尤其是对改革开放以来出现的新概念,以及反映经济学创新的概念作为学术论文来写。系统介绍其创新发展的来龙去脉,按照理论渊源、演变及评论逐步展开。以历史和发展的视角对已有经济思想和理论进行深入挖掘和论述。每个词条后面都提供参考和延伸阅读的书目。从一定意义上说,《大典》是现代经济学的百科全书。三是"工具"。《大典》的写作努力做到专业性与通俗性相结合、理论性与知识性相结合,既能满足专业人士的学术研究需要,又能满足社会大众普及经济学知识的需要。

《大典》的编委会成员都是伴随着中国改革与发展成长起来的新一代经济学家。改革开放开始时他们都是风华正茂的年轻经济学者,他们亲身参与了中国改革与发展各个阶段的经济研究,对中国改革与发展和经济学创新有着切身感受和感悟。成立《大典》编委会时,他们都是处于经济学教学科研第一线的各个领域学科带头人,其中许多人分别是国务院学位委员会经济学科评议组成员、中国社会科学院学部委员、教育部社会科学委员会经济学部委员、教育部高等学校经济学学科教学指导委员会委员,以及教育部长江学者特聘教授等。出版社聘请他们直接主持并亲自撰写相关词条,目的是要使《大典》更具权威性,打造一部影响力大、综合水平高的传世之作。

尽管我们做了很多努力,力求实现上述初衷,但限于水平,编写这样一部工程浩大的经典之作,肯定还有许多不足和缺憾,欢迎读者批评指正。

现代经济学大典（世界经济与国际经济学分册）

  本书为 2010 年国家出版基金项目成果，其编撰得到了国家新闻出版广电总局、财政部、国家统计局的领导，以及教育部中国特色社会主义经济建设协同创新中心的高度重视和大力支持，在此一并表示衷心感谢。

经济科学出版社
2015 年 10 月

目 录

世界经济

地理大发现
Great Geographical Discovery ·················· 1

国际分工
International Division of Labor ················· 2

世界市场
World Market ······························· 5

1929~1933年大危机
Great Depression of 1929–1933 ················ 7

罗斯福新政
Roosevelt's New Deal ······················· 10

经济全球化
Economic Globalization ····················· 14

世界区域经济一体化
World Regional Economic Integration ·········· 17

多边协议
Multilateral Agreement ······················ 20

自由贸易区
Free Trade Area（FTA）····················· 21

关税同盟
Customs Unions ··························· 23

共同市场
Common Market ··· 26
经济同盟
Economic Union ··· 27
欧洲经济联盟
European Economic Union ·· 28
北美自由贸易区
North American Free Trade Area（NAFTA）··························· 32
亚太经济合作组织
Asia-pacific Economic Cooperation（APEC）··························· 33
东南亚国家联盟
Association of Southeast Asian Nations（ASEAN）··················· 35
南美洲国家联盟
Union of South American Nations ··· 38
中国—东盟自贸区
China-ASEAN Free Trade Area（CAFTA）······························ 39
跨太平洋伙伴关系协定
Trans-pacific Partnership（TPP）·· 41
非洲联盟
African Union（AU）·· 42
新兴经济体
Emerging Economies ·· 44
金砖国家
BRICS ·· 46
跨国公司
Transnational Corporation ··· 48
母国和东道国
Home Country and Host Country ·· 51
生产国际化
Internationalization of Production ··· 52
国际产业转移
International Industrial Transfer ··· 54

全球价值链
Global Value Chain …… 56
世界经济发展不平衡
Imbalance in World Economic Development …… 58
全球经济失衡
Global Imbalances …… 62
世界经济格局
World Economic Pattern …… 64
国际经济协调
International Economic Coordination …… 66
世界经济周期
World Business Cycle …… 68
康德拉季耶夫周期
Kondratieff Cycle …… 70
朱格拉周期
Juglar Cycle …… 72
世界经济危机
World Economic Crisis …… 73
次贷危机
Subprime Mortgage Crisis …… 75
全球人口问题
Global Population Problem …… 77
世界经济可持续发展
Sustainable Development of World Economy …… 79
国际经济风险
International Economic Risk …… 80
国家经济安全
National Economic Security …… 81
国际经济新秩序
New International Economic Order …… 83
世界经济体系
World Economic System …… 86

国际贸易

国际贸易
International Trade 87
绝对优势理论
Theory of Absolute Advantage 89
比较优势理论
Theory of Comparative Advantage 91
要素禀赋
Factor Endowments 93
新古典贸易理论
Neoclassical Trade Theory 94
斯托尔珀—萨缪尔森定理
Stolper-Samuelson Theorem 97
行业间贸易
Inter-industry Trade 98
行业内贸易
Intra-industry Trade 100
服务贸易
Trade in Services 104
技术许可证贸易
Technology Licensing Trade 108
服务外包
Service Outsourcing 111
贸易顺差
Favorable Balance of Trade, Trade Surplus 113
贸易逆差
Unfavorable Balance of Trade, Trade Deficit 114
贸易条件
Terms of Trade 115
国际相对价格
International Relative Price 117

贸易依存度
Degree of Dependence on Foreign Trade ················· 118
贸易所得
Gains from Trade ················· 120
贸易政策
Trade Policy ················· 121
自由贸易
Free Trade ················· 123
贸易自由化
Trade Liberalization ················· 125
贸易保护主义
Protectionism ················· 127
贸易壁垒
Trade Barriers ················· 132
关税壁垒
Tariff Barriers ················· 135
非关税壁垒
Non-tariff Barriers ················· 139
进口配额制
Import Quotas System ················· 142
进口许可证
Import License ················· 145
出口补贴
Export Subsides ················· 146
出口信贷
Export Credit ················· 148
商品倾销
Dumping ················· 150
贸易救济
Trade Remedies ················· 153
反倾销
Anti-dumping ················· 155

反补贴

Countervailing ·· 159

战略性贸易政策

Strategic Trade Policy ··· 161

关税与贸易总协定

General Agreement on Tariffs and Trade（GATT）·················· 164

世界贸易组织

World Trade Organization（WTO）··· 166

多哈回合

Doha Round ·· 168

国民待遇

National Treatment ·· 170

普遍优惠制

Generalized System of Preferences（GSP）······························ 172

最惠国待遇

Most-favored-nation Treatment ·· 173

贸易创造

Trade Creation ·· 175

离岸价

Free on Board（FOB）··· 176

到岸价

Cost, Insurance and Freight（CIF）··· 178

信用证

Letter of Credit（L/C）·· 179

仲裁

Arbitration ··· 181

补偿贸易

Compensation Trade ·· 184

来料加工

Processing with Imported Materials ·· 187

出口加工区

Export Processing Zones（EPZs）·· 189

保税仓库
Bonded Warehouse ……………………………………………… 190

国际投资

国际资本流动
International Capital Flows …………………………………… 192
国际直接投资
International Direct Investment ……………………………… 194
国际直接投资的类型
Types of International Direct Investment …………………… 196
内部化理论
Theory of Internalization ……………………………………… 200
国际生产折衷理论
Eclectic Theory of International Production ………………… 203
投资发展周期理论
Theory of Investment Development Cycle …………………… 205
边际产业转移理论
Theory of Marginal Industrial Transfer ……………………… 208
国际间接投资
International Indirect Investment …………………………… 211
投资自由化
Investment Liberalization ……………………………………… 212
绿地投资
Green Field Investment ………………………………………… 215
跨国并购
Cross-border M&A ……………………………………………… 216

国际金融

国际货币体系
International Currency System ………………………………… 219
国际金本位制
International Gold Standard …………………………………… 220

布雷顿森林体系
Bretton Woods System ·· 222
牙买加体系
Jamaica System ·· 226
国际金融市场
International Financial Markets ·· 228
国际金融危机
International Financial Crisis ·· 233
国际金融监管
International Financial Supervision ···································· 235
主权债务危机
Sovereign Debt Crisis ·· 238
主权财富基金
Sovereign Wealth Funds（SWFs） ·· 241
国际储备货币
International Reserve Currency ·· 244
外汇储备
Foreign Exchange Reserves ·· 246
特别提款权
Special Drawing Rights（SDRs） ·· 247
银行承兑
Bankers' Acceptance ·· 248
欧洲债券
Euro Bond ·· 249
浮动利率债券
Floating Rate Notes ·· 251
短期债券发行机构
Short-term Bond Releasing Agency ······································· 252
货币掉期
Currency Swap ·· 252
欧洲货币
Eurocurrency ··· 254

欧洲美元
Eurodollar ·· 255
欧洲货币市场
Euro Currency Market ·· 256
欧洲货币单位
European Currency Unit ······································ 258
套期保值
Hedging ·· 259
远期保值
Forward Hedge ·· 261
远期外汇市场
Forward Foreign Exchange Market ····························· 262
期货合同
Futures Contract ··· 263
套汇
Arbitrage ··· 265
外汇管制
Foreign Exchange Control ····································· 266
利率掉期
Interest Rate Swap ··· 268
伦敦银行同业拆借利率
London Interbank Offered Rate，Libor ························· 270
银团贷款
Bank Consortium Loan ······································· 272
证券化
Securitization ··· 273
外汇
Foreign Exchange ·· 275
汇率
Exchange Rates ·· 277
固定汇率制
Fixed Exchange Rate Regime ·································· 283

9

浮动汇率制
Floating Exchange Rate Regime ……………………………………… 285
管理浮动汇率制
Managed Flexible Exchange Rate Regime ……………………………… 286
外汇风险
Exchange Risk ……………………………………………………… 288
外汇交易风险
Transaction Risk …………………………………………………… 290
外汇风险管理
Foreign Exchange Risk Management …………………………………… 291
国际租赁
International Leasing ………………………………………………… 294
买方信贷
Buyer's Credits ……………………………………………………… 296
卖方信贷
Seller's Credit ……………………………………………………… 298
国际收支
Balance of Payments（BOP）……………………………………………… 301
马歇尔—勒纳条件
Marshall-Lerner Conditions …………………………………………… 304
国际收支平衡表
Balance of Payments Sheet …………………………………………… 306
经常项目
Current Account …………………………………………………… 308
资本项目
Capital Account …………………………………………………… 311
货币自由兑换
Currency Convertibility ……………………………………………… 312
最优货币区理论
Theory of Optimum Currency Areas …………………………………… 315
欧元
Euro ……………………………………………………………… 318

欧元区
Euro Zone ·· 321

离岸金融中心
Offshore Financial Center（OFC）······························ 325

国际货币基金组织
International Monetary Fund（IMF）···························· 328

世界银行
World Bank ·· 331

国际清算银行
Bank for International Settlements（BIS）······················ 334

多边投资担保机构
Multilateral Investment Guarantee Agency（MIGA）········ 338

亚洲开发银行
Asian Development Bank（ADB）································ 341

非洲开发银行
African Development Bank（ADB）······························ 343

泛美开发银行
Inter-America Development Bank（IADB）····················· 344

欧洲中央银行
European Central Bank（ECB）··································· 345

金本位制
Gold Standard ·· 348

金平价
Gold Parity ··· 350

铸币税
Seigniorage ·· 350

卢浮宫协议
The Louvre Accord ·· 352

期权
Options ·· 352

债权国
Creditor Nation ··· 354

11

债务国
Debtor Nation ··· 355

外汇留成制度
Foreign Exchange Retention System ································· 355

外汇调剂市场
Foreign Exchange Swap Market ······································· 357

国际结算
International Settlement ··· 360

热钱与国际游资
Hot Money ·· 361

资本外逃
Capital Flight ··· 363

货币替代
Currency Substitution ·· 365

超主权货币
Supranational Currency ·· 366

外债规模管理
Foreign Debt Scale Management ······································ 368

人民币经常项目可兑换
RMB Current Account Convertibility ································· 369

人民币国际化
RMB Internationalization ·· 371

人民币升值
RMB Appreciation ··· 375

世界经济

地理大发现
Great Geographical Discovery

地理大发现，又称大航海时代，是15世纪到17世纪期间西欧航海者开辟新航路和"发现"新大陆的通称。

欧洲人开启大航海时代的社会经济原因是：由于西欧商品货币关系的发展，封建贵族和商人都产生了到东方寻求黄金的强烈要求；走向解体的西欧封建社会矛盾加剧，封建专制王朝力图通过海外掠夺来增加财政收入，维护其统治。而当时欧洲经过地中海与东方进行贸易的路线受阻则是促成欧洲人远洋探险的直接原因。

地理大发现分为两个阶段。第一阶段从15世纪中后叶至16世纪中叶，西班牙和葡萄牙在开辟新航路的活动中走在前面。1492年到1502年间克里斯托弗·哥伦布（Cristoforo Colombo）在西班牙国王的支持下四次横渡大西洋，发现了美洲大陆。1498年瓦斯科·达·伽马（Vasco da Gama）从里斯本出发，在大西洋沿非洲海岸南下，经好望角东行横渡印度洋，发现了达到印度的新航线。1519年到1521年间斐迪南·麦哲伦（Ferdinand Magellan）的船队完成了首次环球航行。第二阶段从16世纪中叶到17世纪末，荷兰、英国和法国等国家是这一时期开辟新航路的主角。1642年到1643年间荷兰探险家阿贝尔·塔斯曼（Abel Tasman）发现了澳大利亚、新西兰和塔斯马尼亚。俄国人发现了整个亚洲北部和北冰洋，英法和其他欧洲国家则发现了北美的许多地区、世界第一大岛格陵兰和其他地区。

新大陆和新航线的发现揭开了资本主义发展的序幕，对世界经济产生了十分重要的影响：首先，引起了欧洲的商业革命，贸易区域和商业资本流通范围迅速扩大，贸易量和商品种类急剧增加，商业的性质和经营方式发生了深刻变化。其次，导致大量金银流入西欧，各国物价大幅上涨，从而削弱了封建贵族的势力，而资本原始积累规模不断扩大的资产阶级力量得到加强。最后，引起欧洲经济中心从地中海向大西洋转移，葡、西、荷、英、法等大西洋沿岸国家开始主导世界经济，市场也扩大到了世界范围。

中国虽没直接参与地理大发现，但中国的富裕、文明、发达却激起欧洲的探险家冒险远游的热情及开辟新航线的欲望，从而成为诱发地理大发现的直接动因之一（张箭，2002）。地理大发现为新兴资产阶级开辟了新的活动场所，其中就包括中国市场。地理大发现推动了资本主义列强对中国市场的掠夺，但也为打破中国闭关锁国的状态产生了积极影响；它使中国在近代饱受战争煎熬，但被动的开放也促使中国加强与世界各国经济与政治的联系。

参考文献：

［英］戴维·阿诺德：《地理大发现》，上海译文出版社 2003 年版。

编写组：《世界经济概论》，高等教育出版社 2011 年版。

张箭：《地理大发现研究：15～17 世纪》，商务印书馆 2002 年版。

（庄宗明　黄斌全）

国际分工
International Division of Labor

国际分工是各国社会分工的延伸和发展，是超越国界的专业化分工，是一国国民经济内部分工向国际领域扩展的结果。国际分工旨在优化资源在各国之间的配置，它是国际贸易和世界经济形成和发展的基础。国际分工的产生和发展有其一定的自然条件（国土面积、自然资源、气候和地理位置等）和社会经济条件（生产力发展水平、人口规模、国内市场大小和社会经济结构差异等）。

从 15 世纪末到 18 世纪 60 年代中叶是国际分工的萌芽阶段。当时资本主义生产力的发展使手工业和农业开始分离。地理大发现和殖民地开拓不仅扩大了商品销售市场，也使手工业和农业的分离得以在世界范围内进行。在工业革命开始之前，国际分工的水平不高，主要以宗主国生产工业品和殖民地生产农业品为特点。威廉·配第（William Petty）在 17 世纪末就认为，英国可以摆脱农业的羁绊而投身工业，并致力于最有收益的生产。

从 18 世纪 60 年代中叶到 19 世纪 60 年代是国际分工的形成阶段。工业革命推动了工场手工业向机器大工业发展，社会生产规模和世界市场范围不断扩大，工业和农业部门之间的分工越来越超出一国经济范围，越来越多的国家开始被纳入到国际分工体系。这一时期的国际分工体系是一种垂直型国际分工体系，处于支配地位的是以英国为中心的"世界城市"，位于从属地位的则是作为主要原料供给来源的广大亚、非、拉国家和殖民地的"世界农村"，它们之间既相互对立又相互依存。在理论上，亚当·斯密（Adam

Smith）在《国民财富的性质和原因的研究》中完整地对分工进行了论述并将其推广到国际分工领域创立了"绝对优势理论"，首次系统论证了贸易双方都可以从国际分工与交换中获得利益的思想，如果双方都发挥这种优势，它们所创造的福利总量将增加。但绝对优势理论并不能解释现实中所有产品劳动生产率绝对先进和绝对落后国家之间的贸易。大卫·李嘉图（David Ricardo）从资源最有效配置的角度提出"比较优势理论"来论证国际分工的必要性。他认为只要国家之间存在着劳动生产率的相对差别，就会出现生产成本和产品价格的相对差别，从而使各国在不同产品上具有比较优势，国际分工成为可能。罗伯特·托伦斯（Robert Torrens）是第一个区分地区分工和机械分工的经济学家，他也是"比较优势理论"的创始人之一。地区分工是由于与不同的生产增长相适应的不同的土地和气候所引起的，把地区分工的优势用于地区和国际贸易，可以提高劳动生产力并增加国家财富（Torrens，1808）。

从19世纪70年代到第二次世界大战前是国际分工的发展阶段。第二次科技革命以电力的广泛应用为标志，推动了生产技术由一般的机械化向电气化、自动化转变。在其推动下资本主义生产力迅速发展，生产组织形式和企业组织形式也发生了重大变化，19世纪末自由竞争被垄断取代，资本输出成为这一阶段资本主义发展的重要特征。工业垄断资本与银行垄断资本结合形成的金融资本通过资本输出的方式将资本主义生产方式渗透到世界市场。资本输出，特别是对外直接投资，推动了这一阶段生产的国际化，加强了各国对国际分工的依赖。同时，资本主义国家为了获得更多利润，对全球范围内的原料供应地、产品销售市场和资本输出地展开激烈的争夺。这一阶段水平型分工开始发展，但垂直型分工仍是这一阶段的国际分工体系的主体。在理论上，以伯特尔·俄林（Bertil Ohlin）和伊·赫克歇尔（Eli Heckscher）为代表的新古典贸易理论认为国际分工和贸易的基础是各国要素禀赋结构的不同，要素禀赋结构差异导致各国要素的相对价格不同，从而导致产品的相对价格不同，产品相对价格是比较优势的反映，各国分工应建立在比较优势的基础之上。

第二次世界大战后国际分工进入了深化阶段。战后发生的第三次科技革命以原子能、电子计算机、空间技术和生物工程的发明和应用为主要标志，这次科技革命大大加快了科学技术转化为生产力的速度，生产国际化程度不断提高，私人垄断已经无法适应社会化大生产的发展。同时，跨国公司获得了巨大发展，资本输出规模进一步扩大。战后国际分工的主导方式由垂直型分工转变为水平型分工，进一步向纵深和广阔方面发展，主要表现为以下特点：第一，发达国家之间的分工处于主导地位，传统上把世界划分为两个部分（一部分工业化国家和一部分发展中国家）的做法被削弱。第二，各国工业部门的内部分工不断加强，产业内分工和贸易盛行。第三，参与国际分工的国家和地区经济所有制形式多样化，社会主义国家开始参与国际分工。第四，国际分工开始向服务行业扩展。在理论上，以保罗·克鲁格曼（Paul Krugman）为代表的新贸易理论对战后国际分工和贸易出现的新情况做出了解释。要素禀赋结构差异不再是国际分工和贸易的唯一原因，面对现实中更多的相似国家之间的贸易和相似产品之间的贸易时，新古典框架也难以提供令人满意的解释。新贸易理论指出当市场结构由完全竞争转变为不完全竞争时，规模报酬递增就成了引起专业化分工的重要原因。战后出现的产品生命周期、需求决定等理论也从不同侧面解释了国际分工和贸易的基础。

在其深化阶段，国际分工出现了一种新的表现形式——产品内分工。产品内分工是指一种产品的生产过程可以按要素禀赋分割为不同的环节，不同的生产环节被分散配置在全球不同国家或地区的分工现象（Arndt，1997）。20世纪60年代后半期国际贸易中出现了发展中国家大量出口制成品的现象以及在美国出现了"海外组装操作"，这些都是产品内分工的最早期表现形式。随着全球化的不断深入发展，全球生产网络建立，越来越多的产品生产过程所包含的不同工序和区段，被拆散分布到不同国家进行，形成以工序、区段、环节为对象的产品内分工体系。20世纪90年代以来全球中间产品贸易在国际贸易中的比重不断增长使得产品内分工受到越来越多的关注。对一个国家或地区来说，只要在特定生产阶段上具有比较优势，就可以参与到这种产品的国际分工体系中，从而使其比较优势得到更充分的发挥（Arndt，1997）。

中国在改革开放之前，国家经济处于比较封闭的状态，国际分工和对外贸易都受到很大程度的限制，这段时期中国处于国际分工体系的外围。在中国共产党十一届三中全会以后，人们充分认识到国际分工是社会生产力进一步发展的必然要求，中国开始实行对外开放并积极参与国际分工。改革开放后，中国的工业化发展开始契合要素配置全球化的趋势，商品和资本流动自由化程度提高，劳动力价格成本优势在开放条件下得到了充分体现。通过参与国际分工和贸易，中国获得了越来越多的收益，在国际分工体系中的地位也不断上升。改革开放初期，中国参与国际分工主要是通过初级产品和劳动密集型产品的出口参与国际产业间贸易；20世纪80年代后期开始通过大规模承接国际产业转移和大力发展加工贸易积极参与国际产业内分工，这一时期中国在国际分工中处于价值链的低端环节，为了更好地融入全球生产体系还不得不承担环境代价，但在参与国际分工过程中，中国在加工制造环节的能力也不断提升；在进入21世纪前后，中国高新技术产业发展迅速，跨国公司逐步将研发等战略性环节布点到中国，一些国内企业也开始具备了价值链治理的能力，这些因素开始推动中国参与水平型产业内分工，同时，产品内分工也开始在中国形成和发展。中国不仅是国际分工体系的重要受益者，也在当前的国际分工格局中扮演了重要的角色。集聚各种要素的中国以自身的比较优势融入国际产业链和价值链分工，成为全球重要的新兴制造业基地。

参考文献：

［以］埃尔赫南·赫尔普曼、［美］保罗·克鲁格曼：《市场结构和对外贸易——报酬递增、不完全竞争和国际经济》，上海人民出版社2009年版。

［瑞典］伯特尔·俄林：《区际贸易与国际贸易》，华夏出版社2008年版。

［英］大卫·李嘉图：《政治经济学及赋税原理》，商务印书馆1962年版。

［英］亚当·斯密：《国民财富的性质和原因的研究》，商务印书馆1997年版。

Arndt, S. W., Globalization and the Open Economy, *North American Journal of Economics and Finance*, Vol. 8, No. 1, 1997.

Fröbel, F., Heinrichs, J. and Kreye, O., *The New International Division of Labour*. P. Burgess (trans.), Cambridge: Cambridge University Press, 1980.

Torrens, R., *The Economists Refuted*. London: S. A. Oddy, 1808.

（庄宗明　黄斌全）

世界市场
World Market

　　世界市场是各国商品生产的社会分工发展为国际分工的产物，是商品交换关系突破国家和地区界限而扩展到整个世界的结果。狭义上世界市场是指世界各国间商品交换关系的总体，即通过国际上的买卖而使各国国内市场得以联系起来的交换领域（即通常所说的国际商品市场）；广义上世界市场是指国际流通领域包括商品、资本、技术、劳务等各种交换关系的总和，即包括国际商品市场、国际劳务市场和国际金融市场。

　　由于机器大工业的发展、资本主义生产方式的确立、交通运输和通信业的发展以及世界货币的出现，世界市场在19世纪末20世纪初最终形成。具体表现为：第一，机器大工业的发展。通过工业革命建立起来的机器大工业生产从对商品销售市场和原料供应来源这两个方面的需求将商品交换关系推向整个世界市场。第二，资本主义生产方式的确立。资本主义生产是建立在机器大工业基础上的社会化大生产，生产社会化和资本主义生产资料私有制之间的矛盾使追求利润最大化的资本家具有不断开拓国外市场的动力。第三，交通运输和通信业的发展。交通运输和通信业是国际商品流通的载体和信息传播的媒介，19世纪交通工具的变革为扩大国际分工和世界市场的形成提供了物质基础，便捷的通信设施大大降低了交流的时间和成本，使国际交流更加频繁。交通运输和通信业的发展将越来越多的国家和地区纳入世界市场。第四，世界货币的出现。19世纪末20世纪初，主要资本主义国家都实行了金本位制，各国货币的金平价使汇率相对稳定，便于国际支付和结算，市场机制更加完善，这为国际贸易和资本输出创造了有利条件，使各国之间的经济联系更加紧密。

第二次世界大战结束前，世界市场对世界经济的形成和发展起到了两个方面的作用：一方面世界市场加强了世界各国以国际分工为基础的经济联系和相互依赖关系；另一方面这种相互依赖关系在资本主义制度下使许多殖民地半殖民地国家逐渐丧失了经济上和政治上的自主性和独立性，变为资本主义工业强国的经济附庸，形成了少数资本主义工业强国剥削和掠夺广大殖民地半殖民地国家的世界经济格局。

随着经济全球化的不断深入，当代世界市场呈现出一些新的特点：第一，世界市场的容量不断扩大，主要包括参与主体、产品贸易量、产品种类、贸易方式。"二战"后许多殖民地半殖民地国家和地区相继取得独立，它们以独立主权国家身份主动参与国际分工，世界市场参与主体不断增加；各国经济发展以及经济联系的增强使世界市场上的产品贸易量增加；在科技革命的推动下，新产品、新工艺和新技术不断出现，大大丰富了世界市场上交易的产品种类；随着科技进步和分工的深化，世界市场上国际贸易也出现了新的方式，如展览交易、国际拍卖、补偿贸易、加工贸易、租赁贸易等。第二，世界市场上的竞争格局复杂化。新兴工业化国家和一些发展中国家的崛起、跨国公司的发展、区域经济一体化的发展等因素加剧世界市场上的竞争，竞争格局趋于复杂化。第三，世界市场上自由化成为主流。尽管贸易保护主义仍然在世界范围内存在，但在关贸总协定和后来的世界贸易组织的不懈努力下各种贸易障碍正在逐渐减少，同时各国也逐步取消或放松外汇管制，金融自由化程度也大幅提高，自由化是当代世界市场的主流。第四，世界市场的南北差距加剧。导致南北差距加剧的原因是多方面的，包括不合理的国际经济秩序，各国不同的历史因素和社会经济条件，科技发展水平以及各国不同的经济体制和发展战略等。现在南北发展的不平衡是世界市场上最大的不平衡，南北差距的显著扩大会加剧南北矛盾并造成各种对立和冲突。

参考文献：
编写组：《世界经济概论》，高等教育出版社2011年版。

（庄宗明　黄斌全）

1929～1933年大危机
Great Depression of 1929 – 1933

1929～1933年大危机（又称"大萧条"），是指在1929年到1933年间发生在美国，并影响整个资本主义世界的全球性经济大衰退。它是资本主义历史上最深刻、最持久的一次经济大危机。

1929年10月美国股市大崩盘直接促发了经济危机。在1929～1933年长达4年的衰退中，整个世界的生产都急剧下降，失业率史无前例地上升。如表1所示，1929～1933年大危机期间美国的国内生产总值（Gross Domestic Product，GDP）下降了约28.5%，英国、法国和德国的GDP分别下降了约2.3%、8.6%和10.5%。其中英国下降的幅度虽比较小，但它的衰退从20世纪20年代就已经开始。美国的经济活动从1929年中期到1933年年初经历了经济持续衰退，经济产出特别是工业产出的下降是空前的。危机期间其工业产出下降了约37%，价格下降了33%，失业率更是上升到25%的最高峰，并在20世纪30年代其他年份中一直保持在15%以上高失业率水平，这使美国的许多经济资源被闲置了整整10年（Temin，2000）。

表1　　　　1929～1933年主要发达国家GDP变化　　　单位：百万1990年国际元

国家	1929年	1930年	1931年	1932年	1933年
美国	843334	768314	709334	615686	602751
英国	251348	249551	236747	238544	245507
法国	194193	188558	177288	165729	177577
德国	262284	258602	238893	220916	234778

资料来源：[英]安格斯·麦迪森：《世界经济千年统计》，北京大学出版社2009年版。

1929～1933年大危机是一个全球性的经济现象，它在发达国家发生并蔓延到发展中国家。随着工业国家需求的急剧减少，世界市场上原材料的出口价格下跌，造成了整个拉丁美洲、非洲和亚洲经济的崩溃。伴随着经济崩溃，各国也出现了政治不稳定现象，因为当时民主已不能够对付经济的混乱，独裁势力在欧洲许多国家、日本以及发展中国家抬头。危机发生以后，以增加对国内产品需求和恢复就业为目的，主要的工业国家对从其他国家的进口产品开始实施贸易壁垒（参见"贸易壁垒"）。但是这种政策却间接地造成了国外失业率的上升。当所有的主要国家都采取这种灾难性措施时，国际贸易便崩溃了，国家间的有效的经济联系被割裂了，最终任何地方的失业率都会进一步加剧（Sachs and Larrain，1994）。

1929～1933年大危机向古典经济学家的信条提出了挑战。古典经济学家曾经预言，正常的市场力量会使20世纪30年代这种世界范围内的大规模持续失业不能发生。而1929～1933年大危机则对这种当时还处于主流地位的经济学基本原则提出了严重质疑。对于1929～1933年大危机发生的原因和蔓延机制，并不存在着一种公认的观点，一些经济学家从不同角度提出了不同的解释。每一种解释都着眼于危机的一个不同方面，每一种解释都表达了复杂的宏观经济现象的一个部分。1929～1933年大危机不仅使宏观经济学成为一个独立的研究领域，而且还持续影响着宏观经济学家们的信条、政策建议和研究进程，推动了现代宏观经济学的发展。

约翰·梅纳德·凯恩斯（John Maynard Keynes）是第一个为这种经济大衰退现象提供清晰解释的经济学家。在其最富影响力的一部经济著作《就业、利息和货币通论》中，他指出1929～1933年大危机爆发的主要原因是总需求的急剧下降，总需求不足是消费需求不足和投资需求不足的结果。经济中消费者边际消费倾向的下降使消费的增长小于收入的增长，从而引起消费需求不足；投资者信心的不稳定和对未来的悲观预期导致了投资需求不足。凯恩斯的解释不是所有人都接受的，但在随后的几十年中一直是经济学的主流观点。货币主义的领军人物米尔顿·弗里德曼（Milton Friedman）对1929～1933年大危机提供了简单而有力的解释。他指出主要的原因是货币供给的外生性变化，引起1929～1933年大危机的是当时所执行的过于紧缩的货币政策。弗里德曼强调，货币政策完全没有能够阻挡住20世纪30年代初美国银行破产的浪潮，从而也没有能够阻挡住经济周期中的正常衰退演变成为灾难性的大萧条。经济历史学家查尔斯·金德尔伯格（Charles Kindleberger）提供了更加国际性的解释。他认为主要国家没有能够阻止始于20世纪20年代末的经济大衰退，是因为当时在世界上不存在一个在经济上具有领导地位的国家。美国和英国都没有能够行使这种领导权，例如，通过阻止危害国际贸易的关税升级，或者通过提供信贷以资助经济复兴，来减缓世界经济下降。当时美国不但没有在阻止国际贸易的崩溃方面起到领导作用，相反，一定程度上美国还是"大萧条"进一步加剧的罪魁祸首之一。美国在1930年实施了贸易保护主义的《斯穆特－霍利关税法》（*Smoot-Hawley Tariff*），大肆增加关税，导致其他国家实施了报复性关税，从而加剧了萧条。彼得·特明（Peter Temin）提供了另一种解释。他认为1929～1933年大危机是第一次世界大战及战后的持续冲突的迟到的结果。"一战"的战胜国与战败国之间就战争赔款、国际贷款和其他金融问题争执不休。脆弱的战争欠债和战争赔款链使得大部分欧洲国家财力耗竭。特明指出战争及后来的欧洲经济和政治冲突是导致"大萧条"的关键因素，而当时的金本位制国际货币安排则是使经济崩溃得以蔓延的主要因素，因为金本位制妨碍各国采取独立的货币政策，特别是也许有助于扭转经济衰退的扩张性政策。本·伯南克（Ben Bernanke）从总需求和总供给两个角度综合解释了1929～1933年大危机发生的原因。伯南克认为总需求下降是1929～1933年大危机的决定因素，抑制总需求的主要因素则是当时世界范围内的货币供给紧缩，而货币供给紧缩则主要是当时的国际货币体系——金本位制的技术缺陷和管理不善的结果。从总供给方面，伯南克特别研究了劳动力市场。他指出在20世纪30年代，名义工资对总需求下降的调整惊人地缓慢而且不完全，由于存在一系列对总需求的负向冲击，这种调整不能解决持续性失业问题，从而导致了国民经济大大偏离了充分就业状态。在很多国家，这些冲击的规模和持久性足以超过工资和价格调整的稳定作用。在那些抑制总需求的力量消失后（如通过汇率贬值或放弃金本位制），很多国家的产出和就业就得到了迅速的恢复。

1929～1933年大危机对世界经济产生了严重的影响，主要表现在：第一，激化了资本主义社会的各种矛盾。大萧条时工业生产和贸易需求的缩小导致了严重的大规模失业，各国人民的生活水平大大降低，悲观绝望的气氛笼罩着资本主义世界。资产阶级通过削减工资、提高税收等手段，千方百计地把经济危机后果转嫁到广大劳动人民的身上，大大激化了各阶级之间的矛盾。第二，美国、英国、法国等国加强了国家对经济的干预，德国、日本、意大利则走上了法西斯道路。1929～1933年大危机导致自由放任的市场经济走到了尽头。美国为了摆脱危机推行了罗斯福新政，国家开始全面干预经济，英、法等国为了扭转经济衰退也加强了国家对经济运行的干预和调节。

德、日、意面对日益加重的危机及其所导致的国内矛盾的空前激化，采取了专制残暴的法西斯统治，导致了第二次世界大战的爆发。第三，国际经济秩序遭到了严重破坏。空前激烈的关税战使正常的国际贸易无法进行；为了摆脱危机大多数资本主义国家纷纷宣布放弃金本位制，促使本币贬值。1929～1933年大危机使国际贸易秩序和国际金融秩序都遭受了严重破坏。

参考文献：

［英］安格斯·麦迪森：《世界经济千年统计》，北京大学出版社2009年版。

［美］本·伯南克：《大萧条》，东北财经大学出版社2009年版。

［美］查尔斯·金德尔伯格：《1929～1939年世界经济萧条》，上海译文出版社1986年版。

［美］米尔顿·弗里德曼、安娜·施瓦茨：《美国货币史：1867～1960》，北京大学出版社2009年版。

［英］约翰·梅纳德·凯恩斯：《就业、利息和货币通论》，商务印书馆1999年版。

Sachs, J. D. and Larrain, F. B., *Macroeconomics in the Global Economy*. Pearson Education, Inc. & Prentice Hall, 1994.

Temin, P., *Lessons from the Great Depression*, Cambridge：The MIT Press, 1989.

Temin, P., Great Depression. In Engerman, S. L. and Gallman, R. E., *The Cambridge Economic History of the United States*. Cambridge：Cambridge University Press, 2000.

（庄宗明　黄斌全）

罗斯福新政
Roosevelt's New Deal

罗斯福新政（简称"新政"），是指在1929～1933年大危机的背景下，富兰克林·罗斯福（Franklin Roosevelt）在1933年就任美国总统后，为了摆脱经济危机而制定颁布的一系列经济政策。新政的核心是"3Rs"：救济（Relief），即救济失业者和穷人；复兴（Recovery），即将经济恢复至正常水平；改革（Reform），即改革金融体系以预防萧条。

1929年10月持续了近10年繁荣的美国股票市场崩溃，一场空前规模的经济大危机爆发并蔓延至全球，美国历史上的大萧条时期到来。时任美国总统赫伯特·胡佛（Herbert Hoover）在这场危机中采取了保守的政策，强调自愿原则，反对联邦政府直接干预经济生产，导致萧条不断加剧。美国工业产出下降了约37%，价格下降了33%，失业率更是上升到25%的最高峰（Temin，2000）。为了摆脱经济萧条，罗斯福在上任后制定颁布了一系列法律法规，推行了一系列积极的经济政策，罗斯福新政正式宣告了市场经济体制中国家干预时代的到来。

罗斯福新政往往以1935年为分界线被区分为两个阶段：第一次新政（1933~1935年）和第二次新政（1935~1938年）。新政主要由以下三个部分组成：银行体系改革；增强政府对生产的控制；开始建立社会"安全网"。前面两个部分开始于1933年的"百日新政"（1933年3月9日至1933年6月16日），它们共同开启了美国的经济复苏之路。第三个部分开始于第二次新政，第二次新政主要致力于将经济复苏所带来的好处扩大到整个社会。

第一次新政（1933~1935年）：

罗斯福宣誓就职后就宣布了银行休假日，同时对所有外汇交易和黄金出口采取控制。银行休假日本身仍旧是大萧条所带来的症状，但这种孤注一掷的做法却为新政府发布和执行新的宏观政策争取了时间，并且这也成了美元贬值的预备步骤。罗斯福在1933年4月18日有效地进行了美元贬值，他通过行政命令禁止非官方黄金出口，美元脱离官方价格并开始下跌，直到7月份，美元价格相对于英镑已下跌了30%~45%。巴里·艾肯格林（Barry Eichengreen）已指出美元贬值不仅具有优化贸易条件的效果，而且解放了美国国内宏观经济政策，以促进经济扩张（艾肯格林，1992）。货币贬值仅仅是具有多面性的新政体系中的一个方面，在罗斯福的"百日新政"中银行体系改革和增强政府控制开启了复苏之路。

新政的第一个核心部分就是改革银行体系。1933年6月，国会通过并由罗斯福签署了《格拉斯-斯蒂格尔法》（Glass-Steagall Act），也就是著名的《1933年银行法》（Banking Act of 1933）。它禁止投资银行和商业银行的联合，使美国的金融业形成了银行、证券分业经营的模式，其目标在于降低银行体系的不稳定。同时，《1933年银行法》还出台了同样是为了提高银行系统稳定性的联邦存款保险制，要求成立联邦存款保险公司以保证在联邦储备体系下的各个成员银行的存款。《1933年银行法》既没有结束经济不景气，也没有保证之后银行系统的稳定，但它提供了一种理想的环境。在这种环境下，银行可以在美国经济大膨胀时期得到长达大半个世纪的稳定。这是一个了不起的成就（特明，2000）。

新政的第二个核心部分是增强政府对生产的控制。政府声称它控制着经济的多个部分，并可用政治控制力取代市场明显的误导信号。这一理论主要体现在两个重要的法案中：《国家工业复兴法》（National Industrial Recovery Act，NIRA）和《农业调整法》（Agricultural Adjustment Act，AAA）。NIRA于1933年6月16日通过，国家复兴局（National Recovery Administration，NRA）正式成立。NIRA主要是针对美国国内存在的不公平竞争，特别是那些以"成本价之下销售"的竞争者。NIRA规定各行业企业指定本行业的公平经营规章，确定各企业的生产规模、价格水平、市场分配、工资标准和劳动时间等，以防止出现盲目竞争引起的生产过剩，从而加强了政府对资本主义工业生产的控制和调节。NIRA的法规要求减少劳动时间，从而尝试给更多的人提供就业机会；同时它还包括允许工资急速上涨的规定。于是，NIRA导致了一种前所未有的状况，即在大规模失业时期工资经历了上涨。雇主们同意增加工资是因为他们可以同时提高价格。最后，NIRA为了提高人们的期望而出台，又因提高了工资和价格而被废止（1935年最高法院裁定NIRA是对NRA立法权的非法运用，是联邦权利非法渗入各州内部事务的表现）。但是从长期看，NIRA还是促进了劳动环境的实质性改善。AAA于1933年5月通过，它允许政府控制农产品产量。该政策希望通过限制产量来提高农产品价格，农民也同意政府限制产量并对撂荒土地进行赔偿的政策。AAA的总体目标就是将农产品价格提高到一个水平，使得他们1933年的购买力与1914年第一次世界大战前的购买力相当。然而，1935年年初AAA被最高法院裁定违宪（和NIRA一样，法院裁定联邦政府干涉了各州内部事务），随后农业的不稳定状况加剧了。直到1938年，一个AAA的替代法案才被通过。新法案包括种粮控制和收入支持规定，甚至比1933年的法案更加强硬，但这次最高法院并没有反对。1933年和1938年的AAA并未有效地减轻农业在20世纪30年代中期的萧条情况，但它们确实构建了第二次世界大战后美国农业扶持的框架。

第二次新政（1935~1938年）：

新政的主要目标是经济的复兴，另一个焦点是经济生活中个人收入的分配。1935年第二次新政就是罗斯福面对这个挑战做出的反应。从经济复苏政策中转变，罗斯福进一步加强了政府对经济的控制，以便更加平均地分配它的产量。当NRA被裁定违宪后，1935年参议员罗伯特·瓦格纳（Robert

Wagner）引入了《国家劳动关系法》（National Labor Relations Act，NLRA），在 NIRA 下重建了劳工权利，该法案使得劳工组织迅速壮大。这些劳工组织由 NLRA 和国家劳动关系委员会（National Labor Relations Board，NLRB）重新制度化，其中 NLRB 监督工会的行动和工资的议价。NLRB 仅仅是当时设立的众多管理机构中的一个，这些管理机构是为了监督和控制经济，特别是公用事业受到了更大规模的管制。1935 年出台的《社会保障法》（Social Security Act，SSA）标志着美国政府全面承担起社会保障职能，也是美国福利国家制度的开端。如果政府直接救助大部分人口，SSA 计划终将失败。且由于无法通过立法对穷人提供援助，这个计划的参与者就对老年人提供援助。所以 SSA 主要提供：老年人的一份收入；由劳工雇主提前预付一份失业补偿金的计划；为老人、盲人和受抚养的孩子提供无条件的救助计划。这个社会保障体系从来就不是真正的"社会保险"，它不是一项合约，那些向其捐款的人没有要求任何权益的法定权力，而且在它的保险范围方面永远不可能是全面的（休斯、凯恩，2011）。SSA 被认为是一个伟大的必要的社会进步，但它从一开始就是有缺陷的。社会保障一旦开始，每一年都在不断膨胀，参与人口将越来越多。它成了美国实现收入代际转移的主要途径。尽管社会保障系统是根据私人保险条例建立起来的，但是它的实际支付是来源于当前税收，而不是个人积累账户。结果对第一代享受社会保障的人（这些人就是在大萧条中工作的人们及在"二战"后领受政府津贴的人们）来说这实际上就是一笔意外所得。

  罗斯福新政的这些体制性的重大变化对美国经济社会的走向产生了深远影响。美国政府对经济的干预和调节主要以市场经济体系中各种法律法规的制定为程序基础，而财政政策和货币政策则是最基本的宏观调控手段，罗斯福新政是凯恩斯主义的一次全面实践。由此，美国政府在传统私有制和自由经营的基础上辅以大范围的政策调控，对就业、经济增长、物价水平和国际收支平衡等重要的宏观经济指标承担起重要作用。罗斯福新政不仅帮助美国渡过了经济大危机，维护了资本主义民主制度，也为其他国家实施国家干预经济，进行体制性自我调整提供了宝贵的经验。但它却不能从根本上消除资本主义的经济危机。

参考文献：

[美] 乔纳森·休斯、路易斯·P·凯恩：《美国经济史》，北京大学出版社 2011 年版。

Eichengreen, B., *Golden Fetters: The Gold Standard and the Depression*: 1919-1939, New York: Oxford University Press, 1992.

Leuchtenburg, W. E., *Franklin D. Roosevelt and the New Deal*, 1932-1940, New York: Harper & Row, 1963.

Temin, P., *Lessons from the Great Depression*, Cambridge: The MIT Press, 1989.

Temin, P., Great Depression. In Engerman, S. L. and Gallman, R. E., *The Cambridge Economic History of the United States*, Cambridge: Cambridge University Press, 2000.

（庄宗明　黄斌全）

经济全球化
Economic Globalization

经济全球化是指在科技革命尤其是信息技术革命的条件下，通过国际贸易、国际金融、国际投资以及技术和人员的国际流动，世界各国家和地区的经济越来越紧密地结合成一个高度相互融合、相互依存的有机整体的过程。把握经济全球化的内涵，必须注意：第一，经济全球化是世界经济发展的新阶段；第二，经济全球化使世界经济真正成为一个有机整体；第三，经济全球化既是一个过程，也是一种状态，更是一种发展趋势（《世界经济概论》编写组，2011）。

经济全球化的发展主要分为三个阶段。首先，经济全球化于19世纪中叶萌芽。该时期以电力的发展和广泛应用为主要标志的第二次科技革命促进了国际分工的进一步深化，国际上技术、资金和劳务合作不断增强。此时，跨国公司的出现适应了这种国际分工格局，它们在世界范围内进行专业化生产和投资，加强了生产和资本的国际流动。同时，交通运输业和通信业的发展，使各个国家和地区相互独立的区域性市场逐渐连接成统一的世界市场，从而第一次全球化高潮在19世纪末到20世纪中叶出现。其次，第二次世界大战后经济全球化进入了初步发展阶段。战后发生的第三次科技革命以原子能、电子计算机、空间技术和生物工程的发明和应用为主要标志，这次科技革命大大加快了科学技术转化为生产力的速度，工业劳动生产率成倍增长，生产国际化程度不断提高，世界市场不断扩大。在科技革命的推动下，以现代科技为基础的国际分工新格局形成，经济全球化经历了第二次高潮。最后，经济全球化在20世纪90年代后开始迅速发展。冷战结束后，国际关系开始缓和，各国都把注意力集中在经济发展上，这为生产要素的国际流动创造了良好的条件。以信息产业为主要内容的技术革命为资本的大规模国际流动和金融服务全球化创造了便利条件。世界贸易组织（World Trade Organization，WTO）的成立使贸易在全球更大范围内实现自由化。20世纪90年代后至今，经济全球化已发展成以科技革命和信息技术为先导，涵盖生产、贸易、金融和投资各领域，囊括世界经济和与之相关的各个方面的庞大体系。

经济全球化的表现形式主要包括以下四个方面。第一，贸易全球化。贸易全球化主要是指商品和劳务在全球范围内自由流动。贸易自由化程度不断提高，全球贸易额保持着持续增长的趋势。据WTO统计，2010年全球货物贸易出口总额为152380亿美元，是2000年的2.36倍；2010年全球服务贸易出口总额为36639亿美元，是2000年的2.47倍。在全球贸易快速增长的同时，贸易结构也在经历重大变化，服务贸易、技术贸易、产业内贸易和跨国公司内部贸易在全球贸易中的比重不断上升。贸易自由化的深度和广度在不断拓展，贸易全球化已成为当今经济全球化的重要表现。第二，金融全球化。金融全球化是指全球金融市场日趋开放、金融体系日趋融合、金融交易更加自由的过程。20世纪80年代以来金融自由化、信息技术、融资证券化和金融创新等促进了金融的全球化。由于全球金融市场的高度一体化使得国际金融资本在全球范围大规模快速流动，资金流动效率不断提高。第三，生产国际化。生产国际化最直接的体现就是跨国公司的国际化生产向纵深推进，跨国公司的分支机构在数量和地域覆盖上极大地扩展，在组织安排和管理体制上已无国界规划。进入20世纪90年代以来，跨国公司进一步充分利用在资金、管理、营销网络、专有技术等方面的优势，将其与东道国自然资源、劳动力和市场等要素优势相结合，进行跨国生产和经营，推动了经济全球化的发展。2010年，跨国公司的全球生产带来约16万亿美元的增值，约占全球GDP的1/4，跨国公司外国子公司的产值约占全球GDP的10%以上和世界出口总额的1/3（UNCTAD，2011）。第四，国际分工进一步深化。20世纪90年代以来，随着现代科技的迅速发展和跨国公司的全球产供销网络的形成，国际分工进一步深化，其形式和格局都发生着深刻的变化，其中最突出的就是产品内分工的出现，越来越多的产品生产过程所包含的不同工序和区段，被拆散分布到不同国家和地区进行。这种全球范围的国际分工体系使各国家和地区的生产成为全球生产体系的一部分，国际分工进一步深化已成为经济全球化的重要表现之一。

经济全球化因其对贸易、金融自由化以及生产国际化的推进而对世界经济发展产生了积极的影响,这使其得到了广泛的支持,其中最杰出的捍卫者是贾格迪什·巴格沃蒂(Jagdish Bhagwati)。但由于经济全球化对各国家和地区都有可能带来一些不良的影响而备受争议,其中不乏一些资深的经济学家,经济全球化最著名的批评家包括约瑟夫·斯蒂格利茨(Joseph Stiglitz)和丹尼·罗德里克(Dani Rodrik)。全球化确实给一些人带来了巨大的利益,但同时鉴于全球化在减轻贫困和维护稳定方面并没有取得成功,它对其他千百万人而言却只是一个悲剧(Stiglitz,2002)。

首先,对发达国家而言,它们是经济全球化的主导者和推动者,这种主导作用主要来自于它们较早完成了工业革命,积聚了雄厚的经济实力,生产力发展水平较高,科学技术优势明显以及它们拥有较为完善的市场经济体制。经济全球化对发达国家的积极影响包括:经济全球化使发达国家通过国际贸易和投资获得了巨额的经济利益;经济全球化过程中的主导地位为发达国家对外经济扩张带来了更为广阔的活动空间和潜在利益;经济全球化加快了发达国家的产业结构升级,使其在国际分工深化过程中获得巨大好处;经济全球化有助于发达国家引进各种人才,从而促进其科学技术水平的发展。总体而言,发达国家是经济全球化的最大受益者,但同时也不可避免的存在一些消极影响。主要包括:经济全球化加大了发达国家的金融风险,2007年开始的美国次贷危机最终演变成一场全球性的金融危机就证明了金融自由化过程中所蕴含的巨大风险;经济全球化使部分发达国家出现了产业"空心化"和制造业职位流失,产业"空心化"是指以制造业为中心的物质生产部门的资本和企业迅速往国外转移从而使这些部门就业急剧减少,这些产业在其国民经济中的地位明显下降;经济全球化所带来的利益在发达国家之间及其内部各个地区、行业和人群之间的分配不平等也导致了收入差距扩大的现象。

其次,对发展中国家而言,经济全球化向来就是一把"双刃剑",它既是一个机遇又是一个挑战。经济全球化为发展中国家带来的机遇包括:参与经济全球化进程为发展中国家充分利用国内和国外两种资源两个市场,从而实现其经济现代化提供了可能;经济全球化为发展中国家带来了显著的贸易和投资利益,使其比较优势得以充分发挥,推动经济发展,实现对发达国家的赶超。同时,由于不公正的国际经济秩序仍然存在并主导着经济全球化进程,经济全球化对发展中国家的经济发展也具有强烈的负面冲击,主要包括：发展中国家的经济主权遭到威胁，经济安全甚至是国家安全也都受到严重威胁；国际资本加速流动加大了发展中国家的金融风险；盲目承接发达国家的产业转移容易损害发展中国家经济可持续发展的能力。

经济全球化使世界经济面临着一些新问题，主要包括：加剧了南北差距，使发展中国家发展不足；增加了经济发展的不确定因素，各国宏观调控难度增大；加剧了全球环境污染和生态危机；等等。由于这些问题的出现，反全球化运动便与经济全球化的深入发展相伴而生。反对经济全球化的群体主要包括环境保护主义者、人权主义者和把自己的目标以公正和权利的名义包装起来的游说集团。这些反全球化运动在一定程度上也有利于国际社会反思和正视经济全球化的负面影响，更加重视经济全球化带来的各种难题，积极推动经济全球化向均衡、互惠、共赢方向发展。

参考文献：

编写组：《世界经济概论》，高等教育出版社2011年版。

庄宗明：《世界经济学》，科学出版社2007年版。

Bhagwati, J., *Free Trade Today*, Princeton University Press, 2002.

Rodrik, D., *Has Globalization Gone Too Far*? Washington, DC: Institute for International Economics, 1997.

Stiglitz, J., *Globalization and its Discontents*, New York: Norton, 2002.

UNCTAD, *World Investment Report* 2011, New York and Geneva: United Nations, 2011.

（庄宗明　黄斌全）

世界区域经济一体化
World Regional Economic Integration

世界区域经济一体化，是指为了促进经济和贸易发展，两个或两个以上的国家或地区通过建立共同的协调机构，达成某种承诺或者签订条约和协议，逐步取消各成员间的贸易壁垒，促进区域内商品和生产要素流动的自由化，形成区域性经济合作组织的过程。

尽管历史上在特定环境下也出现过少数国家之间的经济合作，但区域经济一体化发展的真正高潮出现在20世纪50年代以后。科学技术的进步，生产力的发展，国际分工的深化和世界经济中各国家和地区相互依赖的加强，客观上要求打破国家边界对资源配置的地理限制，要求在地理上相互邻近、在经济上密切联系的国家或地区，实现对资源的跨国配置以及对客观经济和市场运行规则的联合调控，以促进经济的可持续发展。因此，大多数国家和地区纷纷建立或正在建立起一些区域性经济合作组织，共同推动了区域经济一体化的发展。自 1958 年 1 月 1 日欧洲经济共同体（European Economic Community，EEC）成立以来，区域经济合作组织便大量涌现。特别是从 20 世纪 90 年代开始，区域经济一体化迎来了新一轮发展高潮，大量区域贸易协定（Regional Trade Agreements，RTAs）应运而生。据世界贸易组织（World Trade Organization，WTO）统计，截至 2012 年 1 月 15 日，已向关贸总协定（General Agreement on Tariffs and Trade，GATT）或 WTO 提出通报的 RTAs 共有 511 个，其中有效的有 319 个。随着区域经济一体化的不断发展，传统意义上的地域概念被逐渐弱化，区域经济合作组织不再受地理条件的限制，跨地区的区域经济合作迅速发展，区域经济一体化的形式趋于多样化。

随着区域经济一体化的深入，各种区域经济合作组织开始建立并快速发展，这是世界经济发展过程中的新现象和新趋势之一。在 20 世纪 50 年代以后成立的具有代表性的区域经济合作组织包括：欧洲经济联盟（European Economic Union）、北美自由贸易区（North American Free Trade Area）、亚太经济合作组织（Asia-Pacific Economic Cooperation）、东南亚国家联盟（Association of Southeast Asian Nations）等。这些区域经济合作组织成立后通过达成某种承诺或签订某种协议，以减少它们各自成员国之间的贸易壁垒，加强区域内成员国之间的交流，从而使各成员国获得了更好的贸易条件和投资环境，区域经济合作组织内各成员国之间的贸易往来不断加强。如表 1 所示，区域经济合作组织的建立使区域集团内的贸易更加自由化，特别是亚太经济合作组织、欧洲经济联盟和北美自由贸易区都具有很高的内部贸易程度并且保持着相对稳定的发展。2010 年它们的内部总出口占一体化组织总出口的比例分别为：67.5%、67.3%、48.7%。

表 1　　　主要区域经济合作组织内部总出口占组织总出口的比例　　　单位：%

区域经济组织	1990 年	1995 年	2000 年	2005 年	2010 年
亚太经济合作组织	68.3	71.7	73.1	70.8	67.5
欧洲经济联盟	67.1	66.1	66.8	66.0	67.3

续表

区域经济组织	1990年	1995年	2000年	2005年	2010年
北美自由贸易区	41.4	46.2	55.7	55.8	48.7
东南亚国家联盟	18.9	24.5	23.0	25.3	25.0

资料来源：The World Bank, *World Development Indicators*. Washington, D. C.: World Bank Publications, 2008-2012.

根据一体化程度的不同，区域经济一体化的类型大致可分为：特惠贸易协定，是指成员国之间对全部或部分产品规定较为优惠的关税，但各成员国保持其独立的对非成员国的关税和其他贸易壁垒；自由贸易区，是指各成员国之间取消关税及其他贸易壁垒，各成员国有权对非成员国设定关税和数量限制；关税同盟，除了具有自由贸易区的特征之外，还要求各成员国采取共同的关税及共同的对外贸易政策；共同市场，除了具有关税同盟的特征之外，还要求允许生产要素在各成员间的自由流动；经济同盟，在共同市场的基础上，还要求各成员国制定一些共同的经济政策和社会政策，逐步消除各国在政策方面的差异，形成一个庞大的超国家经济实体；完全经济一体化，是指各成员国在经济同盟的基础上，实行完全统一的经济政策和社会政策，并建立起共同体一级的中央机构和执行机构，以便对所有事物进行控制，使各成员国在经济上形成单一的经济实体。综上所述，可将六种不同程度的区域经济一体化形式所具备的特征概括如表2所示。

表2　　　　　　　　区域经济合作组织形式的特征

形式＼特征	成员国关税优惠	区域内自由贸易	共同对外关税	生产要素自由流动	经济政策的协调	经济政策完全一体化
特定贸易协定	√					
自由贸易区	√	√				
关税同盟	√	√	√			
共同市场	√	√	√	√		
经济同盟	√	√	√	√	√	
完全经济一体化	√	√	√	√	√	√

注：打"√"表示具有该项特征。

区域经济一体化具有重要的经济影响，包括对成员国，区域经济和世界经济。对成员国而言，区域经济一体化促进了成员国商品和要素的自由流动和贸易增长；加速了成员国对外直接投资的增长；促进了成员国内部分工的深化及合作发展。对区域经济而言，区域经济一体化提高了本地区的整体经济实力和经济影响；促进了其他国家和地区区域经济合作的发展；推动了本区域经济格局的变化。对世界经济而言，区域经济一体化通过促进区域内部经济增长、实现贸易和投资自由化、提高竞争和效率等方式，推动了世界经济的发展。但是也不能否认，区域经济一体化给世界经济带来了一些负面效应。这些效应包括：区域经济一体化的发展会加剧世界经济发展不平衡；区域经济一体化过程中的不平等竞争在一定程度上会加剧各区域之间的对抗和集团冲突；区域经济合作组织的出现具有双重性：它们在实现贸易自由化的同时也进行着保护主义（2002），这必然会导致各区域集团之间的竞争和冲突；区域经济一体化需要国家让渡部分主权，对国家主权的处理也是区域经济一体化进程中无法避免的问题。

参考文献：
编写组：《世界经济概论》，高等教育出版社 2011 年版。
Baldwin, R. E., Regional Economic Integration, Grossman, G. M. and Rogoff, K., *Handbook of International Economics*, *Vol.* 3. New York：North Holland, 1997.
Bhagwati, J., *Free Trade Today*, Princeton University Press, 2002.
The World Bank, *World Development Indicators*, Washington, DC：World Bank Publications, 2008-2012.

（庄宗明　黄斌全）

多边协议
Multilateral Agreement

多边协议是指三个以上国家在制定贸易、投资、环境等领域有关货物贸易、服务贸易、知识产权等政策和做法时所必须遵循的一整套规则的协议。该协议规定缔约国在多边体系中享有的权利和承担的义务，并且规定缔约国采取行动要有透明度，国与国之间要有进行磋商的机会。

目前，多边协议的谈判和磋商主要是在联合国、世界银行、经济合作与发展组织（Organization for Economic Co-operation and Development，OECD）、关贸总协定（General Agreement on Tariffs and Trade，GATT）或世界贸易组织（World Trade Organization，WTO）等国际组织的协调和组织下进行的。其中，WTO 在酝酿、起草和制定多边协议方面发挥着最为重要的作用。

在 WTO 的主导下，以调节全球多种形态的国际贸易为主要目的的多边协议群已经形成，涉及贸易、投资、环境等领域。这些协议的内容涉及服务、经营业绩要求、争端解决、雇佣与劳资关系、知识产权等细节问题。有些协议所触及的问题与保证市场功能正常发挥作用密切相关，如补贴与反补贴、政府采购、消费者权益等。此外，多数多边协议对于发展问题给予特别关注，考虑到发展中国家的特别需要，作了一些过渡性的安排。

参考文献：

盛斌：《WTO 与多边投资协议》，天津大学出版社 2003 年版。

王巾英、崔新健：《国际经济学》，清华大学出版社 2010 年版。

World Trade Organization, *Regional Trade Agreement*: *Goods Rules*, 1994.

（庄宗明　林娟）

自由贸易区
Free Trade Area（FTA）

自由贸易区是指两个或两个以上的国家通过达成某种协定或条约取消相互之间的关税和与关税具有同等效力的其他措施，在主权国家或地区的关境以外，划出特定的区域，准许外国商品豁免关税自由进出。实质上是采取自由港政策的关税隔离区。狭义的自由贸易区仅指提供区内加工出口所需原料等货物的进口豁免关税的地区，类似于出口加工区。广义的自由贸易区还包括自由港和转口贸易区。

自由贸易区是从自由港发展来的，通常设在港口的港区或邻近港口的地区，尤以经济发达国家居多。早在 20 世纪 50 年代初，美国就明确提出：可在自由贸易区发展以出口加工为主要目标的制造业。60 年代后期，一些发展中国家也利用这一形式，并将它建成为特殊的工业区，逐步发展成为出口加工区。80 年代以来，许多国家的自由贸易区积极向高技术、知识和资本密集型发展，形成"科技型自由贸易区"。当今世界，自由贸易区的发展形势非常迅猛，在全球范围内其数量已经达到数十个，范围遍及各大洲，是区域经济一体化的主要形式之一。其中，北美自由贸易区和东盟自由贸易区最具典型意义，而北美自由贸易区也是世界上最大的自由贸易区。

自由贸易区的产生和迅猛发展有其深刻的历史、经济、政治、文化原因：第一，区域内国家易于就自由贸易区达成协议并产生实效。同时，现有的自由贸易区大多富有成效，也激发了更多国家参加自由贸易区。第二，就地区或邻近国家而言，自由贸易区有利于进一步发挥经贸合作的地缘优势。邻近国家间的自由贸易区具有人员往来与物流便利、语言文化相近、生活习惯类似等多种有利条件。因此，邻近国家和地区间具有更多的有利条件来扩大和加深经济合作以获得互利双赢的效果，其效果比参加多边贸易体系带来的利益要更明显一些。第三，缔结自由贸易区有利于推动各成员国内的经济结构改革，从而可以借助更多外力来推进国内改革。第四，加强地区内经贸合作不仅有助于防范新的危机，也有利于世界经济的稳定发展。

自由贸易区依据性质可以分为商业自由区和工业自由区。前者不允许货物的拆包零售和加工制造；后者允许免税进口原料、元件和辅料，并指定加工作业区加工制造。依据区位条件和进出口贸易的流量则可以分为转口集散型，贸工结合、以贸为主型，出口加工型和保税仓储型自由贸易区。转口集散型自由贸易区利用优越的自然地理环境从事货物转口及分拨、货物储存、商业性加工等，如巴拿马的科隆自由贸易区。贸工结合、以贸为主型自由贸易区以从事进出口贸易为主，兼搞一些简单的加工和装配制造，这种类型在发展中国家最为普遍，如阿联酋迪拜港自由港区。出口加工型自由贸易区主要以从事加工为主，以转口贸易、国际贸易、仓储运输服务为辅，如尼日利亚自由贸易区。保税仓储型自由贸易区主要以保税为主，免除外国货物进出口手续，较长时间处于保税状态，如荷兰阿姆斯特丹港自由贸易区。

设置自由贸易区的作用主要是：第一，利用其作为商品集散中心的地位，扩大出口贸易和转口贸易，提高设置国家和地区在国际贸易中的地位，增加外汇收入；第二，有利于吸引外资，引进国外先进技术与管理经验；第三，有利于扩大劳动就业机会；第四，在港口、交通枢纽和边境地区设区，可起到繁荣港口、刺激所在国交通运输业发展和促进边区经济发展的目的。其对区域内经济的影响包括静态影响和动态影响。前者指由于区域内成员相互之间取消关税和贸易数量限制措施之后对各成员贸易发展所产生的直接影响；后者指缔结FTA之后，由于区域内生产效率提高和资本积累增加，导致各成员经济增长加快的间接影响。

当前，世界各国都非常重视通过建立和发展自由贸易区来为自己的经济发展服务，在亚洲，除东盟与中国（"10+1"）外，中国先后宣布准备与西亚的海湾合作组织、南亚的印度建立自由贸易区，同时中日韩自由贸易区也开始讨论与研究。具有自由贸易区性质的中国大陆与香港、澳门地区的更紧密经贸关系安排（CEPA）已在稳步实施。

参考文献：

［美］弗兰克·N·马吉尔：《经济学百科全书》上卷，中国人民大学出版社 2009 年版。

褚葆一：《经济大辞典·世界经济卷》，上海辞书出版社 1985 年版。

王巾英、崔新健：《国际经济学》，清华大学出版社 2010 年版。

（庄宗明　林娟）

关税同盟
Customs Unions

关税同盟是指两个或两个以上国家缔结协定，建立统一的关境，在统一关境内缔约国相互间减让或取消关税，对从关境以外的国家或地区的商品进口则实行共同的关税税率和外贸政策。它的主要特征是：成员国相互之间不仅取消贸易壁垒，实行自由贸易，还建立共同对外关税。也就是说，关税同盟的成员除相互同意消除彼此的贸易障碍之外，还采取共同对外的关税及贸易政策。关贸总协定（GATT）规定，关税同盟如果不是立即成立，而是经过一段期间逐步完成，则应在合理期限内完成，这个期限一般不超过 10 年。

关税同盟的思想最早是由 19 世纪德国经济学家弗里德里希·李斯特（Friedrich List）提出的，他以具体行动促成了德国统一之前北部各诸侯王国之间最早的关税同盟——北德意志关税同盟于 1826 年成立，且随后又相继建成中德和南德两个关税同盟，这对促进当时德国经济发展和政治统一起过一定的作用。

关税同盟理论的创始人是美国经济学家雅各布·瓦伊纳（Jacob Viner），他强调指出建立关税同盟绝不等同于向自由贸易靠拢，因为其在提高成员间自由贸易的同时，限制了对外贸易。为此，他引入贸易创造和贸易转移的概念来分析关税同盟的福利效应。当关税同盟内部取消关税，实行自由贸易后，成员国的需求从本国转移到生产成本较低的同盟国的时候，便产生贸易创造；而当同盟成员国之间的关税优先权使其需求从非同盟国转移到生产成本较高的同盟国的时候，便产生贸易转移。根据这个理论，如果贸易创造效应占主导，那么建立关税同盟会增加福利；但如果贸易转移效应占主导，那么建立关税同盟会减少福利。也就是说，贸易创造和贸易转移效应的相对强度决定着是否应该提倡建立关税同盟。

瓦伊纳的结论受到许多学者的怀疑，他们通过放松固定消费比例、不变成本等基本假定取得了关税同盟理论的一些重要进展。但是，适合于关税同盟的普遍法则仍然没有找到，而具有实际意义的结论也是微乎其微。尽管如此，许多学者还是尽其所能归纳总结出一些建立关税同盟能产生贸易创造的条件。

目前，有以下几点已经得到广泛认可：第一，关税同盟的经济区域越大，成员国数量越多，则相对于贸易转向来说，贸易创造的规模也越大；第二，关税同盟成员之间进行产品贸易的比例越小，贸易创造的可能性越大，比例越高，形成从同盟成员之外的世界向同盟内的贸易转移的可能性就越大；第三，关税同盟成立前后的平均关税水平很重要，如果关税同盟成立后的平均关税水平比以前的低，则关税同盟更可能是以贸易创造为主的；第四，关税同盟的成员中经济竞争性的成员数目越多，贸易创造的可能性就越大；第五，对于关税同盟成员间一个特定的重叠生产范围，同盟成员在这个范围中相同保护产品的单位成本在同盟成立前越大，同盟成立后，在这个范围的贸易创造的可能性就越大，并且这一重叠生产范围越大，贸易创造的可能性越大（Meade，1955；Johnson，1962）。

根据上述条件，发达国家间积极建立关税同盟，可以从中获益；而发展中国家则不应该建立关税同盟，这就与发展中国家仍有建立关税同盟的主观意愿相矛盾。事实上，资源配置效率的改善并不是组建关税同盟的最主要原因，这促使后来的学者将注意力转向关税同盟的动态效应。动态效应是指在一段较长时期内显现出来的能对成员国的经济增长产生影响的那些方面，主要包括规模经济效应、竞争效应、投资效应等。

关税同盟的规模经济效应是指在关税同盟成立之前，一些企业由于市场范围的限制一直在最优产量（最低成本产量）以下运作，组建关税同盟所引起的市场范围的扩大有可能使这些企业在最优产量上生产，从而带来成本节约。规模经济效应可以进一步划分为成本下降效应和贸易抑制效应，关税同盟建立以后随着国内产量扩大，平均单位成本减少可以视为成本下降效应；把在规模经济下，国内产品替代较便宜的从非成员国的进口可以称为贸易抑制效应。规模经济效应能否给成员国带来福利改善取决于这两种效应相互比较的结果（Cordon，1972）。

关税同盟的竞争效应是指同盟内部实行自由贸易会加剧成员国企业之间的竞争，从而导致这些企业经营效率强制性的改善。竞争效应还有另外一种表现，即由于来自非成员国竞争的削弱所引起的同盟内企业经营效率的下降。这两者分别被称为"冷水浴效应"和"土耳其浴效应"。投资效应是指同盟的形成会促使非成员国增加对同盟的投资（被称为"投资创造"）以及对其他非成员国的投资转移至同盟成员国（被称为"投资转移"），以避开它所受到的歧视性贸易待遇。另外，贸易格局的变化所引致的投资变动和技术水平的改变也会引起可利用的生产要素数量和质量的相应变化。

至此，关税同盟理论的重点一直是以关税同盟的存在为前提，探讨关税同盟的经济影响，忽视了关税同盟存在的基本经济原因或称经济合理性。随后，关税同盟新理论在福利函数中引入公共偏好，使得政策得益可以纳入考虑的范围（Cooper and Massell，1965；Johnson，1965）。

这种新理论为发展中国家采取贸易保护政策提供了依据，并且由此可以达到高于凭借市场自由运行所能达到的水平。工业优先政策也许是出于非经济的考虑，但这也是具有经济的合理性，它是建立在对工业创造的外向经济的重要性和工业对经济增长的有利作用认识的基础之上的。这种选择导致保护工业的政策，而不是自由贸易的政策。因此，在给定规模经济的情况下，在关税同盟中，市场内部较大的国家要比市场内部较小的国家更有效地发挥工业优先政策的作用。

目前，欧洲联盟（European Union）已成为世界上经济实力最强的关税同盟，它在促进和平，追求公民富裕生活，实现社会经济可持续发展，确保基本价值观，加强国际合作等方面发挥了重要的作用，于 2012 年获得诺贝尔和平奖。

参考文献：

Cooper, C. A. and Massell, B. F., A New Look at Customs Union Theory, *Economic Journal*, Vol. 75, No. 300, 1965.

Cordon, W. M., Economies of Scale and Customs Union Theory, *Journal of Political Economy*, Vol. 80, No. 3, 1972.

Johnson, H. G., *Money, Trade and Economic Growth*, London：George Allen and Unwin, 1962.

Johnson, H. G., an Economic Theory of Protectionism, Tariff Bargaining, and the Formation of Customs Unions, *Journal of Political Economy*, Vol. 73, No. 3, 1965.

Krauss, M. B., Recent Developments in Customs Union Theory: an Interpretive Survey. *Journal of Economic Literature*. Vol. 10, No. 2, 1972.

Meade, J. E., *The Theory of Customs Unions*. Amsterdam: North-Holland, 1955.

Viner, J., *The Customs Union Issue*, New York: Carnegie Endowment for International Peace, 1950.

（庄宗明　林娟）

共同市场
Common Market

共同市场是指两个或两个以上的国家或经济体通过达成某种协议，不仅实现自由贸易，建立共同的对外关税，而且实现服务、资本和劳动力自由流动的国际经济一体化组织。共同市场是在成员内完全废除关税与数量限制，建立统一的对非成员的关税，并允许生产要素在成员间可以完全自由移动，在一体化程度上比关税同盟又进了一步。

共同市场的理论基础是大市场理论，该理论的代表人物是提勃尔·西托夫斯基（Tibor Scitovsky）和让-弗朗索瓦·德纽（Jean Francois Deniau）。前者从西欧的现状入手，提出西欧陷入高利润率、低资本周转率、高价格的矛盾，存在着"小市场与保守的企业家态度的恶性循环"。因而，只有通过共同市场或贸易自由化条件下的激烈竞争，才能迫使企业家停止过去那种旧式的小规模生产而转向大规模生产，最终出现一种积极扩张的良性循环。后者则对大市场带来的规模化生产进行了描述，得出只有市场规模扩大，才能促进和刺激经济扩张的结论。

综合西托夫斯基和德纽的阐述，可以把握住大市场理论的核心，即通过扩大市场，获得规模经济，从而实现经济利益。大市场理论虽然是针对共同市场提出的理论，它同样适合于自由竞争与自由贸易的任何状况。换言之，大市场理论虽然对经济一体化提供了有力的理论依据，但并不十分完备。

目前，已建成的共同市场有：南方共同市场、中美洲共同市场、加勒比共同市场、欧洲共同市场、两岸共同市场和白种人共同市场等。

"两岸共同市场"的概念和主张是由台湾知名政治人士萧万长于2000

年年底提出的,真正落实于2005年所签订的《连胡公报》,其中"两岸"指的是中国大陆与台湾地区。

两岸共同市场参考欧盟,旨在从经济上的统合逐步走向政治上的统合。该政策认为:欧盟的发展也从煤钢协定渐次发展到现今欧洲共同市场。此经验也可作为两岸共同市场的根基,前提为淡化台湾地区与中国大陆的政治差异,完全寻求经贸合作。共同市场的推崇者认为,该做法可以摆脱台湾与中国大陆间的政治力牵扯,并让双方面在和平安全及互惠原则下,降低经贸往来的障碍与成本。

就细节实践上,两岸共同市场重点实为台湾地区与中国大陆之间的经济全面交流,并借由该交流建立两岸经济合作机制。详细内容则包括全面、直接、双向三通的海空直航、加强投资贸易往来、农渔业合作、台湾农产品于中国大陆内销合作并共同打击经济犯罪等。

参考文献:

[美] 弗兰克·N·马吉尔:《经济学百科全书》上卷,中国人民大学出版社2009年版。

褚葆一:《经济大辞典·世界经济卷》,上海辞书出版社1985年版。

Daniau, J. F., *Common Market*, London: Barrie and Rockliff, 1962.

Scitovsky, T., *Economic Theory and Western Integration*, Stanford: Stanford University Press, 1958.

(庄宗明 林娟)

经济同盟
Economic Union

经济同盟是指成员国间除实现商品和生产要素的自由流动,建立共同对外关税外,还制定和执行统一对外的某些共同的经济政策和社会政策,逐步废除政策方面的差异,使一体化的程度从商品交换扩展到生产、分配乃至整个国民经济,形成一个有机的经济实体。

经济同盟的显著特征是,成员国之间在实现市场一体化的基础上,进一步实现为保证市场一体化顺利运行的政策方面的协调。这种政策协调包括财政政策的协调、货币政策的协调和汇率政策的协调。这种政策协调,从根本上有助于商品市场、资本市场和劳动力市场的顺利运行,在很大程度上消除了成员国政府经济政策的某些调整方向，或调整程度的不一致给市场一体化正常运行带来的干扰。经济同盟是经济一体化程度更高的经济一体化组织。参加这种一体化组织的国家不仅要时常让渡对商品、资本和劳动力的干预，还要将政府干预或调节经济的主要政策工具上缴给超国家的国际经济一体化组织。有些一体化组织更进一步，还要实现货币同盟。现实中比较典型的经济同盟是"欧洲经济共同体"。

参考文献：
[美] 弗兰克·N·马吉尔：《经济学百科全书》上卷，中国人民大学出版社2009年版。
褚葆一：《经济大辞典·世界经济卷》，上海辞书出版社1985年版。
王巾英、崔新健：《国际经济学》，清华大学出版社2010年版。

（庄宗明　林娟）

欧洲经济联盟
European Economic Union

欧洲经济联盟，又称欧洲联盟（European Union，EU），简称欧盟，是在欧洲共同体（European Communities，EC）基础上发展而来的区域性经济一体化组织。其宗旨是：通过建立无内部边界的空间，加强经济、社会的协调发展和建立最终实行统一货币的经济货币联盟，促进成员国经济和社会的均衡。

欧盟的历史可以追溯到20世纪50年代。为了在西欧地区的钢铁行业建立一个超国家机构以协调管理西欧各国的钢铁工业，法国、联邦德国、意大利、比利时、荷兰和卢森堡六国于1951年4月18日签订了为期50年的《欧洲煤钢共同体条约》（*Treaty establishing the European Coal and Steel Community*），该条约于1952年7月23日生效，欧洲煤钢共同体（European Coal and Steel Community，ECSC）正式成立。1957年上述六国签订《罗马条约》（*Treaty of Rome*）。1958年1月1日，《罗马条约》正式生效，欧洲经济共同体（European Economic Community，EEC）和欧洲原子能共同体（European Atomic Energy Community，EAEC）正式成立。1965年4月8日六国在比利时布鲁塞尔签署了《合并条约》（*Merger Treaty*），1967年7月1日，ECSC、EEC和EAEC正式合并组建了欧洲共同体（简称欧共体）。

欧洲经济联盟

1972年7月欧共体与成立于1960年的欧洲自由贸易联盟（European Free Trade Association，EFTA）七国（包括奥地利、丹麦、挪威、葡萄牙、瑞典、瑞士和英国）在布鲁塞尔签订协议，共同组建欧洲自由贸易区。1973年，英国、爱尔兰和丹麦加入欧共体。1979年，欧洲货币体系（European Monetary System，EMS）诞生，内容包括欧洲货币单位、欧洲汇率机制和欧洲货币基金。欧洲货币体系是欧共体货币一体化的重要步骤。1981年，希腊加入欧共体。1986年，西班牙和葡萄牙加入欧共体。1989年6月，以欧共体执委会主席雅克·德洛尔（Jacques Delors）为首的委员会向马德里峰会提交了德洛尔报告（Delors Commission），决定建立欧洲经济与货币联盟。1991年10月，欧共体与EFTA达成协议，决定共同建立欧洲经济区（European Economic Area，EEA），在欧洲经济区内实行商品和生产要素的自由流动。

1991年12月在荷兰马斯特里赫特召开的首脑会议谈判达成了《欧洲联盟条约》（Treaty on European Union），也称《马斯特里赫特条约》（Maastricht Treaty，简称《马约》）。《马约》同意建立欧洲中央银行，发行统一货币，确定了分三阶段实现欧洲经济与货币联盟的时间表。《马约》于1992年2月7日签订并于1993年11月1日正式生效，从而宣告了欧洲联盟的诞生。1995年1月奥地利、芬兰和瑞典加入欧盟。1998年6月，欧洲中央银行在德国法兰克福正式成立。1990年1月，欧元正式启动，欧元区内各国货币与欧元的汇率被锁定。2002年1月1日欧元正式发行，各国货币于同年7月1日退出流通。2004年5月，匈牙利、波兰、捷克、斯洛伐克、斯洛文尼亚、爱沙尼亚、立陶宛、拉脱维亚、马耳他和塞浦路斯加入欧盟，欧盟成员国增至25个。2004年10月欧盟25国首脑在罗马签署了《欧盟宪法条约》（Treaty establishing a Constitution for Europe），旨在保证欧盟有效运作及欧洲一体化进程的顺利发展。但在2005年法国和荷兰先后在全民公决中否决了《欧盟宪法条约》，被寄予厚望的欧盟首部宪法条约因此陷入困境。2007年1月，保加利亚和罗马尼亚加入欧盟，欧盟成员国增至27个。

2007年12月，为了继续推动欧盟制宪进程，欧盟各国首脑在葡萄牙首都里斯本签署了《里斯本条约》（Treaty of Lisbon），《里斯本条约》是在《欧盟宪法条约》的基础上修改的。历经曲折之后，2009年12月1日，《里斯本条约》正式生效，这意味着欧盟在欧洲一体化道路上又迈出了坚实的一步。

欧盟成立以来，在工业、农业、能源、运输、财政和货币等领域取得了重大成就，欧盟经济一体化进程中的三大支柱为关税同盟，单一市场和欧洲经济与货币联盟。

关税同盟是欧洲经济一体化的基础和起点，其主要内容是取消成员间贸易的关税和数量限制，并对外实行统一关税和共同贸易政策。关税同盟的建立促进了欧盟内部分工和生产专业化，扩大了成员国内部的贸易和投资，加速了生产和资本的集中，提高了欧盟在国际市场竞争中的优势并有力地促进了欧盟对外贸易特别是出口贸易的发展。自建立以来关税同盟不断巩固和扩大，现已成为欧盟经济一体化的重要支柱。

单一市场是指在欧盟范围内，按法律规定实现商品、劳务、资本、人员无国界地自由流动，让资源进入最有效率的部门。欧盟于1993年1月基本建成了单一市场，在其建设过程中，为了适应内部边界取消、生产要素无国界自由流动而带来的更为激烈的竞争，各成员国的企业和政府都采取了许多有针对性的重大举措（例如，企业增加投资、改善管理、加强研发等；政府实行税制改革、推动跨国并购、加大科技投入等）来克服有形的、技术的和财政的三大障碍，这大大促进了区域内各国的经济合作与发展，使欧盟内部资源得到更合理的配置，推动内部产业结构的调整，企业重组和生产规模优化，这些都给欧盟各国经济发展注入了新的动力。单一市场已成为欧盟经济一体化的又一重要支柱。

1969年年底欧共体海牙首脑会议就决定组建欧洲经济与货币联盟，但由于当时成员国都陷入滞胀，加之布雷顿森林体系崩溃后国际金融领域的剧烈动荡，第一次欧洲经济与货币联盟的建设陷入流产。随后《马约》再次将欧洲经济与货币联盟的建设作为正式目标并详细规定了实现经济与货币联盟的三阶段目标。第一阶段从1990年7月到1993年12月，要求所有成员国货币加入EMS的汇率机制；取消外汇管制，实现资本完全自由流通；在制定货币政策和财政政策方面加强协调。第二阶段从1994年1月开始，该阶段建立了欧洲货币局，从技术上和法律上为建成货币联盟做好了准备。《马约》就其成员国能否符合进入经济与货币联盟第三阶段规定了四项"趋同标准"（Convergence Criteria）：第一，通货膨胀率不高于成员国通胀率最低三国平均数1.5个百分点；第二，政府财政赤字不超过本国GDP的3%，累计公共债务不超过本国GDP的60%；第三，长期利率不超过上述3国长期利率平均水平2个百分点；第四，该国货币在前两年的汇率波动不超过EMS规定的幅度，且未发生贬值。1998年5月欧盟首脑会议确认奥地利、比利时、法国、德国、芬兰、荷兰、卢森堡、爱尔兰、意大利、葡萄牙和西班牙11国达到"趋同标准",可以进入经济与货币联盟的第三阶段。欧元正式启动则标志着经济与货币联盟顺利进入最后的第三阶段。随后希腊、斯洛文尼亚、塞浦路斯、马耳他、斯洛伐克和爱沙尼亚先后加入欧元区,欧元区成员国增至17个。欧元现在已成为世界第二大国际货币,在国际贸易、国际投资和国际储备中的使用比重不断上升。欧洲经济与货币联盟是欧盟经济一体化的最重要支柱。

欧盟由最初的关税同盟发展到统一大市场,再到经济与货币联盟,合作程度不断提高,带动欧洲各国经济迅速发展,现已成为全球一体化程度最高、效果最为明显的区域经济一体化组织,也是当今世界经济政治格局中的重要一极。但欧盟目前也面临着深刻的矛盾和问题:第一,欧盟一体化的预期收益和严峻的经济现实之间的矛盾。多数成员国经济增长缺乏活力,失业率长期居高不下,这与一体化的预期收益形成了巨大反差。第二,欧盟成员国主权让渡与所获政治经济利益之间的矛盾。成员国往往只有在主权让渡所获利益不小于其成本的情况下才愿意支持推进一体化。第三,欧盟一体化深化与组织扩大之间的矛盾。为了地缘政治的需要和寻求在更大范围内优化资源配置,欧盟希望不断扩大其一体化组织,但新加入的国家或地区往往在经济发展水平上与原有成员国有较大差距,这为一体化深化带来困难。第四,政府决策者与普通民众对一体化认同之间的差距。决策者们希望通过推进一体化发展,提高欧盟在世界政治经济格局中的地位和作用,而民众更多关注的则是就业、工资和物价。第五,欧元体制存在严重缺陷。欧元虽经受了国际金融危机的考验,但在危机的冲击下却暴露了它的体制缺陷,希腊、爱尔兰、葡萄牙和西班牙等欧元区成员国先后爆发主权债务危机,这对欧元的进一步发展带来了严峻挑战。

尽管存在着诸如上述的矛盾和问题,但在经济全球化和区域经济一体化加速发展的背景下,欧盟还会在曲折中继续向前发展。同时,欧盟的发展为欧洲和世界经济与政治做出非常重要的贡献也获得了肯定。2012年10月12日,欧盟因在过去的60年中为促进欧洲的和平与和解、民主与人权做出了贡献而获得诺贝尔和平奖。

参考文献:
编写组:《世界经济概论》,高等教育出版社2011年版。
庄宗明:《世界经济学》,科学出版社2007年版。

(庄宗明 黄斌全)

北美自由贸易区
North American Free Trade Area（NAFTA）

北美自由贸易区，是在区域经济合作浪潮中，为了与欧洲经济联盟抗衡而由美国联合加拿大和墨西哥组成的区域性经济合作组织。NAFTA 的宗旨是：取消贸易壁垒；创造公平的条件，增加投资机会；保护知识产权；建立执行协定和解决贸易争端的有效机制，促进三边和多边合作等。

建立 NAFTA 的设想，最早出现在 1979 年美国国会关于贸易协定的法案提议中，1980 年罗纳德·里根（Ronald Reagan）在其美国总统竞选的有关纲领中再次提出。但由于种种原因，该设想一直未受到很大重视，直到 1985 年才开始起步。1985 年 3 月，加拿大总理马丁·马尔罗尼（Martin Mulroney）与里根会晤时首次正式提出美加两国加强经济合作、实行自由贸易的主张。由于美国和加拿大经济发展水平和文化生活习俗相近，交通运输便利，经济上的相互依赖程度很高，两国就建立美加自由贸易区展开的双边谈判很快于 1987 年 10 月宣告成功。经过两国议会的批准，《美加自由贸易协定》（Canada-United States Free Trade Agreement）于 1989 年 1 月 1 日正式生效。1990 年 6 月，墨西哥提出与美国开展自由贸易协定谈判的要求。美国和墨西哥的谈判提上日程后，加拿大为维护自己与美国开展双边自由贸易所获利益，也要求参与这一谈判。1992 年 12 月，美国、加拿大和墨西哥 3 国签署了《北美自由贸易协定》（North America Free Trade Agreement）。比尔·克林顿（Bill Clinton）当选美国总统后，应美国的要求，3 国经过谈判又在协议中加入有关环境保护和劳工保护的条款。《北美自由贸易协定》于 1994 年 1 月 1 日生效，NAFTA 正式成立。NAFTA 确定了原产地规则，保障仅有北美地区制造的商品享受优惠。来自北美的产品大部分立即取消关税，部分产品的关税在 5~10 年内逐步取消，若干敏感性产品的关税在 15 年内取消。美国、加拿大和墨西哥 3 国取消进出口的配额、许可证和其他数量限制，但为保护人类生命健康、环境、能源、农牧业生产而做出的特殊规定除外，NAFTA 还规定了 3 国相互放宽金融服务和投资的限制。

美国、加拿大和墨西哥 3 国成立 NAFTA 的进程是比较顺利的，其主要原因是：首先，加拿大和墨西哥经济的发展对美国经济的依赖性很强。一个以美国为主导的、加拿大和墨西哥为南北两翼的政治结构，以及美国和加拿大为核心、墨西哥为辅助的经济格局，符合 3 个国家相互合作和共同发展的愿望。其次，NAFTA 的建立也是美国、加拿大和墨西哥 3 国出于自身利益考虑，希望通过合作来共同应对外部压力，尤其是来自欧洲经济一体化运动不断发展的挑战。最后，NAFTA 是世界上第一个由发达国家和发展中国家一起组成的"南北型合作"的区域经济合作组织。这种发达国家和发展中国家的合作能提高经济的互补性，各成员国在发挥各自比较优势的同时，通过自由贸易和投资，推动区域内产业结构升级。

NAFTA 自成立以来，取得了许多重要的成果。贸易自由化的不断推进对美国、加拿大和墨西哥 3 国的经济和社会发展都产生了积极的影响。"南北型合作"区域经济一体化组织的诞生更是打破了传统的区域经济合作形式，开创了发达国家和发展中国家共处一个区域经济合作组织的先例，从而开创了南北关系发展的新篇章。而且，实践表明南北合作中发展中国家获利更大。虽然墨西哥自身的深层次社会经济问题难以通过 NAFTA 得到解决，但在客观上 NAFTA 不仅提高了墨西哥的国际地位，同时还给墨西哥带来了可观的直接和间接的经济利益。南北合作可以促进区域内发展中国家的经济发展，从而减少它们与发达国家之间的差距。NAFTA 的成功实践对其他发达国家和发展中国家进行区域经济一体化具有重要的借鉴意义。

参考文献：
编写组：《世界经济概论》，高等教育出版社 2011 年版。
庄宗明：《世界经济学》，科学出版社 2007 年版。
周文贵：《北美自由贸易区：特点、运行机制、借鉴与启示》，载于《国际经贸探索》2004 年第 1 期。

（庄宗明　黄斌全）

亚太经济合作组织
Asia-pacific Economic Cooperation（APEC）

亚太经济合作组织是亚太地区最重要的官方经济论坛，它的首要目标是推动亚太地区经济的可持续增长和繁荣。其宗旨是：通过引领自由开放的贸易投资，深化区域经济一体化，加强经济技术合作，维护人类安全，改善商业环境，以建立一个充满活力、和谐的亚太大家庭。APEC 采取自主自愿、协商一致的合作方式。所作决定须经各成员一致同意。会议最后文件不具法律约束力，但各成员在政治上和道义上有责任尽力予以实施。

APEC 的产生与发展。建立 APEC 是澳大利亚前总理鲍伯·霍克（Bob

Hawke)的主张,他在1989年1月访问韩国期间倡议召开部长级会议,讨论加强亚太地区经济合作问题。1989年11月5~7日澳大利亚、美国、日本、加拿大、新西兰、韩国及东盟六国(印度尼西亚、马来西亚、菲律宾、新加坡、泰国和文莱)共12国在澳大利亚首都堪培拉举行了APEC首届部长级会议,APEC宣告成立。经过20多年的发展,APEC现有成员达到21个。1991年11月,中国以主权国家身份、中国台北和中国香港以地区经济体名义正式加入APEC。1993年11月,墨西哥和巴布亚新几内亚加入。1994年11月,智利加入。1998年11月,秘鲁、俄罗斯和越南加入。此外,APEC还有3个观察员,分别是东盟秘书处、太平洋经济合作理事会、太平洋岛国论坛秘书处。2010年,APEC成员总人口达到27亿,占世界总人口的40%;实际GDP之和达到35.8万亿美元,占世界实际GDP总额的53%;贸易额16.8万亿美元,占世界贸易总额的44%。APEC自成立以来,在促进区域贸易和投资自由化便利化方面不断取得进展,在推动全球和地区经济增长方面发挥了积极作用。APEC成员在全球经济事务中具有举足轻重的地位。

APEC的组织结构。APEC共有5个层次的运作机制:第一,领导人非正式会议:1993年11月,首次APEC领导人非正式会议在美国西雅图召开,之后每年召开一次,至2012年共举行了20次领导人非正式会议。第二,部长级会议:包括外交部长(中国台北和中国香港除外)、经贸双部长会议以及专业部长会议。双部长会议每年在领导人会议前举行一次,专业部长会议定期或不定期举行。第三,高官会:每年举行3~4次会议,由各成员指定的高官(一般为副部级或司局级官员)组成。主要任务是负责执行领导人和部长会议的决定,审议各委员会、工作组和秘书处的活动,筹备部长级会议、领导人非正式会议及协调实施会议后续行动等事宜。第四,委员会和工作组:高官会下设4个委员会,分别是贸易和投资委员会、经济委员会、经济技术合作高官指导委员会和预算管理委员会。目前,高官会下设立了13个工作组和4个特设工作组,以及若干专家小组和分委会等机制,从事专业活动和合作。第五,秘书处:1993年1月在新加坡成立,为APEC各层次的活动提供支持与服务。

APEC发展的特点。作为一个区域经济一体化的特殊形式,APEC的发展具有两个明显的特点:首先,亚太地区的地缘特征决定了亚太经济合作不同于其他的区域经济一体化形式。亚太地区的多样性、各成员间的经济竞争和政治冲突使得APEC的经济合作和一体化进程,呈现出与欧盟和北美自由贸易区不同的特点。APEC 没有强制性的条约或协定，其合作更主要是建立在各成员方政府承诺的基础上。其次，由于不同成员之间的经济制度、政治分歧、历史文化差异等因素，亚太地区的合作缺乏一个稳定的政治基础。美国、中国、日本、俄罗斯等亚太地区的大国之间存在着复杂的利益关系和激烈的竞争，它们很难在短期内对 APEC 的未来发展达成有效共识。

1990 年 7 月 APEC 第二届部长级会议在新加坡通过《联合声明》，欢迎中国、中国台北和中国香港同时加入 APEC。1991 年 11 月，在"一个中国"和"区别主权国家和经济体"的原则基础上，中国、中国台北和中国香港正式加入 APEC。2001 年 APEC 领导人非正式会议及相关会议在中国上海举行。会议主题是"新世纪、新挑战：参与、合作、促进共同繁荣"。上海会议推动了 APEC 在多边贸易体制发展、人力资源能力建设、新经济及反恐合作等多个领域取得积极进展，达成了旨在加速实现"茂物目标"（1994 年茂物会议确立了 APEC 实现贸易和投资自由化便利化的目标）的"上海共识"。从中国加入 APEC 后，APEC 便成为中国与亚太地区其他经济体开展互利合作、开展多边外交、展示中国国家形象的重要舞台，中国通过参与 APEC 合作促进了自身发展，也为该地区乃至世界经济发展做出了重要贡献。

参考文献：

编写组：《世界经济概论》，高等教育出版社 2011 年版。

中华人民共和国外交部：《亚太经合组织》，中华人民共和国外交部网站，2011 年 11 月，http://www.fmprc.gov.cn/chn/pds/gjhdq/gjhdqzz/lhg_58/。

（庄宗明　黄斌全）

东南亚国家联盟
Association of Southeast Asian Nations（ASEAN）

东南亚国家联盟（简称东盟），是东南亚部分发展中国家建立的区域性经济合作组织。东盟的宗旨是：本着平等合作的精神，通过共同努力来加速地区的经济增长、社会进步和文化发展；增进地区间的积极合作和相互援助，同国际组织和区域性组织保持紧密和有益的合作。东盟计划于 2015 年建成东盟共同体，其三大支柱分别是"东盟政治安全共同体"、"东盟经济共同体"和"东盟社会文化共同体"。

东盟的前身是 1961 年 7 月由马来西亚、菲律宾和泰国 3 国组成的东南亚联盟。1967 年 8 月 8 日，印度尼西亚、马来西亚、菲律宾、新加坡、泰国 5 国在曼谷召开会议，发表了《东南亚国家联盟成立宣言》(ASEAN Declaration)，又称《曼谷宣言》(Bangkok Declaration)，东盟正式宣告成立。经过长期的发展，东盟不断扩大。截至 2011 年年底，东盟拥有 10 个成员国：印度尼西亚、马来西亚、菲律宾、新加坡、泰国、文莱、越南、老挝、缅甸、柬埔寨。成员总面积约为 444 万平方公里，人口 5.91 亿。此外东盟还拥有一个观察员国：巴布亚新几内亚。2007 年 11 月第 13 届东盟首脑会议签署了《东盟宪章》(ASEAN Charter)，并于 2008 年 12 月正式生效。《东盟宪章》调整了东盟的组织机构，并确定了东盟的发展目标，它是东盟成立 40 年来第一份具有普遍法律意义的文件，赋予了东盟法人地位，对各成员国都具有约束力。

根据《东盟宪章》，东盟的组织机构主要包括：

首脑会议：就东盟发展的重大问题和发展方向做出决策，每年举行两次。

东盟协调理事会：由东盟各国外长组成，是综合协调机构，每年举行两次会议。

东盟共同体理事会：包括东盟政治安全共同体理事会、东盟经济共同体理事会和东盟社会文化共同体理事会，协调其下设各领域工作，由担任东盟主席的成员国相关部长担任主席，每年至少举行两次会议。

东盟领域部长机制：加强各相关领域合作，支持东盟一体化和共同体建设。

东盟秘书长和东盟秘书处：负责协助落实东盟的协议和决定，监督落实。

常驻东盟代表委员会：由东盟成员国指派的大使级常驻东盟代表组成，代表各自国家与东盟秘书处和东盟领域部长机制进行协调。

东盟国家秘书处：是东盟在各成员国的联络点。

东盟人权机构：负责促进和保护人权与基本自由的相关事务。

东盟基金会：与东盟相关机构合作，支持东盟共同体建设。

与东盟相关的实体：包括各种民间和半官方机构。

《东盟宪章》确定的目标包括：

维护和促进地区和平、安全和稳定，并进一步强化以和平为导向的价值观；

通过加强政治、安全、经济和文化合作，提升地区活力；

维护东南亚的无核武器区地位，杜绝大规模杀伤性武器；

确保东盟人民和成员国与世界和平相处，生活于公正、民主与和谐的环境中；

建立一个稳定、繁荣、极具竞争力和一体化的共同市场和制造基地，实现货物、服务、投资、人员资金自由流动；

通过相互帮助与合作减轻贫困，缩小东盟内部发展鸿沟；

在充分考虑东盟成员国权利和义务的同时，加强民主，促进良政与法律，促进和保护人权与基本自由；

根据全面的原则，对各种形式的威胁、跨国犯罪和跨境挑战做出有效反应；

促进可持续发展，保护本地区环境、自然资源和文化遗产，确保人民高质量的生活；

通过加强教育、终生学习以及科学技术领域的合作，开发人力资源，提高人民素质，强化东盟共同体意识；

为东盟人民提供适当的就业机会、社会福利和公正待遇，提高其福利和生活水平；

加强合作，为东盟人民营造一个安全，没有毒品的环境；

建设一个以人为本的东盟，鼓励社会各界参与东盟一体化和共同体建设进程，并从中受益；

增强对本地区丰富文化和遗产的认识，促进东盟意识；

在一个开放、透明和包容的地区架构内，发展与域外伙伴的关系与合作，维护东盟的主导力量、中心地位和积极作用。

东盟经历了近半个世纪的发展，已经成为东南亚地区乃至整个亚太地区中一个重要的区域经济一体化组织。随着其经济实力和国际地位的不断提升，东盟在国际经济和政治事务中扮演着越来越重要的角色。

参考文献：

编写组：《世界经济概论》，高等教育出版社、人民出版社2011年版。
中华人民共和国外交部：《东南亚国家联盟》，中华人民共和国外交部网站，
　2011年10月，http：//www.fmprc.gov.cn/chn/pds/gjhdq/gjhdqzz/lhg_14/。
ASENA，*ASEAN Annual Report* 2009-2010，Jakarta：ASEAN Secretariat，2010.
ASENA，*ASEAN Annual Report* 2011-2012，Jakarta：ASEAN Secretariat，2012.

（庄宗明　黄斌全）

南美洲国家联盟
Union of South American Nations

南美洲国家联盟，前身为南美国家共同体（South American Community of Nations），它是根据《库斯科宣言》（Cusco Declaration），在南方共同市场（Southern Common Market）和安第斯共同体（Andean Community of Nations）的基础上建立起来的南美地区真正意义上的区域性经济一体化组织。其宗旨是：增进南美国家间政治互信，促进经济、社会一体化，强化南美国家特性。实现地区政治、经济、社会和文化领域全方位一体化，优先促进政治对话并深化在社会政策、教育、能源、基础设施、金融和环境领域的合作。

南美地区一体化的历史可以追溯到1826年南美民族独立解放运动领袖西蒙·玻利瓦尔（Simón Bolívar）关于"美洲联邦"的理想和追求。但直到第二次世界大战结束后，南美地区的区域合作运动才重新回到发展轨道。1969年《卡塔赫纳条约》（Cartagena Agreement）签订，安第斯集团（Andean Pact）宣告成立。拉美国家在经历了20世纪80年代的债务危机后，加快了区域经济一体化进程。1989年，安第斯集团签署了《卡塔赫纳宣言》（Cartagena Declaration），呼吁成员国取消阻碍建立自由贸易区进程的措施，加紧推广区域性货币——比索（Peso），同时不断加强与非安第斯集团国家之间的合作。1996年安第斯集团更名为安第斯共同体，现成员包括：玻利维亚、哥伦比亚、厄瓜多尔和秘鲁。20世纪90年代，南美地区经济一体化进程掀起了新的浪潮。1991年，阿根廷、巴西、巴拉圭和乌拉圭签署了《亚松森条约》（Treaty of Asunción），1994年增修《黑金市议定书》（Treaty of Ouro Preto），1995年1月1日南方共同市场正式启动。2006年委内瑞拉加入南方共同市场。进入21世纪，南美地区区域一体化再掀高潮。2004年10月，南方共同市场和安第斯共同体共同签署了自由贸易协定。2004年12月，在第三届南美洲国家首脑会议上与会的12国共同签署了《库斯科宣言》，南美洲国家共同体（South American Community of Nations）宣告成立。2007年4月，南美洲国家共同体正式更名为南美洲国家联盟，并于厄瓜多尔首都基多设立常设秘书处。2008年5月，南美洲国家联盟特别首脑会议在巴西首都巴西利亚召开，会议通过了《南美洲国家联盟组织条约》（Constitutive Treaty of Union of South American Nations），南美洲国家联盟完成了建章立制，这是南美洲一体化进程中的一个里程碑，它明确了南美洲国家联盟是具有国际法人资格的地区组织，标志着该组织正式成立，南美国家以一个共同身份出现在国际舞台。2011年3月，该条约正式生效。目前，南美洲国家联盟成员包括：阿根廷、巴西、巴拉圭、乌拉圭、委内瑞拉、玻利维亚、哥伦比亚、厄瓜多尔、秘鲁、智利、圭亚那、苏里南。另外还有两个观察员国：墨西哥和巴拿马。

南美洲国家联盟的组织机构包括：

国家元首和政府首脑委员会：最高机构，每年举行一次例会。

外长委员会：负责筹备国家元首和政府首脑委员会会议并执行其决定，协调南美一体化等重要问题的立场，每半年召开一次例会。

代表委员会：由各成员国派一名代表组成，负责筹备外长委员会会议，并执行国家元首和政府首脑委员会会议及外长委员会会议决定，每两个月召开一次例会。

秘书处：设在厄瓜多尔首都基多，负责处理日常事务。

专门委员会：南美洲国家联盟成立以来，先后成立了防务、卫生、能源、反毒、基础设施和计划、社会发展和教育、文化和科技创新等多个专门委员会。

南美洲国家联盟议会：尚在筹建中，拟在玻利维亚的科恰班巴设立。

南方银行（Bank of the South）：2009年9月正式成立，总部设在委内瑞拉首都加拉加斯。

南美洲国家联盟的建立以来，各成员国不断就经济发展、能源、主权、防务、人权和人民生活等议题展开讨论并取得了积极的效果。南美地区一体化的不断推进，促进了南美地区各国的贸易和投资自由化，推动了南美地区的经济发展和政治稳定，提升了南美地区在国际经济和政治事务中的地位。2011年10月24日，南美洲国家联盟获得了联合国观察员地位。

参考文献：
编写组：《世界经济概论》，高等教育出版社2011年版。

（庄宗明　黄斌全）

中国—东盟自贸区
China-ASEAN Free Trade Area（CAFTA）

中国—东盟自贸区，是指由中国和东南亚国家联盟的10个成员国组成的自由贸易区。

20世纪90年代以来区域经济合作进程加快,特别是在欧洲和美洲两大区域。1994年美国、加拿大和墨西哥组建了北美自由贸易区,2002年欧元的发行使用使欧洲经济一体化进入了全新的时代,2007年南美洲国家联盟也宣告成立。在区域经济一体化浪潮下,亚洲各国也加快了区域经济合作的步伐。CAFTA正是在这种背景下,由中国和东盟共同推动形成的以东亚经济圈为依托的自由贸易区。

东盟自成立开始就积极开展多方位外交,为CAFTA的成立做出了重要贡献。从1978年开始,东盟每年都与其对话伙伴国就重大国际政治和经济问题交换意见,1991年中国成为其对话伙伴国之一。1994年,东盟倡导成立东盟地区论坛(ASEAN Regional Forum,ARF),主要就亚太地区政治和安全问题交换意见。1997年东盟与中国、日本和韩国共同启动了东亚合作,东盟与东亚三国的"10+3"合作机制和东盟分别与中国、日本、韩国的"10+1"合作机制成为了东亚合作的主轴。中国在2001年正式加入世界贸易组织以来便以更加积极的姿态推动双边、多边以及区域经济合作。倡议并积极推进中国与东盟之间的自由贸易区建设。2001年11月,东盟与中国政府领导人在文莱首都斯里巴加湾举行会议,双方就建立CAFTA达成一致。2002年双方在柬埔寨首都金边签署了《中国与东盟全面经济合作框架协议》(Framework Agreement on Comprehensive Economic Co-operation between The People's Republic of China and The Association of Southeast Asian Nations),该协议是CAFTA的法律基础,协议决定到2010年建成CAFTA,这标志着中国和东盟建立自由贸易区的进程正式启动。该自由贸易区的建成将在世界上形成一个惠及18亿人口、拥有经济总量超过2万亿美元的大市场,经济规模将仅次于欧洲经济联盟和北美自由贸易区,也将是由发展中国家组成的最大的自由贸易区。随后在2003年,中国与东盟宣布建立战略协作伙伴关系。2009年5月,东盟与中国、日本和韩国三国财长在印度尼西亚的巴厘岛举行会议,决定在2009年年底启动规模达1200亿美元的亚洲区域性外汇储备库,这是"亚洲货币基金"的雏形。2009年8月,中国和东盟签署了CAFTA的《投资协议》,标志着CAFTA的主要谈判已经完成。2010年1月1日CAFTA正式成立。

CAFTA的建立对中国和东盟发展都有着重要的意义。首先,CAFTA的建立有利于巩固和加强中国与东盟之间的友好合作关系,维护东亚地区的和平与稳定;也有利于提高东盟的国际地位,有助于东盟在国际政治和经济事务中发挥更积极的作用。其次，CAFTA 的建立有利于促进中国和东盟的经济发展方式转变和可持续发展；贸易自由化和便利化将有效地扩大双方的贸易和投资规模，提升 CAFTA 各国之间财金合作水平，提高区域合作组织内成员国人民的福利。最后，CAFTA 的建立也为世界经济增长发挥着积极作用。

参考文献：
编写组：《世界经济概论》，高等教育出版社、人民出版社 2011 年版。
中华人民共和国外交部：《东南亚国家联盟》，中华人民共和国外交部网站，2011 年 10 月，http：//www.fmprc.gov.cn/chn/pds/gjhdq/gjhdqzz/lhg_14/。

（庄宗明　黄斌全）

跨太平洋伙伴关系协定
Trans-pacific Partnership（TPP）

跨太平洋伙伴关系协定，是旨在促进亚太地区贸易自由化的自由贸易协定。

跨太平洋伙伴关系协定的前身是"太平洋三国更紧密伙伴关系（Pacific Three Closer Economic Partnership，P3-CEP）"。2002 年，亚太经济合作组织（APEC）成员国智利、新加坡和新西兰三国领导人在 APEC 墨西哥峰会上宣布正式启动 P3-CEP 谈判。2005 年 7 月 18 日三国签署了《泛太平洋战略经济伙伴协议》。2005 年，文莱正式成为谈判方，并于 2005 年 8 月 2 日作为创始成员签署了 TPP。该协议于 2006 年 5 月开始实施，成员国共 4 个：智利、新加坡、新西兰和文莱，故又简称 P4。该协议是一项涵盖了货物贸易、原产地规则、贸易救济、技术性贸易壁垒、服务贸易、知识产权、政府采购和竞争政策等广泛议题的自由贸易协定。

TPP 在成立的最初几年里，这个原本由太平洋两岸的 4 个小国组成的区域组织并未引起国际上太多的关注。直到 2008 年美国开始参与 P4 合作，TPP 开始引起全球关注。2008 年 3 月美国首先参与了 P4 中的投资和金融服务特定领域的合作。2009 年 11 月，美国总统巴拉克·奥巴马（Barack Obama）高调宣布全面参与加入该协议的谈判。2010 年 3 月、6 月和 10 月，美国与 TPP 成员国先后进行了三轮谈判，同时参与谈判的国家还有澳大利亚、秘鲁、越南和马来西亚，这四国也先后申请加入 TPP。但是截至 2010

年10月的三轮TPP扩容谈判并未取得实质性的效果。在2010年11月横滨APEC峰会上，TPP被列为通向亚太自由贸易区（Free Trade Area of the Asia-Pacific，FTAAP）的主要路径之一，美国更是将TPP看做未来FTAAP的雏形。在此次峰会上，上述九国同意奥巴马的提案并拟定于2011年11月夏威夷APEC峰会上完成TPP谈判，但由于谈判涉及各方切身利益，并未能如期结束。2012年10月加拿大和墨西哥也先后宣布参与TPP谈判。日本曾计划于2012年墨西哥G20峰会期间正式宣布加入TPP谈判，但由于国内意见分歧严重而放弃宣布。目前，TPP拥有创始成员国4个，参与谈判国共7个，分别是：美国、澳大利亚、秘鲁、越南、马来西亚、加拿大、墨西哥。

尽管TPP得到了美国的全力推动，但至今情况并不乐观。当前，TPP面临着多重挑战，最主要的有以下三项：第一，成员国扩大的不确定性。TPP不进行扩容就没有影响力，但TPP是一项具有严格约束性的协议，各方需要慎重考虑才能做出决定。第二，TPP谈判的艰巨性。TPP内容之多、条款之严、门槛之高，使其被标榜为"21世纪的高质量的FTA"，太高的进入标准对正在谈判的成员而言，是十分艰巨的。第三，协议的复杂性。多数谈判国相互之间就存在着双边的FTA，TPP与这些双边FTA的关系变得十分复杂，既有重叠的，也有覆盖不到的。另外，TPP协议范本也成为问题，美国提出使用自己的版本，而4个创始成员国则坚持使用原来的协议（陆建人，2011）。

参考文献：
陆建人：《美国加入TPP的动因分析》，载于《国际贸易问题》2011年第1期。
徐长文：《TPP的发展及中国应对之策》，载于《国际贸易》2011年第3期。

（庄宗明　黄斌全）

非洲联盟
African Union（AU）

非洲联盟，简称非盟，是一个集政治、经济和军事于一体的综合性的区域一体化组织。它最终将实现统一的货币、联合军队以及非洲议会等目标。

非盟的前身是成立于1963年5月25日的非洲统一组织（Organization of African Unity，OAU）。当时OAU成立的目的是为了团结广大的非洲国家，促进当时民族独立解放运动，并在非洲大陆上形成一个统一的声音。1999

年9月9日，OAU 第四届特别首脑会议通过《锡尔特宣言》(Sirte Declaration)，决定成立非盟。2000年7月，OAU 首脑会议在多哥首都洛美举行，会议通过了《非洲联盟章程》(The Constitutive Act of the African Union)并于2001年开始实施。2002年7月，OAU 在南非德班召开最后一届首脑会议，同时非盟举行第一届首脑会议，非盟取代 OAU 正式成立，总部设在埃塞俄比亚首都亚的斯亚贝巴。截至2011年8月，非盟共有54个成员国，包括：阿尔及利亚、埃及、埃塞俄比亚、安哥拉、贝宁、博茨瓦纳、布基纳法索、布隆迪、赤道几内亚、多哥、厄立特里亚、佛得角、冈比亚、刚果（布）、刚果（金）、吉布提、几内亚、几内亚比绍、加纳、加蓬、津巴布韦、喀麦隆、科摩罗、科特迪瓦、肯尼亚、莱索托、利比里亚、利比亚、卢旺达、马达加斯加、马拉维、马里、毛里求斯、毛里塔尼亚、莫桑比克、纳米比亚、南非、尼日尔、尼日利亚、塞拉利昂、塞内加尔、塞舌尔、圣多美和普林西比、斯威士兰、苏丹、索马里、坦桑尼亚、突尼斯、乌干达、赞比亚、乍得、中非、阿拉伯撒哈拉民主共和国（即"西撒哈拉"，1984年11月被 OAU 接纳为成员，摩洛哥随即退出 OAU，后来摩洛哥未再加入 OAU 或非盟）以及南苏丹（2011年7月独立建国，成为非盟最年轻的成员国）。

《非洲联盟章程》确立了非盟的宗旨和目标。非盟的宗旨是：成员国主权平等，相互依存；不干涉内政；制定共同的防务政策；和平解决争端，禁止使用或威胁使用武力；尊重民主原则、人权、法治和良政；尊重人的生命的神圣性，谴责和反对暗杀、恐怖主义行为和颠覆活动；让非洲人民广泛参与非盟建设；反对以非宪法方式更迭政权；成员国发生战争罪、种族屠杀或大规模人道主义危机时，非盟有权依照大会决定进行干预；为恢复和平与安全，成员国有权要求非盟干预；促进性别平等；促进社会公正，推动经济平衡发展。非盟的目标是：实现非洲国家和人民间的更广泛的团结和统一；维护成员国主权、领土完整和独立；促进和平、安全和稳定；加快政治、社会和经济一体化进程；促进民主原则、大众参与和良政；促进和保护人权；推动非洲经济、社会、文化的可持续发展；推动各领域的泛非合作，提高人民生活水平；协调和统一当前和未来的区域经济组织的政策，以逐步实现非盟目标；维护非洲共同立场和利益；加强国际合作，创造条件使非洲在全球事务中发挥应有作用。非盟为实现其目标而相应设置的组织机构包括：首脑会议，执行理事会，非盟委员会，泛非议会，和平与安全理事会，非洲发展新伙伴计划，经济、社会和文化理事会，非洲法院，金融机构。

非盟的成立是非洲大陆经济一体化进程的关键一步。未来的非盟将是一个组织形式更高、更加富有效率和权威,并且拥有更广泛民众基础的非洲一体化组织,它对于非洲大陆更好地应对全球化的挑战、实现本地区的发展与复兴具有重要意义。

中国和非盟及其前身 OAU 都保持着友好往来和良好合作,并向其提供了力所能及的援助。近年来,双方在气候变化、世界贸易组织、多哈回合谈判等重大国际问题以及非洲热点问题上加强了沟通协调。中国向非盟的建设和维和行动提供了援助,非盟在涉及中国核心和重大利益问题上坚定支持中国,中国与非盟的关系在不断深入发展。

参考文献:
编写组:《世界经济概论》,高等教育出版社 2011 年版。
中华人民共和国外交部:《非洲联盟》,中华人民共和国外交部网站,2012 年 4 月,http://www.fmprc.gov.cn/chn/pds/gjhdq/gjhdqzz/lhg_16/。

(庄宗明　黄斌全)

新兴经济体
Emerging Economies

新兴经济体是指那些处于快速工业化进程中,经济增长迅速且经济开放程度较高的发展中经济体。

自从 20 世纪 60 年代以来,一直持续到 20 世纪 80 年代,以"亚洲四小龙"(韩国、中国台湾地区、新加坡以及中国香港地区)为代表的一些发展中国家和地区的经济取得了快速的增长,于是在 1970 年,人们开始使用"新兴工业化经济体"(Newly Industrialized Economies)这个名词来指代那些经济发展水平尚未达到发达国家水平,但是经济发展速度超出其他发展中经济体的一部分国家和地区。1981 年,作为世界银行集团成员之一的国际金融公司(International Finance Corporation,IFC)当时正在推动共同基金在发展中国家的投资,国际金融公司的经济学家在那时首先提出了"新兴经济体"这个概念(Khanna et al., 2010),随后"新兴经济体"这个名词便广泛被媒体、国际投资机构、跨国公司和学者们使用。国内学者张宇燕和田丰在借鉴前人相关研究的基础上,兼顾经济体的系统重要性、代表性和地理平衡等多方面因素,将新兴经济体界定为:"二战"后经济相对快速增长、具有较大经济规模和人口总量、目前人均收入相对较低、经济开放程度较高、具有广泛代表性的发展中经济体（张宇燕等，2010）。与"新兴经济体"相近的一个名词是"新兴市场经济体"（Emerging Market Economy），其在中国的使用也非常广泛。

对于新兴经济体的划分没有一个统一的标准，具有代表性的有以下几个类型。第一，根据经济发展情况和政府制定的经济政策来划分。具体由三个方面的特点来定义"新兴经济体"，一是经济发展的绝对水平，即人均国内生产总值；二是经济发展的相对水平，即国内生产总值的增长速度；三是市场导向体系和经济自由化政策（Arnold et al.，1998）。第二，根据某个时期的出口增长速度来划分。法国社会展望和国际信息研究中心（Centre d'Etudes Prospectives etd'Information Internationales，CEPII）把"新兴经济体"定义为那些在某个时期人均GDP低于工业化国家平均水平的50%，且同期出口增长率至少高于工业化国家平均水平10%的国家或地区。第三，根据金融市场的发展和开放程度来划分。国际货币基金组织在2004年的《全球金融稳定报告》中，认为"新兴经济体"是那些金融市场发展程度低于发达国家，但仍便于外国投资者大范围投资的发展中国家或地区。

由于新兴经济体的划分标准不统一，于是对于哪些经济体应该被纳入新兴经济体的范畴就存在差异，不同的组织和机构所列出来的名单有所不同。例如国际货币基金组织2012年所列出来的新兴经济体国家的名单包含24个经济体，哥伦比亚大学的新兴市场全球参与者项目（Emerging Market Global Players Project）2012年把14个经济体列入新兴经济体的观察名单。摩根斯坦利国际资本公司（Morgan Stanley Capital International，MSCI）在2010年把21个经济体列入了新兴经济体名单。富时指数有限公司（FTSE International Limited，FTSE）的分类更加具体，它把新兴经济体分为发达新兴经济体（Advanced Emerging Economies）和中等发达新兴经济体（Secondary Emerging Economies）。其中发达新兴经济体包括巴西、中国台湾等8个经济体，而中等发达新兴经济体包括中国大陆、印度、印度尼西亚等12个经济体。

最近几年，将少数几个国家组合成一个具有特定称谓的国家集团，成为界定"新兴经济体"的一个新趋势，其中最典型的是"金砖四国"（即"BRIC"，分别指巴西、俄罗斯、印度和中国），南非加入后，其英文单词变为"BRICS"，并改称为"金砖国家"；另一个是根据2009年的哥本哈根大会提出的"基础四国"（即"BASIC"，分别指巴西、南非、印度和中国）；还有美国高盛公司2006年提出的"新钻11国"，即"N-11"，分别指孟加拉国、埃及、印度尼西亚、伊朗、韩国、墨西哥、巴基斯坦、尼日利亚、菲律宾、土耳其和越南。

参考文献：

张宇燕、田丰：《新兴经济体的界定及其在世界经济格局中的地位》，载于《国际经济评论》2010 年第 4 期。

Arnold, D. J. and Quelch, J. A., New Strategies in Emerging Markets, *Sloan Management Review*, Vol. 40, Issue 1, 1998.

Khanna, T. and Palepu, K. G., *From Winning in Emerging Markets: A Road Map for Strategy and Execution*, Boston: Harvard Business Press, 2010.

（庄宗明　陈婷）

金砖国家
BRICS

金砖国家原指"金砖四国"（BRICs），即巴西、俄罗斯、印度和中国。2010 年 12 月，中国作为金砖国家合作机制轮值主席国，与俄罗斯、印度、巴西一致商定，吸收南非作为正式成员加入金砖国家合作机制。至此，"金砖四国"变成"金砖国家"（BRICS）。

"金砖四国"这一概念是由美国高盛集团首席经济学家吉姆·奥尼尔（Jim O'neill）在 2001 年 11 月首次提出的。"金砖四国"（BRICs）取自巴西、俄罗斯、印度和中国的英文首字母，由于该概念与英文单词"砖"（Brick）类似，因此被称为"金砖四国"。由于这 4 个发展中国家经济增长势头迅猛，全球经济增长动力从发达国家的 G7 经济体转向了金砖四国（O'neill，2001）。

2009 年 6 月，金砖四国领导人首次在俄罗斯叶卡捷琳堡举行峰会，标志着金砖四国由商业投资机会概念演变成为一种政治经济合作机制。在此届峰会上，四国领导人共同发出了"推动国际金融机构改革，提高新兴市场和发展中国家在国际金融机构中的发言权和代表性"的呼吁。2010 年 4 月，第二次金砖四国峰会在巴西的巴西利亚召开。会后，四国领导人发表了《联合声明》，就共同愿景与全球治理、国际经济金融事务、国际贸易、发展、农业、消除贫困、能源和气候变化等经济议题阐述共同的看法与立场，商定推动金砖四国合作与协调的具体措施。2010 年 12 月，南非正式加入，

"金砖四国"扩展为"金砖国家"(BRICS),南非是许多重要国际组织中的非洲代表,是G20中唯一的非洲成员,是金砖四国进入非洲市场的门户和桥头堡。南非加入金砖国家合作机制,增加了金砖国家的代表性,有利于金砖国家在构建全球治理结构、国际货币经济体系改革、气候变化、减贫和可持续发展等重大问题上协调立场,推动构建一个公正、民主的全球政治经济治理结构。

第三次金砖国家峰会于2011年4月14日在海南三亚举行。与会五国领导人以"展望未来、共享繁荣"为主题,就加强金砖国家之间的合作及共同关心的国际和地区问题进行了坦诚深入的讨论,达成广泛共识。会后,五国领导人发表了《三亚宣言》,就金砖国家合作机制定位、宏观经济政策协调、加强金砖国家间经济金融和贸易领域合作、落实国际货币基金组织改革目标、改革国际货币金融体系、加强大宗商品的金融市场监管及供需合作、发展援助、碳减排和全球气候变化等经济议题发表了共同看法与立场(王永中等,2011)。金砖国家领导人第四次会晤于2012年3月29日在印度首都新德里举行,这次会晤的主题是"金砖国家致力于全球稳定,安全和繁荣的伙伴关系"。

金砖国家是五个具有不同成长轨迹的新兴大国的典型代表。俄罗斯作为超级大国苏联的继承者,在经历了一段"过山车"式的发展后重整旗鼓,重新回到大国行列。巴西早在20世纪六七十年代就已经进入次发达国家的行列,20多年前就具备了冲击经济大国的基础条件,但由于通货膨胀久治不愈,一度患上了"拉美病",被全球经济边缘化了30年,近年来终于走出低谷,实现了连续多年的强劲经济增长。印度是世界上最大的议会制发展中国家,20年前还是世界最贫穷的国家之一,经济的快速增长只有十几年的时间,但在软件、制药等产业领域已处在国际先进水平,金融服务体系非常完善,正走上一条由贫穷落后国家向经济大国转变的道路。中国是政府主导型国家中经济发展获得巨大成功的典范,不仅保持了30多年的持续高速增长,而且社会经济政治稳定,国际经济地位不断提高,目前正全面融入全球化进程和国际事务中。南非作为非洲经济最发达的国家,享有非洲大陆丰富的自然资源,20世纪八九十年代受国际经济制裁,经济一度出现衰退,1996年新南非政府推出了"增长、就业、再分配"的宏观经济政策,经济增长逐步恢复,成为令全球瞩目的"非洲代表"(陈雨露,2012)。

根据高盛公司的预测,金砖国家将于2050年彻底改变全球经济格局。其中,巴西将于2025年取代意大利的经济位置,并于2031年超越法国;俄罗斯将于2027年超过英国，2028年超越德国；中国可能会在2041年超过美国从而成为世界第一经济大国；印度可能在2032年超过日本（陈雨露，2012）。

参考文献：

陈雨露：《"金砖国家"的经济和金融发展：一个比较性概览——金砖国家的历史、进程与国家禀赋》，载于《金融博览》2012年第3期。

陈雨露：《"金砖国家"的经济和金融发展：一个比较性概览——金砖国家发展的机遇与挑战》，载于《金融博览》2012年第7期。

王永中、姚枝仲：《金砖国家峰会的经济议题、各方立场与中国对策》，载于《国际经济评论》2011年第3期。

O'Neill, J., Building Better Global Economic BRICs, Global Economics Paper No. 66, Goldman Sachs & Co.. 2001.

（庄宗明　陈婷）

跨国公司
Transnational Corporation

跨国公司是生产国际化和世界经济发展的产物，是指以母国为基地，通过对外直接投资，在两个或两个以上国家设立分支机构或子公司，从事国际化生产、销售和其他经营活动的国际性大型企业。20世纪50年代末人们把这种企业称为"多国公司"或"多国企业"（Multinational Corporation），到20世纪70年代初，联合国开始注意跨国公司问题的研究，当时跨国公司也是以"多国公司"这一名称出现在联合国文件中。直到1974年，由于发展中国家的建议和坚持，联合国开始在正式文件里统一使用"跨国公司"（Transnational Corporation）这一名称。

跨国公司的基本特征包括：生产经营活动跨国化、生产经营方式多样化、经营战略全球化和内部管理一体化。联合国跨国公司委员会（现"联合国国际投资和跨国公司委员会"的前身）认为，一个跨国公司应具备以下三个要素：第一，跨国公司本质上是一个工商企业，组成这个企业的实体在两个或两个以上的国家内经营业务，而不论其采取何种法律经营形式，也不论其经营所涉及的领域。第二，跨国公司的管理决策着眼于全球，尽管它的管理决策机构的设立主要以某国或某个地区为主。在跨国公司的全球决策中，市场占据主导地位，市场决定了企业的经营策略和经营状况。第三，跨国公司的经营范围很广，从研究与开发、原料开采、工业加工到批发、零售等再生产的各个环节都纳入了它的经营范围。它包括的是资本运作的全过程，而不是某个行业或再生产的某个环节。

跨国公司的产生和发展。15世纪末16世纪初，地理大发现以及国际分工的产生和发展促使国际贸易范围扩大，资本主义国家出现了一批特许贸易公司（如英国东印度公司、荷兰东印度公司等）。这些贸易公司是跨国公司的雏形，但它们并非现代意义上的跨国公司，它们主要从事贸易和航运等商业活动，而没有直接从事生产和投资，不具备跨国公司的基本特征。19世纪60年代开始，一批制造业大公司通过对外直接投资的方式在海外设立分支机构和子公司，成为现代跨国公司的先驱。1865年，德国拜尔化学公司（Bayer）在美国纽约开设苯胺工厂，标志着世界上第一家跨国公司诞生。1867年，美国胜家缝纫机公司（Singer）在英国格拉斯哥设立工厂，并于1880年在英国伦敦和德国汉堡设立销售机构以推销他们在格拉斯哥生产的产品，胜家成为美国第一家跨国公司。这一阶段英美两国跨国公司的发展处于领先地位。在两次世界大战期间，受战争和1929～1933年大危机的影响，全球大部分跨国公司的发展陷入了低谷。而美国作为极少数能进行大规模资本输出的国家，它的跨国公司在这一阶段取得长足发展。第二次世界大战后，伴随着全球对外直接投资发展迅速，跨国公司进入了高速发展阶段，并于20世纪90年代末形成了以美、日、英、法、德等发达国家为主，发展中国家和地区逐步参与、快速发展的态势。进入21世纪后，跨国公司在世界经济中的作用越来越大。2008年，全世界共有约82000家跨国公司，其国外子公司共计810000家，跨国公司国外子公司的出口估计占全世界商品和服务出口总量的1/3，全球雇员人数达到7700万人（UNCTAD，2009）。同时，发展中国家和转型经济体的跨国公司也开始迅速发展，成为向发达国家跨国公司挑战的新生力量。

跨国公司的快速发展也引起了经济学理论界的注意，跨国公司理论也处于不断地发展过程中。"跨国公司理论之父"史蒂芬·海默（Stephen Hymer）认为，由于市场的不完全竞争，跨国公司在国内获得了企业专有优势，并通过国际直接投资在国外生产加以利用和控制。他的这一理论后来经过查尔斯·金德尔伯格（Charles Kindleberger）及其他学者的发展形成了"垄断优势理论"。在"垄断优势理论"中，企业专有优势是解释跨国公司存在的重要工具。雷蒙德·弗农（Raymond Vernon）建立了"产品生命周期理论",他认为产品在其生命周期中的位置决定其生产的地理位置,而外商直接投资是这一生产位置转移的结果。这一理论实质上是认为跨国公司的存在是技术发达国家的企业为保护其技术优势所采取的一种防御性行为。彼得·巴克利(Peter Buckley)和马克·卡森(Mark Casson)提出了"内部化理论",用交易费用理论来解释跨国公司的行为。他们认为内部化的收益大于内部化的成本时,就会产生内部化优势,而当市场内部化的范围超越国界时就产生了跨国公司。在前人的基础上,约翰·邓宁(John Dunning)提出了更具一般性的跨国公司理论——"国际生产折中理论",认为企业只有同时拥有所有权优势(Ownership-Specific Advantages)、区位优势(Location-Specific Advantages)和内部化优势(Internalization-Specific Advantages)时,国际直接投资才成为可能。这就是所谓的"OLI 分析范式"。由于跨国公司本身是一种复杂的经济组织,随着经营环境的变化和时代的变迁,它会呈现出不同的特征,所以,传统的跨国公司理论本身的缺陷及现实变化导致它对跨国公司经营的新行为和新趋势难以做出合理的解释。传统跨国公司理论受到了新理论的挑战,跨国公司新理论选取了新的研究对象和研究视角,主要包括发展中国家跨国公司理论和跨国公司战略与组织理论(薛求知,2007)。

改革开放以来,中国经济取得高速增长并成功地引进了外商直接投资。改革开放初期利用外资规模较小,质量较低。随着改革开放深入发展,中国投资环境不断改善,对外商直接投资的吸引力逐年提高。20 世纪 90 年代以来,特别是 1992 年以来,中国外商直接投资总额和单项投资额急剧增加,引资重点逐步向高新技术产业和现代服务业发展。同时,大型跨国公司全面进入中国市场,外商在华设立地区总部、研发中心、营销中心等成为中国吸引外资的新亮点。在中国对外投资方面,其形式开始向跨国并购、参股、境外上市等多种方式扩展。跨国公司在世界经济发展中的地位越来越高,为了更全面地融入全球经济体系,中国必须确立跨国公司在促进经济发展、增强综合国力和实现民族富强中的战略地位,制定和实施好跨国公司"引进来"和"走出去"战略,为中国经济发展提供新的强大动力,不断增强中国经济的国际竞争力和对外国企业的吸引力(吴文武,2003)。

参考文献:

联合国秘书处经济社会事务部:《世界发展中的多国公司》,商务印书馆 1975 年版。

吴文武:《跨国公司与经济发展——兼论中国的跨国公司战略》,载于《经济研究》2003 年第 6 期。

薛求知：《当代跨国公司新理论》，复旦大学出版社 2007 年版。

Buckley P. and Casson M., *The Future of Multinational Enterprises*, London: Macmillan, 1976.

Dunning J., *Economic Analysis and the Multinational Enterprise*, London: George Allen & Unwin Ltd., 1974.

Dunning J. and Lundan M., *Multinational Enterprises and the Global Economy*, Cheltenham: Edward Elgar, 2008.

Hymer S., *The International Operations of National Firms: A Study of Direct Foreign Investment.* Cambridge: The MIT Press, 1976.

UNCTAD, *World Investment Report 2009: Transnational Corporations, Agricultural Production and Development*, New York and Geneva: United Nations, 2009.

Vernon R., International Investment and International Trade in the Product Cycle, *The Quarterly Journal of Economics*, Vol. 80, No. 2, 1966.

（庄宗明　黄斌全）

母国和东道国
Home Country and Host Country

　　母国一般是指跨国公司母公司所在的国家，它是国际直接投资的来源国。东道国是指跨国公司的海外子公司或分支机构所在的国家，它是国际直接投资的接受国。跨国公司通过建立独资企业、合资企业、战略联盟及其他合作形式，几乎渗透到世界上绝大部分国家和地区的绝大多数产业部门。跨国公司的投资几乎遍及世界的每一个角落，这使得绝大多数国家既是一些跨国公司的母国又是另一些跨国公司的东道国。

　　跨国公司的发展对母国经济和东道国经济都具有重要影响。对母国而言，跨国公司发展的有利影响包括：有助于母国扩大国际市场；推动母国国内产业结构升级。同时，跨国公司的发展也可能会对母国产生以下不利影响：削弱母国的资本和技术比较优势；东道国产品竞争力提高从而挤占母国市场；通过国际直接投资方式进行研发，可能导致母国创新体系的优势弱化及技术流失。对东道国而言，跨国公司发展的有利影响包括：缓解东道国资本短缺；增加东道国国内就业；扩大东道国出口贸易；提高东道国产业技术水平。同时，跨国公司的发展也可能会东道国产生以下不利影响：国际直接投资的进入可能冲击东道国民族工业；存在东道国重要经济领域被跨国公司操纵和控制的威胁；一些转移到东道国的能耗大污染重的企业，给东道国的资源环境保护带来巨大压力。

参考文献：
编写组：《世界经济概论》，高等教育出版社2011年版。
陶立新、顾群辉、何昌：《WTO实用词典》，中国经济出版社2002年版。

（庄宗明 黄斌全）

生产国际化
Internationalization of Production

生产国际化是指生产过程日益突破国界向国际范围的延伸，它实质上是世界范围内的生产社会化，即生产过程中的分工合作超出国界在国际上的扩展。生产国际化是由国际直接投资引起的，跨国公司是生产国际化的微观基础和企业组织形式，它同时还是国际直接投资的主要承担者。生产国际化、国际直接投资和跨国公司三者之间存在密切联系，它们相互交织形成统一的经济运动。

国际直接投资是生产国际化的基础。国际直接投资是指一国的自然人、法人或其他经济组织单独或共同出资，在其他国家的境内创立新企业，或增加资本扩展原有企业，或收购现有企业，并且拥有有效管理控制权的投资行为。根据国际直接投资的动因不同，可将其划分为市场导向型、资源导向型、效率导向性和优惠政策导向性等投资。由于对企业控制权的有效掌握，投资者便可参与企业的经营管理等生产性活动，并带动劳动力、资本和技术等生产要素在国际上大规模流动。因此，国际直接投资的过程就是生产国际化的过程，二者是不可分开的。在第二次世界大战以后，国际直接投资获得快速发展，其规模不断扩大、数量迅速增加，投资流向趋于多元化，这大大促进了生产国际化的迅速发展。

跨国公司是生产国际化的微观基础和企业组织形式。国际直接投资以跨国公司为主要载体，为国际生产体系的建立和发展提供了强有力的组织保障。随着国际分工深化和生产国际化进程的推进，跨国公司生产取得了快速的发展。2010年，全球跨国公司在国内和国外创造的增加值约为16万亿美元，占全球 GDP 的 1/4，其中由外国子公司创造的增加值约为 7 万亿美元；在国际直接投资方面，全球跨国公司外向直接投资存量已高达 204080 亿美元（UNCTAD，2011）。跨国公司是生产国际化和世界经济发展的产物，同时它的发展也对生产国际化的发展产生了重要作用。跨国公司通过充分利用在资金、管理、营销网络、专有技术等方面的优势，与东道国自然资源、劳动力和市场等要素优势相结合，进行跨国生产和经营，优化了全球资源配置，推动了生产国际化的发展。在全球战略的驱使下，跨国公司之间，跨国公司内部的母公司与子公司之间，子公司与子公司之间进行着大量的商品和服务贸易、资本和劳务流动以及频繁的信息交流，这些经济活动促进了国际直接投资的发展，进一步推动了生产国际化。

同时，生产国际化的发展反过来也推动了国际直接投资和跨国公司的发展。生产国际化进程中国际分工的不断深化使得一种产品需要在多国之间进行分工合作才能生产出来，生产要素在更大范围内实现了有效配置，这就加速了国际直接投资在参与生产分工国家之间的流动。产品的不同生产环节或工序在各国家或各地区的分布也将影响国际直接投资的区域布局。分工的不断扩大推动着区域生产网络和国际生产网络的形成和不断完善。生产国际化对国际直接投资的促进作用主要是通过跨国公司的生产经营国际化来实现的。生产国际化进程中信息技术的发展和运输成本的下降也在加速跨国公司实现国际生产一体化的进程。

参考文献：

编写组：《世界经济概论》，高等教育出版社 2011 年版。

张幼文：《生产国际化与开放经济》，载于《学术月刊》1997 年第 3 期。

庄宗明：《世界经济学》，科学出版社 2007 年版。

Lipsey, R., The Internationalization of Production, NBER Working Paper, No. 2923, 1989.

UNCTAD, *World Investment Report* 2011, New York and Geneva: United Nations, 2011.

（庄宗明　黄斌全）

国际产业转移
International Industrial Transfer

国际产业转移，是指在世界市场上，通过国际贸易或国际投资等方式，产业由某些国家或地区转移到另外一些国家或地区的经济现象。国际产业转移一方面为母国的产业结构调整创造条件，另一方面又带动了东道国的产业结构调整和产业技术水平升级。

第二次世界大战以后，在全球范围内共发生了三次较大规模的国际产业转移：第一次国际产业转移发生在20世纪50年代，美国在确立了全球技术领先和经济霸主地位后，率先进行了产业结构的调整升级。美国在国内集中发展汽车和化工等资本密集型重化工业，同时把纺织等传统劳动密集型产业通过对外直接投资向日本和西德等一些欧洲国家转移。由于当时日本和西德处于战后经济恢复期，整体经济相对落后、劳动力成本相对较低，在承接了美国转移出来的轻纺工业后，很快成为全球劳动密集型产品的主要供应者，战后经济也获得了迅速发展。第二次国际产业转移发生在20世纪60年代至70年代，第三次科技革命的迅速发展推动发达国家加快了产业结构升级的步伐。美国、德国和日本等国家开始集中发展钢铁、化工和汽车等资本密集型产业和电子、航空航天和生物医疗等技术密集型产业，同时把轻纺工业等劳动密集型产业进一步大量向发展中国家转移。这一阶段，美洲和亚洲新兴工业化国家积极承接了这些产业并大力发展出口导向型工业。第三次国际产业转移发生在20世纪70年代末，1973年和1978年两次石油危机使石油价格和其他初级产品价格大幅上涨，这迫使发达国家积极发展微电子、新能源和新材料等具有高附加值和低能耗的技术密集型和知识密集型产业，同时将包括钢铁、化工、汽车和家电等在内的高能耗、高污染的产业和大量劳动密集型产业向发展中国家转移。第四次国际产业转移开始于20世纪90年代，由于经济全球化的推进和信息技术的迅速发展，发达国家又开始进入了新一轮的产业结构调整升级，其重点是发展创新性技术密集型产业，而把技术水平和产品附加值较低的产业转移到发展中国家。

开始于20世纪90年代的新一轮国际产业转移浪潮在深度、广度和产业转移的要素等方面表现出以下趋势和特点：第一，国际产业转移的规模不断扩大。发达国家为了取得全球经济竞争中的优势，抢占全球产业结构制高点，纷纷把产业结构的调整推广到全球，以产业转移为手段进行大规模的结构重组和升级，引发了全球范围内的产业转移浪潮。第二，国际产业转移的结构层次不断提高。发达国家加快了产业结构的知识化和高度化，国际产业转移呈现出高度化趋势。高新技术产业、金融保险业、服务贸易业、电子信息业和房地产业等产业逐渐取代劳动密集型产业成为国际产业转移的重要领域。第三，国际产业转移的方式日趋多样化。随着跨国公司在全球经济和对外投资中作用的不断增强，国际产业转移突破了原来单一的直接投资形式，逐步形成了独资、合资、收购和兼并等多样化投资和产业转移方式并举的格局。第四，国际产业转移区域内部化趋势加强。区域经济一体化的不断发展加快了区域组织内贸易自由化和投资自由化进程，区域组织内成员国之间的国际直接投资已成为国际产业转移的一个重要特征。

在国际产业转移的理论发展方面，经济学家们也从不同角度对国际产业转移进行了解释，其中具有代表性的是：阿瑟·刘易斯（Arthur Lewis）的"劳动密集型产业转移理论"；雷蒙德·弗农（Raymond Vernon）的"产品生命周期理论"；小岛清（Kiyoshi Kojima）的"边际产业转移理论"。

"劳动密集型产业转移理论"分析了发达国家在20世纪60年代，由于人口自然增长率下降，非熟练劳动力不足，某些劳动密集型产业的产品生产转移到发展中国家进行，而发达国家所需要的劳动密集型产品则从这些发展中国家进口。刘易斯的观点实际上建立在赫克歇尔－俄林的要素禀赋结构理论基础之上，由于当时国际产业转移主要集中在劳动密集型产业方面，因而影响转移的要素主要是发达国家和发展中国家之间在非熟练劳动力丰裕程度上的差别。

"产品生命周期理论"认为一个新产品的技术发展大致有三个阶段：新产品阶段、成熟阶段和标准化阶段。新产品阶段，是新产品开发与投入生产的最初阶段。新产品的价值功能刚刚为人们所认识，对新产品的需求还仅仅局限于发明国，生产该产品的技术尚未定型，需要通过国内市场了解消费者对产品的要求从而改进产品设计。所以在这个阶段，生产过程中投入最多的是技术知识和熟练劳动，产品的知识和技术密集度较高。成熟阶段，是产品及其生产技术逐渐成熟的阶段。产品的价值功能已经被与发明国发展水平相当的国家的消费者所认识，这些国家对产品的需求逐渐提高，该产品的出口大量增加。同时，国外厂商开始模仿或引进先进技术从事生产，需要投入较多资本与非熟练劳动，产品开始由知识和技术密集型向资本和劳动密集型转化。标准化阶段，是产品及其生产技术的定型化阶段。生产技术体现为专门的生产设备、流水线和大批量的标准化生产，研究与开发费用占总生产成本的比重降低，资本与非技术型熟练劳动则是构成产品成本的最主要部分。此时由于生产厂商众多，产品成本、价格和质量就成为厂商市场竞争的主要手段，生产地点也逐渐向低成本地区转移。"产品生命周期理论"认为发达国家之所以向国外转移产业是由于企业为了顺应产品生命周期的变化，回避某些产品生产上的比较劣势。

"边际产业转移理论"认为对外直接投资应该从母国已经处于或即将处于比较劣势的产业亦即边际产业依次进行，以规避产业劣势。

参考文献：
［美］刘易斯：《国际经济秩序的演变》，商务印书馆1984年版。
卢根鑫：《国际产业转移论》，上海人民出版社1997年版。
［日］小岛清：《对外贸易论》，南开大学出版社1987年版。
Vernon R., International Investment and International Trade in the Product Cycle, *The Quarterly Journal of Economics*, Vol. 80, No. 2, 1966.

（庄宗明　黄斌全）

全球价值链
Global Value Chain

根据联合国工业发展组织2002年给出的定义，全球价值链是指为实现商品或服务价值而连接生产、销售、回收处理等过程的全球性跨企业网络组织，涉及从原料采集和运输，半成品和成品的生产和分销，直至最终消费和回收处理的整个过程。它包括所有参与者和生产销售等活动的组织及其价值、利润分配。当前，散布于全球的、处于全球价值链上的企业进行着从设计、产品开发、生产制造、营销、出售、消费、售后服务、最后循环利用等各种增值活动。

全球价值链理论根源于20世纪80年代国际商业研究者提出和发展起来的价值链理论，其中迈克尔·波特（Michael Porter）的价值链最为流行，不过布鲁斯·寇伽特（Bruce Kogut）的价值链理论对全球价值链理论的形成却更为重要。波特在分析公司行为和竞争优势的时候，认为公司的价值创造过程主要由基本活动（含生产、营销、运输和售后服务等）和支持性活动（含原材料供应、技术、人力资源和财务等）两部分完成。这些活动在公司价值创造过程中是相互联系的，由此构成公司价值创造的行为链条，这一链条就称为价值链。不仅公司内部存在价值链，一个公司价值链与其他经济单位的价值链也是相连的，任何公司的价值链都存在于一个由许多价值链组成的价值体系中，而且该体系中各价值行为之间的联系对公司竞争优势的大小有着至关重要的影响（Poter，1985）。而寇伽特则认为："价值链基本上就是技术与原料和劳动融合在一起形成各种投入环节的过程，然后通过组装把这些环节结合起来形成最终商品，最后通过市场交易、消费等最终完成价值循环过程。""在这一价值不断增值的链条上，单个企业或许仅仅参与某一环节，或者企业将整个价值增值过程都纳入企业等级制的体系中，等等"。寇伽特认为，国际商业战略的设定形式实际上是国家的比较优势和企业的竞争能力之间相互作用的结果，当国家比较优势决定了整个价值链条各个环节在国家或地区之间如何空间配置的时候，企业的竞争能力就决定了企业应该在价值链条上的哪个环节和技术层面上倾其所有，以便确保竞争优势（Kogut，1985）。与波特强调单个企业竞争优势的价值链观点相比，这一观点比波特更能反映价值链的垂直分离和全球空间再配置之间的关系，因而对全球价值链理论的形成至关重要。

  对于全球价值链的研究主要包括全球价值链的治理和产业升级、全球价值链分工的利益来源等。全球价值链的治理从理论上根源于交易成本经济学、企业网络学说和企业技术学习能力三个学说，根据全球价值链中行为主体之间的协调能力的高低，全球价值链治理模式主要分为五种，即市场、模块型、关系型、领导型和等级制，五种治理模式中市场和等级制分别处于价值链中行为体之间协调能力的最低和最高端，在现实世界全球价值链的治理中，五种模式的选择基本上是在动态平衡外部采购和纵向一体化之间的利益和风险中得出的，因而现实世界中该五种治理模式不但总是相互交错存在的，而且之间存在着一个动态的转换机制（张辉，2004）。全球价值链所关注的产业升级主要落实到以下四个具体方面：工艺流程升级、产品升级、产业功能升级和链条升级。工艺流程升级是通过提升价值链条中某环节的生产加工工艺流程的效益，由此达到超越竞争对手的目的。产品升级是通过提升引进新产品或改进已有产品的效率来达到超越竞争对手的目的。产业功能升级是通过重新组合价值链中的环节来获取竞争优势的一种升级方式。价值链条升级是从一条产业链条转换到另外一条产业链条的升级方式（张辉，2004）。全球价值链分工的利益来源：一是"分工利益"；二是"贸易利益"。比较优势和规模优势产生的是"分工利益"，"价格倾斜"优势产生的是"贸易利益"。参与国都能从全球价值链分工中获取"分工利益"，但它们不能都获得"贸易利益"。最发达国家既能获得"分工利益"，又能挤占他国的"贸易利益";而落后国能从全球价值链分工中获取"分工利益",但其"贸易利益"却可能是负值。总体上是否获利,要比较二者的大小。这样,从静态角度来看,在分工中处于从属地位的国家并不能一定从全球价值链分工中获益(曹明福等,2005)。

中国从20世纪90年代开始,通过承接全球价值链中劳动密集型的环节,迅速成为全球最具竞争力的代工平台,但全球化利得的分配从来就不是静态的和单维的。以全球价值链模式的产业转移为微观基础的全球化对发展中国家产业升级的拷问是发人深省的。事实上,中国承接全球价值链模式产业转移的地区主要集中在东部沿海,这种某一区域率先加入全球价值链低端环节的发展模式,给中国带来了产业升级和区域协调发展的双重挑战。鉴于全球价值链主导和治理的国际产业转移作为国际技术前沿在分工领域的表现,使得竞争模式和发展战略从微观层面发生了革命性的变化,使得其主导者可以利用成本、资源、物流和市场等方面的差别,来获得全球竞争力。因此,我们必须对传统的产业转移模式和产业转移理论进行扬弃,充分发挥全球价值链模式产业转移的作用,来完成中国的产业升级和区域协调发展的双重任务(张少军等,2009)。

参考文献:

张辉:《全球价值链理论与我国产业发展研究》,载于《中国工业经济》2004年第5期。

曹明福、李树民:《全球价值链分工的利益来源:比较优势、规模优势和价格倾斜优势》,载于《中国工业经济》2005年第10期。

张少军、刘志彪:《全球价值链模式的产业转移——动力、影响与对中国产业升级和区域协调发展的启示》,载于《中国工业经济》2009年第11期。

Porter, M. E., *Competitive Advantage*: *Creating and Sustaining Superior Performance*, New York: Free press, 1985.

Kogut, B., Designing Global Strategies: Comparative and Competitive Value-Added Chains, *Sloan Management Review*, Vol. 26, No. 4, 1985.

(庄宗明　陈婷)

世界经济发展不平衡
Imbalance in World Economic Development

世界经济发展不平衡,是指世界各国家和地区经济增长、经济发展水平和生产力发展水平的不平衡。它是世界经济形成以来一条具有普遍性的规律，也是当代世界经济发展的一个重要特征。

第二次世界大战以后，世界经济发展不平衡主要表现为发达国家与发展中国家之间的经济发展不平衡，发展中国家之间的经济发展不平衡，发达国家之间的经济发展不平衡，以及全球经济失衡。

第一，发达国家与发展中国家之间经济发展不平衡。从根本上，南北发展不平衡是当今世界经济发展最大的不平衡，主要表现为经济增长速度、发展水平和经济结构的不平衡。首先，就经济增长速度而言，2004～2011年，发达国家实际GDP年均增长率约为1.6%，而同期发展中国家约为6.8%，比发达国家高出5.2%。经济增长速度不平衡主要是因为大部分发展中国家的经济规模较小，增长基数较低，且所处的经济发展阶段也较低，它们大多数处于大规模工业化进程当中，经济增长的空间比较大。而发达国家由于工业化已经实现，经济规模较大，经济发展水平相对较高。其次，虽然发展中国家经济保持着较高的增速，但其发展水平较之发达国家仍然具有很大的差距，而且这个差距在不断扩大。2010年高收入国家人口共占世界总人口的16%，但它们的国民总收入却占世界国民总收入的70%，经济发展的总体水平明显不平衡；同时，在人均收入水平上也存在着不平衡，2010年低收入国家的人均收入仅为528美元，而高收入国家的人均收入则高达38745美元（World Bank，2012）。最后，经济结构发展的不平衡通过发达国家和发展中国家分别处于不同的经济发展阶段表现出来。"二战"后，发达国家服务业迅速发展，其重心已基本由工业向服务业转移，大多数发达国家已经进入了以服务业为主导的后工业化时期。同时，大多数发展中国家的经济结构实现了由农业向工业的转移，还有少部分最不发达国家仍未实现工业化。

第二，发展中国家之间经济发展不平衡。由于发展中国家之间的经济发展水平存在着明显差异，它们之间收入水平不均等的现象也十分突出。在发展中国家之间，新兴工业化国家和地区在较短的时间内改变了社会经济落后的局面，它们的工业化程度已接近发达国家，韩国、中国台湾地区、中国香港地区和新加坡是新兴工业化国家和地区的典型代表。20世纪80年代以来新兴经济体普遍在制造业上取得了较快的发展，具有很大的发展潜力，巴西、俄罗斯、印度和中国是新兴经济体的典型代表。但在发展中国家中也存在着一些最不发达国家，它们的发展遭受严重制约，人力资源开发水平较低，经济发展水平和人民收入水平十分低下。中等收入国家是发展中国家的主体，但是，如果将中等收入的发展中国家分为中低收入和中高收入两类，在 2010 年，中低收入国家的人均收入水平为 1619 美元，中高收入国家则为 5884 美元，在发展中国家内部收入水平体现出了明显的不均衡。再从地区上看，在所有低收入和中等收入国家和地区中，2010 年，拉丁美洲和加勒比地区的人均收入为 7733 美元，欧洲和中亚地区为 7272 美元，这两个地区的发展中国家人均收入水平相对较高；在发展中国家人均收入水平居中的地区分别为东亚和太平洋地区以及中东和南非地区，它们的人均收入分别为 3696 美元和 3874 美元；而南亚地区和撒哈拉以南非洲地区的人均收入在发展中国家中则相对较低，都为 1176 美元（World Bank，2012）。可见，发展中国家经济发展不平衡也是当代世界经济发展不平衡的重要表现。

第三，发达国家之间经济发展不平衡。"二战"后的世界经济发展进程中，发达国家之间的经济发展也表现出了明显的不平衡。20 世纪 50 年代，美国经济在发达国家中占据了主导地位；20 世纪 60 年代，西欧国家和日本经济崛起，与美国经济的差距不断缩小，并于 20 世纪 80 年代形成了三足鼎立的世界经济格局；20 世纪 90 年代中期，日本经济由于经济泡沫破裂，其经济增长表现持续低迷，1994~2003 年的实际 GDP 增长率仅为 0.9%，而同期美国和欧元区的实际 GDP 增长率则分别为 3.3% 和 2.2%（IMF，2010），欧元区在发达国家经济中的地位不断提升。进入 21 世纪后发达国家内部的经济发展依然表现出不平衡，2004~2011 年，美国经济增速有所放缓，实际 GDP 年均增长率为 1.5%，日本经济则继续低迷，实际 GDP 年均增长率下降为 0.6%，欧元区的经济增长率曾一度超越美国，但总体也呈下降趋势，同期实际 GDP 年均增长率为 1.2%，但欧元区中经济实力最强的德国的经济增长率却超越了美国，同期实际 GDP 年均增长率为 1.7%。总体而言，发达国家之间的经济发展不平衡仍是世界经济发展不平衡的重要表现。

第四，全球经济失衡。全球经济失衡是指世界各国各地区无法实现内部均衡与外部均衡的一种状态，特别是世界主要国家和地区之间在经济相互依赖基础上，国际收支表现出的非均衡状态。自 20 世纪末以来，全球经济持续失衡成为现阶段世界经济发展不平衡的突出表现。

世界经济发展不平衡的原因是多方面的，主要包括：第一，生产力水平和科技水平的差距。各国家和地区生产力和科技水平发展程度的差别是造成世界经济发展不平衡的根本原因。不同的生产力和科技水平使各国在国际分工中的地位不同，从而造就了不同的利益分配以及各国不同的经济结构并存的局面。第二，各国家和地区经济体制和发展战略的区别。一些市场经济体制发展不完善的发展中国家在参与世界市场竞争的过程中就处于相对不利的地位；各国家和地区根据自己特殊国情而制定的不同发展战略也将带来不同的经济发展绩效，这也是导致世界经济发展不平衡的重要原因。第三，不公正、不合理的国际经济秩序。当今国际经济秩序带有明显的霸权主义性质和特点，存在于国际分工、国际贸易、国际金融和国际经济组织中，它不仅是发展中国家经济长期落后的主要原因，也是发展中国家经济发展的重要障碍。第四，历史因素和社会经济条件的影响。世界经济发展进程中，各个国家和地区经济发展具有不同的历史背景和社会经济条件，它们对经济发展的影响和作用是不同的，也是导致世界经济发展不平衡的重要因素。

世界经济发展不平衡对世界经济政治的各个领域产生了重大的影响。首先，世界经济发展不平衡使国际经济矛盾与摩擦复杂化。发达国家之间的矛盾、发达国家和发展中国家之间的矛盾、发展中国家之间的矛盾以及全球经济失衡使各国所要面对的问题复杂化，都是国际经济矛盾与摩擦复杂化的体现。其次，世界经济发展不平衡使世界经济多极化发展趋势增强。世界经济发展不平衡在总体上使发达国家和发展中国家的差距不断扩大，但随着欧盟、新兴工业化国家和金砖国家的经济复苏与发展，使美国的经济霸权地位相对削弱，在现阶段世界经济中呈现出"一超多强"的格局并且这一局面将长期持续。最后，世界经济发展不平衡使得构建国际经济新秩序的途径日益明确。发展中国家为建立国际经济新秩序进行了长期不懈的努力，但直至今日广大发展中国家的政治和经济利益仍得不到保障，现行的不公正、不合理的国际经济新秩序必须进行改革。主要包括改善现有国际分工格局和发展中国家的贸易条件，改革不合理的货币体系和主要发达国家主导全球性国际经济组织的局面，从而增加发展中国家在世界经济中的话语权，改善发展中国家经济发展的国际环境。

参考文献：

编写组：《世界经济概论》，高等教育出版社2011年版。

张幼文、金芳：《世界经济学》，立信会计出版社2004年版。

International Monetary Fund, *World Economic Outlook: Coping with High Debt and Sluggish Growth*, Washington, DC: International Monetary Fund, 2012.

The World Bank, *World Development Indicators* 2012, Washington, DC: World Bank Publications, 2012.

（庄宗明　黄斌全）

全球经济失衡
Global Imbalances

全球经济失衡是指世界各国各地区无法实现内部均衡与外部均衡的一种状态，特别是世界主要国家和地区之间在经济相互依赖的基础上，国际收支表现出的非均衡状态。全球经济失衡是现阶段世界经济发展不平衡的突出表现。2005年2月，国际货币基金组织（参见"国际货币基金组织"）前总裁罗德里戈·拉托（Rodrigo de Rato）在题为"纠正全球失衡——避免相互指责"（Correcting Global Imbalances—Avoiding the Blame Game）的演讲中正式使用了"全球经济失衡"一词。他指出全球经济失衡是这样一种现象：一国拥有大量的贸易赤字，而与该国贸易赤字相对应的贸易盈余则集中在其他一些国家（Rato，2005）。

当前全球经济失衡主要表现为：首先，全球贸易严重失衡。美国经常项目逆差持续扩大，债务迅速增长，而同时中国、日本和亚洲其他主要新兴市场国家对美国持有大量的贸易盈余。全球贸易失衡的赤字方主要是美国，2011年其经常项目赤字高达4659亿美元，2006年，赤字规模最大达到了8006亿美元。相反，2011年新兴市场和发展中经济体的经常项目盈余达到4812亿美元。其中，中国和日本在2011年经常项目盈余分别为2017亿美元和1193亿美元。其次，全球金融严重失衡。金融失衡主要表现为，由于美国在国际金融领域中拥有霸权地位，使得通过贸易顺差和资本流入获得大量美元储备的国家和地区不得不以购买美国国债的方式使美元回流，美国得以继续维持经常账户的巨额赤字，导致全球失衡不断积累。

对于全球经济失衡出现的原因，经济理论界从不同角度给出一些不同的解释，具有代表性的有：

储蓄—投资视角。即认为导致全球经济失衡的主要原因由储蓄—投资缺口所引起，而储蓄—投资缺口则是由美国的低储蓄率和部分亚洲国家的高储蓄率之间的差异所引起（Obstfeld and Rogoff，2004；Feldstein，2008）。

汇率视角。即认为一些国家通过低估本币汇率刺激出口增长从而导致国际收支失衡。部分亚洲国家政府推行出口导向型政策，这一政策要求低估汇率以保证出口和外商直接投资的获利性，其后果是这些亚洲国家贸易顺差的扩大和外汇储备的不断积累（Dooley et al.，2004）。

国际分工视角。从新国际分工格局的角度看，国际收支失衡有其必然性。第二次世界大战以后，美国率先开展并引领全球产业结构调整。这一过程中，美国等发达国家的制造业向世界各地转移，服务业特别是金融业在其国民经济中的地位和作用不断上升并成为它们的比较优势产业。当代全球国际分工形成了以美国为首的发达国家的金融业比较优势与一些发展中国家和地区的制造业比较优势的新型分工格局。

国际货币体系视角。以美元为中心的国际货币体系使美国在世界经济中具备金融霸权，大部分发展中国家严重依附于美元体制。东亚各经济体是现行美元体制的重要组成部分，它们的美元本位的汇率制度安排是导致全球经济失衡的深层次原因。

全球经济失衡将在一定时期内存在并影响世界经济。第一，全球经济失衡将加剧世界经济发展不平衡。全球经济失衡条件下，发达国家与发达国家之间、发达国家与发展中国家之间以及发展中国家与发展中国家之间的经济差距将不断扩大，全球两极分化趋势将更加明显，世界经济发展不平衡的格局将进一步加剧。第二，全球经济失衡将减缓经济增长速度。美国债务的不断累积使其难以再通过大规模政府支出拉动经济增长，全球经济失衡调整过程中中国、日本和亚洲其他主要新兴市场国家的出口将遭受打击，全球经济增速放缓。第三，全球经济失衡带来的美元贬值将增加国际货币体系面临的风险。美元贬值是全球经济失衡的必然后果，它将引起汇率波动，增加现行国际货币体系的不确定因素和风险。第四，全球经济失衡将使国际经济矛盾和摩擦更加复杂化。全球经济失衡中的赤字和盈余双方在调整过程中所采取的相应策略在很大程度上增加了国际经济矛盾和摩擦。

参考文献：

Dooley, M., Folkerts-Landau D. and Garber P., The US Current Account Deficit and Economic Development: Collateral for a Total Return Swap, NBER Working Paper, No. 10727, 2004.

Feldstein, M. S., Resolving the Global Imbalance: the Dollar and the U. S. Saving Rate, NBER Working Paper, No. 13952, 2008.

International Monetary Fund, *World Economic Outlook: Coping with High Debt and Sluggish Growth*, Washington, DC: International Monetary Fund, 2012.

McKinnon R. and Schnabl G., China's Financial Conundrum and Global Imbalances, BIS Working Paper, No. 277, 2009.

Obstfeld, M. and Rogoff, K., The Unsustainable US Current Account Position Revised, NBER Working Paper, No. 10896, 2004.

Rato, R., Correcting Global Imbalances—Avoiding the Blame Game, International Monetary Fund, February 23, 2005, http://www.imf.org/external/np/speeches/2005/022305a.htm.

（庄宗明　黄斌全）

世界经济格局
World Economic Pattern

世界经济格局是指包括世界经济统一体中的各个国家、集团之间的经济实力对比、它们所处的地位和相互之间的关系。一个国家在世界经济中占有的地位和作用，主要取决于各个国家在经济发展上所达到的水平和拥有的经济规模。

世界经济格局的变化，经历了单极格局、两极格局和多极格局的演变。总体上说，目前的世界经济格局表现为美国为唯一经济和政治的超级大国，美、欧、日仍是世界经济三大强极，世界经济政治呈现出这样一种"一超多强"的格局，并有向多极化发展的趋势。

从第二次世界大战后初期到20世纪50年代末，这是美国在世界经济格局中"独霸天下"的单极时期，超级大国美国在世界经济地位处于绝对优势，其他诸如西欧、日本、苏联等国的经济此时正处于恢复和振兴之中，力量有限，处于一种相对薄弱的状态。

第二次世界大战以后，形成了美国和苏联两强争夺世界霸权的局面，以美国和苏联为首的两大集团在国际政治和军事上全面对抗的同时，在经济上也形成了社会主义阵营和资本主义阵营的两极格局。由于苏联在几十年的经济体制下积累了一定的管理国民经济的经验，再加上本国资源丰富，所以在两极对抗时期，苏联经济取得较大发展，与美国经济的差距缩小。但到了20世纪80年代初以后，苏联经济面临重重困难，1991年后苏联解体，标志着世界经济两极格局的结束，世界经济向多极化发展。

早在20世纪60年代，世界经济就出现了多极化趋势。经过战后的恢复和发展，西欧主要国家和日本的经济实力明显上升，这些国家不仅逐渐形成了在经济上追赶美国的态势，它们在世界经济中的地位也与日俱增。20世纪70年代美国经济受石油危机的影响，经济增长速度放缓，出现了高通货膨胀率和高失业率的滞胀局面，美国实力相对衰弱。主要资本主义国家经济与20世纪70年代初特别是1973年到1975年经济危机时期陷入滞胀，直到

1983年起陆续走出滞胀泥潭。20世纪80年代后，美国已不再是资本主义世界中的唯一经济大国，虽然美国仍然拥有世界最先进的科学技术，但新的技术常常在日本等国家得到更快的应用。有些领域，美国已不再居于垄断地位。经过80年代的发展，日本已经成为一个经济强国，人均国民生产总值位居世界第二位。随着西欧各国经济的增长和一体化进程的发展，西欧作为一个整体在世界经济格局中的地位和影响在不断上升。区域经济合作使西欧的经济实力及其在世界经济格局中的地位得到进一步加强。20世纪80年代以来，美国、欧盟、日本三大经济体的形成及其对世界经济的影响，是世界经济格局多极化的最重要体现。

因此，战后世界经济格局表现出以下特点：一是各国经济实力的变化促使世界经济重构。二是世界经济主导力量发生变化。三是经济体制对世界经济格局的影响日益减少。四是"一超多强"格局的形成使各国的利益关系日益复杂。世界经济格局的发展趋势：一是美、日、欧三大经济体仍然是世界经济主导力量。二是多极化格局中"极"的数目将会增多。三是一些小国的地位降低，在世界经济中的份额减少。

全球经济格局正在发生深刻的变化。最深刻的当属全球正在从老的全球化（由美国主导的全球化而形成的一极世界）向新的全球化（多极世界）转变。这一巨大环境变化为中国经济实现增长软着陆带来了新机会，也对过去30年成功的改革开放模式带来新挑战。事实上，全球经济正在向多极化迈进。美国正在积极转型，其第三产业（尤其是金融业）在收缩，但第一、第二产业在快速发展。因此，中国未来20年的外部经济环境将与过去20年大为不同，不能继续寄希望于过去粗放式的、以外贸出口为主导的发展和开放模式。同时，多极世界的显现也为中国的发展带来了前所未有的新机遇。为了抓住和积极利用全球经济格局转变中的新机遇，实现中国经济结构转型，中国需要全新的对内改革和对外开放战略、新的政策智慧和坚定果断的执行力（黄海洲，2008）。

参考文献：
程极明：《世界经济格局的新变化》，载于《国际经济评论》2007年第1期。
黄海洲：《全球经济格局转变与中国经济结构转型》，载于《国际经济评论》2008年第5期。
庄宗明：《世界经济学》，科学出版社2007年版。

（庄宗明　陈婷）

国际经济协调
International Economic Coordination

国际经济协调是宏观经济政策国际协调的简称，是指在国际分工高度发达的基础上，世界各国为了解决在国际经济利益中的矛盾与问题，保障世界经济以较正常的秩序运行，由各国政府出面通过一定的形式，以各个国家或地区的政府或国际经济组织为主体，在承认世界经济相互依存的条件下，就汇率政策、贸易政策、货币政策和财政政策等宏观经济政策在有关国家或地区之间进行协商和调整，或对国际活动采取联合干预、管理和调节的行为。它既是经济全球化进程中国家间交往日益密切的必然，也是在经济全球化过程中克服各种矛盾、冲突的需要。国家经济协调的广度与深度是与经济全球化的广度和深度相一致的。

国际经济协调的理论基础包括国际经济相互依存理论和博弈论。国际经济相互依存理论能够说明国际经济协调产生的背景和必要性。国际经济协调是第二次世界大战后经济全球化进程中各国经济相互依赖性不断加深的必然产物。据此，西方经济学家研究国际经济相互依赖问题，由此形成了国际经济相互依存理论。美国学者理查德·库珀（Richard Cooper）做出了较权威的研究。早在20世纪50年代末和60年代初，他就开始研究欧洲经济的一体化进程。并于1968年发表了专著《相互依存经济学：大西洋共同体的经济政策》(*The Economics of Interdependence: Economic Policy in the Atlantic Community*)。随着经济全球化的逐步推进，国际贸易的飞速发展，国际上金融联系的日益密切，跨国公司生产国际化的不断扩大，世界经济相互依存的特点日益突出，各主权国家的政府通过国内宏观经济政策的调整实现其内外部平衡的难度日益增大，因为任何一国或地区的经济政策在很大程度上都受到其他国家的影响，一国或地区的经济波动都有可能在短时期内传递到其他国家或地区，甚至酿成世界性经济危机。通过国际协调，不仅可以使全球性问题得到解决，而且可以防止一国经济政策的消极效应向别国传递和溢出。国际经济协调的另一个理论基础是博弈论，又称对策论，它能够提示国际经济协调的结果和可能性，它在经济学中的应用最先集中于微观领域，而其在微观领域的成功运用对宏观领域和国际经济协调与合作富有启示意义。提勃尔·西托夫斯基（Tibor Scitovsky）和哈里·约翰逊（Harry Johnson）则是西方经济学家中最先将博弈论引入宏观决策分析和国际经济协调理论的经济学家。他们分别于1942年和1953年从博弈论角度对国家贸易冲突进行了探索性的分析。一般来说，每个国家都有一个包括就业、产出和物价水平的社会经济福利函数，而政府管理经济的目标就是要合理地确定特定的政策工具，以使社会经济福利极大化，或损失极小化。但世界经济相互依赖性的不断增强，一国的政策行为会影响到别国的社会福利函数。结果，各国的宏观经济政策就像一局博弈。虽然博弈论在宏观经济分析中的应用有助于人们理解国际经济相互依存条件下各种利益冲突格局所包含的利弊得失结构，并能为各国间的宏观经济政策协调设计一个更好的博弈规则提供坚实的理论基础。但是，博弈论在宏观经济决策行为分析中的运用并不能消除或解决国际经济交往中所产生的各种矛盾或利害纷争，也不能帮助各国形成一个最优的经济发展战略。

　　随着第二次世界大战后各国经济的国际化，世界经济相互依存的程度不断加深，需要进行国际范围内的积极协调。如1974年到1975年的经济衰退，20世纪70年代的滞胀，1979年到1980年的经济衰退，1997年开始的东南亚金融危机等都是世界性的，都是国内经济政策或经济波动的传递和溢出效应所致。因此，世界经济越发展、越全球化，客观上越需要国际经济协调。战后世界经济发展的失衡所产生的危机和波动，客观上需要国际经济协调。这表现在以下几个方面：一是战后经济周期性危机的同步性特点有加快的趋势；二是除周期性危机外，一些危机如石油危机、债务危机、金融危机等使世界经济动荡不宁；三是20世纪70年代的滞胀和汇率的剧烈波动，使世界经济失衡加剧。这客观上需要七国首脑会议、国际经济协调组织进行协调，事实上这些国际性协调对于世界经济的稳定、健康发展发挥了作用。世界经济发展不平衡的多极化格局及国际竞争的加剧，客观上也需要国际经济协调。

　　国际经济协调的内容包括国际贸易协调、国际投资和债务协调、国际货币体系和汇率的协调、宏观经济的国际协调。国际贸易协调以消除贸易保护主义为主要目的，以关税削减为主要内容，以消除非关税壁垒为重要内容。国际投资协调包括对政府援助和私人投资及外资政策的国际协调。国际债务协调是国际经济协调的新领域，主要是对20世纪80年代发展中国家债务危机的协调。国际货币体系和汇率的协调包括固定汇率制和浮动汇率制下的协调，前者主要是由国际货币基金组织进行的，后者是由发达国家的协调占主导地位。宏观经济的国际协调是世界经济稳定发展的最必要和最可取的选择和措施。随着世界经济形势的变化，国际经济协调也有了新的发展。国际经济协调组织是主权国家或地区参与的，它包括国际经济机构、区域经济一体化集团、国际协定和国际会议四种主要类型，它们对解决世界经济矛盾，推动世界经济发展发挥着积极作用（庄宗明，2007）。

参考文献：
张文才、龚倬、石丁：《G7与国际经济协调》，载于《国际金融研究》2006年第10期。
庄宗明：《世界经济学》，科学出版社2007年版。
Richard N. Cooper, *The Economics of Interdependence*: *Economic Policy in the Atlantic Community*, New York: McGraw Hill, 1968.

（庄宗明　陈婷）

世界经济周期
World Business Cycle

世界经济周期就是在世界经济运行的过程中，由于某些特定因素的影响，导致世界主要国家的实际经济活动呈现同步的扩张、衰退、萧条和复苏，表现出高度相似的周期性运行形态，这种运行形态会重复发生，最终形成持续时间不同的世界经济周期运动。

大部分研究将世界经济周期分为四个区段：第一次世界大战的战前时期，即1913年以前；两次世界大战的间隔时期，即1919年到1938年；布雷顿森林体系时期，即1950年到1972年；后布雷顿森林体系时期，即1973年后。布雷顿森林体系期间，经济周期的扩张期特别长，大约平均持续10年，有些扩张持续20年，而且有几个国家（如日本及前联邦德国）的经济根本就不曾经历负增长。世界经济周期总体来说，扩张期变得越来越长，衰退期相对越来越短，呈明显的非对称性特征（宋玉华等，2004）。

世界经济周期的主要特征，包括：多国的产出总量和产出增长具有很强的正相关性；多国的索洛剩余具有正相关性，但其相关程度比产出低；多国的消费具有正相关性，但略低于产出的跨国相关程度；多国的投资和就业具有正相关性；工业化国家的衰退程度在20世纪90年代比七八十年代要轻，复苏的持续时间和前期衰退的持续时间及严重程度并没有显著的相关性，重复衰退和深度衰退已经减少；1973年后，即布雷顿森林体系解体后，国家间消费和产出的相关性增强，国家间的同步衰退变得更为普遍，而20世纪90年代的世界经济衰退显示出差异，不同国家特别是经济发达国家进入衰退的时间明显不同；和19世纪末期相比，近几十年所有的衰退伴随着私人固定投资的收缩，国家间的投资同步收缩，影响力更大；投资的收缩对世界经济衰退有重要作用，在世界经济的衰退和复苏中，存货的作用正在逐渐减弱；国家间证券价格波动的波峰通常领先于产出的波峰，而波谷大致同步，国家间证券价格衰退的同步性比国家间经济衰退的同步性要强；国家间利率波动的波峰通常领先于产出的波峰或紧随产出波峰之后，利率达到峰值前的持续上涨和经济的持续衰退有很强的正相关性（Morsink et al., 2002）。

20世纪80年代初实际经济周期理论的兴起，为世界经济周期理论的研究提供了理论和方法论基础，有力地促进了这一领域的发展。世界经济周期理论主要以实际经济周期理论为基础，其基本理由是：第一，实际经济周期理论将宏观经济波动基本归结为由外生实际因素冲击所致，如偏好、要素禀赋和技术等因素的外生冲击。较为成功地将货币等方面因素结合到实际经济周期理论的研究，增强了实际经济周期理论对现实经济活动的解释力。更为重要的是，实际经济周期理论较好地统一了经济增长和经济周期波动，提供了对现实经济活动较为全面的解释。第二，实际经济周期理论提供了一种封闭经济中多部门经济传导从而导致经济整体协同运动的基本思想，其基本要旨是某些部门的产品作为其他部门的生产性投入从而提供冲击传导的渠道，经济主体的偏好等因素则维系着这种运动的持续性。世界经济周期的生成和传导机制理论在更广阔的范围内以更为复杂的机制实践着实际经济周期理论的这些思想。第三，实际经济周期理论主要使用动态随机一般均衡模型，并且在模型结构和参数设定等方面不断拓展。更为重要的是，在经验应用方面，实际经济周期理论提供了一种与传统的计量方法不同的技术，即校准技术，该技术强调将模型经济的模拟结果与实际数据的统计结果进行比较，进而依据差异对模型的结构和参数等进行调整，以完善模型对经济现实的解释力（Gregory et al., 1997）。

一个国家经济发生的周期性运动，会通过国际经济交往在国际上传导和扩散，并发生变化，形成世界性的经济周期，有时其本身就是世界经济周期在国家区域中发生的一种形式（宋玉华等，2004）。世界经济环境不断演变，各类国际市场的相互依赖性不断增强，自由企业制度在世界范围内广泛扩散，私有金融资产和资本商品的数量不断膨胀，这些为经济周期在世界范围内相互联系的增强提供了基础（Zarnowitz，1985）。而且，国际商品贸易和金融交易迅速扩大，国家制度和国际制度不断优化，一国经济对外部冲击的敏感性增强，各国经济运动越来越协同一致，经济周期的跨国联系不断增强。

参考文献：

宋玉华、徐前春：《世界经济周期理论的文献述评》，载于《世界经济》2004年第6期。

Gregory, A. W., Head, A. C. and Raynauld, J., Measuring World Business Cycle, *International Economic Review*, Vol. 38, No. 3, 1997.

Morsink, J., Helbling, T. and Tokarick, S., Recessions and Recoveries, *World Economic Outlook*, Sep. 2002.

Zarnowitz, V., Recent Work on Business Cycles in Historical Perspective: A Review of Theories and Evidence, *Journal of Economic Literature*, June 1985.

（庄宗明　陈婷）

康德拉季耶夫周期
Kondratieff Cycle

康德拉季耶夫周期，是一个为期约50~60年的价格与产出周期。长期以来，它也被称作大周期、长波、长周期、趋势周期等。

1926年，苏联经济学家尼古拉·康德拉季耶夫（Nikolai Kondratieff）认为，在1920年以前，价格遵循着一个不规则的正弦波状曲线运动，而产出仅仅在其增长率上显示出变动。随着产出的变动，价格呈周期运动。通货膨胀时期往往伴随迅速的经济增长，而通货紧缩时期则伴随缓慢的经济增长。

虽然康德拉季耶夫是对长周期做出完整统计分析的首批经济学家之一，但他并不是第一个认识到它存在的人。早在1901年，俄国马克思主义者亚历山大·赫尔普汉（Alexandre Helphand）就以帕乌斯（Parvus）的笔名，指出了长周期的存在。他的长波思想引用了卡尔·亨利希·马克思（Karl Heinrich Marx），论述资本积累"狂飙突进式运动周期"的概念。

康德拉季耶夫将波动看做是围绕均衡曲线发生的运动，波状起伏是资本主义经济均衡交替扰动的过程，它们或是扩大，或是缩小与均衡水平的偏差（Garvy, 1943）。这种方法意味着，在他进行的经验研究所涉及的1780年到1920年间，资本主义经济的均衡结构依然如故。康德拉季耶夫提出的周期如下：第一个长波上涨区间为18世纪80年代到1810年或1817年，下降区间为1810年或1817年到1844年或1851年；第二个长波上涨区间为1844年或1851年到1870年或1875年，下降区间为1870年或1875年到1890年或1896年；第三个长波上涨区间为1890年或1896年到1914年或1920年，下降区间为 1914 年或 1920 年到某个时期。他的早期研究主要放在长波变动的描述上，且指出了五个值得注意的特点：一是在上涨阶段，繁荣的年数较多，而在下降阶段，萧条年数则占主要地位；二是在长波的下降阶段，农业问题特别严重；三是在下降阶段，创新层出不穷，并在下一个长波的上涨期间大规模地得到应用；四是在长波上涨阶段的初期，黄金生产会增加，世界商品市场将因新的国家，特别是殖民地国家的加入而扩大；五是战争与革命往往发生在上涨阶段。所有这五个特点都是一个内在的长波过程的组成部分，而不是对长波的外生因果解释。甚至战争也是一个内生长波的组成部分，战争起源于经济生活中加剧了的紧张，及争夺市场与原料的经济斗争（Kondratieff，1925）。

康德拉季耶夫周期的经验证据是很不充分的，他所识别的波动在某种程度上是统计上的拼凑（Garvy，1943）。生产中的长波既没有在四个主要工业国家（英国、法国、德国和美国）观察到，也没有从这些经济的加权总数中观察到（Lewis，1978）。虽然在一国水平上进行分析时，长周期论据不充分，但在世界范围内，证明存在长周期的论据是强有力的。大量证据表明，在世界增长进程中存较大范围的长期不连续性，这是确定无疑的（Van Duijin，1983）。但是"规则的"康德拉季耶夫周期不连续性的存在则证据不足。在 1850 年到 1973 年间，世界增长进程发生过突然中断，这与特定事件有关，并且是一个基本的追赶性增长。康德拉季耶夫周期，由于它的不存在而引人注目（Solomou，2008）。

参考文献：

Garvy, G., Kondratieff's Theory of Long Cycles. *Review of Economics and Statistics*, Vol. 25, No. 4, 1943.

Kondratieff, N., The Major Economic Cycles. *Voprosy kon'iunktury*, Vol. 1, 1925.

Lewis, W., *Growth and Fluctuations* 1870-1913, London：George Allen & Unwin, 1978.

Solomou, S. N., Kondratieff Cycles. In Eds. Steven N. Durlauf and Lawrence E. Blume., *The New Palgrave Dictionary of Economics*, Second Edition, Palgrave Macmillan, 2008.

Van Duijn, J., *The Long Wave in Economic Life*, London：George Allen & Unwin, 1983.

（庄宗明　陈婷）

朱格拉周期
Juglar Cycle

尤格拉周期也被译作"朱格拉周期",是一个为期9~10年的经济波动周期,这种中等长度的经济周期也被称为"尤格拉"中周期。

1862年法国经济学家克里门特·尤格拉(Clément Juglar)在《论商业危机及其在法国、英国和美国周期性再现》一书中首次提出市场经济存在着9~10年的周期波动。

尤格拉在1848年以前一直行医,并研究过法国的出生率、死亡率和结婚率的周期性波动。之后从医生改行为经济学家,他的著作中似乎有一种对称的东西,即把经济过程看做是经济繁荣与衰落之间的节奏性变动。这种简单的想法,对后来的经济波动研究有过深刻的影响。

尤格拉认为社会经济运动包括三个阶段,即繁荣、危机与萧条。危机或恐慌并不是一种独立的现象,而是这三个阶段反复出现形成的周期性现象。他主要从货币角度分析经济中的危机现象,认为当银行体系面对不能承受的压力而实行紧缩货币政策时,通货膨胀和经济扩张即告终止(Milgate,2008)。他同时指出,危机好像疫病一样,是发达工商业中的一种社会现象,在某种程度上,这种周期波动是可以被预见的,通过采取某种适当的措施,波动可以得到缓和,但不能完全消除。他最后也指出周期波动的主要根源并非政治、战争、农业歉收以及气候恶化等因素,但这些因素确实可以加重经济恶化的趋势。

参考文献:

陈漓高、齐俊妍:《技术进步与经济波动:以美国为例的分析》,载于《世界经济》2004年第4期。

Juglar, Clément, Des crises commerciales et leur retour périodique en France, en Angleterre, et aux Etats-Unis. Paris: Guillaumin, 1860.

Milgate, M., Juglar, Clément (1819-1905), In Eds. Steven N. Durlauf and Lawrence E. Blume, *The New Palgrave Dictionary of Economics*, Second Edition, Palgrave Macmillan, 2008.

(庄宗明 陈婷)

世界经济危机
World Economic Crisis

世界经济危机是指大体在同一时期发生在世界主要国家的周期性生产过剩危机。在一些主要资本主义国家发生的周期性生产过剩危机是世界经济危机产生的基础。资本主义经济危机是资本主义发展到大工业时期才出现的经济现象。在资本主义社会以前，社会可能会因为天灾人祸出现饥饿，造成大量人口死亡，生产下降或再生产无法进行，但却不会因"生产过剩"而周期性地发生经济危机。只有在资本主义生产方式出现并成熟以后，资本主义社会再生产的进程才一再地被"生产过剩"的危机所打断。从一次危机爆发到下一次危机爆发，形成一个再生产周期。每个再生产周期又分别经过危机、萧条、复苏和高涨四个阶段。

世界经济危机是随着资本主义生产方式在世界范围内的发展而形成的。18世纪产业革命以后，资本主义在英国得以迅速发展。19世纪20年代，机器大工业已在英国经济生活中起着主导作用，随着资本主义基本矛盾的发展，英国爆发生产过剩危机的基本条件基本成熟。1825年资本主义发展史上第一次普遍生产过剩危机终于在英国爆发，1836年生产过剩危机再次发生，出现了再生产危机的周期性。但是，由于该时期其他国家尚未进入机器大工业阶段，危机仅仅是英国的危机，并不具备世界性。

19世纪40年代，随着产业革命在世界各国的陆续展开以及兴建铁路浪潮在世界各国的出现，美国和法国也初步具备了发生经济危机的条件，同时，该时期国际上商品交换关系和商业信用关系日益密切。在这种背景下，爆发了1847年经济危机。但法国的危机进程受到1848年社会革命的影响，美国则由于一些特殊原因危机的程度很轻，所以1847年的危机虽然具有国际性质，但主要还是英国的危机，即使如此，世界经济危机的雏形已经出现。

19世纪50年代，资本主义生产关系在欧美大陆的不断生长和巩固，国际贸易的较大幅度增长，国际分工体系和统一的资本主义市场以及世界经济的初步形成，把资本主义世界各主要国家的经济更加紧密地联结在一起，包括德国在内的一些主要资本主义国家已经具备了发生危机的成熟条件。1857年爆发了历史上首次真正具有世界性的资本主义经济危机。拥有世界上4/5的机器大工业的英国、法国、美国和德国都陷入了生产过剩的经济危机，危机的涉及范围是空前的，从此形成了统一的世界性资本再生产周期和世界性的经济危机。

进入 20 世纪，世界经济危机日益严重，危害日益增大，其中最严重的是 1929 年到 1932 年的世界经济危机。这次危机使美国的经济活动从 1929 年中期到 1933 年年初持续衰退。工业产出下降了 37%，价格下降了 33%，实际的国民生产总值下降了 30%，而名义的国民生产总值则下降了一半以上。失业率上升到 25% 的最高峰，并在 20 世纪 30 年代其他的年份中一直保持在 15% 以上（郑联盛，2009）。德国、法国、英国及日本等国家的工业生产也随之猛烈下降，资本主义国家的工业生产跌回到 20 世纪初期水平。

第二次世界大战后的世界经济危机被公认的有四次：一是 1957 年到 1958 年经济危机。危机于 1957 年 3 月从美国开始，随后，日本和英国于同年 7 月，联邦德国于 1958 年 1 月，法国于 1958 年 3 月相继爆发危机。资本主义各主要国家进入危机的时间不超过一年，因而是一次周期性经济危机。二是 1973 年到 1975 年经济危机。危机于 1973 年 1 月到 11 月首先从英国、美国、日本等国爆发，随后波及与这些国家相联系的其他中小资本主义国家。从 1975 年下半年开始，各主要资本主义国家相继走出危机，经济开始回升，但各国并没有出现以前危机后所出现的经济高涨，而是出现了经济长期萧条和通胀并存的现象。它标志着资本主义世界经济发展的"黄金时代"的结束和"停滞通胀"局面的开始。三是 1979 年到 1982 年经济危机。危机于 1979 年 7 月从英国开始。1979 年 10 月爆发于加拿大，1980 年 2 月爆发于美国，同年 3 月爆发于日本，同年 4、5 月联邦德国、法国、意大利相继产生危机。四是 1989 年到 1993 年经济危机。危机于 1989 年首先从美国开始，然后涉及加拿大、澳大利亚、欧洲国家和日本。这次危机对西方工业化国家经济增长率的下降有较大影响。

第二次世界大战后世界经济危机有如下四个方面的特点：一是世界统一的再生产周期运动规律仍然起作用，但经济周期的同期性和阶段性差别不甚明显。二是第二次世界大战后经济危机不如战前严重。三是战后经济危机期间物价上涨成为普遍现象。四是周期性生产过剩危机与结构性危机相互交结，彼此影响。

参考文献：

陈元：《后经济危机阶段：加速发展路径的强制性变迁》，载于《管理世界》
　2009 年第 9 期。

郑联盛：《美国新金融危机与大萧条的历史比较》，载于《国际经济评论》2009年第1期。

庄宗明：《世界经济学》，科学出版社2007年版。

（庄宗明　陈婷）

次贷危机
Subprime Mortgage Crisis

次贷危机发端于2006年下半年的美国，以2007年4月美国第二大次级房贷公司新世纪金融公司（New Century Financial Corporation）破产事件为标志，危机由房地产市场蔓延到信贷市场，导致对冲基金、投资银行、商业银行等金融机构，有的濒临解散，有的发出利润预警，有的宣布提高风险拨备。2008年后危机骤然成为席卷全球金融市场的风暴。

次贷危机从根本上说是次贷市场过度发展后的自我修正。在过去十多年，美国次级抵押贷款市场急剧扩大（李若谷等，2008）。美国经济在1995~2001年间出现了互联网泡沫，该泡沫的崩溃直接导致全球经济在2001~2003年间陷入中等程度的衰退。为了刺激经济增长，美联储在很短时间内将联邦基金利率从6%调低至1%。历史性低利率直接促成了美国房地产市场从2001~2005年的繁荣，市场繁荣时期宽松的贷款条件和创新的贷款类型使得市场在该时期内逐渐积累了不堪承受的风险。繁荣时期，房价普遍持续上涨，居民购买房地产的意愿上升，而房地产金融机构提供贷款的条件也因此变得更加宽松。房地产金融机构发放抵押贷款的传统对象是信用等级较高（信用评分在660分以上）、收入稳定可靠（能够提供相关收入证明）、债务负担优良的客户，这种类型的贷款被称为优质贷款（Prime Mortgage）。但是当优质客户资源被开发完毕时，受到盈利动力驱使的金融家们就把目光投向了原本不能申请抵押贷款的群体。房地产金融机构开发了两类贷款来服务于该群体，即准A类贷款（Alternative A-paper，ALT-A）和次级贷款（Sub-Prime Mortgage）。ALT-A贷款（Alternative-A）的贷款对象，是指信用评分在620分到660分的客户，或者信用评分虽然高于660分，但是不能或不愿意提供收入证明的客户。次级贷款的贷款对象，是指信用评分低于620分的客户，他们甚至不用提供任何收入证明。显然，ALT-A贷款和次级贷款的违约风险要高于优质贷款，因此房地产金融机构必然会提高前两类贷款的利率作为风险补偿。申请次级贷款的购房者一般属于低收入阶层，他们往往不能承受较高的首付，在贷款初期也难以承受较高的本息支付。针对这一点，房地产金融机构开发了形形色色的创新抵押贷款产品，其中最为常见的包括无本金贷款（Interest Only Loan）、可调整利率贷款（Adjustable Rate Mortgage，ARM）、选择性可调整利率贷款（Option ARM）等。所有这些创新的抵押贷款产品都有一个特点，就是在还款的前几年内，还款额很低而且金额固定。但是在这段时间之后，还款压力将陡然上升。购房者之所以选择以上贷款品种，原因一是因为预期房地产价格将会持续上升，即使到时候不能偿付本息，也可以通过出售房地产或者再融资（Re-Finance）来偿还债务；二是很多次级债借款者甚至根本没弄清贷款产品本身。如果房地产价格不断上升，那么发放次级债对于房地产金融机构而言是绝佳选择，第一可以赚取更高的贷款利率，第二如果发生违约，金融机构也可以通过拍卖抵押房地产而回笼贷款本息。因此，在21世纪初的繁荣时期，美国次级债市场获得飞速发展（张明，2007）。

美国次级抵押贷款市场规模因此从1995年的650亿美元迅速上升到2006年年底的1.3万亿美元，占住房按揭贷款的比重由2002年的6%上升到2006年的20%。但近几年美国次级抵押贷款市场的基础发生了根本性变化。2004年中期开始，美联储连续17次加息，房贷利率也随之攀升。80%的次级抵押贷款人每月按揭金额在不到半年的时间里激增了30%～50%。特别是可调整利率贷款的优惠期结束后，利率重设导致还贷压力陡升，越来越多的人不堪重负。与此同时，美国房地产市场在持续大幅上涨后，2006年房价涨幅明显回落，部分地区房价甚至出现下跌。次级抵押贷款拖欠、违约及停止抵押赎回权数量因而不断攀升，引发了一系列连锁反应，演化成一场导致国际金融市场动荡的危机（李若谷等，2008）。

通过金融全球化，美国已经把次贷危机的风险转移到了世界的各个角落。中国作为美国金融资产的主要持有国之一，不可避免地会受到次贷危机的冲击。美国次贷危机对中国的冲击到底有多大还很难量化。但是，不管怎么说，中国作为美国的债权人之一，存在为美国金融危机买单的严重危险。美国次贷危机给中国的启示：一是无论政府执行何种政策，无节制的负债必然会导致金融危机的爆发；二是资本市场的发展必须是有节制的，限制资本市场过度扩张的各种传统政策不应轻易废除；三个是对于政府和社会金融监管机构的能力不能高估，而且关键在于，从一开始就应该限制衍生金融工具的使用；四是必须限制投机；五是必须设计某种机制，限制离谱的高额利润和高收入（余永定，2008）。

参考文献：

李若谷、冯春平：《美国次贷危机的走向及对中国经济的影响》，载于《国际经济评论》2008年第2期。

余永定：《美国次贷危机：背景、原因与发展》，载于《当代亚太》2008年第5期。

张明：《透视美国次级债危机及其对中国的影响》，载于《国际经济评论》2007年第5期。

（庄宗明　陈婷）

全球人口问题
Global Population Problem

全球人口问题是由全球人口变化引起的一系列社会、经济、资源和环境等方面的问题。人口问题是当今世界令人瞩目的社会问题之一，也是全球政治经济发展格局中的重要构件，它对世界各国社会经济的发展有着深远的影响。作为国际社会所面临的一个普遍性问题，人口问题几乎在所有国家和地区都存在，差别仅在于表现形式不一。

联合国人口基金会1999年年初公布的统计数字向人们展示了全球人口增长的历程：1804年世界人口只有10亿，1927年增长到20亿，1960年达到30亿，1975年达到40亿，1987年上升到50亿，1999年10月12日，世界人口达到60亿。截至2005年6月，世界人口已达64.77亿。根据《2011年世界人口状况报告》，世界人口在2011年10月31日达到了70亿。全球人口增长带来了一系列问题，包括全球人口激增、日益增长的国际迁移与快速的人口老龄化趋势。全球性的和平与发展问题、南北差距问题、资源、能源和环境问题等都与人口问题密切相关。人口因素在国家、国际事务中发挥着重要作用。

全球人口发展中存在的问题主要集中体现在以下几个方面：一是人口增速趋缓、总量持续增长、生育率向两极延伸。二是人口膨胀与环境、资源的矛盾日益彰显。三是人口老化趋势不可逆转，地球村正向老人社会倾斜。四是贫困人口有增无减，贫富分化加剧。五是跨国人口迁移日益引起国际社会关注（岚兰，2004）。在经历了20世纪前所未有的人口增长之后，21世纪给人类带来的新挑战是人类历史上前所未有的长期性人口减少以及人口老化。20世纪末的经济全球化与蔓延全球的低生育率同时并生。经济全球化的特征决定了低生育率的趋势在短时间内不会逆转。经济全球化与低生育率的大势要求对人口变化及其后果有全新的认识（王丰，2010）。世界人口如今面临新的形势，人口增长掉头，且人口转变呈现多元化态势，其根本原因是各国生育率以不同的速度下滑。世界人口大势的转变引发各国政府对生育率态度的转变以及对生育政策的调整。越来越多国家出台鼓励生育政策，这不仅发生在生育率长期低迷的欧洲，也发生在生育率快速下降的东亚和大洋洲（沈可等，2012）。

中国是世界上的第一人口大国，2010年的第六次全国人口普查显示中国的人口为13.7亿，一直以来人口问题都是中国面临的一个重大问题，为了控制人口增长，政府甚至把计划生育作为一项基本国策来贯彻执行。但是近年来国内学者对于计划生育政策的看法出现了分歧，一些学者也建议政府应该适当放宽计划生育。人口过快增长这个几百年来主导着中国人口态势的人口现象将成为过去。中国的人口态势正在出现历史性的转折，现在可以对长期以来在人口问题上所持的视角和倾向展开清理了（顾宝昌，2010）。经验研究结果证明，诸多关于中国人口及其相关问题的传统观念，已经不再符合现实情况。这些传统观念包括：人口众多是经济增长的不利因素；计划生育造成老龄化和性别比失调；人口红利消失导致经济增长不可持续；中国仍处在劳动力无限供给阶段；刘易斯转折点意味着二元经济终结；承认人口新趋势导致对就业的忽视。走出这些认识误区，有利于正确认识中国经济所处的发展阶段，形成恰当的政策取向（蔡昉，2010）。全国第六次人口普查数据证实，以往我们严重高估了出生水平和生育水平，低估了人口老龄化进程，人口发展规划目标一再出现大幅落空。人口预测模拟结果表明，中国人口在21世纪中的主要矛盾已经由总人口规模问题转向人口年龄结构问题，未来人口老龄化来势凶猛。中国人口发展正处于极为关键的时刻，而以往人口理论宣传和估计预测中的偏向误导了对人口大趋势的正确把握，造成中国生育率严重过低，导致未来过度的少子化和老龄化的人口风险（郭志刚，2012）。

参考文献：

蔡昉：《重新认识中国的人口形势》，载于《国际经济评论》2010年第6期。

郭志刚：《重新认识中国的人口形势》，载于《国际经济评论》2012年第1期。

顾宝昌:《中国人口:从现在走向未来》,载于《国际经济评论》2010年第6期。

岚兰:《全球人口问题盘点》,载于《中国统计》2004年第9期。

沈可、王丰、蔡泳:《国际人口政策转向对中国的启示》,载于《国际经济评论》2012年第1期。

王丰:《全球化环境中的世界人口与中国的选择》,载于《国际经济评论》2012年第1期。

(庄宗明　陈婷)

世界经济可持续发展
Sustainable Development of World Economy

世界经济可持续发展是指在世界经济发展过程中遵循可持续发展的思想。其中可持续发展是指满足当前需要而又不削弱子孙后代满足其需要之能力的发展,而且绝不包括侵犯国家主权的含义。

1989年5月举行的第15届联合国环境规划署理事会通过的《关于可持续发展的声明》中的定义:"联合国环境规划署认为,要达到可持续的发展,涉及国内合作和跨越国界的合作。可持续发展意味着走向国家和国际的公平,包括按照发展中国家的国家发展计划的轻重缓急以及发展的目的,向发展中国家提供援助;可持续发展还意味着要有一种支持性的国际环境,从而导致各国,特别是发展中国家的持续经济增长和发展,这对于环境的良好管理也是很重要的;可持续发展还意味着维护、合理使用并且提高自然资源基础,这种基础支撑着生态抗压力与经济的增长;可持续发展还意味着在发展计划和政策中纳入对环境的关注与考虑,而不是在援助或发展资助方面的一种新形式的附件条件。"该定义既符合全球利益,又体现了发展中国家的合理要求和利益,因而被广为接受。

世界经济可持续发展面临的主要问题是发展中国家的落后问题。世界经济可持续发展的主要制约包括科学技术制约、经济水平制约、经济制度制约和自然环境与资源制约。世界经济可持续发展的战略措施包括树立科学发展观、保证可持续发展的相关政策、充分发挥科学技术的作用、解决跨领域的重大问题、加强各国在资源、环境与经济发展等方面的合作。世界经济可持续发展问题的国际协调包括国际立法、保障和平和安全的国际环境、采取综合协调途径、建立公平的国际规则等主要内容。

1997年，中国向联合国特别大会递交的《中国可持续发展国家报告》中明确表示，就全球而言，中国同意联合国环境规划署第15届理事会通过的《关于可持续发展的声明》及其关于可持续发展的定义，同时，中国根据自己的具体国情，对可持续发展的认识和理解还强调了以下五个方面：一是可持续发展的核心是发展；二是可持续发展的重要标准是资源的永续性利用和良好的生态环境；三是可持续发展是要求既考虑当前发展的需要，又要考虑未来发展的需求，不以牺牲后代人的利益为代价来满足当代人利益的发展；四是实现可持续发展的关键在于综合决策机制和管理机制的改善；五是实施可持续发展的最深厚根源在于民众之中（庄宗明，2007）。

参考文献：

鲍健强、苗阳、陈锋：《低碳经济：人类经济发展方式的新变革》，载于《中国工业经济》2008年第4期。

梁琦、丁树、王如玉、陈强远：《环境管制下南北投资份额、消费份额与污染总量分析》，载于《世界经济》2011年第8期。

庄宗明：《世界经济学》，科学出版社2007年版。

（庄宗明　陈婷）

国际经济风险
International Economic Risk

国际经济风险是指世界上一些主要的经济体由于宏观经济失衡、货币波动、财政危机及资产价格崩盘等因素带来的经济风险。

随着全球经济一体化进程的推进，各国之间的经济联系越来越紧密，经济全球化在推动全球经济增长的同时，也给参与全球化的国家带来了一系列经济风险。2008年全球金融危机爆发时，全球面临的主要经济风险是金融和能源安全领域，其中包括全球股市、尚未消除的美国次级贷款危机以及国际油价上涨带来的冲击和金融、能源领域新的风险等一系列问题，威胁着全球经济的稳定，金融和能源领域的安全问题已成为全球性问题和有关国际会议的重要议题（王东，2008）。世界经济论坛2011年全球风险报告明确指出了国际经济风险主要包括：资产价格崩溃、商品价格波动大、消费价格波动大、能源价格波动大、财政危机、全球失衡和货币波动、基础设施薄弱、资金紧缩、信贷紧缩、监管失灵、全球化退缩、中国经济放缓（低于6%）。

由北京智能经济研究院和北京工商大学世界经济研究中心研发的《2012年世界经济风险指数与主权国家评级》从政治风险、经济风险、贸易政策风险、支付风险四个方面对世界经济和130个主权国家进行了风险评估和风险评级，提出预警与风险对策。报告数据显示，2011年随着世界经济下滑，世界经济形态转向"经济衰退、价格上升"为特征的"经济滞胀"，世界经济风险指数下降风险上升。全球130个国家综合风险指数平均值为0.6932，比上年的0.7094下降2.3%。同期，全球130个国家数据的世界债务风险指数为0.4626，比上年0.4130上升12.0%，债务风险有所缓和。全球130个主权国家数据的综合风险评级BBB级，与上年评级水平相同，债务风险评级仍是B级，全球债务危机与经济危机风险并存（李海秀等，2012）。

当前，世界各国正处在一个变革的国际环境之中，在这样的国际环境下，发展中国家经济开放的现实和前景面临良好的机遇和严峻的考验，因此需要对当前和未来国际政治、经济环境有充分的认识和了解，特别是对金融领域的风险性和严峻性提高认识，防患于未然，在经济全球化发展过程中维护经济安全和保障政治、社会稳定（王东，2008）。

参考文献：

高辉清、熊亦智、胡少维：《世界金融危机及其对中国经济的影响》，载于《国际金融研究》2008年第11期。

李海秀、梁捷：《2012年世界经济风险指数报告发布》，光明网，2012年10月30日，http://politics.gmw.cn/2012-10/30/content_5523227.htm。

王东：《透视当前全球经济风险因素》，载于《中国统计》2008年第3期。

（庄宗明　陈婷）

国家经济安全
National Economic Security

国家经济安全是指一国经济整体免受各种因素尤其是外部因素冲击，或即便遭遇冲击也能保持经济利益不受重大损害的状态。

自1943年美国专栏作家沃尔特·李普曼（Walter Lippmann）首次提出"国家安全"这个概念以来，政治安全尤其是军事安全几乎成了国家安全的同义语。随着经济全球化步伐的加快，国家安全有了新的内涵，人们把以军事安全为核心、包括政治和外交的安全称为传统安全，把其他对主权国家及人类整体生存与发展所构成的威胁称为非传统安全。20世纪80年代以来，随着国家间相互交往增加，彼此依赖加深，经济风险在国与国之间传递，国家经济安全问题日益凸显（江涌，2007）。

首先，虚拟经济的全球化已成为当今经济全球化不可忽视的一个方面，虚拟经济作为一个整体会对国家经济安全产生影响，要实现国家经济安全，必须考虑虚拟经济的因素。虚拟经济理论把整个经济系统分为实体经济和虚拟经济两个子系统，当今整体经济系统中虚拟经济子系统较实体经济子系统具有更大的不稳定性，所以，在当今虚拟经济全球化的经济背景下，国内与国际上竞争的重点已从实体经济领域转向虚拟经济领域。因此，国家经济安全的重心也应转向防范虚拟经济系统风险上来（许圣道等，2009）。其次，全球一体化的发展也对国家经济安全产生了影响，世界贸易组织多边贸易体制改变了当今世界的国家安全格局和国家安全模式，从而使国家经济安全在国家安全格局中的重要性凸显。随着多边贸易体制的建立和世界经济一体化的发展，国家经济安全开始在维护国家利益和国家安全方面发挥基础性作用，成为国家安全的重要方面（李平，2007）。最后，近年来跨国并购对国家经济安全的问题引起了众多纷争，跨国并购涉及资产从本国居民转移到外国居民手中，开始之初不会增加东道国的生产能力。这就容易引起人们对跨国并购产生的资源转移、裁员、资产剥离（包括技术和创新能力剥离），尤其是对市场结构和竞争产生不利影响的担忧。但跨国并购继续在这些关键的行业发生着，跨国并购所导致的东道国经济安全的争论并没有阻止跨国并购的持续增长（葛顺奇，2007）。

中国的经济在过去30多年来取得了高速的发展，然而随着中国加入WTO，跨国企业大量进入中国，中国经济逐步融入全球经济，人们对于中国经济安全的关注也越来越多。一是随着商品、技术和投资等方面对外开放程度的不断扩大，中国制造业日益融入国际分工体系之中。即使是在经济全球化不断深化的今天，国家仍然是最重要的经济利益主体，由于制造业在国民经济中无可替代的重要地位，制造业对外开放必然会对国家经济安全产生深刻影响（王燕梅，2004）。二是中国所面临的日益严重的国家经济安全问题，其中一个主要原因在于高端服务体系不发达。现有的经济政策框架是基于比较优势理论，即充分发挥中国的劳动力成本优势，推进加工贸易超常规发展。这种政策思路，忽略了高端服务业，因此，以金融、科技研发、商务服务、文化创意等为代表的高端服务业，是维护我国产业安全的关键（李勇坚等，2012）。三是外商直接投资对中国的行业影响力尚未超越危及国家经济安全的地步，在继续鼓励依靠并购方式吸引外商直接投资的同时，借鉴其他国家对跨国并购的规制经验，达到既有效利用外资，又兼顾防止外资进入敏感行业，危及国家经济安全，使跨国并购在一个安全有序的框架内进行（葛顺奇，2007）。最后，中国面临的一项长期任务是在虚拟经济全球化过程中要注意规避虚拟经济领域的风险，最大限度地保障国家经济安全。虚拟经济全球化使得各国当局认识到兼顾国内经济与国外经济协调发展的重要性。虚拟经济全球化导致各国都不能离开其他国家而独立发展，如何利用好国内和国外"两种资源"对经济安全将产生重要的影响（许圣道等，2009）。

参考文献：

江涌：《经济全球化背景下的国家经济安全》，载于《求是》2007 年第 6 期。

许圣道、王千：《虚拟经济全球化与国家经济安全研究》，载于《中国工业经济》2009 年第 1 期。

李平：《WTO 框架下的国家经济安全研究》，载于《国际金融研究》2007 年第 5 期。

李勇坚、夏杰长：《高端服务业：维护和促进国家经济安全的战略产业》，载于《国际贸易》2012 年第 6 期。

葛顺奇：《跨国并购及其对中国经济安全的影响》，载于《国际经济评论》2007 年第 6 期。

王燕梅：《我国制造业的对外开放与国家经济安全》，载于《中国工业经济》2004 年第 12 期。

（庄宗明　陈婷）

国际经济新秩序
New International Economic Order

国际经济新秩序主要包括维护对资源的主权、争取海运权、改善国际贸易与技术转让条件、改革国际货币金融制度、改革世界经济结构等内容。它主要是发展中国家的奋斗目标，发展中国家要求在主权平等、和平共处的基础上建立互相合作、平等互利的国际经济关系。国际经济新秩序的建立将是一个漫长的斗争过程，其发展前景直接关系着世界经济的和谐发展与和谐社会的构建。

　　第二次世界大战以后，虽然发展中国家在国际舞台上成为一支举足轻重的力量，但在生产领域、贸易领域和国际金融领域仍然受到不平等的待遇，在国际经济事务中仍然没有发言权和决策权。这种状况阻碍了发展中国家经济的发展，因此在战后强烈要求改革旧的国际经济秩序，积极为建立新的国际经济秩序而斗争。发展中国家建立新的国际经济秩序大体经历了五个阶段：一是提出与酝酿阶段（1945～1963年）。1955年4月在亚非（万隆）会议上通过的经济合作和关于促进世界和平的合作宣言等决策中，明确提出了大小国家一律平等，在互利和相互尊重国家主权的基础上实行经济合作，采取集体行动稳定原料商品价格等原则，并第一次发出了要求改革旧的国际经济关系的呼声。在"万隆精神"的推动下，不结盟运动迅速兴起。1961年9月，第一次不结盟国家首脑会议在贝尔格莱德举行，此次会议已初步涉及反对"旧秩序"问题，要求废除国际贸易中的不等价交换和要求发展中国家在经济领域采取联合行动。二是纲领形成阶段（1964～1974年）。这10年是发展中国家从提出建立"新秩序"的口号到逐步形成较为完整的斗争纲领的阶段。根据第一届不结盟国家首脑会议关于采取"联合行动"的原则，1964年3月的联合国第一届贸易与发展会议上，广大发展中国家联合组成了77国集团，并发表了《77国集团联合宣言》，强调要采取一切可能的办法来增加它们之间的接触和磋商，以便在国际经济合作方面签订共同的目标和制订联合的行动计划。同年8月，不结盟国家在开罗召开的第二届首脑会议上，首次提出建立"新秩序"的口号。1970年9月的第三届不结盟国家首脑会议大体建立了"新秩序"的大纲，之后1972年4月的联合国第三届贸易与发展会议公布了77国集团解决国际经济贸易关系的13项原则。1973年9月，第四届不结盟国家首脑会议通过了《经济宣言》和《经济合作行动纲领》。1974年4月联合国第六届特别会议通过了《关于建立新的国际经济秩序的宣言》和《行动纲领》，标志着发展中国家建立国家经济新秩序的斗争进入了比较有组织、有纲领的新阶段。三是蓬勃发展阶段（1974年至20世纪70年代末）。《关于建立新的国际经济秩序的宣言》和《行动纲领》通过后，发展中国家对实施和贯彻新秩序纲领进行了不懈的努力，这一时期发展中国家掀起的建立国际经济新秩序运动蓬勃发展，到20世纪70年代末，这一运动已取得了一定的成就。四是低潮阶段（20世纪80年代初至80年代末）。进入20世纪80年代，特别是1981年世界经济危机后，世界形势发生了对发展中国家极其不利的变化。发达国家对以国际经济新秩序为核心内容的南北对话百般阻挠,使"对话"陷入僵局,甚至对南北双方原已达成的某些协定,也以种种借口加以否定。在这种情况下,建立国际经济新秩序的运动陷入低潮。五是新发展阶段(20世纪90年代初至今)。20世纪80年代末90年代初,在雅尔塔体制瓦解后,随着东西方之间军事政治对抗的缓和,以经济发展为中心内容的南北关系越来越成为国际社会关注的焦点。特别是海湾战争与东南亚金融危机后,关于世界格局从两极向多极转化过程中如何构筑国际经济新秩序又成为国际社会关注的中心问题。可以说,20世纪90年代世界政治格局的巨大变化和世界经济在动荡中的持续发展,为发展中国家建立国际经济新秩序提供了新的历史条件和时机。

历届不结盟国家首脑会议和历次联合国贸易与发展会议通过的一系列有关建立国际经济新秩序的文件、宣言和纲领,特别是在第六届特别联大通过的《关于建立新的国际经济秩序宣言》和《关于建立新的国际经济秩序行动纲领》,对建立国际经济新秩序的基本原则和主要内容都做了基本的表述。

国际经济新秩序的基本原则,是在主权平等、和平共处的基础上建立互相合作、平等互利的国际经济关系。具体包括六项:各国主权平等,实行民族自决,维护领土完整,不干涉他国内政,各国有权实行适合自己发展的经济和社会制度;各国在公平基础上进行最广泛的合作,保证所有发展中国家加速发展,特别注意对最不发达国家的援助;各国对自己的自然资源和一切经济活动拥有充分的永久的主权,发展中国家应集中一切资源从事发展事业,充分利用自己的资源独立自主地发展民族经济,对跨国公司有权控制、监督与管理,直至采取国有化措施;改善贸易条件,在发展中国家出口原料、初级产品与进口制成品价格之间建立公平合理的关系,在国际经济合作的各个领域内对发展中国家给予特惠的非互惠待遇;对发展中国家提供积极的援助,不附带任何条件,促进有利于发展中国家的技术转让,减轻债务危机,改革国际货币体系,并为将财政资金转移到发展中国家创造有利的条件;加强发展中国家之间的经济技术合作,促进生产国联合组织在国际合作范围内所能起的作用,发展区域性经济合作,发扬集体的自力更生精神。发展中国家所推动的建立国际经济新秩序的运动,涉及国际经济的各个领域,其内容主要包括以下几个方面:维护对资源的主权与争取海运权;改善国际贸易与技术转让条件;国际货币金融领域的改革;改革世界经济结构(庄宗明,2007)。

参考文献：

徐崇利：《新兴国家崛起与构建国际经济新秩序——以中国的路径选择为视角》，载于《中国社会科学》2012年第10期。

庄宗明：《世界经济学》，科学出版社2007年版。

（庄宗明　陈婷）

世界经济体系
World Economic System

世界经济体系是世界各国经济和世界经济各个领域相互依赖相互制约的整体。这一概念主要反映世界经济各个组成部分之间的相互联系，并揭示上述联系的密切程度以及整个世界经济的成熟程度。

世界经济体系萌芽于16世纪初，当时的地理大发现和海外殖民地的开拓，导致贸易范围扩展到了整个世界，世界市场初露端倪，这是世界经济体系的起点。工业革命以后，世界经济体系进入了一个重要的历史发展阶段。伴随着西方国家直接投资跨越国界，跨国生产体系开始萌芽，西方少数先进资本主义国家与广大殖民地附属国之间的产业分工初具形态，国际分工体系获得了一定程度的发展。国际商品交换的种类不断增加、世界市场的形成和国际贸易政策措施的发展，标志着国际贸易体系初步形成。国际金本位制的出现，帝国主义银行的殖民渗透和传统国际金融中心的确立，是国际金融体系获得相当程度发展的具体表现。到了20世纪六七十年代，世界经济体系初步形成（连平，1987）。

美国著名学者伊曼纽尔·沃勒斯坦（Immanuel Wallerstein）在20世纪70年代提出"世界体系理论"。他认为现代世界经济体系是"中心—边缘"结构，即存在着中心地区、边缘地区和半边缘地区三个组成部分。资本主义世界经济体系是以世界范围内的劳动分工为基础建立的，由于分工角色的不同，某些地区成为中心，其他地区则成为边缘区或半边缘区。现代世界经济体系正是以这种中心外围关系来支配着。这一体系的运行机制及内部的交换方式是不平等的，总剩余的一部分从边缘或外围地区向中心转移（宿景祥，2001）。近年来，世界经济体系开始从"中心—边缘"结构向板块与网络状并存结构转型。目前，世界上形成一种新型的三极贸易体系，它不仅与过去中心地区与边缘地区之间贸易有所不同，而且是人类历史上几乎从未有过的。而世界经济体系之所以向板块与网络并存结构转型的主要原因是，区域化与区域主义相互促进，亚非拉国家独立和其中部分国家走上适合本国国情发展道路使一些边缘地区国家实现跨越式发展，新科技革命发展和经济全球化趋势加快。世界经济体系向板块与网络并存结构转型将既刺激又抑制贸易保护主义，同时世界经济重心开始由大西洋地区向亚太地区转移，发展中国家在国际经济机制中将会有更大的发言权，促进整个国际体系的转型（夏立平，2007）。

改革开放以来，中国发展取得了世人瞩目的成就，综合国力不断增强，国际地位持续提升。中国发展成就的取得，一方面得益于国内体制改革与对外开放的逐步推进，另一方面得益于20世纪90年代以来经济全球化的迅猛发展。中国发展是一个不断融入经济全球化和世界经济体系的进程，积极融入世界经济体系使得中国获得了难得的历史发展机遇，反过来也正因为中国的融入，世界经济体系受到了广泛而深刻的影响。中国发展对世界经济运行体系的影响主要体现在两方面：一是对全球多边贸易体系的推动，二是对世界经济利益格局的贡献（张幼文等，2006）。

参考文献：

连平：《论世界经济体系》，载于《世界经济》1987年第10期。

宿景祥：《世界经济体系与世界经济格局》，载于《现代国际关系》2001年第2期。

夏立平：《论世界经济体系向板块与网络状并存结构转型》，载于《世界经济研究》2007年第4期。

张幼文、梁军：《中国发展对世界经济体系的影响》，载于《世界经济研究》2006年第10期。

（庄宗明　陈婷）

国际贸易

国际贸易
International Trade

国际贸易是指世界各个国家（或地区）之间在商品和劳务等方面进行的交换活动。它是各国（或地区）在国际分工的基础上相互联系的主要形式，反映了世界各国（或地区）在经济上的相互依赖关系，是由各国对外贸易的总和构成的。

国际贸易是在一定的历史条件下产生和发展起来的。形成国际贸易的两个基本条件是：(1) 由社会生产力的发展所导致的可供交换的剩余产品的出现；(2) 国家的形成。社会生产力的发展产生出用于交换的剩余商品，这些剩余商品在国与国之间交换，就产生了国际贸易。国际贸易的主要特点：贸易主体不同国籍，资信调查较困难；因涉及进出口，易受双边关系、国家政策的影响；通常交易金额较大，运输距离较远，履行时间较长，因此贸易风险较大；除交易双方外，还涉及运输、保险、银行、商检、海关等部门；参与方众多，各方之间的法律关系较为复杂。国际贸易的分类：按商品移动的方向，国际贸易可划分为进口贸易、出口贸易和过境贸易；按商品的形态，国际贸易可划分为有形贸易和无形贸易；按生产国和消费国在贸易中的关系，国际贸易可分为直接贸易和间接贸易。

国际贸易对参与贸易的国家乃至世界经济的发展都具有重要作用，具体表现在以下六方面：第一，调节各国市场的供求关系。通过国际贸易不仅可以增加国内短缺产品的市场供给量，满足消费者的需求，而且还为各国国内市场的过剩产品提供新的出路，在一定程度上缓解了市场供求的矛盾，调节各国的市场供求关系；第二，促进生产要素充分利用。各国可以通过国际劳务贸易、资本转移、土地租赁、技术贸易等国际贸易方式，输出国内富余的生产要素，从其他国家换回国内短缺的生产要素，从而使短缺生产要素的供给制约得以缓解或消除，富余生产要素得以充分利用；第三，发挥比较优势。利用比较优势进行国际分工和国际贸易，可以扩大优势商品生产，缩小劣势商品生产，并出口优势产品从国外换回本国居于劣势的商品，从而可在社会生产力不变的前提下提高生产效率，获得更大的经济效益；第四，提高生产技术水平，优化国内产业结构。各国可以通过国际贸易的产品交换带动产业变动，使国内的产业结构逐步协调和完善，促使整个国民经济协调发展；第五，增加财政收入。政府可以通过对过往关境的货物征收关税、对进出口货物征收国内税、为过境货物提供各种服务等方面获得大量财政收入；第六，加强各国经济联系，促进经济发展。世界各国广泛开展国际贸易活动，这不仅把生产力发展水平较高的发达国家互相联系起来，而且也把生产力发展水平较低的广大发展中国家纳入国际经济生活之中。国际市场的竞争活动，促使世界总体的生产力发展进一步加快。

当前国际贸易的发展趋势和特点可以归纳为六个方面：一是国际贸易步入新一轮高速增长期，贸易对经济增长的拉动作用愈加明显；二是以发达国家为中心的贸易格局保持不变，金砖五国成为国际贸易增长的新生力量；三是多边贸易体制面临新的挑战，全球范围的区域经济合作势头高涨；四是国际贸易结构走向高级化，服务贸易和技术贸易发展方兴未艾；五是贸易投资一体化趋势明显，跨国公司对全球贸易的主导作用日益增强；六是贸易自由化和保护主义的斗争越演越烈，各种贸易壁垒花样迭出。

以贸易全球化为首要内容的经济全球化，对中国经济产生了深刻影响。中国应该深入分析和把握当前国际贸易的发展趋势和特点，在更大范围、更广领域和更高层次上参与国际经济合作与竞争，迎接经济全球化带来的各种机遇和挑战。

参考文献：

［美］保罗·克鲁格曼、茅瑞斯·奥伯斯法尔德：《国际经济学》，中国人民大学出版社2006年版。
［美］多米尼克·萨尔瓦多：《国际经济学》，清华大学出版社2008年版。
［美］格雷戈里·曼昆：《宏观经济学》，中国人民大学出版社2005年版。
［美］鲁迪格·多恩布什等：《宏观经济学》，中国财政经济出版社2003年版。

（孔瑞　邢曙光）

绝对优势理论
Theory of Absolute Advantage

绝对优势理论又称绝对成本说、地域分工说，是用劳动生产率绝对差异来解释贸易原因、模式和贸易收益的一种贸易理论。

绝对优势理论由亚当·斯密（Adam Smith）在其《国民财富的性质和原因的研究》中提出。该理论认为一国应该出口劳动生产率绝对高的产品，进口劳动生产率绝对低的产品，通过贸易可以增加该国财富。

假设本国和外国都生产奶酪和葡萄酒。本国的劳动生产率是1个小时劳动可生产1磅奶酪或0.25加仑葡萄酒，而外国1个小时劳动可生产0.2磅奶酪或0.5加仑葡萄酒（见表1）。很显然，本国在奶酪生产上的绝对劳动生产率高于外国，葡萄酒的绝对劳动生产率低于外国。根据绝对优势理论，本国将生产并对外国出口奶酪，同时放弃葡萄酒的生产转而从外国进口，结果将使两国的福利和生产总量增加。在上面的例子中，再假设本国拥有200

个小时的劳动，外国拥有400个小时的劳动，并假设贸易开放前劳动被平均分配到两个部门。在封闭经济下，本国生产100磅奶酪和25加仑葡萄酒，外国生产40磅奶酪和100加仑的葡萄酒（见表2）。贸易开放后，本国专业化生产奶酪，产量为200磅，外国专业化生产葡萄酒，产量为200加仑。假设奶酪的国际相对价格为1，即1单位奶酪可以换1单位葡萄酒。此时，若本国保持贸易开放前奶酪的消费量，即出口100磅奶酪到外国，则可以换回100加仑的葡萄酒，因此相对于封闭情形，本国通过贸易增加了75加仑的葡萄酒，由此贸易增加了本国的福利。另外，外国进口100磅的奶酪，而出口100加仑的葡萄酒，因此通过贸易外国增加了60磅的奶酪，福利也得到改善。

表1　　　　　　　　本国和外国的绝对劳动生产率

		奶酪	葡萄酒
本国 外国	绝对劳动生产率	1磅/小时 0.2磅/小时	0.25加仑/小时 0.5加仑/小时

表2　　　本国和外国的贸易利得（假设奶酪的世界相对价格为1）

		奶酪	葡萄酒
本国 外国	封闭经济	100磅 40磅	25加仑 100加仑
本国 外国	专业化生产	200磅 0	0 200加仑
本国 外国	国际贸易	100磅 100磅	100加仑 100加仑

绝对优势理论指出具有不同优势的国家之间的分工和交换可以提高劳动生产率，增加国民财富。但是当一国各种产品的劳动生产率均低于另一国时，绝对优势理论不能说明贸易的产生、贸易模式和贸易收益情况。大卫·李嘉图（David Ricardo）在其1817年出版的著作《政治经济学及赋税原理》中提出比较优势理论，对绝对优势理论进行了继承和发展。

参考文献：

［美］多米尼克·萨尔瓦多：《国际经济学》第九版，清华大学出版社2008年版。

于永达：《国际经济学新论》，清华大学出版社2007年版。
Irwin, D. A., *Against the Tide*: *An Intellectual History of Free Trade*, New Jersey: Princeton University Press, 1996.

（孔瑞　郭志芳）

比较优势理论
Theory of Comparative Advantage

比较优势理论，又称比较成本理论，是用相对劳动生产率差异来解释贸易原因、模式和贸易收益的一种贸易理论。

比较优势理论由19世纪古典经济学家提出。其中，罗伯特·托伦斯（Robert Torrens）在其1815年发表的论文《论对外谷物的贸易》中首先认识到比较优势基本思想。大卫·李嘉图（David Ricardo）在其1817年出版的著作《政治经济学及赋税原理》中首次用一个简明数字例子说明了比较优势思想，被认为是比较优势理论的创始人。1848年，约翰·穆勒（John Stuart Mill）出版了著名的《政治经济学原理》一书，该书对比较优势理论进行更清晰、细致的阐述，并使其成为著名古典经济学理论。

亚当·斯密在其《国富论》中提出绝对优势理论（参见"绝对优势理论"），认为一国应该出口（绝对）劳动生产率较高的产品，进口（绝对）劳动生产率较低的产品，通过贸易可以增加该国财富。但是，一国各种产品的劳动生产率可能都低于另一国，此时绝对优势理论不能说明贸易是否会产生以及贸易模式、贸易利得情况。比较优势理论则解决了这个问题，认为此时两国根据相对劳动生产率进行专业化分工，然后进行自由贸易，会使两国的财富都增加。

下面用一个简单的数字例子来说明比较优势理论的基本思想。假设本国和外国都生产奶酪和葡萄酒。本国的劳动生产率是1小时劳动可生产1磅奶酪或0.5加仑葡萄酒，而外国1小时劳动可生产0.2磅奶酪或0.25加仑葡萄酒（表1）。很显然，本国在两种产品生产上的绝对劳动生产率均高于外国。根据绝对优势理论，本国将同时向外国出口奶酪和葡萄酒，而外国却没有产品与之交换，因此贸易不可能发生。但是比较优势理论表明，此时两国仍可以通过贸易而获利。比较优势理论认为贸易模式由相对劳动生产率而不是绝对劳动生产率的高低来决定，一国可以通过专业化生产并出口相对劳动生产率较高的产品，进口相对劳动生产率较低的产品而获益。这里相对劳动生产率是指两个国家同种产品的劳动生产率之比。

在这个例子中,虽然本国生产奶酪和葡萄酒的劳动生产率相对外国都有"绝对优势",但是优势的大小有别,这种差别体现在相对劳动生产率上。由前面劳动生产率的假设知,本国奶酪的劳动生产率是外国的5倍,即本国奶酪的相对劳动生产率是5,但葡萄酒的劳动生产率只是外国的2倍,即本国葡萄酒的相对劳动生产率是2,因此本国奶酪的相对劳动生产率比葡萄酒更高,奶酪生产相比葡萄酒生产更具优势,或说本国奶酪生产具有"比较优势"。则根据比较优势理论,本国应该出口奶酪,而从外国进口葡萄酒。反过来,从外国的角度来看,虽然其两种产品的劳动生产率优势都处于劣势,但是葡萄酒的劳动生产率的相对劣势要小一些,因为奶酪的相对生产率只有1/5,而葡萄酒相对劳动生产率是1/2,高于前者,因此外国葡萄酒生产具有"比较优势"。根据比较优势理论,外国应专业化生产并出口葡萄酒,而进口奶酪。

一国可能所有产品都具有绝对优势,但是根据比较优势的定义,一国不可能所有产品都具有比较优势,这意味着只要不同产品的相对劳动生产率存在差异,两国就可以发生贸易,因此比较优势理论对贸易原因的解释力比绝对优势理论更强。

比较优势理论还指出了贸易的利得,认为参与贸易的国家都可以从贸易中获益。简单起见,在上面的例子中,再假设本国拥有100小时的劳动,外国拥有400小时的劳动,并假设贸易开放前它们平均分配到两个部门。则在封闭经济下,本国生产50磅奶酪和25加仑葡萄酒,外国生产40磅奶酪和50加仑的葡萄酒(见表2)。贸易开放后,本国专业化生产奶酪,产量为100磅,外国专业化生产葡萄酒,产量为100加仑。假设奶酪的国际相对价格为1,即1单位奶酪可以换1单位葡萄酒。此时,若本国保持贸易开放前奶酪的消费量,即出口50磅奶酪到外国,则可以换回50加仑的葡萄酒,因此相对于封闭情形,本国通过贸易增加了25加仑的葡萄酒,由此贸易增加了本国的福利。另外,外国进口50磅的奶酪,而出口50加仑的葡萄酒,因此通过贸易外国增加了10磅的奶酪,福利也得到改善。

表1　　　　本国和外国的绝对劳动生产率和相对劳动生产率

		奶酪	葡萄酒
本国	绝对劳动生产率	1磅/小时	0.5加仑/小时
外国		0.2磅/小时	0.25加仑/小时
本国	相对劳动生产率	5	2
外国		0.2	0.5

表2　　　本国和外国的贸易利得（假设奶酪的世界相对价格为1）

		奶酪	葡萄酒
本国	封闭经济	50 磅	25 加仑
外国		40 磅	50 加仑
本国	专业化生产	100 磅	0
外国		0	100 加仑
本国	国际贸易	50 磅	50 加仑
外国		50 磅	50 加仑

李嘉图的比较优势理论在历史上极大地促进了英国乃至世界的自由贸易，使自由贸易思想成为主流。直到今天，该理论仍是最重要的国际贸易理论之一。但是，李嘉图的比较优势理论只考虑劳动这一种要素投入，通过相对劳动生产率差异来解释贸易原因、贸易模式和贸易利得。如果两国相对劳动生产率也相同时，两国还会发生贸易吗？对此，李嘉图的比较优势理论并不能给予回答。实际上，生产中往往有多种要素投入，除了劳动外，还有资本、土地等。伊·赫克歇尔（Eli Heckscher）和伯特尔·戈特哈德·俄林（Bertil Gotthard Ohlin）创立的要素禀赋理论解释了在多要素情形下，贸易的成因、模式和贸易利得问题。在要素禀赋理论中，即使两国劳动生产率完全相同，不同国家要素禀赋差异和不同产品生产中要素使用比例的差异也会导致贸易的产生。

参考文献：

［美］保罗·R·克鲁格曼、茅瑞斯·奥伯斯法尔德：《国际经济学》第六版，中国人民大学出版社2006年版。

［英］大卫·李嘉图：《政治经济学及赋税原理》，译林出版社2011年版。

海闻、林德特、王新奎：《国际贸易》，上海人民出版社2003年版。

Irwin, D. A., Against the Tide: An Intellectual History of Free Trade, New Jersey: Princeton University Press, 1996.

（孔瑞　张文城）

要素禀赋
Factor Endowments

要素禀赋指一个国家或经济体所拥有的各种生产要素的状况。它既包括自然资源，如土地、矿产等，也包括社会资源，如技术、资本等。在新古典经济中，对生产有重要影响的生产要素为劳动、资本和土地。

要素禀赋是一个相对概念，与生产要素的绝对数量无关。例如，美国的资本存量和劳动的绝对数量均高于瑞士和墨西哥。但美国的人均资本存量低于瑞士，因此相对于瑞士而言，美国属于劳动丰裕型国家。同时，美国的人均资本存量高于墨西哥，因此美国与墨西哥相比，属于资本丰裕的国家。因此，在判断一国在要素禀赋上属于哪种类型时，必须注意参照国。

有两个概念与要素禀赋相关：一是要素丰裕度；二是要素密集度。

要素丰裕度是指在一国的生产要素禀赋中某要素供给所占比例大于别国同种要素的供给比例而相对价格低于别国同种要素的相对价格。衡量要素的丰裕程度有两种方法：一是以生产要素相对数量衡量，若一国某要素的供给比例大于别国的同种要素供给比例，则该国该要素相对丰裕；二是以要素相对价格衡量，若一国某要素的相对价格低于别国同种要素相对价格，则该国该要素相对丰裕；反之则稀缺。

要素密集度指生产不同商品所投入的生产要素的组合或比例。如果生产一种商品时所使用的某种要素投入比例大，则这种商品该要素密集度高。按占比例最大的生产要素对产品进行分类，可分为劳动密集型产品、资本密集型产品、技术密集型产品等。要素密集度也是一个相对的概念，与生产要素的绝对投入量无关。如果商品 X 生产所采用的资本与劳动投入比例 $R_X = K_X/L_X$，大于商品 Y 的生产所采用的资本与劳动投入比例 $R_Y = K_Y/L_Y$，即 $R_X > R_Y$，则称 X 是资本密集型产品，Y 是劳动密集型产品。

参考文献：

王巾英、崔新健：《国际经济学》，清华大学出版社 2010 年版。

[美] 茅瑞斯·奥伯斯法尔德、保罗·R·克鲁格曼：《国际经济学——理论与政策》第六版，中国人民大学出版社 2006 年版。

[美] 多米尼克·萨尔瓦多：《国际经济学》第九版，清华大学出版社 2008 年版。

（孔瑞　郭志芳）

新古典贸易理论
Neoclassical Trade Theory

新古典贸易理论以生产技术相同、生产成本存在差异为前提，采用一般均衡分析方法，在两种或以上要素框架下分析产品的生产成本，进而研究各国要素禀赋构成与商品贸易形态之间的关系，以及自由贸易对各国国内收入分配的影响。

相对于古典贸易理论强调劳动生产率的差异对国际贸易的影响，新古典贸易理论则侧重于从不同国家的生产要素禀赋的角度来解释国际贸易的发生以及贸易均衡条件的实现，削弱了古典贸易理论的条件。但是，新古典贸易理论也有较严格的假设条件：（1）假定只有两个国家（A和B），两种生产要素（劳动L和资本K）；两种商品（X和Y）。且A国劳动力充裕，B国资本充裕，X是劳动密集型商品，Y是资本密集型商品；（2）假定两国的技术水平（生产函数）相同；（3）假定两国在两种产品的生产上规模经济利益不变；（4）假定两国的消费偏好相同，有同一组社会无差异曲线；（5）在两个国家，两种商品与两种生产要素市场都是完全竞争的，并且不存在外部经济；（6）在一国国内，生产要素能够自由流动；（7）没有运输费用、实行自由贸易；（8）两国资源均得到充分利用。

1919年瑞典经济学家伊·赫克歇尔（Eli Heckscher）在发表的题为《国际贸易对收入分配的影响》一文中提出要素禀赋理论的基本观点，后由其学生伯特尔·俄林（Bertil Ohlin）在1933年出版的《区际贸易与国际贸易》一书中加以发展和完善，故而又称赫克歇尔—俄林理论（H-O理论）。H-O理论可归纳为四个基本定理，分别是：赫克歇尔—俄林定理（H-O定理）、要素价格均等化原理、斯托尔珀—萨缪尔森定理（SS定理，S-S定理）、罗伯津斯基定理。

H-O定理，又称要素禀赋理论。该定理认为各国要素禀赋以及由此导致的要素相对价格和商品相对价格的差异是国际贸易中各国具有比较优势的基本原因和决定因素。而相对价格差异转化为绝对价格差异，是国际贸易发生的直接原因。H-O定理表明一国应当专业化生产并出口该国相对丰裕和便宜的要素密集型的商品，进口该国相对稀缺和昂贵的要素密集型的商品，这样的贸易模式能够改善国际贸易各参与国的福利。此外，俄林分析了自由贸易对各贸易国收入分配的影响，提出了要素价格在各贸易国之间局部拉平的观点。H-O定理对古典贸易理论的发展体现在如下三点：第一，古典贸易理论假设各国在国际贸易中存在比较优势，而俄林用生产要素禀赋差异解释了比较优势产生的原因；第二，大卫·李嘉图（David Ricardo）模型假设劳动是唯一的生产要素，而俄林是在两种或两种以上生产要素框架下分析产品的生产成本，用总体均衡的方法解释国际分工和贸易格局；第三，H-O定理还揭示了国际贸易对一国经济结构和收入分配的影响，并提出各贸易国要素价格会局部拉平的观点。

要素价格均等化定理，又称赫克歇尔—俄林—萨缪尔森模型（H-O-S 定理）。1948 年和 1949 年，保罗·萨缪尔森（Paul A. Samuelson）分别发表了题为《国际贸易和要素价格均等化》和《再论生产要素价格均等化》的文章，在 H-O 理论基础上进一步发展了要素价格均等化理论，故而又称赫克歇尔—俄林—萨缪尔森定理（H-O-S 定理）。该定理表明，自由贸易会使一个国家相对缺乏的要素的实际收入减少，而使一个国家相对充裕的要素的实际收入增加。这也就是说，自由贸易会使各贸易国生产要素相对价格和绝对价格均等化，同质劳动获得等量工资，同质资本获得均等收益。在无国际贸易的条件下，劳动丰富的国家工资率较低，利率较高。国际贸易发生时，劳动丰裕的国家专业化生产劳动密集型商品，因而对劳动的相对需求上升，工资率提高，对资本相对需求减少，利率下降；而资本密集型国家的情况恰好相反。最后，两个国家的劳动价格和资本价格趋于相等。但在实际中，由于贸易壁垒的限制、运输成本和技术差异的存在等原因，要素价格均等化难以实现。

斯托尔珀—萨缪尔森定理。

罗伯津斯基定理。1955 年，塔德乌什·罗伯津斯基（Tadeusz Rybczynski）发表《要素禀赋与相对要素价格》一文。在文章中，罗伯津斯基探讨了生产要素的增长与国际贸易的关系，指出在一个只有两种商品的世界中，如果商品的相对价格固定不变，一种生产要素增加，会使密集使用该要素生产的产品的产量增加，而密集使用另一种要素生产的产品的产量减少，这表明要素禀赋的变化决定着资源配置的变化。这一论断被称为罗伯津斯基定理。罗伯津斯基定理推理如下：当资本供给增加 ΔK，在商品相对价格保持不变的前提下，为了使新增加的资本 ΔK 能全部被利用，以保证充分就业，则需资本密集型部门 X 来吸收新增资本。又因为生产技术不变，要保证 X 部门将新增资本全部吸收，还需要追加非扩张生产要素——劳动来与其搭配，所以 Y 部门被迫缩小生产规模，以便释放出一定的劳动 ΔL_y。但 Y 部门在释放出劳动的同时，还会释放出一定的资本 ΔK_y，这部分资本也需 X 部门来吸收。结果 X 部门的生产扩大，而 Y 部门的生产则下降。反之，如果是劳动总量增加，资本总量不变，则 Y 部门的生产将扩大，X 部门的生产将下降。

参考文献：

石林：《经济大辞典对外经济贸易卷》，上海辞书出版社 1990 年版。

[美] 多米尼克·萨尔瓦多：《国际经济学基础》，清华大学出版社 2007 年版。

陈家勤、薛荣久：《国际经贸理论通鉴》，对外经济贸易大学出版社 2008 年版。

[英] 伊特韦尔等：《新帕尔格雷夫经济学大辞典》，经济科学出版社 1996 年版。

（孔瑞 郭志芳）

斯托尔珀—萨缪尔森定理
Stolper-Samuelson Theorem

斯托尔珀—萨缪尔森定理是关于关税对国内生产要素价格以及国内收入分配影响的理论。定理表明产品相对价格的上升将导致生产该产品密集使用的生产要素的实际价格或报酬增加，而另一种生产要素的实际价格或报酬下降。

1941 年美国经济学家沃尔夫冈·斯托尔珀（Wolfgang Stolper）和保罗·萨缪尔森（Paul Samuelson）合写了《保护主义与实际工资》一文。文章中，作者提出保护贸易对实际工资影响的理论，被称为斯托尔珀—萨缪尔森定理。该定理指出，关税提高了受保护产品的相对价格，将刺激国内企业将生产要素从其他行业转移到受保护的行业，导致该行业密集使用的要素需求增加，价格上升，即关税将增加受保护产品密集使用的要素的收入。如果关税保护的是劳动密集型产品，则劳动的相对报酬（实际工资）提高；如果关税保护的是资本密集型产品，则资本要素的收入增加。同时，生产要素相对价格的变动会刺激厂商调整其要素使用比例，用较便宜的要素替代较昂贵的要素，而根据报酬递减规律，密集使用的生产要素的边际产出增加，相对报酬提高；非密集使用的生产要素的边际产出下降，相对报酬降低。因此，该定理表明，国际贸易尽管会提高一国整体的福利水平，但会对一国要素收入分配格局产生实质性的影响。

参考文献：

石林：《经济大辞典对外经济贸易卷》，上海辞书出版社 1990 年版。

[美] 贝思·V·亚伯勒、[美] 罗伯特·M·亚伯勒：《世界经济贸易与金融》第七版，清华大学出版社 2009 年版。

［英］伊特韦尔等：《新帕尔格雷夫经济学大辞典》，经济科学出版社 1996 年版。

Wolfgang F. Stolper and Paul A. Samuelson, Protection and Real Wage, *The Review of Economic Studies*, Vol. 9, No. 1, 1997.

（孔瑞　郭志芳）

行业间贸易
Inter-industry Trade

行业间贸易又称为"产业间贸易"，指一个国家或地区同一个行业进行单向贸易的现象，即该行业的产品只出口或只进口。显然，对于绝大部分行业，很少存在严格意义上的行业间贸易，重要的是看某个行业中行业间贸易所占的比重。与"行业间贸易"相对应的是"行业内贸易"。

在国际贸易发展初期，国家间的贸易主要是行业间贸易，例如发展中国家往往出口原材料到发达国家，而进口发达国家的制成品。但 20 世纪 50 年代以来，行业内贸易得到快速发展，比重不断上升，现阶段已经占据主导地位。但是行业间贸易仍然是重要的国际贸易现象，对于地域分布差异较大的资源性产品，其国际贸易仍然主要是以行业间贸易进行，例如中东国家出口石油，澳大利亚出口铁矿石，中国出口稀有金属等。

产生行业间贸易的理论基础主要是大卫·李嘉图（David Ricardo）的比较优势理论和伊·菲·赫克歇尔（Eli F. Heckscher）和伯特尔·戈特哈德·俄林（Bertil Gotthard Ohlin）的要素禀赋理论。

根据李嘉图比较优势理论，行业间贸易的贸易模式是由该国或地区的相对劳动生产率决定的，这种比较优势来源于生产技术差异导致的劳动生产率差异，如果一国在一个行业具有相对较高的劳动生产率，则该行业就出口产品；反之，劳动生产率较低的部门进口国外产品。假设 A 国在服装生产上劳动生产率相对较高，因此在服装产业上具有比较优势，而 B 国在飞机生产上相对劳动生产率较高，在飞机产业具有比较优势，那么这种劳动生产率差异将使 A 国服装行业对 B 国出口服装产品，而 B 国飞机制造业向 A 国出口飞机，从而形成行业间贸易。

根据要素禀赋理论，行业间贸易的动力也可能来源于不同国家或地区的要素禀赋差异以及不同产品要素使用比例的差异。在贸易开放的情况下，如果一国某部门的产品属于该国丰裕要素密集型产品，则该部门出口；反之，

行业间贸易

如果该部门的产品密集使用该国稀缺要素，则该部门进口。例如，A 国拥有相对丰裕的劳动力，B 国拥有相对丰裕的资本，同时运动鞋属于劳动密集型产品（生产 1 单位产出需要投入的劳动资本比例较高），而汽车属于资本密集型产品，则在其他条件相同的情况下，A 国制造的运动鞋价格将低于 B 国制造的运动鞋，因此 A 国出口运动鞋到 B 国，而从 B 国进口价格较低的汽车。A 国、B 国两个产业之间的这种贸易也属于行业间贸易。

要素禀赋理论假设一国的要素丰裕程度是外生给定的，市场是完全竞争，此时如果两个国家初始要素丰裕度一样，就不会发生行业间贸易。然而，玛丽·阿米蒂（Mary Amiti）证明，当存在垄断竞争产业且资本能够跨国流动的情况下，即使两个国家初始资本劳动比例（要素丰裕程度）、生产技术以及消费偏好完全相同，而两国只在资本、劳动的存量上存在差异，这两个国家也会发生产业间贸易。如果两个垄断竞争行业生产中要素投入比例存在差异，则大国是资本密集型产品的净出口国，而小国是劳动密集型产品的净出口国（Amiti，1998）。

在赫克歇尔—俄林模型的基本假设下，保罗·萨缪尔森（Paul A. Samuelson）证明：行业间的自由贸易不仅使两国的商品价格相等，而且使两国的生产要素的价格相等，即两国的所有工人都能获得同样的工资率，所有的资本都能获得同样的利润报酬，不管两国生产要素的供给与需求模式如何（Samuelson，1948）。这一结论被称为赫克歇尔—俄林—萨缪尔森定理或要素价格均等化定理。由于商品价格和要素价格的均等化，价格信号能够引导各国不同部门发挥各国的劳动生产率优势或资源优势，优化资源配置，增加贸易国的总福利。在现实中，国际贸易并非完全自由，要素在一国内部往往也不能完全自由流动，各国生产技术也不是固定不变的，因此要素价格均等化并不存在，但国际贸易仍是各国要素价格趋同的一个重要力量。另外，虽然行业间贸易可能增进一国总福利，但是它对一国不同要素所有者福利的影响是不同的，除非进行收入再分配，否则一些要素所有者也可能因为行业间贸易开放而受损。在李嘉图的比较优势理论中，产品生产只有劳动要素一种投入，因此行业间贸易不但增加一国收入，而且同时增加所有人的收入。但是，产品的生产往往是投入多种要素，如资本、劳动、土地等。作为要素禀赋理论的重要拓展，沃尔夫冈·斯托尔珀（Wolfgang F. Stolper）和保罗·萨缪尔森证明，在长期，行业间自由贸易会增加本国丰裕要素所有者的报酬，而降低稀缺要素所有者的报酬（参见"斯托尔珀—萨缪尔森"定理）（Stolper and Samuelson，1941）。理论上，如果能够低成本地进行收入再分配，产业间贸易也可能使所有要素所有者获益,实现帕累托改进。但现实中,收入再分配往往成本很高,难以实行,因此产业间贸易的收入分配效应往往使利益受损集团(进口竞争部门)反对自由贸易。

参考文献:

[英]大卫·李嘉图,郭大力:《政治经济学及赋税原理》,译林出版社2011年版。

[瑞典]贝蒂尔·奥林:《地区间贸易和国际贸易》,首都经济贸易大学出版社2001年版。

[美]保罗·R·克鲁格曼、茅瑞斯·奥伯斯法尔德:《国际经济学》第六版,中国人民大学出版社2006年版。

Amiti, M., Inter-industry Trade in Manufactures: Does Country Size Matter? *Journal of International Economics*, Vol. 44, 1998.

Samuelson, P. A., International Trade and the Equalization of Factor Prices, *Economic Journal*, Vol. 58, 1948.

Stolper, W. and Samuelson, P. A. Protection and Real Wage, *Review of Economic Studies*, Vol. 9, 1941.

(孔瑞 张文城)

行业内贸易
Intra-industry Trade

行业内贸易又称"产业内贸易",是指一个国家或地区同时出口和进口属于同一行业或产品组的商品的现象。与"行业内贸易"相对应的是"行业间贸易"(参见"行业间贸易")。

第二次世界大战以后,尤其是20世纪50年代末以来,发达国家之间的贸易大幅增长,而且贸易的产品往往是某一部门的同类产品,具有相似的要素密集度。行业内贸易开始受到广泛的关注。衡量行业内贸易程度的指标很多,常用指标是赫伯特·格鲁贝尔(Herbert Grubel)和彼特·劳埃德(Peter Lloyd)在1975年提出的"行业内贸易指数"(Index of Intra-industry Trade),又称 GL 指数(Grubel-Lloyd Index)。其计算公式为:

$$GLI_i = \left(1 - \frac{|EX_i - IM_i|}{EX_i + IM_i}\right) \times 100$$

公式中 EX_i 和 IM_i 分别是行业 i（行业 i 是某种产业分类标准下的某个部门或由几个部门构成的加总部门）的出口额和进口额。GLI_i 的值介于 0 和 100 之间。如果该行业只出口或只进口，即进行行业间贸易，则 $GLI_i=0$；如果该行业同时出口和进口，则 $GLI_i>0$。GLI_i 越接近 0，反映行业间贸易比重越高，而越接近 100，表明行业内贸易程度越高。

从表 1 的数据可以看出过去 40 年内世界行业内贸易的发展趋势。表 1 显示，与 1970 年相比，1999 年表中所有国家的制造业行业内贸易指数都有大幅的提高，尤其是发展中国家。发达国家的指数平均值从 56.8% 提高到 85.5%，而发展中国家的指数平均值从 22.3% 提高到 82.5%。由此可见，不管是发达国家还是发展中国家，从 20 世纪 70 年代到 90 年代接近 30 年时间内，行业内贸易获得快速的发展。

表1　　　　　　　　　部分国家制造业 GL 指数　　　　　　单位：%

工业化国家	1970 年	1987 年	1999 年	发展中国家	1970 年	1987 年	1999 年
美国	55.1	61	81.1	印度	22.3	37	88
日本	32.8	28	62.3	泰国	5.2	30.2	94.8
德国	59.7	66.4	85.4	新加坡	44.2	71.8	96.8
法国	78.1	83.8	97.7	韩国	19.4	42.1	73.3
英国	64.3	80	91.9	巴西	19.1	45.5	78.8
意大利	61	63.9	86	墨西哥	29.7	54.6	97.3
西班牙	41.2	67.4	86.7	土耳其	16.5	36.3	82.2
加拿大	62.4	71.6	92.8	阿根廷	22.1	36.4	48.7
平均	56.8	65.3	85.5	平均	22.3	44.3	82.5

资料来源：海闻、林德特、王新奎：《国际贸易》，上海人民出版社 2003 年版。

在有关行业内贸易的经验研究中，比较准确地测算行业内贸易程度非常重要。从 GL 指数的计算公式可以看出，该指数的大小与行业的定义有关，一个"行业"可能是几个更细行业的加总。因此，GL 指数存在加总偏差（Aggregation Bias）。戴维·格里纳韦（David Greenaway）和克里斯·米尔纳（Chris Milner）的研究显示，利用国际贸易标准分类（SITC）三位数商品计算的 GL 指数仍可能存在较大的加总偏差。因此在行内贸易经验研究中，有必要分析这种加总偏差的大小及其对研究结果的影响（Greenaway and Milner，1983）。他们归纳了评估加总偏差的三种方法：（1）采用更细的产品分类。例如采用 SITC 四位数或五位数商品再计算 GL 指数，比较结果的差异。(2) 采用不同的商品分类标准。例如可以采用世界海关组织的《商品名称及编码协调制度的国际公约》提出的 HS 编码计算 GL 指数，再与基于 SITC 分类标准计算的 GL 指数进行比较。(3) 计算调整的 GL 指数。例如计算下面的 AGLI 指数，公式中 EX_{ij} 和 IM_{ij} 是 i 行业中第 j 种商品的进口额和出口额。AGLI 指数能够降低同一行业不同产品的贸易差额相互抵消所产生的加总偏差。

$$AGLI_i = \left(1 - \frac{\sum_j |EX_{ij} - IM_{ij}|}{\sum_j (EX_{ij} + IM_{ij})}\right) \times 100$$

行业内贸易的商品往往具有相似的生产技术和要素密集度，传统贸易理论不能很好地解释这种贸易现象。经济学家贝拉·巴拉萨（Bela Balasa）、赫伯特·格鲁贝尔和彼特·劳埃德对行业内贸易提供一些解释，指出产品差异化是行业内贸易的重要原因（Balassa，1967；Grubel and Lloyd，1975）。首次建立正式经济学模型对行业内贸易发生机理和福利效应进行分析的经济学家则是保罗·克鲁格曼（Paul Krugman），并由此产生"新贸易理论"（New Trade Theory）。传统贸易理论假设完全竞争和不存在规模经济，而新贸易理论则以不完全竞争和规模报酬递增为基础。在现代工业生产中，很多部门具有规模报酬递增的特点，大规模生产能够降低单位产品的成本。克鲁格曼证明，当存在规模报酬递增和垄断竞争时，即使两国的生产技术、要素禀赋、消费偏好完全相同，仍会出现国际贸易（Krugman，1979）。贸易使两国垄断竞争企业的生产规模扩大，降低单位成本，实现规模经济，两国消费者则从更多的商品种类和更低的价格中受益。规模报酬递增和不完全竞争导致的贸易一般也属于行业内贸易。

要素禀赋差异决定的行业间贸易对一国不同要素所有者的福利影响不同，稀缺要素所有者会因为贸易开放而受损。而克鲁格曼指出，基于规模经济的产业内贸易则可以避免这种收入分配效应。在产品差异化程度足够高，或者产品差异化程度较低但贸易双方的要素禀赋足够相似的情况下，两种要素所有者都可以从贸易中获益（Krugman，1981）。这一结论意味着行业内贸易自由化比行业间贸易自由化更能获得支持。

以不完全竞争和规模经济为基础的新贸易理论给发达国家之间的行业内贸易现象提供了一个很好的解释。不过新贸易理论强调的是产品水平差异（Horizontal Product Differentiation），即产品的属性不同，但质量没有差异。发达国家之间行业内贸易的商品的差异或许更多属于水平差异。但是发达国家和发展中国家之间也存在行业内贸易,此时具有相同属性的商品在质量很可能存在差异,这种质量差异被称作是垂直差异(Vertical Product Differentiation)。对于垂直差异化产品的行业内贸易,要素禀赋理论仍然具有解释力。R. E. 法尔维(R. E. Falvey)和 H. 凯日科夫斯基(H. Kierzkowski)证明,假设高质量产品具有较高的资本密集度,则即使不存在不完全竞争和规模经济,要素禀赋差异也会导致垂直差异化产品的行业内贸易(Falvey and Kierzkowski,1987)。唐纳德·戴维斯(Donald Davis)综合了李嘉图模型和要素禀赋模型,在"赫克歇尔—俄林—李嘉图"统一模型框架下解释行业间贸易和行业内贸易现象,并证明规模报酬递增不是产生行业内贸易的必要条件(Davis,1995)。

20世纪90年代以来,生产片段化(Fragmentation)趋势、跨国公司全球生产网络的建立以及区域经济一体化的发展,使得中国、印度、东盟等亚洲发展中国家和地区广泛参与国际垂直专业化分工,推动亚洲地区的行业内贸易的快速发展。基于动态GL指数的一份研究显示,1971年东亚地区制造业中的行业内贸易仅占该区域贸易量的25%,到1996年年末,该比重提高到50%(Thorpe and Zhang,2005)。对该时期行业内贸易增长贡献较大的是新加坡和马来西亚,接着是中国、日本、中国台湾地区和泰国。其他研究还发现,20世纪90年代,东亚地区机械产品的行业内贸易中,垂直型行业内贸易占主导,且大部分是机械零部件贸易(Ando,2006)。其中,中国1990年机械产品的垂直型行业内贸易比重为20%,2000年上升到64%,而水平型行业内贸易比重则从3%上升到8%(Ando,2006)。此外,根据一些学者的测算,中国1992~1994年间,总体行业内贸易指数为30.8,垂直型行业内贸易指数为19.4,而水平型行业内贸易指数为11.4;而1999~2001年,前两个指数分别上升至39.9和32.4,水平行业内贸易指数下降至7.6(Zhang et al.,2005)。可见20世纪90年代,中国行业内贸易主要是垂直型行业内贸易。基于双边贸易数据的研究还发现,中国与很多发达国家、发展中国家和地区之间都存在行业内贸易,1999~2001年,中美、中日、中德、中英之间的行业内贸易指数分别为35.0、26.7、23.9和33.9;中国与韩国、马来西亚、泰国、墨西哥的行业内贸易指数分别为37.4、43.1、44.5和38.0(Zhang et al.,2005)。可见,中国与发展中国家之间的行业内贸易程度普遍高于与发达国家的行业内贸易程度。

参考文献：

海闻、林德特、王新奎：《国际贸易》，上海人民出版社2003年版。

Ando, M., Fragmentation and Vertical Intra-industry Trade in East Asia, *North American Journal of Economics and Finance*, Vol. 17, 2006.

Balassa, B., *Trade Liberalization among Industrial Countries: Objectives and Alternatives*, New York: McGraw-Hill, 1967.

Davis, D. R., Intra-industry Trade: A Heckscher-Ohlin-Ricardo Approach, *Journal of International Economics.* Vol. 39, 1995.

Falvey, R. E. and Kierzkowski, H., Product Quality, Intra-industry Trade and (Im) perfect Competition, in Kierzkowski, H., (eds) *Protection and Competition in International Trade.* Oxford: Basil Blackwell, 1987.

Grubel, H. G. and Lloyd, P. J., *Intra-Industry Trade: The Theory and Measurement of International Trade in Differentiated Products*, New York: Wiley, 1975.

Krugman, P., Increasing Returns, Monopolistic Competition, and International Trade, *Journal of International Economics*, Vol. 9, 1979.

Krugman, P., Scale Economics, Product Differentiation and the Pattern of Trade, *American Economic Review*, Vol. 70, 1980.

Krugman, P. Intra-industry Specialization and the Gains from Trade, *Journal of Political Economy*, Vol. 89, No. 5, 1981.

Thorpe, M. and Zhang, Z., Study of the Measurement and Determinants of Intra-industry Trade in East Asia, *Asian Economic Journal*, Vol. 19, 2005.

Zhang, J., Witteloostuijin, A. and Zhou, C., Chinese Bilateral Intra-industry Trade: A Panel Data Study for 50 Countries in the 1992-2001 Period. *Review of World Economics*, Vol. 141, 2005.

（孔瑞　张文城）

服务贸易
Trade in Services

《服务贸易总协定》（General Agreements on Trade in Services, GATS）将服务贸易概括为四种形态：一是在一成员领土内向位于任何其他成员领土的消费者提供服务，简称"跨境交付"（Cross-border Supply）；二是在一成员领土内向来自任何其他成员的服务消费者提供服务,简称"境外消费"(Consumption Abroad);三是一成员的服务提供者在任何其他成员领土内以商业存在提供服务,简称"商业存在"(Commercial Presence);四是一成员的服务提供者在任何其他成员领土内以自然人的方式为其消费者提供服务,简称"自然人流动"(Presence of Natural Persons)。

与有形货品不同,服务产品具有以下基本特征:服务一般是无形的;服务的生产和消费通常是同时发生的;服务是难以储存的;服务具有很强的异质性,包括供给者的服务水平和需求者的特殊要求的不同;服务具有较强的经验特征和信任特征;服务消费者支付的价格通常并不是与其获得的实际产出相联系的(程大中,2009)。

服务产品的基本特征必然影响到服务贸易的进行。受服务产品基本特征的制约,服务贸易表现出以下几个基本特征:第一,信息不完全和信息不对称问题更为突出。信息不完全是指由于服务产品的无形性、服务买卖的同时性,服务购买者在消费服务之前无法(完全)知道服务的质量;信息不对称是指对于所提供的服务,提供者知道的信息比购买者多(特别是像会计、医疗和法律等专业服务领域)。第二,服务交易有时会出现"系统性失灵"问题。以银行服务部门为例,一旦一家银行破产引致挤兑现象(出现挤兑时,市场上资金供不应求,利息率不断上涨,迫使一些银行倒闭或停业,从而加剧了货币信用危机),挤兑的不断发展将导致整个银行体系瘫痪。第三,宏观层面及非经济特征。出于宏观经济层面和政治文化等非经济因素的考虑,政府会对服务贸易进行干预。在宏观经济层次上,有些服务业,如交通运输、邮电通信、电力、金融等属于一国经济的关键部门,政府对这些服务部门进行干预主要是为了维护本国经济的独立性。除了经济原因外,政府干预服务贸易有时是出于政治、文化、伦理等非经济因素的考虑。教育、新闻、出版、娱乐、影音等服务部门虽非一国国民经济命脉,但属于国家上层建筑的一部分——意识形态领域,任何国家的政府都希望保持本国在政治和文化上的独立性(程大中,2009)。

由于服务贸易的多样性和复杂性,不同的研究人员和国际经济组织出于分析的方便和研究的需要,根据不同标准对服务贸易进行了划分。例如:(1)以要素密集度为标准,将服务贸易划分为资本密集型、技术和知识密集型以及劳动密集型服务贸易;(2)按照服务生产者与消费者之间的移动,将服务贸易分为消费者和生产者都不移动的服务贸易、消费者移动到生产者所在国进行的服务贸易、生产者移动到消费者所在国进行的服务贸易、消费者和生产者移动到第三国进行的服务贸易；（3）以服务在商品中的属性进行分类，可分为以商品形式存在的服务、对商品实物具有补充作用的服务、对商品实物形态具有替代功能的服务以及具有商品属性却与其他商品无关联的服务；（4）按照服务贸易与货物贸易的关系不同，可将服务贸易分为追加服务贸易与核心服务贸易，追加服务贸易可分为产前服务、产中服务和产后服务，核心服务贸易根据服务提供者与消费者距离的远近可分为面对面服务和远距离服务。

服务贸易的发展具有很长的历史，但长期以来其规模较小，在相当长的一段时间内它是作为国际货物贸易的附属业务来展开的（例如运输服务、银行结算服务、海运保险服务等）。自20世纪70年代以来，由于科技革命的发展促进了交通运输、电讯、信息和金融等各产业的发展，服务已经成为产品成本的重要组成部分，服务贸易开始迅速发展。进入21世纪后，随着经济全球化的不断推进，服务贸易发展更加迅猛，规模不断扩大。根据世界贸易组织统计，2000年世界服务贸易出口和进口额分别为14807亿美元和14564美元，2010年分别增长至36639亿美元和35027亿美元。从国别看（见表1），位于服务贸易发展前列的大多数为发达国家。2010年美国的服务贸易出口和进口依然高居第一位，分别占世界服务贸易出口和进口总额的14.15%和10.22%。在发展中国家中，中国和印度进入21世纪后在服务贸易发展中取得的进步尤为引人注目，均已进入世界前列。中国2000年服务贸易的出口和进口仅为301亿美元和359亿美元，2010年已分别达到了1702亿美元和1922亿美元，分别占世界服务贸易出口和进口总额的4.65%和5.49%。

表1　　　　　　　　　2010年世界主要国家服务贸易进出口额排名

	出口				进口		
排名	国家	金额（亿美元）	比重（%）	排名	国家	金额（亿美元）	比重（%）
1	美国	5183.35	14.15	1	美国	3580.74	10.22
2	德国	2323.94	6.34	2	德国	2597.37	7.42
3	英国	2268.44	6.19	3	中国	1921.74	5.49
4	中国	1702.48	4.65	4	英国	1609.38	4.59

续表

	出口				进口		
排名	国家	金额（亿美元）	比重（%）	排名	国家	金额（亿美元）	比重（%）
5	法国	1426.05	3.89	5	日本	1558.00	4.45
6	日本	1388.75	3.79	6	法国	1289.31	3.68
7	印度	1232.77	3.36	7	印度	1161.40	3.32
8	西班牙	1230.10	3.36	8	爱尔兰	1083.37	3.09
9	荷兰	1132.57	3.09	9	意大利	1079.39	3.08
10	新加坡	1119.12	3.05	10	荷兰	1061.03	3.03

资料来源：WTO Database；中国国家统计局：《国际统计年鉴2012》，中国统计出版社2012年版。

随着服务贸易在国际贸易中的地位越来越重要，服务贸易理论开始在传统国际贸易理论（比较优势理论和要素禀赋理论）的基础上发展起来。阿兰·迪尔道夫（Alan Deardorff）从要素价格出发，对比较优势理论在服务贸易中的适用性进行了开创性的研究，Deardorff模型区分了可能给比较优势带来困难的三种可能性（货物与服务贸易的互补性、要素移动的服务贸易、没有要素流动的服务贸易）并认为在前面两种情况下比较优势理论是适用的（Deardorff，1985）。Jones-Ruane模型认为服务贸易存在两种选择：服务要素贸易和服务产品贸易（Jones and Ruane，1990）。该模型通过建立一个特定要素模型讨论上述选择，得到两个重要的政策启示：政府在考虑开放服务贸易时，只比较本国封闭经济下的服务产品与服务要素的国内外价格是不够的，还应确定本国在服务部门是否拥有技术比较优势；不同的服务贸易开放选择会对要素收益产生不同影响，即存在收入分配效应。Burgess模型则假定服务要素贸易可行，但服务产品贸易不可行（Burgess，1995）。该模型表明，如果服务部门特定要素的流入导致经济对货物部门特定要素的需求增加，则服务贸易自由化将带来隐性收益。上述模型的共同点是假定市场完全竞争和规模报酬不变。但现实中大多数服务部门具有不完全竞争的特点，比如存在限制市场准入的政府规制、垄断或寡头垄断、规模报酬递增、产品差异、信息不对称等。为了克服这些问题必须在新贸易理论的框架下分析服务贸易，具有代表性理论模型包括Markusen模型、Francois模型和Wong-Wu-Zhang模型。Markusen模型强调生产者服务部门的内部专业化以及生产者服务贸易与最终产品贸易的互补性（Markusen，1989）。Francois模型强调生产者服务在协调现代经济体相互依存行动中的重要性，指出积极参与生产者服务贸易，有助于各国特别是发展中国家提高国内专业化水平和融入国际专业化进程（Francois，1990）。Wong-Wu-Zhang 模型同时考虑了服务贸易的多个维度，包括服务的异质性、不完全竞争的市场结构以及服务贸易模式。该模型发现当贸易前国内市场是有限自由化时，两个相同经济体之间的服务贸易自由化将提高福利水平，而不管贸易自由化的程度和提供模式如何（Wong et al.，2006）。

参考文献：

陈宪：《国际服务贸易：原理、政策、产业》，立信会计出版社 2003 年版。

程大中：《国际服务贸易学》，复旦大学出版社 2007 年版。

程大中：《国际服务贸易》，高等教育出版社 2009 年版。

黄建忠、刘莉：《国际服务贸易教程》，对外经济贸易大学出版社 2008 年版。

Burgess，D.，Is Trade Liberalization in the Services Sector in the National Interest? *Oxford Economic Papers*，Vol. 47，No. 1，1995.

Deardorff，A.，Comparative Advantage and International Trade and Investment in Services，In Robert M. Stern，*Trade and Investment in Services：Canada/U. S. Perspectives*. Toronto：Ontario Economic Council，1985.

Francois，J.，Trade in Producer Services and Returns due to Specialization under Monopolistic Competition，*The Canadian Journal of Economics*，Vol. 23，No. 1，1990.

Jones，R. and Ruane，F.，Appraising the Options for International Trade in Services，*Oxford Economic Papers*，Vol. 42，No. 4，1990.

Markusen，J.，Trade in Producer Services and in Other Specialized Intermediate Inputs，*The American Economic Review*，Vol. 79，No. 1，1989.

Wong，C.，Wu，J.，and Zhang，A.，A Model of Trade Liberalization in Services，*Review of International Economics*，Vol. 14，No. 1，2006.

（孔瑞　黄斌全）

技术许可证贸易
Technology Licensing Trade

技术许可证贸易又称许可贸易，是指国际技术贸易双方通过签订许可合同的形式，许可方授予被许可方在一定的条件下使用其专利、商标、专有技术等知识产权的权利，而被许可方向许可方支付相应的报酬的一种技术贸易方式。它是国际技术贸易的最主要形式。

许可贸易的标的主要是专利、专有技术（Know-How）、商标、著作权（包括计算机软件著作权）等知识产权。知识产权的所有人成为许可方（Licensor），知识产权的接受方成为被许可方（Licensee）。许可方和被许可方可以是自然人、法人或其他组织，但大部分是法人。在许可证贸易中，可以只是专利、专有技术、商标、著作权等知识产权的单纯许可贸易，也可以是与机器设备买卖、投资、工程承包等混合起来进行的综合性业务。被许可方可以通过许可贸易获得更先进的技术或缺乏的权利，降低生产成本或提高产品吸引力，同时避免了技术研发的风险。对于许可方，通过把较成熟的技术授予其他方，增加其知识产权的收益，为新的研发融资，提高承担研发风险的能力，保持技术领先地位。在许可贸易中，通过许可合同（License Contract）规定许可方和被许可方的权利和义务。许可合同是许可方授予被许可方在特定范围内使用其知识产权的一种授权协议。

同一般货物贸易相比，许可贸易因其特殊标的，有以下特性：第一，地域性。许可方授予被许可方技术或权利时，都会对技术或权利使用的地区范围做出规定，明确哪些区域范围内被许可方享有使用、制造、进口和销售许可标的的权利。这主要是因为专利、商标等标的的法律保护往往具有地域性，限制地域能够保护许可方的权利，防止知识产权纠纷。同时专利或权利的使用地域范围与被许可方支付报酬的高低相对应，被许可方支付的报酬越高，其使用的地域越大。第二，时间性。许可贸易一般持续较长的时间，具体时间由许可合同规定。时间越长，被许可方获得收益越大，愿意支付的价格越高。20世纪中期，国际上许可合同期限一般为10~15年。但在技术知识更新较快的领域，如电子工业、计算机、家用电器等行业，许可合同期限一般只有3~5年。第三，复杂性。与商品贸易相比，许可贸易的复杂性主要体现在：由于商标的本身的特殊性，许可贸易前，许可方和被许可方往往需要进行复杂的评估和谈判；许可贸易持续时间较长，许可期间许可方和被许可方的有关权利和义务纷繁复杂，许可合同技术性很强；许可方和被许可方一般是位于不同国家的法人或政府机构，涉及国际公约和多个家国的法律。

根据许可方授予被许可方的权利范围，许可贸易方式还可以分为以下5种类型：(1)独占许可（Exclusive License）。许可方授予被许可方在一定期限、一定地域内的排他性权利。在许可期限和地域内,许可方不仅不能再向第三方发放许可,而且自己也不得使用该技术。(2)排他许可(Sole License)。许可方授予被许可方在一定期限、一定地域内的排他性权利。在许可期限和地域内,许可方不能再向第三方发放许可,但可以使用该技术。(3)一般许可(Simple License)。此许可方式对许可方权利没有限制,在许可期限和地域内,许可方既能够使用许可技术,也可以向第三方再发放许可。在以上三种许可方式中,被许可方不能把许可方的技术或权利再授予第三方使用。(4)分授许可(Sub-License)。许可方授予被许可方在一定期限和地域内可以向第三方再发放分授许可的权利。第三方享有的权利范围仅限于一般许可,并且不能超过被许可方从许可方获得的权利。(5)交叉许可(Cross License)。又称互换许可,即双方将各自拥有技术或权利按照合同约定的条件相互许可使用,互为供方和受方。以上不同许可类型及其当事人权利范围可以归纳在表1中。

表1　　　　　　　　　不同许可类型下交易各方的权利

许可方式	各方在限定时间和地域内的权利		
	许可方	被许可方	第三方
独占许可	无使用权	有独占使用权	不能获得使用权
排他许可	保留使用权	有使用权	不能获得使用权
普通许可	保留使用权和转让权	有使用权	可以从许可方获得使用权
分授许可	保留使用权	有使用权并有权转让使用权	可以从被许可方获得使用权
交叉许可	有使用权并以此交换受方技术使用权	有使用权并以此交换受方技术使用权	

资料来源:陈广先:《国际知识产权与技术贸易》,机械工业出版社1996年版。有小幅改动。

许可贸易作为一种国际技术贸易,受到一些国际技术贸易管理国际公约的约束。这些公约主要包括:1883年《建立世界知识产权组织公约》(World Intellectual Property Organization, WIPO)、1883年《保护工业产权巴黎公约》(Paris Convention for the Protection of Industrial Property)、1886年《保护文学艺术作品伯尔尼公约》(Berne Convention for the Protection of Literary and Artistic Works)、1891年《商标国际注册马德里协定》(Madrid

Agreement Concerning the International Registration of Marks)、1952年《世界版权公约》（Universal Copyright Convention)、1972年《国际技术转让行动守则（草案）》（Draft International Code of Conduct on the Transfer of Technology）以及1995年《与贸易有关的知识产权协议》（Agreement on Trade-Related Aspects of Intellectual Property Rights）。

参考文献：
陈广先：《国际知识产权与技术贸易》，机械工业出版社1996年版。
杜奇华：《国际技术贸易》，复旦大学出版社2008年版。
黄静波：《国际技术转移》，清华大学出版社2005年版。
黄梅波：《国际技术贸易》，厦门大学出版社1996年版。
齐景升：《技术进出口实务大全》，上海三联书店1990年版。
林珏：《国际技术贸易》，上海财经大学出版社2006年版。
赵春明、张晓甦：《国际技术贸易》，机械工业出版社2007年版。

（孔瑞　张文城）

服务外包
Service Outsourcing

外包是指企业签订外部供应合约以完成过去在内部进行的经济活动。服务外包是指服务产品生产过程中的部分流程或制造品生产过程中的部分服务环节从特定企业内部以合同方式转移到企业外部完成，服务业务委托方称为发包方（Sourcing Firm），服务提供商称为接包方（Contract Firm）。如果外包合同的发包方与接包方属于不同的国家，则称为国际服务外包或离岸服务外包。

根据不同的标准，服务外包有不同的分类，常见的分类有：一是根据服务外包的业务内容，可分为信息技术外包（Information Technology Outsourcing，ITO）和业务流程外包（Business Process Outsourcing，BPO）。ITO是指发包方在规定的服务水平基础上，将一部分信息系统作业以合同方式委托给接包方，由其管理并提供用户需要的信息技术服务。BPO是指将企业中的研发、采购、生产制造、营销、客户服务、财务会计、人力资源和物流等各非信息技术业务职能外包。二是根据地理位置和国家边界，可分为国内外包和国际外包。其中国际外包又可以按地理距离分为近岸外包和离岸外包。三是根据外包企业供需双方是否有隶属关系，可分为企业内外包和企业外外包。四是根据外包项目的复杂程度与运作方式，可分为简单咨询、项目合作、完全外包、公司合作四种。

当代服务外包起源于20世纪60年代和70年代的金融行业和信息技术支持领域。由于当时计算机价格昂贵、体积庞大，其使用还需具备特殊环境条件，大量企业将数据处理工作以合同方式委托给专门的数据加工机构，这成为了服务外包的雏形。到20世纪80年代初，低成本微型计算机和个人计算机的出现使委托加工服务业的发展速度有所放缓。20世纪90年代，信息技术开始普及使得很多企业不再将其作为竞争力的核心，ITO开始兴起并不断发展，其主要动机为降低企业成本。进入21世纪以来，受信息技术进步、经济结构服务化和服务全球化的影响，服务外包作为一种新型商业模式迅速兴起。服务外包规模不断扩大、内容不断增加、形式趋于多样化，已远远超出信息技术领域，向更广泛的服务领域和生产环节延伸。从产业链上游的研发设计环节到下游的分销和售后服务环节都充斥着服务外包，而且越来越多的外包跨越了国界，成为新一轮全球产业结构调整的重要载体和服务业全球分工的重要实现方式（江小涓，2008）。正如吉恩·格罗斯曼（Gene Grossman）和埃尔赫南·赫尔普曼（Elhanan Helpman）所言：我们正生活在一个外包的时代。企业正在将越来越多的活动外包出去，从产品设计到装配，从研究与开发到市场营销、分销和售后服务。有些企业走得更远，已经成为虚拟制造商，仅仅从事设计而不进行制造（Grossman and Helpman，2002）。

国际化趋势是当代服务外包的重要特征。就国际服务外包发展规模而言，目前全球服务外包发展速度较快，其中ITO规模大于BPO，但后者的发展速度更快。就国际服务外包的市场分布而言，它主要经历了三个阶段。服务外包首先发端于美国内部，为降低成本，部分企业将一些服务环节从经济更发达的东部地区向成本较低的西海岸转移，这是服务外包的第一阶段；随着外包模式的逐渐成熟服务外包进入了第二阶段，此时出现了近岸和离岸外包，主要限于发达国家之间，加拿大、爱尔兰和以色列是这一阶段最具竞争力的外包东道国；近年来，随着外包模式不断成熟和规模不断扩大，以及发展中国家信息技术和服务水平的提高，跨国公司开始将附加值较低的服务流程转移到印度、中国、菲律宾以及东欧、南美等新兴和转型经济体，服务外包进入了第三阶段，全球化特征日益明显。发包市场主要集中于美国、西欧和日本，接包市场上印度和中国表现出了较强的竞争力。就服务外包的行业分布而言，目前信息产品生产部门和信息技术密集使用部门外包模式发展较快，以信息技术自身为外包业务对象的 ITO（主要包括软件开发服务、邮政与电信服务、计算机及相关服务等）超过全部服务外包业务的一半以上，与信息技术发展息息相关的 BPO（主要包括商务管理咨询服务、会计、审计和税收服务、动漫制作和设计服务、广告、金融、保险、研发服务等）发展迅速，并成为服务外包的新生增长点。就发包与接包企业的特征而言，跨国公司和公共服务部门是国际服务外包中的主要发包方，而接包方则主要由以下三种类型：新兴专业服务外包企业、传统的信息技术产品制造商或信息技术咨询与商业流程外包企业、混合型跨国公司（江小涓，2008）。

服务外包的发展对各国经济发展以及推动经济全球化进程都有积极的影响。服务外包发展将降低企业成本、增加收益；促进国际贸易和投资；促进产业分工进一步深化；促进就业、提升就业结构；促进服务业加快发展和增强竞争力；提高消费者福利水平。中国在承接国际服务外包方面起步较晚，总体水平比较落后，多数业务还处于外包价值链的低端。但是，中国作为全球跨国公司海外研发活动的首选地，在市场规模、人才储备、生产成本、基础设施、配套能力和发展潜力等各方面都具有很大优势，有条件成为跨国公司服务外包的主要承接地。

参考文献：

程大中：《国际服务贸易学》，复旦大学出版社 2007 年版。
江小涓：《服务全球化与服务外包：现状、趋势及理论分析》，人民出版社 2008 年版。
卢锋：《服务外包的经济学分析：产品内分工视角》，北京大学出版社 2007 年版。
Grossman, G. and Helpman, E., Outsourcing in a Global Economy. NBER Working Paper, No. 8728, 2002.

（孔瑞　黄斌全）

贸易顺差

Favorable Balance of Trade, Trade Surplus

贸易顺差是指一国在一定时期内出口贸易总额大于进口贸易总额，又称"出超"。

中国产生贸易顺差的原因：随着中国国内投资以及外国投资的快速增

长，中国的生产能力大大增强，而且形成了较强的产业链；中国生产成本较低，决定了其产品在国际市场上有较强的竞争力；人民币汇率被低估；中国对某些行业进行了一定程度的贸易保护。

贸易顺差对中国的有利影响：贸易顺差可以刺激对中国产品的需求，促进经济增长；贸易顺差增加了外汇储备，增强了综合国力，有利于维护国际信誉，提高对外融资能力和引进外资能力。外汇储备不仅满足了中国对外经济贸易的需要，而且增加了中国对外清偿能力、保证对外支付，还有利于应对国际金融风险，提高国家抵抗各种经济风险的能力；贸易顺差有利于人民币汇率稳定和实施较为宽松的宏观调控政策。

贸易顺差对中国的不利影响：贸易顺差使人民币升值压力加大，国际贸易摩擦增加；贸易顺差弱化了货币政策效应，降低了社会资源利用效率；过高的贸易顺差意味着中国经济的增长严重依赖于外部需求，对外依存度过高；贸易顺差影响了中国利率市场化进程。

参考文献：

[美] 保罗·克鲁格曼、茅瑞斯·奥伯斯法尔德：《国际经济学》，中国人民大学出版社2006年版。

[美] 多米尼克·萨尔瓦多：《国际经济学》，清华大学出版社2008年版。

[美] 格雷戈里·曼昆：《宏观经济学》，中国人民大学出版社2005年版。

[美] 鲁迪格·多恩布什等：《宏观经济学》，中国财政经济出版社2003年版。

（孔瑞　邢曙光）

贸易逆差

Unfavorable Balance of Trade，Trade Deficit

贸易逆差是指一国在一定时期内出口贸易总额小于进口贸易总额，又称"入超"。

在当前中国存在大量贸易顺差情形下，贸易逆差对中国也有有利的一面：适当逆差有利于缓解贸易纠纷，有助于贸易长期稳定增长；有利于增加生产性设备的购买，从而提高生产能力、增加就业及经济总量；贸易逆差能减少人民币升值的预期；短期的贸易逆差有助于缓解中国通货膨胀的压力，加大中国货币政策的操作空间。

参考文献：

［美］保罗·克鲁格曼、茅瑞斯·奥伯斯法尔德：《国际经济学》，中国人民大学出版社2006年版。

［美］多米尼克·萨尔瓦多：《国际经济学》，清华大学出版社2008年版。

［美］格雷戈里·曼昆：《宏观经济学》，中国人民大学出版社2005年版。

［美］鲁迪格·多恩布什等：《宏观经济学》，中国财政经济出版社2003年版。

（孔瑞　邢曙光）

贸易条件
Terms of Trade

贸易条件是用来衡量在一定时期内一个国家出口相对于进口的盈利能力和贸易利益的指标，反映该国的对外贸易状况，一般以贸易条件指数表示，在双边贸易中尤其重要。常用的贸易条件有3种不同的形式：价格贸易条件、收入贸易条件和要素贸易条件，它们从不同的角度衡量一国的贸易所得。其中价格贸易条件最有意义，也最容易根据现有数据进行计算。价格贸易条件又称为净实物贸易条件，为一国出口与进口的交换比价，其计算公式为：

$$贸易条件指数 = 出口价格指数/进口价格指数 \times 100$$

如果贸易条件指数大于100，说明出口价格比进口价格相对上涨，出口同量商品能换回比原来更多的进口商品，该国的该年度贸易条件比基期有利，即得到改善；如果贸易条件指数小于100，说明出口价格比进口价格相对下跌，出口同量商品能换回的进口商品比原来减少，该国的该年度贸易条件比基期不利，即恶化了。

贸易条件的影响因素有：

第一，经济增长。经济增长的基本原因有二：一是要素禀赋增加；二是技术进步。其中要素禀赋的影响为：在其他要素数量不变的情况下，一种要素数量的增加将会降低密集使用该要素的商品的相对价格，对应于该商品是可出口商品还是可进口商品，贸易条件分别会恶化与改善。至于技术进步导致的增长对贸易条件的影响，却存在不确定性：（1）在一个部门中，中性技术进步会引起该部门产品的相对价格下降。如果这一部门的产品是一种可进口品（可出口品），则贸易条件的变化就会有利于（不利于）该国。（2）资本密集的部门中资本节约型的技术进步和劳动密集的部门中劳动节约型的技术进步，两者造成的影响类似于情况（1）。创新部门所生产的商品相对价格会下降。如果创新部门生产的是一种可进口品（可出口品），则该国贸易条件就会朝着有利于（不利于）该国的方向变化。(3) 劳动密集的部门中资本节约型的技术进步和资本密集的部门中劳动节约型的技术进步，两者所产生的影响不确定，这是因为创新部门所生产的商品的相对价格既有可能升高也有可能降低。如果外国也发生了经济增长，那么本国面对的价格贸易条件的变动情况取决于两国经济增长的类型和强度。

第二，汇率。在分析汇率变动对贸易条件影响程度时，要注意把汇率变动的短期和长期影响综合考虑。在短期内，一国货币贬值将绝对地增加以本币表示的进口商品价格，而以本币表示的出口价格将不会发生变化。因此，该国的价格贸易条件将会恶化，如果价格贸易条件的恶化程度与汇率贬值的程度完全一致，这种情况就称为完全的汇率转嫁。事实上，完全的汇率转嫁一般很少发生，因为在长期内，出口商为保证一定的市场份额或者其他原因一般会调整出口产品的价格，而消费者也会因实际收入的变化调整消费方式和消费结构。因此供需双方互相作用，形成新的均衡。新的均衡取决于两国的出口供给弹性和进口需求弹性。

第三，关税。在正常提供的曲线下，一国征收关税会改变一国的价格贸易条件。然而，征收进口税虽然会改善一国的贸易条件，但是贸易量减少了，可以说一国的福利水平下降了。排除国外的报复性关税，如果征收某一水平的进口税使得由价格变动带来的利益减去由贸易量减少带来的损失所得之差达到最小，此时的关税水平就是最优关税率。单方面进口关税的征收有利于征税国的价格贸易条件而不利于出口国的贸易条件。然而，现实世界中报复性关税比比皆是，因此，当外国也对本国的出口品征收关税时，本国征收关税的影响就不可能十分确定。一般而言，本国贸易条件的恶化与否取决于本国征收关税的效应和外国征收关税效应的总效应。

第四，出口补贴以及配额。出口补贴以及配额等也会对价格贸易条件产生影响，且影响方向不尽相同。一般而言，在实施出口补贴的情况下，会降低本国出口产品的价格，因此它对价格贸易条件是一种负影响。由于存在多种配额方式，不同的配额对价格贸易条件的影响也不同，如实施自动出口配额的情况下，一般会提高本国出口产品的价格，因此它对价格贸易条件是正面影响。

第五，进出口商品的市场组织情况。这是通过影响进出口商品的供给情况来影响贸易条件的。当进出口商品的国际市场组织情况发生变化时，如某一种商品的供给厂商减少时，会增加现有厂商的垄断力量，从而在其他情况不变的情况下，会带来商品价格上升的可能，从而有带来贸易条件下降的可能（此时指这种商品对该国而言是进口品）。

第六，进出口商品的构成。贸易条件恶化论观点的一个重要依据就是发展中国家主要出口初级产品而发达国家出口工业品，与前几个因素不同，这个因素改变的不是某个或某些进出口商品的价格，而是进出口商品的种类构成和比例构成。由于决定贸易条件的是出口商品加权平均价格和进口商品的加权平均价格，因此当进口商品或出口商品的构成情况发生变化时，即使各种商品本身的价格不发生变化也会改变进口商品或出口商品的加权平均价格从而改变一国的贸易条件。

参考文献：

［美］保罗·克鲁格曼、茅瑞斯·奥伯斯法尔德：《国际经济学》，中国人民大学出版社 2006 年版。

［美］多米尼克·萨尔瓦多：《国际经济学》，清华大学出版社 2008 年版。

［美］格雷戈里·曼昆：《宏观经济学》，中国人民大学出版社 2005 年版。

［美］鲁迪格·多恩布什等：《宏观经济学》，中国财政经济出版社 2003 年版。

（孔瑞　邢曙光）

国际相对价格
International Relative Price

相对价格是商品之间价格比例关系。国际相对价格指在国际贸易中所交换的商品价格之间的比例关系，它体现交换双方的贸易利益。

相对价格概念起源于 19 世纪初英国经济学家大卫·李嘉图（David Ricardo）的比较成本学说。李嘉图认为应该按照生产成本相对差异进行国际分工和自由贸易。在资本和劳动不能在国际间转移的情况下，由于各国对某种商品都拥有一种比较优势，因此各国应该生产它们在成本上优势最大或劣势最小的商品，用各自生产的优势产品去换得自己生产的劣势产品，这样两国就可以通过贸易，从中得益。国际相对价格反映的交换关系促成国际贸易，使世界生产的实际资源成本最小化，实际产值最大化。

国际相对价格反映商品价格之间的比例关系，若一国出口商品 1、进口商品 2，则用商品 2 来表示的商品 1 的相对价格＝商品 1 价格/商品 2 价格（均按同一货币折算）。它反映出购买商品1而必须放弃商品2的数量。如果这种比率关系在一段时间内发生变化，那就说明它们在利益分配上发生了变化。

国际相对价格亦由供求决定，不同的是要在一般均衡分析框架下研究两个市场之间的相对供给与相对需求。A国商品1的相对价格为$\frac{a_1}{a_2}$，B国商品1的相对价格为$\frac{b_1}{b_2}$。假设A国商品1的相对价格比B国高，将B国商品1运到A国出售将有利可图。贸易将一直进行，直到两国供求达到均衡，两国商品1的相对价格相等为止。一般而言，国际相对价格处于贸易前两国的国内相对价格之间。

引起国际相对价格发生变化的因素有：供应量的变化、价格政策的变化、劳动生产率的变化、消费水平的变化、消费习惯的改变、可替代产品的出现，从而使供求均衡价格发生变化，引起商品间比价的改变。

国际相对价格具有以下特点：一是多样性。在任何商品经济形态下，市场上每一种商品和劳务都有价格，如果把它们联系起来对比分析，就会得到一个价格比例关系。因此在市场上有工业品对农产品的相对价格、初级产品对加工产品的相对价格、工业品之间的相对价格，等等。二是多变性。国际相对价格是商品之间价格比例关系的动态反映，是市场机制作用的结果，它随市场供求关系、运费、关税等限制条件以及各国贸易政策的变化而变化。

参考文献：

［美］丹尼斯·R·阿普尔亚德、［美］小艾尔弗雷德·J·菲尔德：《国际经济学》，机械工业出版社2001年版。

［美］多米尼克·萨尔瓦多：《国际经济学》第九版，清华大学出版社2008年版。

［美］茅瑞斯·奥伯斯法尔德、［美］保罗·R·克鲁格曼：《国际经济学——理论与政策》第六版，中国人民大学出版社2006年版。

（孔瑞　郭志芳）

贸易依存度
Degree of Dependence on Foreign Trade

贸易依存度是指一国的进出口总额占该国国民生产总值（Gross National Product，GNP）或国内生产总值（Gross Domestic Product，GDP）的比重。

贸易依存度

其中，进口总额占 GNP 或 GDP 的比重称为进口依存度，出口总额占 GNP 或 GDP 的比重称为出口依存度。贸易依存度反映了一国对国际市场的依赖程度，是衡量一国对外开放程度的重要指标。

改革开放以来，随着中国经济融入世界经济一体化进程的加快，对外贸易快速增长，中国的对外贸易依存度也不断提高。如图 1 所示，1978 年贸易依存度为 14%，2000 年突破 40%，达 44.2%，2006 年达到 71%，相比 1978 年年均增长率达 14.3%。其后由于金融危机影响，中国贸易依存度略有下降。

中国对外贸易依存度持续上升的原因为：第一，对外贸易政策。改革开放以来，中国在对外贸易方面进行了一系列的改革，确立了出口导向型的外贸政策，大力鼓励出口。尤其是 20 世纪 90 年代以来，为了调整进出口结构，运用了价格、汇率、利率、出口退税、出口信贷等手段调控外贸，使出口额大幅增加。这些外贸政策的实施，导致了中国进出口商品在国际市场上的份额不断提升。第二，加工贸易比重高。中国经济的发展极大调动了三资企业和民营经济的发展，这给大量利用廉价劳动力的劳动密集型产品的生产创造了条件。从中国对外贸易结构看，加工贸易的快速发展对中国外贸依存度的提高具有重要影响。加工贸易是"两头在外，一头在内"的一种贸易方式，通常从事低层次加工贸易国家的对外贸易依存度高于从事高层次加工贸易国家的对外贸易依存度。第三，国内需求不足的影响。中国经济目前仍然是投资拉动型而非需求拉动型，国内市场需求不足。当国内市场需求不足，经济增长受需求制约时，出口则成为最终需求的一个重要方面，使国民经济对外贸的依赖程度进一步增强，对外贸易依存度上升。

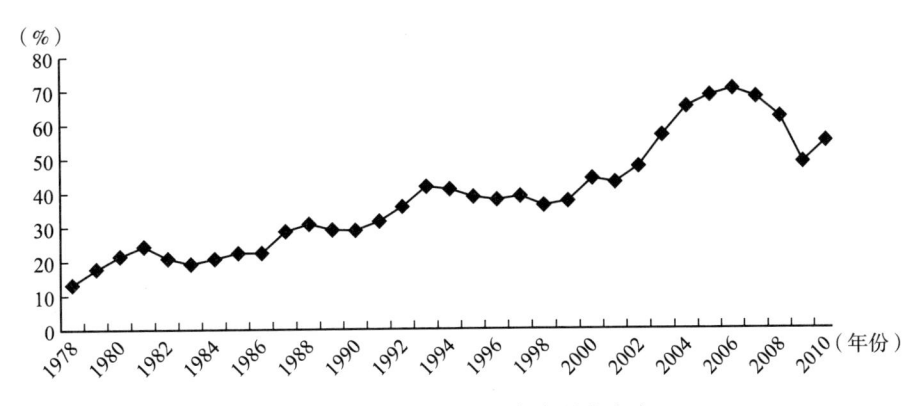

图 1 中国 1978~2011 年贸易依存度

资料来源：世界银行《2012 年世界发展指标》。

参考文献：

［美］保罗·克鲁格曼、茅瑞斯·奥伯斯法尔德：《国际经济学》，中国人民大学出版社2006年版。

［美］多米尼克·萨尔瓦多：《国际经济学》，清华大学出版社2008年版。

［美］格里高利·曼昆：《宏观经济学》，中国人民大学出版社2005年版。

［美］鲁迪格·多恩布什等：《宏观经济学》，中国财政经济出版社2003年版。

（孔瑞　邢曙光）

贸易所得
Gains from Trade

贸易所得是指通过国际贸易所获得的提高国民经济福利水平、推动经济发展的有利结果。贸易所得不仅仅是出口创汇，还包括进口收益。贸易所得可以分为静态所得和动态所得。

贸易静态所得是指贸易国在既定的要素供给下或在资源总量不变的条件下所获得的产出和福利的增长情况。它主要包括两个方面：一是从交换中获得的收益，即通过贸易可以获得本国不能生产的产品或者国内生产成本太高的产品，使消费者得到更高水平的满足；二是从专业化获得的收益，即通过参与国际分工，专门生产本国具有比较优势的产品，可以提高本国的资源利用效率。这两个方面都是基于贸易国业已存在的比较优势而获得的，而贸易则有助于发现和利用这种优势，将比较优势转化为产出和福利的增长，这就是贸易的短期效应。

贸易动态所得主要是指贸易促进一国经济的长期增长和经济结构的改善。它主要表现在三个方面：第一，规模收益。对外贸易可以扩大商品的市场需求，而市场需求的增加将刺激出口企业扩大生产规模，增加资本的积累，改进生产方式，从而形成规模经济。第二，技术进步。对外贸易一方面有助于直接引进国外先进技术，加速国内技术的升级换代；另一方面，对外贸易会刺激外贸企业的技术研究和开发，形成企业内在的技术进步机制。第三，制度创新。对外贸易的增长会引起与贸易有关的一系列政策和制度的调整，推动贸易自由化的进程。同时，对外贸易还会引进国外的思想观念，促进国内思想观念的变革，为制度创新提供新的意识形态。

贸易的静态所得和动态所得是相互联系的。静态所得是贸易直接的、短期的效果，而动态所得则是间接的、长期的效果。静态所得是基于比较优势而获得的，而动态所得则会引起贸易国比较优势的改变，使一国的贸易增长和经济增长保持下去。

参考文献：

［美］保罗·克鲁格曼、茅瑞斯·奥伯斯法尔德：《国际经济学》，中国人民大学出版社2006年版。

［美］多米尼克·萨尔瓦多：《国际经济学》，清华大学出版社2008年版。

［美］格里高利·曼昆：《宏观经济学》，中国人民大学出版社2005年版。

［美］鲁迪格·多恩布什等：《宏观经济学》，中国财政经济出版社2003年版。

（孔瑞　邢曙光）

贸易政策
Trade Policy

贸易政策是指一国在本国的政治经济利益和发展目标下，运用经济、法律和行政手段，在一定时期内对贸易活动的方向、数量、规模、结构和效益进行管理和调节的原则、方针和措施体系，是经济政策和对外政策的重要组成部分。

各国的贸易政策措施主要包括关税措施、非关税措施、出口管理措施等。其中出口管理措施又分为出口鼓励措施（包括出口信贷、出口信贷国家担保、出口补贴、商品倾销、外汇倾销等）和出口管制措施。出口管制的商品包括：战略物资及其有关的先进技术资料、国内生产所需的原材料、半成品及国内市场供应不足的某些必需品、实行"自动"出口控制的商品、实行许可证出口管理的商品、为了实行经济制裁而对某国或某地区限制甚至禁止出口的商品、重要的文物、艺术品、黄金、白银等。

以国家对外贸的干预与否为标准可以把贸易政策分为自由贸易政策、保护贸易政策。

自由贸易政策是指国家取消对货物和服务贸易进出口的干预，取消对本国货物和服务贸易的各种特权和优待，使商品和服务能够自由流动，在世界市场上实现自由竞争，从而使资源得到合理配置。最具代表性的自由贸易理论主要有亚当·斯密（Adam Smith）的"绝对成本说"、大卫·李嘉图

（David Ricardo）的"比较成本说"以及伊·赫克歇尔（Eli Heckscher）和伯尔特·俄林（Bertil Ohlin）提出的生产要素禀赋理论。

保护贸易政策是指国家利用各种限制进口和控制经营领域与范围的措施，保护本国货物和服务免受外国货物和服务的竞争，并对本国货物和服务给予出口优待和补贴，以加强其在国际市场上的竞争力。保护贸易政策，在不同的历史阶段，由于其所保护的对象、目的和手段不同，可以分为：重商主义、幼稚工业保护政策、超保护贸易政策、新贸易保护主义和管理贸易政策。

在国际贸易发展的不同的阶段，各国采取了不同的贸易政策：11～15世纪，大多数国家物资短缺，西欧各国大都奉行鼓励进口、限制出口的政策；16世纪到18世纪中期，资本主义生产方式处于原始积累时期，各国主要实行重商主义下的保护贸易政策。通过鼓励出口、限制贵金属外流和扩大贸易顺差增加货币财富；18世纪中期到19世纪后期，伴随工业革命，英国获得规模经济，自由贸易成为对外贸易政策的主基调；德国和美国等起步较晚的国家采取了保护贸易政策。该时期保护贸易政策的理论依据是乔治·弗里德里希·李斯特（Georg Friedrich List）的保护幼稚工业论；19世纪70年代到第二次世界大战前，资本主义向垄断过渡，各国为维护国内市场的垄断价格和夺取国外市场，大都实行带有垄断性质的超保护贸易政策，即通过谈判实现关税减让，并惠及所有关贸总协定（GATT）缔约国。该政策与资本主义自由竞争的保护幼稚工业政策相比有其独特表现：保护的目的是巩固和加强对国内外市场的垄断；保护的对象是国内高度发达的垄断工业，维护垄断资产阶级的利益；保护的方式转为对国内外市场的进攻性的扩张；保护手段多样化；"二战"后到20世纪70年代初，生产国际化和资本国际化推动了贸易自由化。这一时期世界各国都采取了比较宽松的贸易政策，使贸易趋向于自由化；20世纪70年代中期，受两次石油危机的影响，各国经济受到了沉重的打击，为摆脱危机，各国纷纷采取新贸易保护主义。新贸易保护主义不同于以往的贸易保护政策：一是保护的重心是在产业调整中陷入停滞的部门；二是保护的措施更具隐蔽性和多样性，以绿色壁垒、技术壁垒和反倾销等非关税壁垒为主；三是保护的重点转向对出口的促进；四是保护制度更为系统化。战略性贸易政策是新贸易保护的核心政策。所谓战略性贸易政策是指在规模经济和不完全竞争条件下，政府积极运用补贴或出口鼓励等措施，扶植那些被认为存在着规模经济、外部经济产业的成长，增强其国际竞争力，并带动相关产业的发展，扩大本国厂商在国际市场上所占的市场份额，把超额利润从外国厂商转移给本国厂商，以增加本国经济福利和加强在有外国竞争对手的国际市场上的战略地位。管理贸易政策是20世纪80年代以来，在国际经济联系日益加强而新贸易保护主义重新抬头的双重背景下逐步形成的。在这种背景下，为了既保护本国市场，又不伤害国际贸易秩序，保证世界经济的正常发展，各国政府纷纷加强了对外贸易的管理和协调，从而逐步形成了管理贸易政策。管理贸易政策又称协调贸易政策，是指国家对内制定一系列的贸易政策、法规，加强对外贸易的管理，实现一国对外贸易的有秩序、健康的发展；对外通过谈判签订双边、区域及多边贸易条约或协定，协调与其他贸易伙伴在经济贸易方面的权利与义务。管理贸易是介于自由贸易和保护贸易之间的一种对外贸易政策，是一种协调和管理兼顾的国际贸易体制，是各国对外贸易政策发展的方向。

参考文献：

张为付：《国际经济学》，南京大学出版社2009年版。

于永达：《国际经济学新论》，清华大学出版社2007年版。

王巾英、崔新健：《国际经济学》，清华大学出版社2010年版。

［美］贝思·V·亚伯勒、［美］罗伯特·M·亚伯勒：《世界经济贸易与金融》第七版，清华大学出版社2009年版。

（孔瑞　郭志芳）

自由贸易
Free Trade

自由贸易是指国家对进出口不加干预或限制，允许商品在国内市场上自由竞争的贸易或商业活动。它是保护贸易的对称。

自由贸易最早由大卫·李嘉图（David Ricardo）和亚当·斯密（Adam Smith）提出。最具代表性的自由贸易理论主要有亚当·斯密的"绝对成本说"、大卫·李嘉图的"比较成本说"、伊·赫克歇尔（Eli Heckscher）和伯尔特·俄林（Bertil Ohlin）提出的生产要素禀赋理论。英国古典学派经济学家认为在自由贸易条件下，各个国家会实行国际分工，专门生产那些具有比较利益的产品，从而使商品生产发展充分化，商品价格低廉化。

发达国家早期均推行贸易保护主义，当财富积累达到可以确保从自由贸易得益时，便开始支持自由贸易。19世纪英国推行自由贸易对当时英国资本主义的发展起到了积极的推动作用。第二次世界大战后，《联合国宪章》规定了自由贸易的原则，《关税及贸易总协定》（GATT）规定了降低关税和消除非关税壁垒。从20世纪30年代中期到80年代，美国和其他发达国家已逐步取消了关税及其他一些贸易壁垒，大大提高了国际一体化的程度。但是由于贸易政策的政治性，进行国际谈判成为必然选择。其中最著名的当属乌拉圭回合谈判，通过这次谈判，发达国家的平均关税税率削减40%；农业和服装业贸易自由化推进显著。1995年，世界贸易组织（WTO）取代了先前管理GATT的秘书处，致力于实现世界贸易自由化。WTO成员国承诺通过谈判加快国际贸易自由化进程，更多的开放国内贸易市场、进一步降低关税、减少或取消现有的非关税壁垒，逐步开放市场，使成员各方进行开放、公平竞争。此外，区域性关税同盟、自由贸易区、共同市场等地区性经济合作也促进了自由贸易的发展。

倡导自由贸易的经济学家反向使用关税的成本—收益方法证明，对于无法影响外国出口价格的小国而言，关税会扭曲生产者与消费者行为，从而对该国经济造成净损失。而自由贸易不仅可以避免保护贸易所带来的生产扭曲和消费扭曲，而且还能够产生额外收益，且额外收益会远远超过一般成本—收益分析中的所得。自由贸易效率得益主要体现在两个方面：通过国际交换获得本国不具备生产成本优势的产品，使消费者得到更高水平的满足；通过国际分工、发挥比较优势，使本国资源得到最佳配置。自由贸易的额外收益在于：通过国际分工和交换，一国可以获得规模经济、竞争效应、学习和革新机会。

反对自由贸易的经济学家认为自由贸易会减少一国社会福利，其理论依据主要有两种观点。一种观点认为关税可以改善贸易条件，从而改善社会福利。持这种观点的人认为，对大国而言，存在一个最优关税（使社会福利最大化的关税水平），在该关税水平上，从贸易条件改善中获得的边际收益恰好等于生产与消费扭曲所带来的边际效率的损失。因此，大国实行低关税税率时的社会福利比实行自由贸易政策时要大。值得注意的是，最优关税的实质是让外国人赋税，拥有垄断力量的大国通过最优关税提高自身福利是以牺牲小国福利为代价，因此大国福利的改善并非帕累托改进。另一种观点以国内市场失灵作为反对自由贸易的依据。市场失灵理论认为，当所有市场都能正常发挥作用时，自由贸易是最佳政策；相反，政府干预所造成的扭曲可能抵消其他市场失灵的结果从而增加社会福利。关税会造成生产者扭曲，但是在市场失灵情况下，生产者剩余无法正确衡量生产某种产品的收益，如生产者剩余不能反映边际社会收益,而这一额外收益就可以作为关税等贸易政策合理性的依据。

2001年12月11日,中国正式加入WTO。世界贸易组织的宗旨是推动贸易自由化,削减各种贸易壁垒和歧视性待遇。加入WTO有利于中国参与国际经济合作和国际分工,有利于扩大出口和利用外资,有利于推动全球贸易自由化进程,促进全球化发展。

参考文献:
褚葆一:《经济大辞典·世界经济卷》,上海辞书出版社1985年版。
[英]伊特韦尔等:《新帕尔格雷夫经济学大辞典》,经济科学出版社1996年版。
[美]茅瑞斯·奥伯斯法尔德、[美]保罗·R·克鲁格曼:《国际经济学——理论与政策》第六版,中国人民大学出版社2006年版。

(孔瑞 郭志芳)

贸易自由化
Trade Liberalization

贸易自由化是随着经济一体化进程加快,世界范围内呈现出来的逐渐削减贸易壁垒,促进商品、服务、生产要素等在世界市场自由流通的一种趋势。贸易自由化的理论基础是亚当·斯密(Adam Smith)和大卫·李嘉图(David Ricardo)的比较优势理论,即即使一国在国际贸易中不存在绝对优势,但比较优势的存在也能够使它从商品、服务的贸易中受益。贸易自由化是贸易各国互惠共利双赢的一种必然趋势。

早在亚当·斯密时代贸易自由化就得到经济学家们的广泛认可和大力倡导,然而实施自由贸易则绝非同这个思想本身一样简单,真正实行自由贸易的国家少之又少,中国香港可能是唯一一个不设置贸易壁垒的自由经济区。贸易自由化的支持者和反对者进行了激烈的争辩。

贸易自由化的支持者首先基于传统的成本—收益分析,认为贸易自由化能够提高生产效率。关税的存在提高了世界价格,导致生产扭曲和消费扭曲,贸易自由化可以减少这些扭曲提高世界市场资源优化配置的效率。随着关税与贸易总协定、世界贸易组织等多边国际组织的影响,现代经济中关税和进口配额已经相对降低了许多,对关税与进口配额导致的成本扭曲估计也趋向于平稳。表1表述了全球关税与进口配额的成本估计,对全世界来说这些贸易壁垒成本不足世界GDP的1%,即剔除关税与进口配额带来的自由贸易的收益为GDP的0.93,其中发展中国家较发达国家而言更能从贸易自由化中获益。

表1　　　　世界范围内贸易自由化的收益(占本国GDP的比例)　　　单位:%

美国	0.57
欧盟	0.61
日本	0.85
发展中国家	1.4
世界	0.93

资料来源:William Cline, *Trade Policy and Global Poverty*, Washington, D.C.: Institute for International Economics, 2004, P.180.

在传统的成本—收益分析之外贸易自由化还存在着一些未被计算在内的额外收益。规模经济就是其中的一项。管理贸易体制下的市场中,生产被分割,另外竞争的减少以及随之而来的利润的提高吸引了更多的企业进入,导致生产规模不足以发挥规模经济的效益,而贸易自由化保持了市场充分竞争,防止厂商过度进入,使得规模经济效益得以充分发挥。此外,与由政府支配进出口模式的管理贸易体制相比,在创造出口以及同进口产品竞争的贸易自由化过程中,企业家更能够从中获取更多学习和革新的机会,分享知识外溢效应,这也引起许多发展中国家开放自由贸易后发现了一些意想不到的出口机会以及国内产业竞争力的提升。

在政府进行贸易管理的过程中,贸易政策往往受到特殊利益集团的影响而沦为进行收入再分配的工具,置国家的成本和收益于不顾。因此,不论政府进行贸易保护的初衷如何,以及政策制定的完善性,非自由贸易的政策最终会被政治决策过程所扭曲,自由贸易无疑是最优的选择。

反对贸易自由化的观点主要有贸易条件改善论和国内市场失灵论。贸易条件改善论认为,对开放经济条件下的大国而言,关税可以降低进口产品价格从而改善贸易条件。进口关税存在一个正的最优水平,使得贸易条件改善带来的收益超过关税带来的生产和消费扭曲成本,从而达到社会福利的最大化。针对出口部门的政策中,由于出口补贴会降低本国出口产品价格,恶化贸易条件从而导致社会福利减少,因而对出口部门也应该实行负补贴,即采取低于禁止性出口税率的正最优出口税率。在实践中,由于贸易中大部分小国对进出口产品价格的影响能力极小,而大国使用垄断势力牺牲他国利益也必招致报复,因此贸易条件改善论存在重大的局限性,它更多的只是作为一种理论主张而非合理的贸易政策。

国内市场失灵论是次优理论在贸易政策中的运用。国内市场失灵如劳动力市场未出清、知识技术外溢、资产的流动性等使得生产者剩余和消费者剩余不能完全反映产品的收益、消费者的福利,随之建立起来的传统成本—收益分析法无法正确衡量自由贸易的成本和收益。正是由于国内市场失灵的存在,使得自由贸易不再是最优的政策,而政府管理贸易体制造成的激励扭曲可以通过抵消其他市场失灵的结果增加社会福利。因此,尽管国际贸易不是国内市场失灵的原因,但却存在着通过贸易政策抵消市场失灵的可能性。国内市场失灵论的反对者则认为国内市场的失灵应该通过国内政策来修正,而非贸易政策,且国内市场失灵很难精确界定并提出对症的政策,甚至可能适得其反。

中国贸易自由化进程始于改革开放,由幼稚工业保护政策为主的进口替代战略循序渐进地向实施贸易自由化战略转变,建立起围绕世界贸易组织、中国—东盟自由贸易区、亚太经合组织在内的多层次多边贸易体系。这既基于中国具体国情和经济发展阶段的必然要求,也是符合世界经济发展的潮流和趋势。

参考文献:

[美] 保罗·克鲁格曼、茅瑞斯·奥伯斯法尔德:《国际经济学》,中国人民大学出版社 2011 年版。

William Cline, *Trade Policy and Global Poverty*, Washington, D.C: Institute for International Economics, 2004.

Harris and Cox, Trade Liberalization and Industial Organization: Some Estimates for Canada, *Journal of Political Economy*, February 1985.

(孔瑞　洪丽明)

贸易保护主义
Protectionism

贸易保护主义是一国为了保护、提高国家福利或某些利益集团的经济利益,通过关税、非关税壁垒等手段对进出口贸易进行直接或间接干预的行为。

贸易保护主义由来已久。流行于15世纪到16世纪期间的重商主义认为，金银货币代表一国的财富，因此为了获取更多金银，增加国家财富，一国应该实施鼓励出口、限制进口的贸易保护政策，实现贸易顺差。重商主义贸易保护主义主张跟其"金银即财富"的狭隘观点密切相关，其基本逻辑是国际贸易是一场"零和博弈"。之后，亚当·斯密的绝对优势理论和大卫·李嘉图的比较优势理论都论证了贸易能够使贸易双方同时受益的基本思想，使自由贸易理念逐步被很多国家接受。当前，虽然自由贸易思想成为主流，但是贸易保护主义并没有消失，并且支持贸易保护主义的理由远比其前辈重商主义者的观点系统、复杂得多。归纳起来当前支持贸易保护主义的主要观点包括以下几点：

第一，通过贸易保护，促进国内新兴、幼稚产业的发展。幼稚产业保护论的重要理论来源是19世纪德国经济学家弗里德里希·李斯特（Friedrich List）在1841年发表的《政治经济学的国民体系》。在该著作中，李斯特从当时德国工业相对落后的状况出发，提出通过禁止进口或征收高关税的贸易限制政策来保护其新兴的工业，以免被当时先进的英法工业挤垮。李斯特的幼稚产业保护论是很多发展中国家支持贸易保护主义的理由。第二次世界大战结束到20世纪70年代，很多发展中国家为了促进国内制造业发展，避免工业化国家进口产品的冲击，而实施"进口替代"战略，限制工业品的进口。

第二，通过贸易保护，改善贸易条件。贸易保护能够改善贸易条件的观点最早由罗伯特·托伦斯（Robert Torrens）提出。该观点认为，一国通过进口关税等贸易保护措施，能够降低进口产品的世界价格，从而提高本国出口产品的相对价格，改善贸易条件，增加本国福利。在该理论的基础上，一些学者提出最优关税理论，即通过征收最优关税，获取贸易条件改善带来的福利，最大化国内福利。从经济理论的角度来看，改善贸易条件论是目前支持贸易保护政策最有力的观点（Irwin，1996）。

第三，存在市场失灵时，贸易保护可能增进一国福利。由于要素市场失灵，发展中国家往往存在二元经济问题，即落后的农业部门和相对现代化、资本密集的工业部门同时存在，此时，工业部门比农业部门有更高的工资，两部门工资差异使得资源不能得到有效的配置。一些学者研究认为，存在部门工资差距和工资刚性的情况下，自由贸易将减少一国收入（Haberler，1950；Hagen，1958）。另外，一些贸易保护主义者认为，某些产业，如高新技术产业,其生产具有好的外部性,技术外溢能够提高整个社会的技术水平,但是由于厂商不能完全获得研发投入的回报,因此产量往往低于社会最优水平。此时,通过关税或其他贸易政策限制此类产品的进口,从而增加国内产业的投资和产量,有助于减少此类市场失灵造成的效率损失,增进国内福利。市场失灵论也是一些学者支持保护幼稚产业的理论基础之一。

第四,存在垄断或垄断竞争时,贸易保护能够增加国内企业的垄断利润,提高本国福利。20 世纪 80 年代,詹姆斯·布兰德（James Brander）和芭芭拉·斯宾塞（Barbara Spencer）两位学者首先提出战略性贸易政策。他们研究指出,在寡头或垄断竞争市场条件下,存在超额利润,此时政府对本国企业进行补贴,扩大本国生产而获得规模经济,降低生产成本,就能阻止外国企业进入该行业。此时,本国企业获得超额利润将超过补贴数额,从而提高本国福利水平（Brander and Spencer, 1985）。在当前很多产业存在规模经济和不完全竞争的情况下,战略性贸易保护理论成为很多贸易保护主义者的反对自由贸易的重要依据。

第五,经济衰退时,贸易保护可以扩大国内产出和就业。此观点的主要依据是凯恩斯主义经济理论。1929~1933 年西方工业化国家经济大萧条中,英国经济学家约翰·梅纳德·凯恩斯（John Maynard Keynes）看到古典经济学完全依赖市场机制和只重视供给的不足,提出一国的生产和就业主要取决于对本国产品的有效需求的宏观经济理论。消费、投资、政府支出和净出口是有效需求的四个组成部分。凯恩斯宏观经济理论认为,在经济危机时,国内有效需求不足,充分就业无法实现,政府需要对经济进行干预,刺激有效需求。干预政策之一就是通过关税限制进口,增加净出口,并通过乘数效应刺激有效需求,促进国内就业。在经济衰退时,凯恩斯的贸易保护学说常常被作为限制进口的理论依据之一。

第六,贸易保护有助于促进公平竞争。很多贸易保护主义者认为外国企业进行不公平竞争,此时贸易保护能够促进公平贸易。贸易保护主义者认为,国外企业不公平竞争表现为:国外市场不开放,国外政府没有保护知识产权,实行较低的劳工或环境标准,人为压低汇率,以及国外企业获得政府的补贴,承担较低的税负,在本国低价倾销,等等。贸易保护主义者认为,通过反倾销、反补贴、贸易制裁等贸易保护政策能够促使外国政府或企业改变不公平的竞争行为,实现公平贸易。促进公平竞争是当前美国贸易保护主义者要求贸易保护的主要依据。

第七,贸易保护有助于保护生态环境。一些环保主义者反对自由贸易的理由是贸易可能导致生态环境的恶化。其两个主要依据是：首先，由于低收入国家的环境标准很低或缺乏执行能力，贸易开放后，发达国家的企业为了规避国内环境管制，降低成本，会把污染密集型生产转移到低收入国家，使后者成为"污染避风港"，导致环境恶化。而一些发展中国家为了获得污染产业的比较优势，可能实施"向底线赛跑"（Race-to-Bottom）的政策，竞相降低环境标准，从而造成全球生态环境恶化。其次，环保主义者认为，WTO等多边自由贸易协定妨碍了成员国尤其是发达国家自主制定环境标准的自由，一些发达国家提高环境标准会被其他成员国认为是贸易保护政策而受到限制，因此这种自由贸易协定不利于生态环境保护。以保护生态环境为由主张的各种贸易限制措施被称作"绿色贸易壁垒"。

贸易保护主义者主张贸易保护的上述理由都受到支持自由贸易的经济学家的质疑和批评。这些质疑的理由包括：第一，幼稚产业论虽然表面上合理，但是事实上往往事与愿违，保护政策往往没有使国内产业变动更有竞争力，相反由于缺乏竞争而效率低下。第二，解决市场失灵的手段很多，贸易政策不是最优政策，甚至可能加剧市场失灵。第三，战略性贸易政策的有效实施需要大量的信息，而很多信息难以获得，而且这种以邻为壑的贸易政策会受到其他国家的报复。第四，通过限制进口来应对经济危机的政策未必有效，而且同样会遭到其他国家的报复，导致贸易战。国际经济环境的恶化，反过来打击经济复苏。很多经济学家认为，正是工业化国家以邻为壑的贸易保护政策加剧了20世纪30年代的经济大萧条。实际上，任何以邻为壑的贸易保护措施都很可能因为其他国家的报复而失效。以上各种反驳观点可见于贾格迪什·巴格瓦蒂（Jagdish Bhagwati）以及道格拉斯·欧文（Douglas Irwin）两位学者的经典著作。第五，很多发展中国家比较优势来源主要是低劳动力成本而不是宽松的环境标准，因此研究发现很少"污染避风港"假说的证据。相反，由于劳动密集型产业往往比资本密集型产业更清洁，发展中国家的环境会因为贸易开放而改善（Antweiler et al., 2001）。著名经济学家保罗·克鲁格曼对自由贸易在当代世界经济中的地位有如下中肯的评价："自由贸易没有过时。虽然它已经不像以前描述的那么完美，但与保护主义相比，仍然是现实中最优的政策。"（Krugman, 1987）

即使有时政府知道实行贸易保护政策并非最优选择，贸易保护政策仍然存在。很多研究从贸易政策的政治经济学的角度分析政府支持贸易保护主义行为的政治因素。并非所有人都能从自由贸易中获益，一国稀缺要素所有者往往因为贸易开放而受到损害（Stolper and Samuelson, 1941）。受损者往往组成强有力的利益集团,如发达国家工会、代表进口竞争行业的行业协会等,这些利益集团正是贸易保护政策的需求方。在经济衰退时或进口快速增长时,失业和竞争压力使得这些利益集团尤其活跃,它们往往组织良好,有效地游说政府以获得贸易保护政策。同时,作为政策供给方的政府并不总是从社会福利的角度制定贸易政策,而是有自己的利益和偏好。在位政府为了获得一些利益集团的政治支持,获取选票,维持其政权稳定和继续执政,可能屈服于利益集团的政治压力而提供贸易保护。贸易政策的政治经济学正是从贸易政策的供给和需求来解释现实中各种贸易保护政策的存在,经典的理论模型有沃尔夫冈·梅耶(Wolfgang Mayer)20 世纪 80 年代提出的"中点选民"(Median Voter)模型和 G. M. 格罗斯曼(Gene M. Grossman)和埃尔赫南·赫尔普曼(Elhanan Helpman)在 90 年代提出的"保护待售"(Protection for Sale)模型。"中点选民"模型说明了政府获取最高选票的政治目标如何影响贸易政策供给(Mayer, 1984)。"保护待售"理论阐述了西方国家的利益集团如何通过游说影响政治决策过程,使得某些时候政府往往采取贸易保护而不是其他更有效的政策来实现某些政策目标(Grossman and Helpman, 1994)。

参考文献:

[德] 弗里德里希·李斯特:《政治经济学的国民体系》,华夏出版社 2009 年版。

[美] 艾尔·L·希尔曼:《贸易保护的政治经济学》,北京大学出版社 2005 年版。

[美] 贾格迪什·巴格瓦蒂:《贸易保护主义》,中国人民大学出版社 2010 年版。

[美] 保罗·R·克鲁格曼、茅瑞斯·奥伯斯法尔德:《国际经济学》第六版,中国人民大学出版社 2006 年版。

Antweiler, W., Copeland, B. R., and Taylor, M. S., Is Free Trade Good for the Environment?, *American Economic Review*, Vol. 91, 2001.

Brander, J. A., and Spencer, B., Export Subsidies and International Market Share Rivalry, *Journal of International Economics*, Vol. 16, 1985.

Grossman, G. M., and Helpman, E., Protection for Sale, *American Economic Review*, Vol. 84, 1994.

Haberler, G., Some Problems in the Pure Theory of International Trade, *The Economic Journal*, Vol. 60, 1950.

Hagen, E. E., An Economic Justification of Protectionism, *The Quarterly Journal of Economics*, Vol. 72, 1958.

Irwin, D. A., *Against the Tide: An Intellectual History of Free Trade*, New Jersey: Princeton University Press, 1996.

Krugman, P., Is Free Trade Passé?, *Journal of Economic Perspectives*, Vol. 1, 1987.

Mayer, W., Endogenous Tariff Formation, *American Economic Review*, Vol. 74, 1984.

Stolper, W. and Samuelson, P. A., Protection and Real Wage, *Review of Economic Studies*, Vol. 9, 1941.

（孔瑞　张文城）

贸易壁垒
Trade Barriers

贸易壁垒是指在国际贸易中影响和制约商品（包括货物、服务）自由流通的各种手段和措施，是国家为限制国际贸易而制定的政策或规则。

贸易壁垒一般分关税壁垒和非关税壁垒两类。关税壁垒是指一国或单独关税区在关税设定、计税方式及关税管理等方面阻碍进口的措施，特别是对进口商品征收高额关税以保护国（境）内市场的措施。旨在提高进口商品的成本，削弱其竞争能力，从而使本国商品在国内市场保持优势。世界贸易组织（WTO）中可接受的关税措施不是关税壁垒。非关税壁垒是指除关税以外的一切限制进口措施，可分为直接限制和间接限制两类。直接限制是指进口国采取某些措施，直接限制进口商品的数量或金额，如关税配额制、进口许可证以及自动出口限额制等。间接限制是通过对进口商品制定严格的条例、法规等间接地限制商品进口，如卫生、安全、质量标准和包装装潢标准等。

随着国际贸易的发展和贸易自由化程度的提高，关税大幅下降，非关税壁垒的形式日趋多样。目前世界上大约有1000种以上的非关税壁垒措施。主要有：进口配额、自愿出口限制、出口补贴、歧视性公共采购、进出口贸易的国家垄断、技术标准和卫生检疫标准等。可分为传统非关税壁垒和新型非关税壁垒。新型非关税壁垒是指以技术壁垒为核心的包括绿色壁垒和社会壁垒在内的所有阻碍国际商品自由流动的措施。

绿色壁垒又称环境壁垒，是指国际社会为保护人类、动植物及生态环境的健康和安全而采取的直接或间接限制甚至禁止某些商品进出口的环保公约、法律、法规和政策措施。其实质是发达国家凭借其科技优势和环保水平，通过立法手段，制定严格的强制性技术标准，从而把来自发展中国家的产品拒之门外。绿色壁垒的主要表现形式有：绿色标准、绿色关税、绿色市场准入、环境贸易制裁、绿色环境标志、绿色检验程序和检验制度，以及要求回收利用、政府采购、押金制度等等。技术性贸易壁垒是指商品进口国通过颁布法律、法规、技术标准、认证制度、检验制度等方式，在技术指标、卫生检疫、商品包装和标签等方面制定苛刻的规定，对外国进口商品构成了贸易障碍，最终达到限制进口的目的。其实质是发达工业国家利用其科技上的优势，通过商品法规、技术标准的制定与实施，通过商品检验与认证工作，对商品进口实行限制的一种措施。由于这类壁垒大量的以技术面目出现，因此常常会披上合法外衣，成为当前国际贸易中最为隐蔽、最难对付的非关税壁垒。同时，发达国家对技术壁垒和专利壁垒进行交叉使用，最大限度地保护本国企业的利益。技术壁垒的主要表现形式有：技术法规与技术标准、包装和标签要求、商品检疫与检验和信息技术壁垒等。社会壁垒是指以劳动者劳动环境和生存权利为借口而采取的贸易保护措施。社会贸易壁垒由社会条款而来，是对国际公约中有关社会保障、劳动者待遇、劳工权利、劳动标准等方面规定的总称，它与公民权利和政治权利相辅相成。社会条款的提出是为了保护劳动者的权益，本来不是什么贸易壁垒，但被贸易保护主义者利用为削弱或限制发展中国家企业产品低成本而成为变相的贸易壁垒。其核心是 SA8000 标准，该标准是从 ISO9000 质量管理体系及 ISO14000 环境管理体系演绎而来的道德规范国际标准，其宗旨是确保供应商所供应的产品，皆符合社会责任标准的要求，包括核心劳工标准（童工、强迫性劳动、自由权、歧视、惩戒性措施等）、工时与工资、健康与安全、管理系统等方面。其表现形式有：对违反国际公认劳工标准的国家的产品征收附加税，限制或禁止严重违反基本劳工标准的产品出口，以劳工标准为由实施贸易制裁，跨国公司的工厂审核（客户验厂），社会责任工厂认证，社会责任产品标志计划。

关税和一般非关税贸易壁垒不断削弱，新型贸易壁垒越来越多地被贸易保护主义者所利用，成为限制商品自由流动的有力工具。相对于传统贸易壁垒，新贸易壁垒有如下特点：

第一，双重性。新贸易壁垒往往以保护人类生命、健康和保护生态环境为理由，其中有合理成分，而且世贸组织协议允许各成员方采取技术措施，以其不妨碍正常国际贸易或对其他成员方造成歧视为准。所以新贸易壁垒有其合法和合理的一面。然而新贸易壁垒又往往以保护消费者、劳工和环境为名，行贸易保护之实，从而对某些国家的产品进行有意刁难或歧视。

第二，隐蔽性。传统贸易壁垒无论是数量限制还是价格规范，相对较为透明，人们比较容易掌握和应对。而新贸易壁垒由于种类繁多，涉及的多是产品标准和产品以外的东西，这些纷繁复杂的措施不断改变，让人防不胜防。

第三，复杂性。新贸易壁垒涉及的多是技术法规、标准及国内政策法规，它比传统贸易壁垒中的关税、许可证和配额复杂得多，涉及的商品非常广泛，评定程序更加复杂。

第四，争议性。新贸易壁垒介于合理和不合理之间，又非常隐蔽和复杂，不同国家和地区间达成一致的标准难度非常大，容易引起争议，并且不易进行协调，以致成为国际贸易争端的主要内容，于是传统商品贸易大战将被新贸易壁垒大战所取代。

随着新贸易壁垒的出现和发展，贸易壁垒正在发生结构性变化。传统贸易壁垒逐渐走向分化，其中的关税、配额和许可证等壁垒逐渐弱化，而反倾销等传统贸易壁垒则在相当长的时间内继续存在并有升级强化的趋势。以技术壁垒为核心的新型贸易壁垒将长期存在并不断发展，将逐渐取代传统贸易壁垒成为国际贸易壁垒中的主体。

21世纪初，由于中国对外贸易的发展，贸易顺差逐步扩大，发达国家为减少贸易不平衡，贸易保护主义抬头，绿色壁垒等新型贸易壁垒成为发达国家实施贸易保护的首选。绿色贸易壁垒对我国出口市场份额、贸易机会、企业和商品信誉等方面都产生了不利影响，导致国外消费者对我国部分产品尤其是农产品食品信心下降，对我国出口造成长期的负面影响。而社会壁垒将不断推动我国出口产品成本上升，使我国产品的国际竞争力不断下降，并引发外国投资减少，劳动力闲置，产业结构调整难度增加等一系列问题。但是实施企业社会责任是经济全球化下一种必然的发展趋势。新型贸易壁垒作为一种外力，能促进企业在追求生产效益的同时，也能促进企业在环境保护和劳动保护方面进行改善，实现经济效益、环境效益和社会效益的统一。

参考文献：

褚葆一：《经济大辞典·世界经济卷》，上海辞书出版社1985年版。

钟筱红、张志勋、徐芳：《绿色贸易壁垒法律问题及其对策研究》，中国社会科学出版社2006年版。

赵春明：《非关税壁垒的应对及应用——"入世"后中国企业的策略选择》，人民出版社2001年版。

覃红：《非关税壁垒行政指导》，广东经济出版社2009年版。

王巾英、崔新健：《国际经济学》，清华大学出版社2010年版。

（孔瑞　郭志芳）

关税壁垒
Tariff Barriers

关税壁垒，是一国或地区通过海关依法对进出国境或关境的货物征收税款（即关税）的一种贸易限制政策。

关税由海关征收。早在2000多年以前，古罗马帝国、中国和古印度次大陆就已经出现了海关的雏形，而世界上第一个关税税则出现在公元136年的叙利亚沙漠中的绿洲城市巴尔米拉（朝仓弘教，2006）。由海关合作理事会（现名世界海关组织）编写、1988年年初通过国际大会建立并执行的《商品名称及编码协调制度》（The Harmonized Commodity Description and Coding System，HS）是专门用于海关征收关税和贸易统计的商品分类体系。世界海关组织每4～6年对《协调制度》进行一次较大范围的修改。中国从1992年1月1日起采用《协调制度》作为我国《进出口税则》和《海关统计商品目录》的基础目录。目前，全球已有200多个国家（地区）采用《协调制度》。

关税按照计价标准分为从价税、从量税、复合税和滑准税。从价税是以进口商品价格为计税依据的关税。从量税以货物的重量、长度、容量、面积等计量单位为计税依据而计算征收的关税。复合税是从价税和从量税的混合使用，即在税则的同一税目中，定有从价和从量两种计税方法。滑准税又称滑动关税，是税率与进口商品价格成反向关系的关税，进口商品价格越高其关税税率越低。另外，关税和配额常一起使用，称为关税配额，即对配额以内的进口商品免税或征收低关税，对超过配额的进口商品征收较高的关税。除了征收政策关税以外，各国为了实现特定的保护目的，有时还征收进口附加税（Import Surtaxes），包括反倾销税、反补贴税、报复关税和紧急关税等。大多数情况下，一国或地区对进口商品征收关税，但有时为了限制某些商品的出口，也对出口商品征收关税。

关税曾是很多国家政府收入的重要来源，当前关税的主要目的是保护国内厂商。关税使进口商品价格提高，进口量减少，使国内同类商品的产量增加。一般来说，对某一商品征收的关税税率越高，对国内该行业的保护力度越大。但对于复杂的商品，如汽车等，一国可能同时进口整车和汽车零部件。对最终产品进口征税有利于国内汽车厂商，但对零部件征税则提高国内汽车厂商的生产成本，因此对汽车厂商的实际保护程度同时取决于零部件关税税率和汽车关税税率。衡量关税壁垒对某一行业实际保护程度的常用指标是"有效保护率"（Effective Rate of Protection，ERP），是指关税使该行业单位产出增加值提高的百分率，用公式表示为：

$$ERP_i = \frac{V_i^T - V_i}{V_i} \times 100 \tag{1}$$

公式（1）中，V_i是没有关税时 i 行业的单位产出的增加值，V_i^T是征收关税后 i 行业的单位产出的增加值。如果一国要鼓励汽车产业的发展，则会对整车进口征收较高关税，减弱进口产品竞争，同时对零部件进口征收较低的关税，降低国内汽车厂商的成本，此时有效保护率将高于汽车的名义关税税率。

征收关税对国内商品价格、产出、消费量以及福利的影响可以用图 1 和图 2 来显示。图 1 显示了"小国"征收关税的影响。"小国"是指本国的进口量相对世界总供给量来说很小，本国进口多少变化不会影响世界价格。这意味着"小国"面临一条水平的出口供给曲线，即图 1（a）中的 XS 曲线，MD 为该国的进口需求曲线。图 1（a）中的 S 和 D 是国内产品供给和需求曲线。增收关税前，国内产量为 S_0，商品需求量为 C_0，国内价格 P_0 等于世界价格 P^w，由于需求量大于产量，超额的需求通过进口来满足，进口量为 $M_0 = C_0 - S_0$。假设对单位商品征收关税 t，则进口需求曲线 MD_0 向下（向左）移动至 MD_1，移动的幅度为关税 t。此时，国内价格上升 t 至 P_1，相应地，国内厂商的产量提高至 S_1，而消费量减少为 C_1，商品进口量减少为 M_1。因此，对于小国来说，关税不影响世界价格，但提高国内价格，增加国内厂商的产量，而减少消费量，进口减少。

对于"大国"，其进口量的变化会影响世界价格，因此面临向右上方倾

关税壁垒

斜的出口供给曲线 XS*（见图 2），这意味着大国要进口更多的商品，必须提高购买价格。征收关税同样导致进口需求缩减，由 MD_0 向下移动至 MD_1，大国进口需求的减少导致世界价格由 P_0^w 下降为 P_1^w。相应地，国内税前价格也由 P_0 变为 P_1，税后价格升为 $P_2 = P_1 + t$。征税同样使国内厂商产出上升，而消费减少，进口量由 M_0 减少至 M_1。

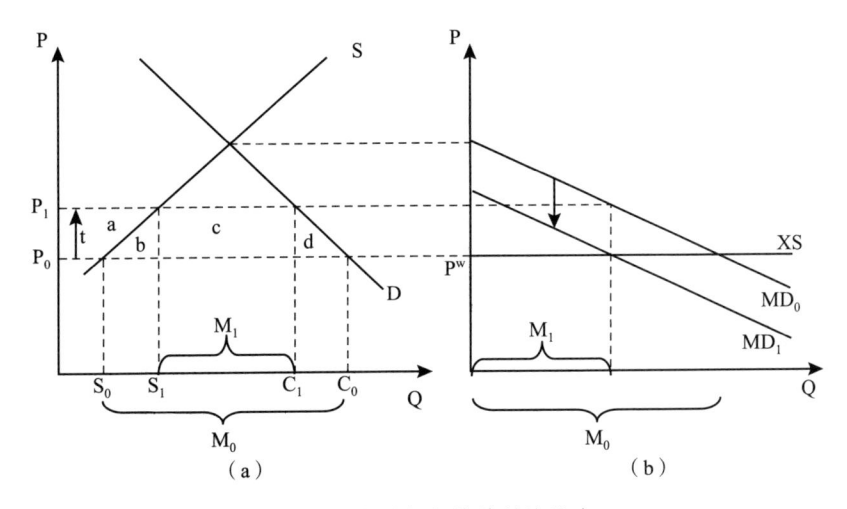

图 1 "小国"征收关税的影响

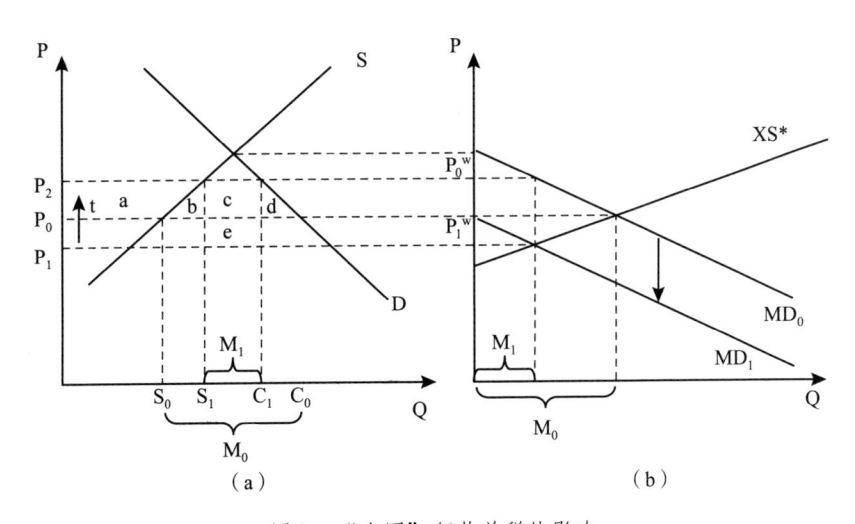

图 2 "大国"征收关税的影响

虽然小国和大国征收关税后，国内产出、消费量和价格的变动方向相同，但对于福利的影响却存在差异。用生产者剩余和消费者剩余总和来代表社会福利。对于小国，在图1（a）中，征收关税导致消费者剩余减少a+b+c+d，生产者剩余增加a，政府关税收入c，因此社会总福利的减少b+d。b是由于关税对生产的扭曲造成的福利损失，而d是消费扭曲造成的福利损失。因此，对于小国，征收关税减少社会福利。对于大国，在图2（a）中，征收关税同样导致消费者剩余减少a+b+c+d，生产者剩余增加a，但是政府税收收入为c+e，因此社会总福利的变化量为e-b-d。由于征税导致进口品的世界价格降低，改善了大国的贸易条件，这体现在增加的剩余e上。如果贸易条件改善所得e大于效率损失b+d，则大国福利改善，否则大国福利减少。因此，征收关税对大国福利的影响是不确定的。

以上是对关税的局部均衡分析，对关税的一般均衡分析也可以得到类似的结论。对于大国，关税有可能提高其福利，但是还要确定最优关税水平，即能使社会福利最大化的关税。以生产者剩余和消费者剩余之和来衡量社会福利，则可以证明最优关税 t^* 为：

$$\frac{t^*}{p^*} = 1 / \left(\frac{dx}{dp^*} \frac{p^*}{x} \right) = \frac{1}{\varepsilon_{x,p}} \qquad (2)$$

式（2）中，p^*是进口价格，x是外国对本国的出口，等于本国的进口。等式（2）表明，最优关税等于外国出口价格弹性的倒数。对小国来说，出口供给曲线水平，即外国出口价格弹性无穷大，因此最优关税等于0，即不征收关税；对于大国，只要外国出口价格弹性为正，则最优关税就是大于0的。有关最优关税的数学推导以及不完全竞争市场下的关税效应，可以参考罗伯特·C·芬斯特拉（Bobert C. Feenstra）的国际贸易学教材。

世界贸易组织（WTO）致力于降低成员方的关税壁垒，促进自由贸易。经过多轮谈判，大部分WTO成员方已经实现了大部分商品、大幅度的关税削减。当前国际贸易中存在的主要障碍已经不是关税壁垒，而是更加复杂、多变的非关税壁垒。即便如此，WTO的《保障措施协定》（Agreement on Safeguards）仍然允许成员方在进口大幅增加而对国内生产同类产品的产业造成损害时，临时性提高关税以保护国内产业。此外，《1994年关税与贸易总协定》第20条"一般例外条款"允许成员国为了"保护人类、动物或植物的生命或健康采取必要的贸易限制措施"，也允许成员方为了"可耗竭自然资源而采取有关措施，只要此类措施与限制国内生产和消费一同实施"。因此，WTO成员方可能根据以上理由而提高某些产品的关税。近年来，欧美等发达国家以应对全球气候变暖和公平竞争为由，拟对来自没有实施对称的减排措施的国家的进口产品征收边境调节税（Border Tax Adjustments）（在国内往往被称为"碳关税"），引起很大的争议。关税及其变体仍然是现实中备受关注的贸易政策。

参考文献：

[美]保罗·R·克鲁格曼、茅瑞斯·奥伯斯法尔德：《国际经济学》第六版，中国人民大学出版社2006年版。

曹静、陈粹粹：《碳关税：当前热点争论与研究综述》，载于《经济学动态》2010年第1期。

海闻、林德特、王新奎：《国际贸易》，上海人民出版社2003年版。

李九领、钟昌元：《关税理论与政策》，中国海关出版社2010年版。

[日]朝仓弘教：《世界海关和关税史》，中国海关出版社2006年版。

Feenstra, R. C., *Advanced International Trade: Theory and Evidence*, New Jersey: Princeton University Press, 2004.

（孔瑞 张文城）

非关税壁垒
Non-tariff Barriers

非关税壁垒是指除关税之外，对商品或服务进出口进行限制的各种政策措施。常见的非关税壁垒包括保障措施、反倾销、反补贴、技术标准、配额等。联合国贸易与发展会议（United Nations Conference on Trade and Development, UNCTAD）将非关税壁垒按照其作用机制分为七类：价格控制措施、技术性壁垒、数量控制措施、与进口有关的非关税壁垒、财政金融措施、自动许可措施和垄断措施。各类非关税壁垒的具体措施参见表1。

表1　　　　　　　　　　非关税壁垒的种类

非关税壁垒的类别	具体措施
价格控制措施	反倾销；反补贴；管理定价；最低限价；海关估价制
技术性壁垒	技术法规；装运前检验；技术标准；合格评定程序；特别海关程序；使用过的产品返回义务；循环利用的义务；包装标签要求绿色壁垒；动植物检验检疫措施

续表

非关税壁垒的类别	具体措施
数量控制措施	非自动许可证，包括提前授权；配额；禁令；出口限制安排；企业特别具体限制；保障措施
与进口有关的非关税壁垒	关税附加费；额外收费；对进口产品征收的国内税收
财政金融措施	进口抵押制；提前支付要求；多重汇率；支付延迟；外汇管理制
自动许可措施	自动许可证；提前监管
垄断措施	专营；指定进口；强迫性国内服务；歧视性政府采购

资料来源：宋玉华、胡培战：《直面非关税壁垒扩大中国出口——理论、政策与应对平台》，中国社会科学出版社2004年版。

在《关税与贸易总协定》（General Agreement on Tariffs and Trade，GATT）和世界贸易组织（World Trade of Organization，WTO）的长期努力下，很多国家的关税壁垒大为减低，但是在降低各种非关税壁垒方面的谈判却没有重大突破，因此非关税壁垒逐渐成为自由贸易的主要障碍。与关税壁垒相比，非关税壁垒有以下三个显著特点：一是灵活性强。关税税率的制定、调整一般需要通过严格立法程序和必要的手续，并且往往受到WTO规则的严格约束，因此当一国的进口商品剧增时，很难通过调整关税来限制进口。而非关税壁垒的制定和实施通常采用行政手续，过程迅速、手续简单，并且花样繁多，进口国政府常常可以随时针对某国的特定商品设立或更换相应的进口措施，短时间内实现进口限制。二是隐蔽性强。进口国往往以某些表面上正当、合理的理由设立各种非关税壁垒，比如以保护人类、动植物健康或者生态环境为由，设立各种"绿色贸易壁垒"，其贸易保护的意图更加隐蔽。因此，和关税等传统贸易政策相比，出口商更难通过WTO法律应对非关税壁垒。三是限制性强。很多非关税壁垒并不公开，相关标准和手续烦琐复杂，出口商不甚知悉，因此非壁垒出现时，往往措手不及，不知如何应对。同时，只要出口商价格有足够竞争力，也能够突破较高的关税壁垒，但是非关税壁垒，比如技术标准则往往可以有效地限制商品进口，因为短时间内出口商品很难改变或实现进口国要求的技术标准。

由于非关税壁垒具有上面的三个特点，它们对自由贸易的阻碍比关税更大，并且成为第二次世界大战以后，尤其是20世纪70年代以来，很多国家保护国内产业的主要贸易政策。事实上，美国学者爱德华·约翰·雷

（Edward John Ray）很早就指出：非关税贸易壁垒已经成为贸易保护主义者更加有效和普遍的保护手段，并且在各种政治和经济环境下，非关税贸易壁垒都使得国内利益集团在争取贸易保护上更可能取得成功（Ray，1987）。

研究非关税壁垒对国际贸易的影响，需要比较准确地测度非关税壁垒的保护程度。当前，常用的测算方法有：

频度测算法。频度测算法通过测算频度比例（Frequency Ratio，FR）和进口覆盖比例（Import Coverage Ratio，ICR）两个指标来反映非关税壁垒的保护程度。FR 和 ICR 的计算公式如下：

$$FR = \frac{NC_{NTB}}{TNC} \tag{1}$$

$$TCR = \frac{IM_{NTB}}{IM} \tag{2}$$

公式（1）中，NC_{NTB} 是受到非关税壁垒限制的进口商品种类数，TNC 是进口商品总的种类数。进口商品种类一般根据标准商品分类来划分，比如用《商品名称及协调编码制度》（The Harmonized Commodity Description and Coding System，HS）的 HS 编码两位数来划分商品种类。公式（2）中，IM_{NTB} 是受到非关税壁垒限制的进口商品额，而 IM 是进口总额。

关税等值法（Tariff Equivalents）。非关税壁垒的实施引起进口产品价格的上升，关税等值法通过进口产品的国内价格和该产品的国际市场价格的比较来测度非关税壁垒的实施效应。在完全竞争的情形下，该指标类似于从价关税，因此被称为关税等值法。关税等值的计算公式如下：

$$ET = \frac{P_D - P_M}{P_M} \tag{3}$$

公式（3）中，P_D 是进口产品的国内价格，P_M 是进口产品的到岸价格。由于往往很难获得进口产品在进口国的市场价格数据，一般假设进口产品和国产的同种产品具有相同的价格，从而用此类产品的国内市场价格来近似表示 P_D。

回归分析法。爱德华·里默尔（Edward Leamer）利用引力模型预测潜在双边贸易量，在一定的假设下，并剔除关税的影响，可用残差值来测算非贸易壁垒的保护程度。一国的非贸易壁垒保护程度可以用下面的指标来衡量（Leamer，1988）。

$$O = (\sum_j |NX_j| - \sum_j |NX_j^*|)/GNP \tag{4}$$

公式（4）中，NX_j^* 是引力模型预测的产品 j 的净出口额，NX_j 是实际净出口额，GNP是国民生产总值。该指标绝对值越大，反映非关税壁垒对经济的扭曲程度越高。

参考文献：

蒋德恩：《非关税措施》，对外经济贸易大学出版社2006年版。

宋玉华、胡培战：《直面非关税壁垒扩大中国出口——理论、政策与应对平台》，中国社会科学出版社2004年版。

Beghin, J. C., and Bureau, J. J., Measurement of Sanitary, Phytosanitary and Technical Barriers, A Consultants' Report Prepared for the Food, Agriculture and Fisheries Directorate, OECD, 2001.

Deardorff, A. V. and R. M. Stern, Measurement of Non-Tariff Barriers, OECD Economics Department Working Papers, No. 179, 1997.

Leamer, E. E., Measures of Openness, in Robert E. Baldwin, (ed) *Trade Policy Issues and Empirical Analysis*, Chicago: University of Chicago Press, 1988.

Maskus, K. E., and Wilson, J. S., Quantifying the Impact of Technical Barriers to Trade: A Review of Past Attempts and the New Policy Context, Seminar Paper, April 27, 2000.

Ray, E. J., Changing Patterns of Protectionism: The Fall in Tariffs and the Rise in Non-Tariff Barriers, *Nw. J. Int' l L. & Bus.* Vol. 8, 1987.

（孔瑞　张文城）

进口配额制
Import Quotas System

进口配额制是指一国政府在一定时期（通常为1年）内对某种商品进口数量或金额所规定的直接限制。在规定的时期内，配额以内的货物可以进口，超过配额不准进口，或者征收了较高的关税或罚款之后才能进口。

进口配额制一般分为绝对配额和关税配额两种。其中，绝对配额是指在一定时期内对某种商品的进口数量或金额规定一个最高数额，达到这个数额后，便不准进口。这种进口配额在实施中，又有以下两种形式：一是全球配额。即适用世界范围的绝对配额，它对来自任何国家或地区的商品一律适用，主管当局通常按进口商的申请先后或过去某一个时期的进口实际额批给一定的额度,直至总配额发放完为止,超过总配额就不准进口。二是选择配额。选择配额又称国别配额,它是根据某种商品的原产地,按国别和地区分配给固定的配额,超过规定的配额便不准进口。实行选择配额可以使进口国根据它与有关国家或地区的政治经济关系分配不同的配额。选择配额又可以分为自主配额和协议配额。

自主配额又称单方面配额,是由进口国家完全自主地、单方面强制规定的一定时期内从某个国家或地区进口某种商品的配额。这种配额无须征求输出国家的同意,一般参照某国过去某些年份的输入实绩,按一定比例确定新的出口数量或金额。由于各国或地区所占比重不同,所得到的配额有所差异,因此进口国可以利用这种配额贯彻国别政策。但是,也因分配额度有所差异,这种配额往往容易引起一些出口国家或地区的不满或报复。因此,一些国家就采取协议配额以缓和彼此的矛盾。协议配额又称双边配额,是由进口国和出口国政府或民间团体之间协商确定的配额。如果协议配额是通过双方政府的协议订立的,一般需在进口商中进行分配;如果协议是通过双边民间团体达成的,则应事先获得政府许可,方可执行。由于协议配额是由双方协商确定的,通常不会引起出口方的反感和报复,并可使出口国对配额的实施给予谅解和配合,因此较易执行。

进口配额制的另一种形式是关税配额,关税配额是指对商品进口的绝对数额不加限制,而对在一定时期内在规定的关税配额以内的进口商品,给予低税、减税或免税待遇;对超过配额的进口商品征收高关税、附加税或罚款。按征收关税的优惠性质,关税配额可分为优惠性关税配额和非优惠性关税配额。优惠性关税配额是对关税配额内进口的商品给予较大幅度的关税减让,甚至免税,而对超过配额的进口商品征收原来的最惠国税率;非优惠性关税配额是在关税配额内仍征收原来的进口税,一般按最惠国税率征收,但超过配额的进口商品即征收极高的附加税或罚款。

关税配额与绝对配额不仅表现出共同的性质,也显示出不同的应用特性。两者的共同点是都以配额的形式出现,可以通过提供、扩大或缩小配额的方式向贸易的另一方施加压力,使之成为贸易歧视政策的一项重要手段。而关税配额与绝对配额的不同之处在于:绝对配额规定一个最高进口额度,超过就不准进口;而关税配额在商品进口超过规定的最高额度后,仍允许进口,只是超过的部分被课以较高的关税。可见,关税配额是一种将征收关税同进口配额相结合的限制进口的措施。

进口配额制作为一国限制进口数量的重要措施之一,其限制作用远大于关税壁垒。首先,在关税壁垒的情况下,进口国虽然对某种商品征收较高的关税,但出口国可以通过低价销售,甚至采取倾销、出口补贴的手段冲破进口国的关税壁垒。但是在进口配额制下,进口国可以明确无误地将进口量确定在限额所规定的水平上,即使面对一些进口商品在任何正常关税水平上都会充分进口的局面,也能发挥十分有效的限制作用。同时,在经济衰退时期,进口配额制还是防止外国利用扩大出口转嫁经济危机的有力手段。其次,进口配额制作为一种行政干预手段,无须像关税一样要经过立法程序,而是由行政当局及时做出,因而可以有效应对国际经济活动中的突发事件。最后,进口配额制无须像关税政策一样承担赋予不同国家同等待遇的义务,而可以实行贸易歧视政策,向各国提供不同的贸易待遇。因此,进口配额制较关税壁垒而言更加灵活、更具歧视性,对进口限制的力度也更强。但与此同时,进口配额制依然存在着许多明显的缺陷。首先,进口配额制作为一种纯粹的行政干预手段,加快了与市场价格机制的背离,从而容易导致经济效率的损失。其次,其分配机制容易助长进出口商的垄断倾向,不利于产业的良性竞争。再次,在通货膨胀时期,进口配额制会加速通货膨胀的恶化。最后,在需求水平提高的情况下,进口配额制将抑制本国的消费,对消费者将产生比进口关税下更大的利益损失。因此,进口配额制对进口国效率和福利的改善都具有不利的影响。

从实际情况看,进口配额制作为数量限制的一种运用形式,受到了自关税与贸易总协定(GATT)到世界贸易组织(WTO)旗帜鲜明的反对,GATT曾规定禁止数量限制条款,极大地限制了进口配额制在国际范围内的应用。中国进口配额制涉及的商品主要有纺织品、服装、某些钢材、船舶、汽车、轻工电器制品、部分化工产品、食品等,其中以纺织品、服装最为突出。但随着国际贸易一体化的发展,1994年世界贸易组织在乌拉圭贸易回合达成了《纺织品与服装协议》,规定从2005年1月起,所有纺织品和服装的进口配额制度将予以取消。目前中国实行进口配额制管理的商品为47种,进口配额制在WTO基本原则的约束下,其作用也逐步淡化。

参考文献:
陈宪:《国际贸易理论与实务》,高等教育出版社2000年版。
海闻、P. 林德特、王新奎:《国际贸易》,上海人民出版社2005年版。
尹翔硕:《国际贸易教程》,复旦大学出版社2005年版。

(孔瑞 林峰)

进口许可证
Import License

　　进口许可证是指一国政府出于禁止、控制或统计某些进口商品的需要所签发的一种证书，它是世界各国管理进口贸易的一项重要工具，也是国际贸易中作为进口限制的一类非关税措施。进口国家规定某些商品进口必须事先从指定的政府机关申办并领取进口许可证，商品才允许进口，否则一律不予进口。进口许可证常与进口配额、外汇管制等形式结合起来运用。

　　根据进口许可证与进口配额的关系，进口许可证可以分为：一是有定额的进口许可证。它是指国家有关机构先规定有关商品的进口配额，然后在配额的限度内，再根据进口商的申请发放一定数量或金额的许可证。一般来说，进口许可证是由进口国有关机构向提出申请的进口商发放的，但在特殊情况下，这种权限也可移交至出口国自行分配使用。二是无定额的进口许可证，即进口许可证不与进口配额相结合。有关政府机构预先不公布进口配额，此时进口许可证是根据临时的政治或经济的需要进行发放。由于此类进口许可证的颁发没有公开的标准，因而给正常的贸易造成更大的困难，起到更大的限制进口的作用。

　　根据进口商品的许可程度，进口许可证又可分为：一是一般进口许可证，也称自动进口许可证。它对进口国别或地区没有限制，其设立的主要作用是便于进口统计。凡列明属于一般许可证的商品，进口商只要填写一般许可证后，即可获准进口，因此属于这类许可证的商品实际上是"自由进口"的商品。二是特别进口许可证，也称非自动进口许可证。此类许可证大多指定进口国或地区，进口商必须向政府有关机构提出申请，经主管行政当局逐笔审批、批准后才能进口。它主要适用于需要严格数量或质量控制的商品。为了区分这两类许可证允许进口的商品范围，有关当局通常定期公布相关商品目录并根据需要及时进行调整。

　　中国实施进口许可证管理的主要目的在于平衡进出口贸易、保护特定产业以及更好地分配进口资源。改革开放以来，进口许可证作为进口贸易管理的重要工具之一，在保护国内资源和市场、维护经营秩序等方面发挥着重要作用。但随着中国进一步开放市场和加入世界贸易组织（WTO）后承诺的兑现，中国实行进口许可证管理的商品种类也在不断削减。在贸易自由化的时代背景下，国内绝大多数商品已取消进口许可的行政限制措施。

参考文献：
陈宪：《国际贸易理论与实务》，高等教育出版社2000年版。
海闻、P. 林德特、王新奎：《国际贸易》，上海人民出版社2005年版。
尹翔硕：《国际贸易教程》，复旦大学出版社2005年版。

（孔瑞　林峰）

出口补贴
Export Subsides

出口补贴，又称"出口津贴"，是指一国政府为鼓励出口对出口国内产品的公司或个人实施的各项优惠财政措施。根据支付标准，出口补贴可以划分为从量补贴和从价补贴，其中从量补贴是根据每单位出口商品即贸易量补贴一个固定数额，从价补贴是指根据出口总值的一定比例即贸易额行补贴。此外，出口补贴还可以分为直接补贴和间接补贴，其中直接补贴主要是指出口商品时直接得到的现金补贴，其作用等价于负关税，而间接补贴主要是指对出口企业减税、提供优惠利率或提供廉价能源等优惠性财政措施。

出口补贴产生于17~18世纪重商主义学说，并在19世纪的幼稚产业保护论中得到论证，即对于那些具有学习发展潜力却在面临国外竞争中暂时处于不利地位的行业应该进行出口补贴等政策支持（Kemp，1974）。20世纪开始出口补贴对提高就业的作用被经济学家们注意到而被广泛主张。

在实行出口补贴政策下，出口企业会生产出口品直到国内价格与国外价格的差额正好等于补贴额为止。一般而言，对出口补贴的分析大多数主要基于直接贸易补贴以及两种基本要素和两种贸易商品的简化情形，到目前为止主要形成了如下一些结论：

第一，出口补贴改变了政策制定国的收入分配。出口补贴提高了受补贴工业密集使用的生产要素的报酬，使收入分配朝着有利于该工业密集使用的要素方向进行。

第二，出口补贴恶化了政策制定国的国际贸易条件。出口补贴降低了出口商品在进口国的价格，提高受补贴行业要素所有者收入的同时带动了本国其他行业工人、其他产品价格提高，恶化了本国贸易条件，对本国造成一定程度的通货膨胀。

第三，出口补贴的对称定理，即存在一种相同影响的从价进口补贴率与任一种从价出口补贴率相对应。

第四，出口补贴对国民福利的影响。出口补贴使生产者获益的同时造成了生产扭曲，提高本国商品价格导致消费者损失，加之政府支付的补贴支出，综合衡量对整个出口补贴政策制定国而言出口补贴成本超过收益，而对受补贴行业无疑是有益的。

出口补贴常被用于贸易保护主义，形成对外贸易的非关税壁垒。世界贸易组织对贸易成员方的各种出口补贴政策区别对待，在《补贴与反补贴协议》中将出口补贴区分为禁止性补贴（即严重损害别国利益、直接扭曲对外贸易的销售加工环节补贴）、可申诉补贴以及不可申诉补贴（具有普遍适用性和适合经济发展需要的补贴）三种类型。

出于国家安全考虑，出口补贴被广泛用于农产品、乳制品等产品，对农民设置专门的收入支持项目，其中欧美是实施出口补贴的大国。美国出口提升计划（Export Enhancement Program，EEP）、乳产品出口激励计划（Dairy Export Incentive Program，DEIP）旨在提高本国农产品在与其他补贴国家中的竞争优势，尤其是欧盟，商品涉及小麦、稻米、牛肉、鸡蛋、蔬菜等农产品。由于受乌拉圭回合条款和世界贸易组织规则限制，美国通过商品最大预算支出计划设置了年出口补贴的最大上限。

近年来出口补贴出现了一种难以衡量、不透明、间接的新形式即隐蔽性出口补贴，例如国营贸易企业活动、出口融资支持、国际粮食援助等。世界贸易组织2000年开始的农业谈判中隐蔽性出口补贴已经成为重要议题，并开始出现涉及隐蔽性出口补贴的案件。

中国在加入世贸组织时便承诺自加入之日起不对农产品采取任何出口补贴，因而建立完善的以出口信贷、出口信贷保险为重点的农产品融资支持体系对中国促进农产品出口、提升农产品国际竞争力提升的意义尤为重大。此外在"入世"谈判过程中，中国农产品国营贸易以低于国内其他私有单位价格出售也被视为出口补贴，因此中国承诺国营单位均按照出口补贴在内的WTO义务经营，《中国入世议定书》就防止中国国营贸易变相补贴也做出了相关规定。中国加入WTO后，美国等成员方对中国出口补贴问题进行了密切关注，到目前为止没有发现相应的确切证据。

在农产品出口补贴上中国承担了与发展中国家不相符合的责任，在WTO谈判中中国要求其他WTO成员方平等平行地取消所有形式的出口补贴。此外，隐蔽性出口补贴的出现，也对中国进一步提高甄选能力提出了要求。

参考文献：

［英］伊特韦尔等：《新帕尔格雷夫经济学大辞典》，经济科学出版社 1996 年版。

［美］保罗·克鲁格曼、茅瑞斯·奥伯斯法尔德：《国际经济学》，中国人民大学出版社 2011 年版。

M. C. KEMP, Learning by Doing: Formal Tests for Intervention in an Open Economy, *Keio Economic Studies*, October 1974.

A. P. Lerner, The Symmetry between Import and Export taxes, *Economica*, August 1936.

WTO Agriculture Negotiations: The Issues, and Where We Are Now? 世界贸易组织官方网站，2004 年 12 月 1 日，http://www.wto.org/english/tratop_e/agric_e/agnegs_bkgrnd_e.doc.

（孔瑞　洪丽明）

出口信贷
Export Credit

出口信贷是指一国政府为支持和扩大本国产品的出口、增强产品的国际竞争力，通过出口信贷机构对本国出口产品给予利息补贴、提供信贷担保或出口信用保险等方式，鼓励本国商业银行对本国出口商、外国进口商（或其银行）提供利率较低的贷款，以解决本国出口商资金周转的困难或满足外国进口商支付货款需要的一种国际信贷方式。

出口信贷的主要特点是：出口信贷所支持的一般为大型设备出口，金额大、期限长、利率低；以出口信贷保险为基础，保险与银行融合在一起，以减少风险程度；它是政府干预出口贸易的一项重要措施。

出口信贷起初是西方工业国家争夺市场、扩大出口的一种手段。第二次世界大战后，由于国际贸易中保护主义势力的强化和各工业品出口国之间日益加剧的竞争形势，西方各主要工业国家的政府除了对出口实行税收优惠和补贴等有限鼓励措施之外，更主要的是通过对出口信贷的支持来扩大本国产品的出口。出口信贷成为这一时期贸易战的新手段，而竞争的结果也导致第一个出口信贷国际性组织的产生。1934 年，西方主要工业国家在瑞士伯尔尼成立了信贷及投资保险国际联盟（International Union of Credit and Investment Insurers），简称伯尔尼联盟（Berne Union）。成员国主要包括西方工业国的官方、非官方的出口信贷机构及私人金融企业,其联盟的基本意义在于保护出口国的利益,限制成员国之间的恶意竞争。1978年2月,经济合作与发展组织(Organization for Economic Cooperation and Development, OECD)在法国巴黎进一步达成了《官方支持出口信贷准则安排》(Arrangement on Officially Supported Export Credits),又称《君子协定》(Gentleman's Agreement),该协定对出口信贷的适用范围、利率水平、利率结构等方面予以规范。此后,成员国根据其在实际执行过程中出现的问题多次对该协定做出修订,很大程度上缓和了各出口国相互压低出口信贷利率的局面。出口信贷除了在发达工业国家被广泛运用外,在发展中国家也发展迅速。"二战"以来,随着广大发展中国家政治独立和民族经济的发展,出口信贷作为推动出口的工具日益受到这些国家的政府和经济界的重视,许多发展中国家采取切实有效的措施,制定和调整适合于本国经济发展需要的出口信贷政策,建立或进一步加强本国的出口信贷体制,以扩大产品的出口和加速民族经济的发展。由此,出口信贷已成为战后世界各国推动出口贸易发展的重要工具。

出口信贷可以分为直接信贷和间接信贷两种形式。其中,直接出口信贷是出口国政府为鼓励产品出口,提高产品的竞争能力,支持出口方银行直接对本国出口商或外国进口商(或其银行)提供的商业贷款。它是一国政府利用本国银行的贷款扩大商品出口,尤其是金额较大、期限较长的商品如成套设备、船舶等出口的一项重要手段。直接出口信贷又可分为买方信贷和卖方信贷。间接出口信贷也称出口信贷国家担保制,它是一国政府有关机构对本国出口商或商业银行向外国进口商(或其银行)提供的信贷负责担保。当外国债务人拒绝付款时,由国家机构按照承保的数额给予相应补偿。

此外,出口信贷的另一种重要表现形式为福费廷(Forfeiting)。福费廷作为一种资金融通形式,是指出口商在进行延期付款的大型项目贸易时,事先与出口商所在国经营该业务的银行或金融公司签订协议,由银行无追索权地购进由出口商出具的、经进口商承兑的远期汇票或进口商出具的本票而取得现款。福费廷作为一种灵活的国际金融服务,使出口商在获得出口融资的同时,又能有效防范信贷风险与汇价风险。因此,这种出口信贷的形式在国际贸易合作中得到日益广泛的运用。

使用出口信贷的意义主要体现在以下几方面:第一,出口信贷一般是固定利率,不仅便于进口商计算成本,而且可以保护借款人免遭市场利率波动的风险;第二,贷款期限较长,贷款平均期限一般高于商业贷款平均期限;第三,由于官方机构的担保,出口信贷分布范围较为广泛;第四,中、长期出口信贷一般有利率补贴，降低了使用者的资金成本。

随着现代国际经济与贸易的发展，出口信贷作为国际贸易与国际金融相互交叉的一个重要经济领域，已成为一国政府扩大出口的有力手段。世界上许多国家为规范出口信贷工作，都设立了专门的银行办理此业务。例如，美国的"进出口银行"、日本的"输出入银行"、法国的"对外贸易银行"等。这些银行除了对大型固定资本设备等商品的出口提供出口信贷外，还向本国私人商业银行提供低息贷款或给予贷款补贴，从而资助其出口信贷业务。有的还对私人商业银行的出口信贷提供政治风险与商业风险的担保，确保出口信贷业务的执行。

中国出口信贷业务的发展可以划分为三个阶段：第一个阶段是从1980年到1994年。此阶段的出口信贷业务由中国银行办理；第二个阶段是从1994年到2001年。1994年中国成立了办理出口信贷业务的政策性银行——中国进出口银行，实现了政策性金融和商业性金融的分离；第三个阶段是从2001年至今。目前，办理出口信贷融资业务的除官方的专门机构——中国进出口银行外，还有中国银行、中国建设银行、中国工商银行、国际发展银行等商业性银行。出口信贷体制的改革为大力发展中国出口信贷业务，进而不断扩大中国机电产品和成套设备等资本性货物的出口奠定了稳固的金融基础。

参考文献：

尹翔硕：《国际贸易教程》，复旦大学出版社2005年版。

海闻、P. 林德特、王新奎：《国际贸易》，上海人民出版社2005年版。

吴健：《出口信贷演变进程及其对策分析——我国利用出口信贷政策的反思》，载于《国际金融研究》1997年第8期。

（孔瑞　林峰）

商品倾销

Dumping

商品倾销是扩大出口的一项贸易政策，是指出口商以低于国际市场价格，甚至低于商品生产成本的价格在国外市场抛售本国商品，打击竞争对手以占领或巩固国外市场。

实行商品倾销的具体目的在不同情况下也有所不同，主要有以下几种政策目标：一是打击或摧毁竞争对手，以扩大和垄断某种产品的销路；二是在国外建立新产品的销售市场；三是阻碍当地同种产品或类似产品的生产与发展，以继续维持其在当地市场上的垄断地位；四是推销过剩产品，转嫁经济危机；五是打击发展中国家的民族经济，以达到经济、政治上控制的目的。商品倾销通常是由私人垄断企业施行，但是，随着国际竞争和贸易战的加剧，一些国家也开始设立专门机构直接对外倾销商品。

商品倾销作为一种经济行为，很早就产生于商品的市场交易之中。早在1776年，英国著名经济学家亚当·斯密（Adam Smith）在其名著《国民财富的性质和原因的研究》中论述当时各国官方对出口贸易进行奖励时，首次将倾销的概念引入经济学领域。但文中提及的"倾销"有别于现代意义上的倾销概念，不具有"低价抛售商品"之意，其含义更接近于国际贸易法中的"补贴"。随着国际分工的深化和国际市场竞争的加剧，意指在国外市场低价抛售商品的"倾销"概念，首先在美国《1868年商业与财政年鉴（VI326/I）》（Commercial and Financial Chronicle）中出现。美国《1884年国会记录》（Congressional Record 1884）则明确提出，倾销是出口商在国外市场廉价抛售商品。20世纪初，"倾销"的概念开始得到广泛使用。对"倾销"最为经典的经济学定义来自美国新古典经济学家雅各布·瓦伊纳（Jacob Viner）。瓦伊纳在《倾销：国际贸易中的一个问题》一书中将倾销定义为：同一种商品在不同国家市场上实施价格歧视。在此，"价格歧视"是指同一产品以不同价格向相互竞争和不相互竞争的买主出售的行为。瓦伊纳这一"价格歧视"说被经济学界广泛接受，由此也确定了其在倾销和反倾销学术界的权威地位，但是瓦伊纳并未解释为何会出现出口价格低于国内价格这一现象。对此，众多学者试图从不同的角度予以解答。一种可能是存在这样一种竞争结构：出口厂商之间不仅要在国内进行竞争，而且还要在出口市场上与外国企业竞争。即使两国存在相同的市场需求弹性，但每个厂商在进口国所面临的弹性更高一些，因为那里有更多的厂商竞争。因此，在其他条件均相同的情况下，出口厂商在国外的要价将低于国内（Eichengreen and Van der Ven, 1984）。另一种可能性涉及市场之间的运输成本。在其他条件相同的情况下，这类厂商在均衡时会面临国外市场所占份额比国内市场少的状况，这同样意味着存在厂商面临的需求弹性在国外市场大于国内市场的推断，此时这种性质与两国相互倾销的行为相联系（Brander and Krugman, 1983）。

在实践中，随着1948年《关税与贸易总协定》（GATT）生效并于1955

年扩展为永久性的国际条约后,其对国际经济贸易中已存在的商品倾销也做出了明确的规定。首先,GATT 规定,一国商品以低于正常价值的价格进入另一国市场,如对该国市场上某种产业造成了实质性的损害或产生了实质性的威胁,或者说阻碍了进口国同类产业的产生,则构成倾销。其次,GATT 对倾销的构成也予以明确。倾销包括三个基本要素:一是产品出口价格低于正常价值;二是给有关国家同类产品的工业生产造成损害;三是低于正常价值的价格及买卖与损害之间存在因果关系。这三个因素缺一不可。最后,GATT 对倾销的衡量标准予以说明。倾销的确定需要按照公平的原则,比较出口产品价格与其正常价值的情况,如果出口价格低于正常价值时,则存在倾销。

根据倾销的具体目的和时间的不同,商品倾销可以分为以下三种形式:第一,偶然性倾销。这种倾销常常是因为销售旺季已过,或因公司改营其他业务,在国内市场上无法售出"剩余货物",而以倾销的方式在国外市场销售。这种倾销对进口国的同类产品生产当然会造成不利的影响,但由于时间短暂,进口国通常较少采用反倾销措施。第二,间歇性或掠夺性倾销。这种倾销是以低于成本的价格在某一国外市场上倾销商品,在击垮全部或大部分竞争对手、垄断这个市场之后,再提高价格。这种倾销的目的是占领、垄断和掠夺国外市场,最终获取高额利润。这种倾销严重损害了进口国家的利益,因而许多国家都采取反倾销税等措施进行抵制。第三,长期性倾销,又称持续性倾销。这种倾销是长期以低于国内市场的价格,在国外市场出售商品。由于这种倾销具有长期性,其出口价格应至少不低于边际成本,否则长期出口将面临长期亏损。在产品具有规模经济的时候,厂商可以通过扩大生产来降低成本,以维持长期的对外倾销。此外,一些出口厂商还可以通过获取本国政府的出口补贴来进行这种倾销。

商品倾销由于实行低价策略,必然会导致出口商利润减少甚至亏损。这一损失一般可以通过以下途径得到补偿:一是采用关税壁垒和非关税壁垒措施控制外国商品进口,防止对外倾销商品回流,以维持国内市场上的垄断高价;二是出口国政府对倾销商品的出口商给予出口补贴,以补偿其在对外倾销商品中的经济损失,保证外汇收入;三是出口国政府设立专门机构,对国内相关产品高价收购,对外低价倾销,由政府负担亏损额;四是出口商在以倾销手段击垮竞争对手、垄断国外市场后,再抬高价格,从而获得垄断利润以弥补商品倾销的损失。实际上,采取上述措施,往往不仅能够弥补损失,而且还会带来较高利润。这也是长期以来,世界上许多国家尤其是发达资本主义国家，以商品倾销作为对外竞争和争夺国际市场的重要手段的主要原因。

尽管如此，商品倾销容易引起对进口国同类工业的损害或损害威胁，不利于民族工业的发展，因此 GATT 在 20 世纪 60 年代中期就通过了《反倾销协议》，并经过数次修改和补充，规定进口国可以用反倾销税的形式加以抵制。

参考文献：

［英］大卫·李嘉图：《政治经济学及赋税原理》，商务印书馆 1962 年版。
［美］雅各布·瓦伊纳：《倾销：国际贸易中的一个问题》，商务印书馆 2003 年版。
海闻、P. 林德特、王新奎：《国际贸易》，上海人民出版社 2005 年版。
尹翔硕：《国际贸易教程》，复旦大学出版社 2005 年版。
Brander, J. and Krugman, P., A "Reciprocal Dumping" Model of International Trade. *Journal of International Economics*, Vol. 15, No. 3, 1983.
Eichengreen, B. and Van der Ven, H., *US Antidumping Policies: The Case of Steer. in the Structure and Evolution of Recent US Trade Policy*, Chicago: University of Chicago Press, 1984.

（孔瑞　林峰）

贸易救济
Trade Remedies

贸易救济是指在世界贸易组织及其他多边贸易规则框架下运行的对外贸易中，进口国政府应对不公平进口行为冲击或者过量进口导致的国内产业不同程度损害而采取的一系列救济措施的总称，以此保护国内产业，并广泛适用于美国、欧盟、日本等主要贸易成员国。近年来贸易救济逐步扩展到知识产权、环境标准、劳工标准领域。

贸易救济采取的措施主要是"两反一保"即反倾销、反补贴以及保障措施。其中，保障措施与反倾销、反补贴相比具有如下性质：首先，保障措施坚持非歧视原则，尽管提高了进口价格，但能够维持最有效的供应关系，减少了成本高昂的贸易转移发生。其次，由于具有一定的时效性，能够逐渐消除保护主义，剔除经济发展障碍，促进经济危机时期各国经济复苏。再其次，保障措施更富有公平贸易理念，与设置其他复杂形式的贸易壁垒比较而言，更能够节约政府资源，对进口国的负面效应也较小。此外，反倾销、反补贴措施主要针对价格歧视的不公平贸易，而保障措施主要适用于进口激增的情况。

根据采取贸易救济的目的，贸易救济可以划分为三类：一是旨在调整不公平进口贸易的救济（如针对不公平的低于本国价格的倾销）；二是试图调整国际的贸易往来平衡的救济；三是标准国际贸易条例以外的政治或产品特殊救济，比如农产品进口以及针对诸如使用奴隶、童工的外国贸易政策等。此外，根据贸易救济涉及的双方主体，贸易救济包含应对国外贸易救济和对外发起的贸易救济。与此相关的概念还包括产业安全、自由贸易、战略性贸易政策、贸易保护、公平贸易。

一般而言，主管当局认为有必要发起贸易救济或者经国内产业代表申诉后，发起"二反一保"调查，得出损害结案后对外国进口品提高关税或者进行配额限制，这是一国采取贸易救济的主要表现形式。

贸易救济的产生和发展是国际贸易自由化过程的必然产物，它是在自由贸易与贸易保护主义交替协调发展中产生的。随着国际贸易自由化进程的加快，世界各国分享国际贸易的成果时，一部分国家由于受不公平进口或者过量进口确实使国内产业受到损害冲击，为了国际贸易得以可持续发展，1947年贸易救济首次在关税与贸易总协定（GATT1947第6条、第19条）中得到认可，随后1967年日内瓦《关于实施关税与贸易总协定第6条的协定》、1979年日本《关于实施关税与贸易总协定第6条的协定》、1994年乌拉圭回合《关于实施1994年关税与贸易总协定第六条的协定》、《补贴与反补贴措施协定》、《保障措施协定》中得到后续发展，并被越来越多的国家提上法律框架。

贸易救济的产生和发展，对进口国在维护公平贸易、保护国内产业安全以及保持国际收支平衡、维护国内贸易秩序方面起到一定作用，同时在一定程度上促进国际贸易的可持续发展。

中国自1997年颁布《反倾销与反补贴条例》起，逐步建立起由法律（《外贸法》）、行政法规（国务院反倾销、反补贴、保障措施三个条例）、部门规章以及其他相关法律法规和司法解释组成的中国贸易救济法律体系，开始了中国贸易救济逐步稳步发展保护国内产业的历程。

参考文献：

鲍晓华：《反倾销措施的贸易救济效果评估》，载于《经济研究》2007年第2期。

Chad P. Bown, Trade Remedies and World Trade Organization Dispute Settlement: Why Are So Few Challenged, *The Journal of Legal Studies*, Vol. 34, No. 2, June 2005.

Chad P. Bown, The Global Resort to Antidumping, Safeguards, and Other Trade Remedies amidst the Economic Crisis, World Bank Policy Research Working Paper, 2009.

Mostafa Beshkar, Optimal Remedies in International Trade Agreements, *European Economic Review*, Vol. 54, Issue. 3, April 2010.

（孔瑞　洪丽明）

反倾销
Anti-dumping

当出口商以低于国内市场价格的售价在海外大量销售商品时，会被认为是在进行商品倾销。"倾销"被认为是一种不公平竞争，可能对进口国同类产业造成损害。"反倾销"就是对倾销行为所采取的抵制措施，一般是销售地所在国家对倾销的外国商品增收附加税，提高其售价，保护本国受进口产品倾销损害的产业。此种附加税称为"反倾销税"。

反倾销是世界贸易组织（WTO）允许的一种贸易救济手段。WTO关于反倾销的法律规范主要是《1994年关贸总协定》第6条和《关于实施1994年关税与贸易总协定第6条的协定》（简称《反倾销协定》）。《1994年关贸总协定》第6条对倾销的定义做了初步的规定，并授权缔约方在一定的条件下可以采取反倾销措施。《反倾销协定》对反倾销中的实体性和程序性问题作了规定，包括倾销、损害、国内产业和同类产品的定义，倾销、损害的认定方法，反倾销立案、调查和裁决的程序，反倾销措施的种类和期限，反倾销调查的终止条件，反倾销复审和司法审查，反倾销争议的处理等。

按照WTO规则，对进口产品采取反倾销措施应符合三个条件：首先，进口产品以倾销价格进入进口国市场。对倾销的认定方法主要是比较进口产品的出口价格是否低于该产品在出口国国内市场的售价或成本。其次，倾销对进口国生产同类产品的产业造成实质性损害，或者已经威胁或阻碍该国此类产业的建立。是否是"同类产品",主要是考察进口产品与国内产品在物理、化学特性、生产工艺、用途、销售渠道上的相似程度以及两者的竞争程度。"国内产业"是指国内生产同类产品的全部或占主要部分的生产商。对于欧盟等共同市场,国内产业指整个一体化地区的产业。确定是否产生"实质性损害",一般是审查进口产品的数量及其对国内市场同类产品价格,审查过程必须评估影响产业状况的所有经济因素和指标,包括销售额、利润、产量、市场份额、生产力等。最后,进口产品的倾销与国内产业遭受的损害存在因果关系。判定倾销与损害的因果关系,必须考虑同时对国内产业造成损害的其他已知因素的影响,不能将这些因素对产业的损害归因于进口产品的倾销。

当代表国内产业的企业团体向政府提出反倾销申请时,反倾销调查机构进行反倾销调查,过程一般包括立案、初裁和终裁等阶段。如果调查机构根据初步调查结果认定存在倾销,且对国内产业造成实质性损害,则可决定采取临时反倾销措施,并继续调查,否则应立即终止调查。调查机构根据最终调查结果做出终裁,决定是否采取最终反倾销措施或终止调查。当进口产品的倾销幅度低于2%或进口产品占据的市场份额低于3%时,调查也应立即终止。反倾销措施可采用反倾销税或价格承诺的形式,后者是指出口商承诺提高价格,停止以倾销价格出口。反倾销税的征收幅度不能高于倾销幅度。反倾销措施的实施期限自实施之日起不超过5年,经反倾销日落复审可以延长,每次延长5年。不同国家的反倾销法律框架存在差异,因此反倾销调查程序也存在一些差异。目前,中国有关反倾销措施的法律是2004年6月1日开始施行的《中华人民共和国反倾销条例》。另外,商务部进出口公平贸易局2009年编著的《应对国外贸易救济调查指南》是了解其他主要国家或地区反倾销调查法律和调查程序的重要参考资料。

根据WTO的统计,自1995年1月1日WTO成立起至2012年6月30日,共有46个国家(地区)(欧盟作为一个整体)发起反倾销调查,累计立案4125起。其中,美国、欧盟、澳大利亚、加拿大、韩国是发起反倾销的主要发达经济体,而印度、阿根廷、巴西、南非、中国则是发起反倾销的主要发展中国家(见表1)。从全球反倾销活动变化趋势来看,1995年以后反倾销数量不断上升,1999~2002年是全球反倾销活跃时期,但2003年反倾销数量大幅减少,之后年份全球反倾销数目趋于平稳(见图1)。从反倾销的产品部门来看,反倾销措施主要集中在化工、钢铁、塑料、纺织、机械等产品领域(见表2)。

反倾销

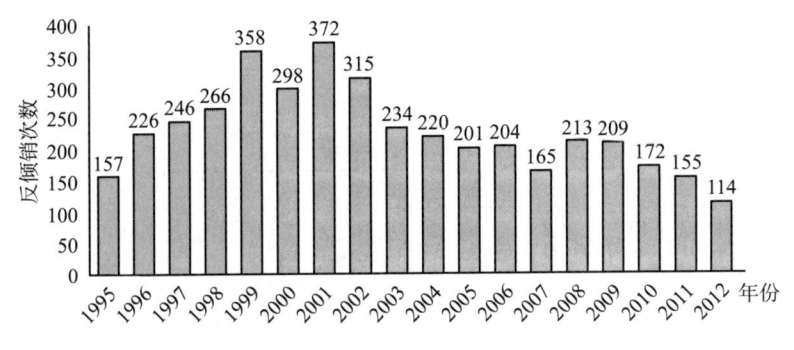

图1 1995~2012年上半年全球反倾销数目

表1 1995~2012年上半年各国（地区）累计发起反倾销调查的次数

发起国（地区）	发起反倾销数	发起国（地区）	发起反倾销数	发起国（地区）	发起反倾销数
印度	663	土耳其	154	泰国	56
美国	465	韩国	112	马来西亚	48
欧盟	444	墨西哥	106	以色列	45
阿根廷	301	印度尼西亚	96	乌克兰	40
巴西	258	埃及	71	中国台湾地区	33
澳大利亚	241	巴基斯坦	71	其他国家	162
南非	216	秘鲁	71	发达国家	1548
中国	195	哥伦比亚	56	发展中国家	2577
加拿大	165	新西兰	56	所有国家	4125

资料来源：来自WTO官网，http://www.wto.org/english/tratop_e/adp_e/adp_e.htm。发达国家和发展中国家的划分根据联合国开发计划署（UNDP）发布的《2010年人文发展报告》。

表2 1995~2012年上半年各产品部门累计发生的反倾销次数

产品部门	反倾销数	产品部门	反倾销数
活动物和动物产品	27	纸、纸板及其制品	117
植物产品	39	纺织原料及纺织制品	239
动植物油脂；动植物蜡	2	鞋、帽、羽毛、人造花	23
食品；饮料、酒及醋；烟草	32	石料、石膏、陶瓷产品、玻璃及其制品	92
矿产品	47	贱金属及其制品	737

续表

产品部门	反倾销数	产品部门	反倾销数
化学工业及其相关工业的产品	566	机械和电气设备	224
塑料、橡胶及其制品	333	车辆、航空器和船舶	28
生皮毛皮及其制品；鞍具及旅行用品	2	仪器仪表、钟表；声音的录制和重放设备	33
木材，软木制品；篮筐	44	杂项制品	64

资料来源：来自WTO官网，http://www.wto.org/english/tratope/adp_e/adp_e.htm。

反倾销措施被频繁使用的原因有：一是关税、配额等传统贸易壁垒已经大幅削减，所剩的能够保护国内市场的传统手段不多；二是反倾销措施是WTO允许的少数贸易救济手段之一，且使用灵活性高、范围广、见效快，被贸易保护主义者所偏好；三是现行《反倾销协定》的一些条款存在模糊和缺陷，成员国之间不能统一解释和适用反倾销措施，容易引起不规范的使用。此外，宏观经济形式对各国反倾销的使用具有重要的影响。在经济不景气、失业率上升时，贸易保护主义抬头，使用反倾销措施的国家往往在短期内迅速增加。

当前，中国是遭受反倾销调查最多的国家。从WTO成立到2008年6月，中国共遭受反倾销诉讼640件，占世界全部反倾销案件的19.4%。国内学者王孝松和谢申祥研究认为，出口激增和人民币贬值是中国频繁遭遇反倾销的重要原因，而近年来具有比较优势的商品同中国重叠较大的发展中国家也更倾向于对中国发起反倾销诉讼（王孝松、谢申祥，2009）。中国自1997年中国颁布《反倾销和反补贴条例》后，对外发起的反倾销调查也逐渐增多。鲍晓华实证研究发现，中国反倾销措施对指控对象国的进口有明显的贸易限制效应，并且征税案例和无损害结案的案例对指控对象国的进口贸易都有重要影响，即反倾销具有"调查效应"（鲍晓华，2007）。

参考文献：

鲍晓华：《反倾销措施的贸易救济效果评估》，载于《经济研究》2007年第2期。

尚明：《反倾销：WTO规则及中外法律与实践》，法律出版社2003年版。

商务部进出口公平贸易局：《应对国外贸易救济调查指南》，中国商务出版社 2009 年版。

王孝松、谢申祥：《中国究竟为何遭遇反倾销——基于跨国跨行业数据的经验分析》，载于《管理世界》2009 年第 12 期。

（孔瑞　张文城）

反补贴
Countervailing

"补贴"（Subsidy）是指政府对商品生产商或出口商直接或间接给予的任何财政资助、价格支持或其他利益。"反补贴"一般是指本国政府通过征收反补贴税（Countervailing Duties）对受到外国政府补贴的进口产品进行价格调整，以消除外国补贴政策影响的措施。

反补贴是世界贸易组织（WTO）允许的、针对不公平贸易的一种贸易救济措施（参见"贸易救济"）。WTO 与补贴、反补贴相关的法律包括《1994 年关贸总协定》（GATT 1994）第 6 条有关反倾销税和反补贴税的规定、第 16 条关于补贴的规定、《补贴与反补贴协议》（Agreement on Subsidies and Countervailing Measures，SCM Agreement）以及《农业协定》（Agreement on Agriculture）。《补贴与反补贴协定》包含了《1994 年关贸总协定》第 6 条和第 16 条的内容，该协定规定了三种补贴，即禁止性补贴、可诉补贴和不可诉补贴，其中前两种允许采取反补贴措施。禁止性补贴是直接对进出口贸易造成扭曲的补贴，又称"红色补贴"，包括两类：一是在法律上或事实上以出口实绩为唯一条件或多种条件之一而给予的补贴；二是以使用国产产品而非进口产品为唯一条件或多种条件之一而给予的补贴。成员方政府一旦实施禁止性补贴，则任何受影响的其他成员方都可以直接采取相应的反补贴措施。可诉补贴又称"黄色补贴"，是禁止性补贴以外、具有一定合理性又可能损害其他成员方利益的补贴。成员方政府实施可诉补贴时，其他成员方可以对可诉补贴采取反补贴措施，但前提条件是这些补贴造成了其利益损失，这包括：（1）对其国内产业造成损害；（2）抵消或者损害其根据《1994 年关贸总协定》直接或间接获得的利益；（3）严重损害其利益，比如对一种产品的补贴超过该产品总价值的 5%、重复性地对一个行业或企业的全部经营亏损进行补贴都可以认为是严重损害其他成员方利益的补贴。最后，不可诉补贴又称"绿色补贴"，成员方不可以对不可诉补贴采取反补贴措施。非专项性补贴、对企业或与企业有合同关系的高等院校进行的研究活动给予的补贴以及对落后地区提供的补贴都属于不可诉补贴。WTO《农业协定》中规定了农业补贴,并且《农业协定》所允许的措施免于基于《补贴与反补贴措施协定》的申诉。

反倾销的调查对象是企业,而反补贴的调查对象包括企业、政府、公共机构或其授权部门,但二者的基本程序很相似。不同的是,进口国在发起反补贴调查前,要与对应的补贴国政府进行磋商,而反倾销调查中,进口国政府仅需履行对出口国政府的立案通知义务。图1显示了反补贴措施的基本程序。反补贴措施包括征收补贴税和承诺,与反倾销措施一样,实施期限不超过5年,但经日落复审可延长。中国有关反补贴措施的法律是2004年6月1日开始施行的《中华人民共和国反补贴条例》。国内学者卜海编著的《国际经济中的补贴与反补贴》介绍了美国、欧盟、印度、巴西、土耳其及阿根廷的反补贴法律制度。

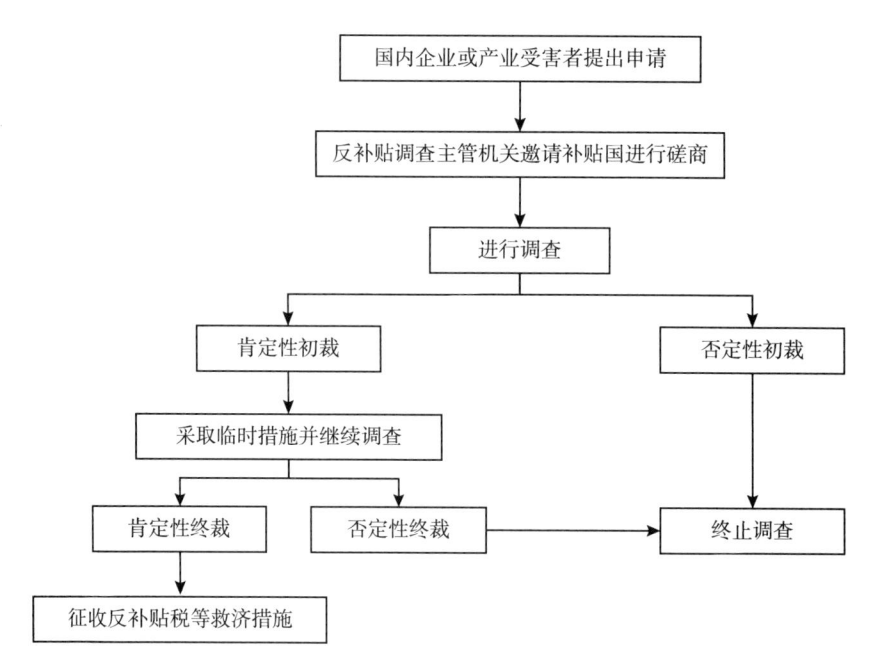

图1 实施反倾销措施的流程

资料来源:卜海:《国际经济中的补贴与反补贴》,中国经济出版社2009年版。

由于早期主要发达国家认为反补贴不适用于非市场经济国家,因此直至2004年以前,中国遭受的反补贴调查非常少。1979～2004年,中国总共仅受到3起反补贴调查。但2005年开始,针对中国进行的反补贴调查越来越多。据世界贸易组织秘书处统计,1995年1月1日到2010年12月31日,贸易伙伴国对中国共发起了43起反补贴调查,其中29起最终采取反补贴税等反补贴救济措施。中国成为同期世界上遭遇反补贴最多的国家,并且这些反补贴调查中,很多与反倾销调查一起进行,形成所谓的"双反"调查。针对中国的反补贴调查的焦点问题包括税收项目优惠、优惠贷款、基础设施和原材料价格优惠、国有企业补贴项目、地方性补贴项目等方面。

参考文献:

卜海:《国际经济中的补贴与反补贴》,中国经济出版社2009年版。

单一:《WTO框架下补贴与反补贴法律制度与实务》,法律出版社2009年版。

李本:《补贴与反补贴制度分析》,北京大学出版社2005年版。

王贵国:《世界贸易组织法》,法律出版社2003年版。

(孔瑞　张文城)

战略性贸易政策
Strategic Trade Policy

战略性贸易政策是指一国采取出口补贴等保护政策以改善本国企业在国际竞争博弈的行为结果,通常运用于两个或两个以上的国家竞争,其中各国政府企业所采取的产量、政策决策都会对博弈中的其他国家和企业产生影响。其基本思想是贸易政策可以通过提高本国在国际市场的市场份额将外国企业利润转移到本国,实现转移租效应,常见的战略性贸易政策工具有出口补贴、进口关税、对产品研发的补贴或投资等。

关于国际贸易政策的争论早在200多年前的古希腊时期就已产生,而正式的战略性贸易政策的形成则是在20世纪80年代早期,当时高技术产业、芯片的出现引起了发达国家经济学界关于政府对贸易进行干预的复杂论证及争论,即战略性贸易保护,并引起相当大的影响和关注。

20世纪80年代之前,大部分的贸易政策都建立在完全竞争的假设之上,尽管也有建立在不完全竞争市场的次优政策的扭曲文献,但还没有形成企业间的策略互动的基本模型。战略性贸易政策作为寡头理论在国际贸易的新应用,则是在20世纪80年代早期正式形成,由巴巴拉·斯宾塞和詹姆斯·布兰德1981年首次进行系统论证。国际市场上各大型企业间的竞争推动了垄断理论在国际经济领域的应用，促成了战略性贸易政策的形成，并因此提高了国际贸易理论的相关性和系统性。

在战略性贸易政策的应用方面，寡头垄断不同于其他类型的市场结构的一个重要方面是利润的存在，由此产生各国政府转移租的单边激励。而在完全竞争市场时利润为零，垄断情形由于只存在一个企业所以转移租激励不存在。

方法论方面，战略性贸易政策是运用博弈论分析方法研究开放经济条件下参与国际竞争的各国博弈，尤其是博弈中的决策机制的序贯理性，也成为博弈论的首个运用领域。斯宾塞和布兰德在1981年战略性贸易政策文献中基于斯坦科博格领导者—追随者的模型，（即本国企业为斯坦科博格领导，外国企业为追随者）研究得出，在一定的成本条件下，本国政府可以通过将最优进口关税水平设置在高于跟随者进入的水平来实现租的转移，这部分租收入会超过消费者剩余的损失和关税收入的损失，给本国社会福利带来正的影响。然而该威胁进入模型有悖于序贯理性原理，得出的关税产量水平也非子博弈精炼均衡，因而是不稳定的解。布兰德·斯宾塞在1984年的文献中则基于序贯理性、子博弈精炼均衡阐述了古诺竞争下关税的策略性运用，弥补了在博弈论方面的缺漏。

斯宾塞和布兰德1983年的文献建立了三阶段博弈，引入产品研发补贴、出口补贴这两个政策变量，研究得出本国政府通过对本国企业研发进行补贴可以使得本国企业增加研发投入更具可信性，从而降低外国企业的研发以及出口，实现租由外国向本国的转移，增加本国福利。

战略性贸易政策中相对完善的基础模型是在布兰德·斯宾塞1985年文献中建立的。在该文中作者研究在不完全竞争国际市场双寡头情形，即两国两个企业，产品出口至第三方国家。博弈分为两个阶段进行，第一阶段两国政府同时制定补贴水平，第二阶段两国企业同时选择产量水平，由此得出两阶段子博弈精炼均衡，即最优贴水平和产量水平，表明出口国政府通过对出口产品进行补贴，改变各贸易国博弈的初始条件，可以改善本国在非合作博弈中的相对处境，降低本国产品的国际市场价格、提高国际竞争力以及扩展国际市场份额创造利润。虽然出口补贴恶化了本国贸易条件，但由于不完全竞争条件下价格超过出口产品的边际成本，且扩大了市场份额，净福利效应是增加的。因此，对寡头垄断企业而言最优贸易政策不是自由贸易而是出口补贴，不是通过提高本国产品在国际市场价格（出口税）而改善贸易条件，而是以恶化贸易条件（出口补贴）为代价扩大市场份额，这就是著名的转移租效应。

战略性贸易政策存在一定程度的缺陷。在实际操作中，战略性贸易政策由于其激励与寡头垄断的互动性质密切相关，比如出口补贴适用于古诺竞争下产品是战略性替代品的情况，而研究发现在更为普遍的价格竞争中产品往往为战略性互补品，此时则产生了对出口进行征税的政府激励（Eaton and Grossman，1986）。因此，实施战略性贸易政策中，政府需要对行业市场类型进行甄别以决定采取出口补贴还是对出口征税的政策。而政府对行业市场信息掌握的不充分性，以及政治因素的影响使得这种政策在实际中的运用有限，例如政治经济学认为政府应该将战略性贸易政策运用于利润少的"夕阳产业"而非高利润的行业。基于产业政策的角度，如果战略性贸易政策中一个产业得到补贴，则这个产业将资源由其他产业转移至该行业，导致其他行业成本上升，政府在为该企业创造战略优势的时候也不可避免地造成了其他行业的战略劣势。因此，为更准确地运用战略性贸易政策，政府不仅需要对行业市场有充分的信息，还需要掌握与该行业争夺资源的相关行业的充分信息，这无疑是困难的。

战略性贸易政策不仅在实践中难以操作，而且实施效果也是有限的。作为一种以邻为壑的政策，战略性贸易政策以牺牲他国利益来提高本国福利，必定会招致他国报复从而引发贸易战，阻碍世界贸易发展。

尽管实施战略性贸易政策存在一系列问题，但参与国际竞争博弈的各国政府试图影响博弈结果的单边激励是存在的，并且是稳健的。在选择战略性贸易政策扶植的产业方面，斯宾塞和布兰德认为，受扶植的产业必须具备如下特点：所获收益超过补贴支出，面临激烈国际竞争并能通过补贴迫使外国减产，具有与国外企业至少相同的产业集中度，研发和资本投入比重高以及技术外溢少，具备扶持效果等特点。而克鲁格曼认为，战略性产业必须具备两方面的特点，即具有高的资本或劳动的回报率、外部经济效应强并且在获得竞争优势后有自我加强的趋势。根据这些特点，中国可以选择高技术密集新兴主导产业，如交通运输、电子通信设备、电气机械及器材等，尤其是装备制造业。由于经济上升空间以及发达国家经济发展借鉴，发展中国家更容易选择本国战略性产业并进行有效保护。

中国加入世界贸易组织后，战略性贸易政策的实施受到了限制，但在以进口保护促进出口政策、战略性出口政策以及外部经济的贸易政策上依然存在空间。克鲁格曼认为发展中国家经济规模较小，战略性贸易政策主要是从国外企业抽取租而非鼓励本国企业采取策略行为。而我国作为发展中国家中的大国，有条件对高技术密集度的行业进行战略扶持，提升中国战略产业国际竞争力，扩大国际市场份额。

参考文献：

［美］保罗·克鲁格曼、茅瑞斯·奥伯斯法尔德：《国际经济学》，中国人民大学出版社 2011 年版。

［英］伊特韦尔等：《新帕尔格雷夫经济学大辞典》，经济科学出版社 1996 年版。

Brander, J. and Spencer, B. Tariffs and the Extraction of Foreign Monopoly Rent under Potential Entry, *Canadian Journal of Economics*, 1981.

Brander, J. and Spencer, B, Export Subsidies and International Market Share Rivalry, *Journal of International Economics* 18, 1985.

Spencer, B. and Brander, J, International R&D Rivalry and Industrial Strategy, *Review of Economic Studies*, 1983.

Eaton, J. and Grossman, G, Optimal Trade and Industrial Policy under Oligopoly, *Quarterly Journal of Economics*, 1986.

（孔瑞　洪丽明）

关税与贸易总协定
General Agreement on Tariffs and Trade (GATT)

关税与贸易总协定是一个政府间缔结的全球贸易的多边国际协定，简称关贸总协定。其宗旨是在互惠互利基础上最大限度地削减关税及其他贸易壁垒，消除差别待遇，促进国际贸易自由化，提升世界资源优化配置。

关税与贸易总协定萌芽于布雷顿森林体系。1944 年 7 月布雷顿森林体系会议提出建立包括世界银行、国际货币基金组织以及国际性贸易组织在内的"货币—金融—贸易"三位一体机构，重新建构"二战"后国际经济政治新秩序。随后 1947 年联合国《哈瓦那宪章》(*Havana Charter*) 认可建立关税与贸易总协定，后由于美国因素未能成立。同年美国发起建立关税与贸易总协定，1947 年 10 月 30 日在日内瓦签订关贸总协定，由此开始了关税与贸易总协定的历程。在经历了一系列的谈判之后，1995 年关贸总协定被世界贸易组织（WTO）所取代。然而，时至今日在世界贸易组织框架下关税总协定依然产生作用。

关贸总协定存在期间总共经历了7个回合的谈判，取得了一系列成果。1949年阿纳西圆回合中，13个国家参加了谈判，围绕着关税议题，达成5000项关税减让。1950年托基回合中，38个国家围绕关税议题达成8700项关税减让，关税水平较1948年下降25%。1955～1956年日内瓦回合中26个国家围绕关税议题以及日本申请加入问题，达成25亿美元贸易额的关税削减。1960～1962年狄龙回合则达成49亿美元贸易额的关税减让。1962～1967年肯尼迪回合中，62个国家围绕着关税及反倾销议题，达成价值400亿美元贸易额的关税减让。1973～1979年东京回合中，102个国家围绕关税、非关税措施、"框架"协议等议题，达成超过3000亿美元贸易额的关税减让。1986～1994年乌拉圭回合中123个国家围绕着关税、非关税措施、规则、服务、知识产权、争端解决、纺织、农业以及世界贸易组织建立等议题，创立了WTO，扩展贸易协商的范围至包括知识产权等，并达成约40%的主要关税减让、农业补贴，以及为发展中国家纺织品/服装的开放市场协议。

关税与贸易总协定在削减关税，促进贸易自由化，重构战后国际经济新秩序以及促进世界经济恢复发展发挥了重要作用。而作为一个非正式组织，关税与贸易总协定存在自身的缺陷，如允许纺织品配额和农产品补贴存在，缺乏法律手段和监督执行机制，存在许多协议难以实施的灰色区域，争端解决机制不完善，对不同社会制度区别对待等。由于关贸总协定存在的种种缺陷，使得其最终被世界贸易组织所取代。

与世界贸易组织作为国际组织机构相比，关税与贸易总协定仅仅是国家间达成的一系列决议，约束力与权威性次之。此外，在范围上，世界贸易组织由关税与贸易总协定的商品贸易扩展至包括服务领域和知识产权领域。一般而言，世界贸易组织是关税与贸易总协定多边协议的解决机制。

中国是关贸总协定的创始国之一，由于历史原因台湾当局长期占据中国席位。1950年台湾地区退出关贸总协定并以观察员身份位居关贸总协定会议，直至1971年被取消资格。1986年中国正式申请恢复在关贸总协定缔约国地位，随后关贸总协定被世界贸易组织所取代，我国转而为"入世"而努力。经过15年的漫长谈判，中国在2001年成功加入世界贸易组织，成为世界贸易组织的正式一员。

参考文献：

尹翔硕：《国际贸易教程》，复旦大学出版社 2005 年版。
邹东涛、岳福斌：《世界贸易组织教程》，社会科学文献出版社 2007 年版。
［英］伊特韦尔等：《新帕尔格雷夫经济学大辞典》，经济科学出版社 1996 年版。
世界贸易组织官方网站，http：//www.wto.org/。

（孔瑞　洪丽明）

世界贸易组织
World Trade Organization（WTO）

世界贸易组织是处理成员方经济体之间贸易规则并独立于联合国之外的全球性国际组织。作为多边贸易体制的法律和组织基础，世界贸易组织坚持非歧视原则、自愿原则，以贸易成员方协商签订的 WTO 协定为核心，以服务商品、服务生产者、出口国、进口国之间贸易为目标，为成员方提供国际协商、谈判和解决争端的服务平台。总部位于瑞士日内瓦，成员方间的贸易额覆盖世界贸易的绝大多数，被称为"经济联合国"。此外，世界贸易组织与世界银行、国际货币基金组织一起被称为世界经济发展的三大支柱，被广为认可。

世界贸易组织的设想萌芽于布雷顿森林体系。早在 1944 年 7 月布雷顿森林体系会议上就提出重建包括世界银行、国际货币基金组织以及国际性贸易组织在内的"货币—金融—贸易"三位一体机构，并在 1947 年联合国《哈瓦那宪章》（*Havana Charter*）得到认可，而后由于美国因素未能成立。1947 年美国发起建立关税与贸易总协定，开始了关税与贸易总协定的历程。1947～1993 年，关税与贸易总协定经历了 8 个回合的关税与贸易谈判，1986 年第 8 个回合即乌拉圭回合谈判启动后，欧共体与加拿大分别正式提出建立世贸组织的议案。1990 年 12 月布鲁塞尔部长会议任命职能小组负责"多边贸易组织协定"谈判。1993 年 11 月乌拉圭回合谈判结束前形成了原则上的"多边贸易组织协定"，经美国提议将"多边贸易组织"更名为"世界贸易组织"。1994 年 4 月乌拉圭回合摩洛哥马拉喀什部长会议正式决定成立世界贸易组织。1995 年 1 月 1 日世界贸易组织正式成立并开始运作，总部设在瑞士日内瓦。1995 年 12 月 31 日关税与贸易总协定结束了其 48 年的历程。1996 年 1 月 1 日世界贸易组织正式取代关税与贸易总协定在国际贸易中发挥作用。世界贸易组织继承了关税与贸易总协定，并从商品贸易扩展到覆盖服务贸易、知识产权贸易等一系列新领域。此外，世贸组织的法人地位为其调解成员争端提供了更高的权威性。

世界贸易组织的组织机构为部长级会议（最高决策权力机构）、总理事会、各专门理事会，其成员主要有发达成员、发展中成员、转轨经济体成员以及最不发达成员，基本职能为管理职能、组织职能、协调职能、调节职能、提供职能，建立了包括《建立世界贸易组织的马拉喀什协议》以及附件一（《货物贸易多边协定》、《服务贸易总协定》、《与贸易有关的知识产权协定》）、附件二《关于争端解决规则与程序的谅解》、附件三《贸易政策审议机制》、附件四多边协议组成的法律框架。

世界贸易组织坚持非歧视原则（即最惠国待遇原则、国民待遇原则）、透明度原则、自由贸易原则、公平竞争原则，在降低各成员方贸易壁垒，消除歧视待遇，保障最终产品、中间产品、原材料、服务产品的供应和多样性，促进世界资源的优化配置、贸易自由化和可持续发展，提高各国福利，以及保障发展中国家在贸易中的发展，建立完整活力持久的多边贸易体制上发挥了重要作用。

世贸组织在决策机制、争端解决机制方面与其他国际组织不同，它大多数采取共识机制而非投票制进行决策，这一方面保证了贸易条款法规得以有效率地进行，另一方面由于在决定过程中压缩比较不重要国家的意见，赋予发达国家更大的权力，使得该决策机制有被操纵于维护发达国家利益损害发展中国家利益之嫌，并且决定一旦做出之后便很难更改。此外，世界贸易组织拥有执行决定的权限，有权通过世贸争端解决机制对拒不执行的成员方实施贸易制裁。

世界贸易组织也存在自身的缺陷。1990年后期世界贸易组织开始成为反全球化运动的主要目标。该组织秉承对市场的信仰，无义务解释其决议，加之各成员方的贸易律师往往代表企业需要，使得当地劳工法、环境法难以得到维护。而世界贸易组织最为人诟病的是其"密室会议"，主要是指少部分与议题有关的国家就该议题进行协商得出一致方案，而后将会议结果公布于所有成员方进行决议，在此过程中由于排除了许多发展中国家及周边国家而拒绝受到承认，也成为对世界贸易组织决策不透明的批判焦点。此外，不公平的决策机制以及各成员方决议的数据库信息不可获得，也是世界贸易组织的不足之处。

早在20世纪60年代GATT就引起许多学者的关注，但目前为止还没有形成系统性的正式经济分析。总体而言主要有两个理论来解释 WTO 协议，即贸易条件理论和承诺理论。贸易条件理论主要强调协议作为一条为政府逃离贸易条件的囚徒困境的通道，政府从协商中能够纠正单边贸易政策带来的国际非效率。承诺理论则强调 WTO 协议作为政府开放本国部门经济的一种承诺。目前大部分的文献主要是基于贸易条件效应的解释。

2001 年 12 月 11 日中国结束了漫长的 15 年谈判正式加入世贸组织，而在 1995 年 1 月 1 日 WTO 正式成立时以英属香港和葡属澳门加入的香港和澳门主权移至中国，并更名为中国香港和中国澳门，2002 年 1 月 1 日台湾地区以台澎金马个别关税区加入世贸组织。自此，中国正式成为世贸组织成员，开始了对外贸易发展的新阶段。

参考文献：

［英］伊特韦尔等：《新帕尔格雷夫经济学大辞典》，经济科学出版社 1996 年版。
尹翔硕：《国际贸易教程》，复旦大学出版社 2005 年版。
邹东涛、岳福斌：《世界贸易组织教程》，社会科学文献出版社 2007 年版。
世界贸易组织官方网站，http：//www.wto.org/。

（孔瑞　洪丽明）

多哈回合
Doha Round

多哈回合，又称"多哈发展议程"，是世界贸易组织旨在减低贸易壁垒促进全球贸易增长的新一轮多边贸易谈判。它是从关税与贸易总协定建立开始的第 9 个谈判回合，也是目前为止还没有达成任何协定的第一个谈判回合。多哈回合最主要的谈判国是由欧盟、美国等发达国家和中国、巴西、印度等发展中国家组成的"20 国协调组"，其主要议题包括市场准入、发展主题、贸易自由化以及 WTO 规则，内容覆盖包括农业、服务贸易、知识产权、规则谈判、争端解决、贸易与环境问题、贸易与发展问题在内的 8 个谈判。

多哈回合始于 2001 年在波斯湾多哈召开的一个部长级会议，原定于 2005 年 1 月 1 日结束，但由于存在一系列分歧一波三折。2001 年世贸组织第四次部长级会议发起多哈回合谈判，确定 8 个谈判领域，定于 2004 年年底完成协议。2003 年世贸组织第五次部长级会议上，各方由于农业的核心分歧，无法达成共识，谈判陷入僵局，未能按原计划完成谈判。2004年世贸组织总理事会议上达成《多哈回合框架协议》，规定欧美逐步取消农产品出口补贴、降低进口关税，并延迟结束时间至2006年年底，迈出重要一步。2005年的世贸组织第六次部长级会议没有达到推动谈判的目的，分歧无法协调导致多哈回合谈判全面终止。2007年恢复谈判，但仍无果而终。2008年世贸组织部长级会议试图突破农业和非农产品市场准入问题，历时9天以失败告终。2009年世贸组织第七次部长级会议时值经济危机，世界贸易严重萎缩，各方避谈多哈回合，而更多地审视"世贸组织、多边贸易体系和当前全球经济形势"。2011年达沃斯世界经济论坛上，英国首相卡梅伦、前世贸组织总干事呼吁本年度结束多哈回合谈判。

多哈回合之所以难以进行下去，最关键的分歧是农业和非农产品市场准入，主要存在于欧美、日本以及由中国、巴西、印度、韩国和南非国家代表的发展中国家之间。欧美以及欧美之间仍然保留的巨额农业补贴也是重要争议。表1说明了这些分歧不可调和的经济原因。目前世界贸易中农产品的比重不到10%，而根据世界银行推算，如果农产品实现自由贸易，将带来63%的收益，而这些收益在发达国家与发展中国家之间的分配是不平等的，其中发达国家获取46%，而发展中国家只占有17%。

表1　　　　　　　　　自由贸易潜在收益分配的百分比　　　　　　　　单位：%

经济体	完全自由化			
	农产品和食品	纺织品和服装	其他商品	所有商品
发达国家	46	6	3	55
发展中国家	17	8	20	45
所有国家	63	14	23	100

资料来源：Kym Anderson and Will Martin, Agricultural Trade Reform and the Doha Agenda, World Bank, 2005.

前八个回合谈判的巨大成功降低了多哈回合的发展空间，这在很大程度上导致了多哈回合谈判的失败。由于经历前几个回合的谈判，贸易壁垒已被极大降低了，例如制造部门的产品，进行进一步削减难度很高，且大多集中于农产品关税和出口补贴方面，而这恰好是政治敏感的部门。

多哈回合虽然失败了，但是至少没有破坏前几个回合谈判的成果，此时的国际贸易依然比历史上的其他阶段更为自由。多哈回合的初衷至今仍有重要意义，其谈判成功将为各方带来巨大利益，尤其是当前全球性金融经济危机下，多哈回合对全球经济复苏有着不可忽略的作用。

中国入世后便开始积极参与和推动多哈回合，积极建立合理的国际多边贸易体系，并在谈判中对发达国家扭曲贸易的一些条款如特殊保障产品、敏感产品等作出了极大妥协和让步，这些努力得到了广泛理解支持。然而，拯救多哈回合，更需要发达国家作出与其经济水平相匹配的贡献。

参考文献：

[美] 保罗·克鲁格曼、茅瑞斯·奥伯斯法尔德：《国际经济学》，中国人民大学出版社2011年版。

世界贸易组织官方网站，http://www.wto.org/english/tratop_e/dda_e/dda_e.htm。

张磊、王茜：《多哈回合谈判的最新进展——2010年度报告》，法律出版社2012年版。

（孔瑞　洪丽明）

国民待遇
National Treatment

国民待遇，又称平等待遇，是指一国给予在其国境内的外国公民、企业和商船在民事权利方面与其国内公民、企业、商船一样的同等待遇。国民待遇的适用范围通常包括国内税，运输、转口过境，船舶在港口的待遇，船舶遇难施救，商标注册，申请发明权、专利权、著作权、民事诉讼权等；不包括领海捕鱼、购买土地、零售贸易等。国民待遇必须对等，不得损害对方国家的经济主权，并只应限于一定范围，是缔结贸易条约的一项法律原则。

国民待遇是最惠国待遇的重要补充。在实现所有世界贸易组织（WTO）成员平等待遇基础上，世界贸易组织成员的商品或服务进入另一成员领土后，也应该享受与该国的商品或服务相同的待遇，这正是世界贸易组织非歧视贸易原则的重要体现。国民待遇原则严格讲就是外国商品或服务与进口国国内商品或服务处于平等待遇的原则。

国民待遇最早是由法国新兴资产阶级提出的。在资产阶级革命前夕，法国是封建生产阶级最顽固的国家，新兴资产阶级遭到歧视，工商业活动被视为社会的"贱业"。为了打破这一局面，新兴资产阶级在1789年7月发动了资产阶级革命，并于8月通过《人权宣言》（Declaration of Human Rights），宣称"人类……在权力上是平等的"。随后，在1804年《拿破仑法典》（Napoleonic Code）顺利颁布，明确规定对外国人民事权利方面实行相互平等待遇的原则，也即"国民待遇原则"。这部法典对意大利、葡萄牙等国产生巨大影响，这些国家在立法中均规定了类似的"国民待遇原则"。因此，国民待遇原则逐渐成为国际司法中公认的准则之一。

由于服务贸易与货物贸易的差异及其自身的复杂性，世界贸易组织对二者有关国民待遇的要求大有区别。货物贸易中国民待遇的内容有：一成员不能以任何直接或间接的方式对进口产品征收高于对本国相同产品所征收的国内税或其他费用；在有关销售、分销、购买、运输或使用的法规等方面，进口产品必须享受与同类国内产品相同的待遇；任何成员不能以直接或间接方法对产品的混合、加工或使用有特定数量或比例的国内数量限制，或强制规定优先使用国内产品。如国产化要求、进口替代要求均被视为直接或间接对外国产品构成歧视，违反国民待遇规定；成员不得用国内税、其他国内费用或定量规定等方式，为国内工业提供保护。

在实施的时候需要注意：任何成员不能以某种产品不受关税约束而本身又可对该产品征收更高关税为理由，对其征收更高的国内税；国民待遇必须在每宗进口产品案中都得到履行。因此，不能以某种产品获得了其他方面更优惠的待遇，或该产品出口国的其他出口产品获得了更为优惠的待遇为理由而对该产品实行歧视；当某种产品在一国内不同地区享有不同待遇时，其中最优惠的待遇应给予进口相同产品。

服务贸易中国民待遇是以世界贸易组织成员间在平等基础上通过谈判方式达成协议，根据协议在不同行业中不同程度地履行国民待遇。

对于与贸易有关的知识产权领域的国民待遇，世界贸易组织规定每一个成员向其他成员的国民就知识产权的保护提供的待遇不得低于其给予本国国民的待遇。同时允许各成员在涉及工业产权的保护领域中，凡有关司法行政程序、司法管辖权问题的法律都可声明保留，不给予外国人以国民待遇，这也符合国际社会的通常做法。

新中国自成立以来，坚持外国人在中国进行贸易应在服从中国法律管辖的前提下，在一定的范围内，与中国公民享受同等待遇。

参考文献：

邹东涛、岳福斌：《世界贸易组织教程》，社会科学文献出版社 2007 年版。

尹翔硕：《国际贸易教程》，复旦大学出版社 2005 年版。

World Trade Organization, *Regional Trade Agreement: Goods Rules*, 1994.

（孔瑞　林娟）

普遍优惠制
Generalized System of Preferences (GSP)

普遍优惠制，简称普惠制，是指发达国家向发展中国家出口的制成品和半制成品给予普遍的、非歧视的、非互惠的一种关税优惠待遇，是在最惠国税率的基础上进一步减免关税的一种特惠关税制度。其目标是扩大发展中国家对发达国家制成品和半制成品的出口，增加发展中国家的外汇收入，促进发展中国家的工业化和经济增长。

普遍优惠制的三项原则是：普遍的、非歧视的和非互惠的。所谓普遍的是指所有发达国家对所有发展中国家出口的制成品和半制成品给予普遍的优惠待遇；非歧视的是指所有发展中国家都应无歧视、无例外地享受普遍优惠制；非互惠的是指发达国家单方面给予发展中国家关税优惠，而不要求发展中国家提供同等优惠。

1964 年，在日内瓦召开的第一届联合国贸易和发展会议（UNCTAD）上，77 个发展中国家要求发达国家给予普遍优惠制待遇，对发展中国家出口的制成品和半制成品提供更加优惠的关税政策以利于发展中国家的出口产品进入发达国家市场，但此项提议遭到发达国家的强烈反对。经过多轮磋商，在 1968 年新德里召开的第二届联合国贸易和发展会议上，通过了《对发展中国家出口至发达国家制成品或半制成品予以优惠进口或免税进口》（Preferential Treatment for the Manufactured and Semi-manufactured Products of the Third World Countries）的决议，确定了普惠制的原则、目标和实施期限。但发达国家仍表示不愿执行统一的普惠制计划，经过反复谈判，最终在 1970 年 10 月，双方才达成一致意见，决定每个发达国家制订各自的普惠制计划，每项计划有效期为 10 年。1971 年，欧洲经济共同体（European Economic Community，EEC）率先施行了普惠制方案，其后美国等发达国家纷纷推出普惠制计划，至今世界上共有 31 个给惠国实施此项计划。

尽管各国关于普惠制的方案不尽相同，但其内容都涵盖以下几方面要素：对受惠国家或地区的规定；对受惠商品范围的规定；对受惠商品减税幅度的规定；对给惠国保护措施的规定；对原产地的规定。

中国作为发展中国家，从1978年3月开始接受普惠制待遇。到目前为止，世界上31个给惠国中共有28个给予中国普惠制待遇。这些国家是欧盟15个成员国、挪威、瑞士、日本、澳大利亚、新西兰、加拿大、波兰、俄罗斯、白俄罗斯、哈萨克斯坦、乌克兰、捷克和斯洛伐克。30多年来，普遍优惠制在扩大中国出口贸易、提高经济效益、促进经济发展等方面具有明显的成效。

参考文献：

邹东涛、岳福斌：《世界贸易组织教程》，社会科学文献出版社2007年版。
尹翔硕：《国际贸易教程》，复旦大学出版社2005年版。
刘卫翔：《浅析普惠制及我国对它的利用》，载于《国际贸易问题》1993年第10期。

（孔瑞　林峰）

最惠国待遇
Most-favored-nation Treatment

最惠国待遇，又称"无歧视待遇"，是双边贸易条约和协定中的一项承诺，通常是指缔约国双方在两国间通商、航海、关税、公民法律地位等方面，将本国现在或将来给予任何第三国的优惠、特权或豁免等待遇也同样给予对方的一种条约义务。最惠国待遇是世界多边贸易制度的核心和世界贸易组织（WTO）重要的指导原则，其基本意义是消除特惠和差别待遇，为所有缔约国提供公平竞争的制度保障，以推动全球自由贸易的发展。

最惠国待遇一般可以分为无条件最惠国待遇和有条件最惠国待遇，前者一般是指缔约国一方现在或将来给予任何第三方的一切优惠待遇，都应无条件、无补偿、自动地给予缔约国的另一方，后者则是指缔约国一方给予第三国的优惠是有条件的待遇，另一方必须提供给对方相应或对等的优惠才能享受其优惠待遇。

最惠国待遇中"最惠国"这一法律概念最早可以追溯到11世纪，但"最惠国"一词最早出现是在17世纪。从17世纪开始，随着国际贸易规模的扩大、商业关系的发展以及政治条约分立的形成，才逐渐出现相互给予最惠国待遇的做法。其代表是1713年英国和法国签订的《乌特勒支通商条约》(Treaty of Utrecht)，该条约规定双方给予第三国在通商与航海方面的优惠同样给予另一方。18世纪末，美国与法国签订了《法兰西—美国友好通商条约》(The Franco-American Treaty of Amity and Commerce)，条约中首次涵盖了有条件最惠国待遇的贸易协定。19世纪开始这类条约在欧洲各国流行，但都是以受惠国做出与第三国承诺相同的承诺为条件。直至19世纪末英法通商条约《科布登—切维利尔条约》(Cobden-Chevalier Treaty)的签订，有条件最惠国待遇模式的基础开始动摇，具有现代意义的无条件最惠国待遇原则才真正诞生，此后无条件最惠国待遇已发展成为现代国际贸易中最惠国待遇原则内涵的重要特征。

最惠国待遇适用范围广泛，其中主要体现为进出口商品的关税待遇。在关税与贸易总协定（GATT）的定义下一般包括以下内容：有关进口、出口或者过境商品的关税或其他捐税；在商品进口、出口、过境、存仓和换船方面的有关海关规定、手续和费用；进出口许可证的发给。在规定最惠国待遇的条款中，往往在规定适用范围的同时，也规定了最惠国待遇的例外事项。例外事项一般包括：一国给予邻国的特权与优惠；边境贸易和运输方面的特权与优惠；有特殊的历史、政治、经济关系的国家之间形成的特定的特权与优惠；经济集团内部各成员国互相给予对方的特权与优惠。即使最惠国待遇条款中没有明文规定这些例外事项，缔约国之间一般也不得以这些特殊情况作为标准来要求最惠国待遇。

中国为了促进对外经济贸易关系的顺利发展，早在《中华人民共和国政府和阿拉伯埃及共和国政府贸易协定（1955）》中便开始采用互惠平等的最惠国待遇制度。随后，又在与许多国家缔结的条约中列有最惠国待遇条款，互相赋予最惠国待遇。目前，中国最惠国待遇的基本形式是双边无条件互惠，主要通过双边协议中的最惠国条款给予规定，这些条款的适用范围主要体现在投资、贸易与航运等方面。在投资方面，中国与外国签订的70多个双边投资保护协定中，最惠国待遇条款主要涉及缔约国双方在投资或与投资有关的领域相互给予对方在其境内投资者的互惠条件以及由于战争和革命所造成损失的补偿协议等内容。在贸易与航运方面，中国与美国、日本、加拿大、澳大利亚等国家签订的通商、航海条约及贸易协定、支付协定和议定书多达上百个，这些条约、协定或议定书中均包含最惠国条款。

参考文献：
邹东涛、岳福斌：《世界贸易组织教程》，社会科学文献出版社2007年版。
尹翔硕：《国际贸易教程》，复旦大学出版社2005年版。
World Trade Organization, *Regional Trade Agreement: Goods Rules*, 1994.

（孔瑞　林峰）

贸易创造
Trade Creation

贸易创造是指在关税同盟内部实行自由贸易，取消内部成员间的原有关税后，所引致的国内成本较高的商品生产被成员国中成本较低的商品生产所代替，原来由本国生产的，现在从成员国进口，即国内较高成本的产品的生产向成员国较低成本的产品转移，从而使新的贸易得以"创造"，并带来成员国经济福利的增加。

从生产角度来讲，它减少或取消与国外产品同类的国内商品的生产，国内所需产品转而从成员国进口，这相对于本国国内生产是一种成本的减少，从而使资源的使用效率得到提高，产生一种生产效应；从消费角度来说，从成员国进口的低生产成本的产品替代了本国原有的高生产成本产品，本国对这种产品的消费需求增加，即低成本产品替代高成本产品，使得本国消费者剩余增加，从而产生一种消费效应。生产效应与消费效应统一构成了贸易创造效应。

贸易创造和贸易转移最早是由美国经济学家雅各布·瓦伊纳在19世纪50年代初提出的，全称是"贸易创造与贸易转移理论"。该理论是分析自由贸易区和关税同盟得失的有效工具。瓦伊纳认为：关税同盟不一定意味着向自由贸易过渡，因为它在伙伴国之间实行自由贸易，而对外部世界实行保护贸易。这种自由贸易和保护贸易相结合的格局会产生两种效果："贸易创造"和"贸易转移"。关税同盟内部实行自由贸易，使国内成本高的产品为伙伴国成本低的产品所替代，原来由本国生产的产品现在从伙伴国进口，由此新贸易被"创造"出来。本国可以把原来生产成本高的产品资源转向生产成本低的产品，并因此得益。同时，关税同盟对外实行统一关税，对第三国的歧视导致从外部进口减少，转为从伙伴国进口，使贸易方向发生转变，产生"贸易转移"。由于原来从外部世界进口成本低的产品改为从伙伴国进口成本较高的产品，造成了一定的损失。

对于因关税同盟的组建而带来的贸易创造和贸易转移,可以用以下的假设例证予以说明:假定有 A、B、C 三个国家,它们生产同一商品 X 的平均固定成本,在汇率不变的情况下,分别为 250 美元、150 美元、100 美元。在自由贸易条件下,由于 C 国的生产成本最低,它将向 A、B 两国出口商品。而当 A、B 两国成立关税同盟后,就会产生贸易创造和贸易转移两种效应。

在探讨贸易创造效应时,假定 A、B 两国在成立关税同盟以前,A 国对商品 X 征收 100% 的进口关税。在这种情况下,A 国将从 C 国进口商品 X,因为此时商品 X 的价格,以 C 国产品的价格为最低。

当 A、B 两国结为同盟后,两国互相取消从对方进口的关税,而对 C 国则实行共同的关税 100%,此时,B 国的产品的价格 150 美元成为最低的,因此,A 国将放弃从 C 国进口商品 X,而改为从 B 国进口,由此使 A、B 两国产生新的贸易。正是由于关税同盟的成立,改从 B 国进口,从而实现贸易创造效应。另外,这种商品 X 的生产由成本较低的 C 国的 100 美元转移至成本较高的 B 国的 150 美元,即所谓的贸易转移效应。当然,如果不考虑其他因素,仅就贸易转移本身而言,它给 C 国带来了物质福利的损失,并使 C 国失去 A 国的市场,从整个世界来看,它降低了国际的资源配置效率,使生产的转移偏离比较利益原则,造成世界福利的净损失。

参考文献:

[美] 保罗·克鲁格曼、茅瑞斯·奥伯斯法尔德:《国际经济学——理论与政策》,上海人民出版社 2006 年版。

尹翔硕:《国际贸易教程》,复旦大学出版社 2005 年版。

Viner, J., *The Customs Union Issue*, New York: Carnegie Endowment for International Peace, 1950.

(孔瑞 林娟)

离岸价
Free on Board (FOB)

离岸价,是对来自《国际贸易术语解释通则》中 FOB 这一贸易术语的通常称谓,本身并不具备严格的法律规范。FOB 的全称是"Free on Board (…Named Port of Shipment)",即"船上交货(……指定装运港)",习惯上称为装运港船上交货。

离岸价

根据《2000年国际贸易术语解释通则》（简称《2000通则》），FOB是当货物在指定的装运港越过船舷，卖方即完成交货。这意味着买方必须从该点起承担货物灭失或损坏的一切风险。FOB术语要求卖方办理货物出口清关手续。根据《2000通则》的解释，采用FOB术语时，卖方承担的基本义务包括：第一，在合同规定的时间和装运港口，将合同规定的货物交到买方指派的船上，并及时通知买方；第二，承担货物交至装运港船上之前的一切费用和风险；第三，自负风险和费用，取得出口许可证或其他官方批准证件，并且办理货物出口所需的一切海关手续；第四，提交商业发票和自费提供证明卖方已按规定交货的通常单据，或具有同等作用的电子信息。同时，买方的基本义务包括：第一，订立从指定装运港口运输货物的合同，支付运费，并将船名、装货地点和要求交货的时间及时通知卖方；第二，根据买卖合同的规定受领货物并支付货款；第三，承担受领货物之后所发生的一切费用和风险；第四，自负风险和费用，取得进口许可证或其他官方证件，并办理货物进口所需的海关手续。

鉴于各国的法律和贸易习惯不同，对FOB术语的含义有不同的解释。各个国家和地区在使用FOB术语时对于装船费用没有形成统一，如理舱费、平舱费等费用应由卖方还是买方负责。为了明确责任的划分，买卖双方往往在FOB价格术语后加列了各种附加条件，形成了FOB的各种变形，主要的有：FOB班轮条件（FOB Liner Terms），规定卖方只负责将货物运至码头，不负担有关装船费用；船上交货并理舱（FOB Stowed），由卖方负责将货物装入船舱并负责装船费用和理舱费；船上交货并平舱（FOB Trimmed），由卖方负责将货物装入船舱，并负责装船费用和平舱费；FOB吊钩下交货（FOB Under Tackle），由卖方负责将货物交到买方指定船只的吊钩所及之处，有关装船的一切费用由买方负担。

《中华人民共和国进出口关税条例（1992年修订）》中，离岸价的概念来自于《国际贸易术语解释通则》中的FOB，FOB术语只是约定了买卖双方物权转移、风险交接及费用承担。作为FOB术语的通常称谓，离岸价并不具备严格的法律规范。于是，2004年开始实施的新修订的《中华人民共和国进出口关税条例》第二十六条将出口货物的离岸价明确为出口货物的"成交价格以及该货物运至中华人民共和国境内输出地点装载前的运输及其相关费用、保险费"，该条款同时将出口货物的成交价格定义为"该货物出口时卖方为出口该货物应当向买方直接收取和间接收取的价款总额"（海关总署政法司等，2004）。

参考文献：
国际商会中国国家委员会：《2000年国际贸易术语解释通则》，中信出版社2000年版。
海关总署政法司、关税司、财政部关税司、国务院法制办财金司：《〈中华人民共和国进出口关税条例〉释义》，中国民主法制出版社2004年版。
解景林：《国际金融大辞典》，黑龙江人民出版社1990年版。

（孔瑞　黄斌全）

到岸价
Cost, Insurance and Freight（CIF）

到岸价，是对来自于《国际贸易术语解释通则》中CIF这一贸易术语的通常称谓，CIF的全称是"Cost, Insurance and Freight（…Named Port of Destination）"，即"成本、保险费加运费（……指定目的港）"。习惯上把CIF称为到岸价主要是从其价格构成考虑的，因为按照CIF成交，卖方要负责安排从装运港到目的港的运费和保险。

根据《2000年国际贸易术语解释通则》（简称《2000通则》），CIF是指在装运港当货物越过船舷时卖方即完成交货。卖方必须支付将货物运至指定目的港所需的运费和费用，但交货后货物灭失或损坏的风险及由于各种事件造成的任何额外费用即由卖方转移到买方。但是，在CIF条件下，卖方还必须办理买方货物在运输途中灭失或损坏风险的海运保险。CIF术语要求卖方办理货物出口清关手续。根据《2000通则》的解释，采用CIF术语时，卖方承担的基本义务包括：第一，签订从指定装运港承运货物的合同，在合同规定的时间和港口，将合同要求的货物装上船并支付至目的港的运费，装船后须及时通知买方；第二，承担货物在装运港越过船舷之前的一切费用和风险；第三，按照买卖合同的约定，自负费用办理水上运输保险；第四，自负风险和费用，取得出口许可证或其他官方批准证件，并办理货物出口所需的一切海关手续；第五，提交商业发票和在目的港提货所用的通常的运输单据或具有同等作用的电子信息，并且自费向买方提供保险单据。同时，买方的基本义务包括：第一，接受卖方提供的有关单据，受领货物，并按合同规定支付货款；第二，承担货物在装运港越过船舷之后的一切风险；第三，自负风险和费用，取得进口许可证或其他官方证件，并且办理货物进口所需的海关手续。

以 CIF 成交因各国的解释不同而存在费用划分问题。为明确各项费用划分，在 CIF 术语后加列了一些附加条件，形成了 CIF 的各种变形，主要有：第一，CIF 班轮条件（CIF Liner Terms），货物到目的港后的卸货费用包括在运费之内，由船方负责，买卖双方均不另付卸货费；第二，CIF 舱底交货（CIF Ex Chip's Hold），卖方仅负责将货物运到目的港，卸货费用由买方负担；第三，CIF 卸到岸上（CIF Landed），卖方负担包括卸货费、驳船费、码头使用费在内的一切费用。

由于在 CIF 条件下成交时，卖方仍是在装运港完成交货，卖方承担的风险也是在装运港货物越过船舷以前的风险，越过船舷以后的风险仍由买方承担；货物装船后产生的除运费、保险费以外的费用，也要由买方承担。CIF 条件下的卖方，只要提交了约定的单据，就算完成了交货义务，并不保证把货物按时送到对方港口。从这个角度考虑，习惯上将 CIF 称为到岸价是不确切的。从这个意义上讲，如果海轮能够直接靠岸，则《国际贸易术语解释通则》中的 DES 术语则更接近于到岸价。DES 的全称是"Delivered Ex Ship（…Named Port of Destination）"，即"船上交货（……指定目的港）"。在 DES 条件下，卖方要负责将货物安全运往目的港，并承担货物运至指定的目的港卸货前的一切风险和费用，包括途中所产生的诸如转船、绕航等产生的额外费用。因此，基于不同的角度考虑，到岸价所反映的内容也会发生变化。

参考文献：

国际商会中国国家委员会：《2000 年国际贸易术语解释通则》，中信出版社 2000 年版。

黎孝先：《国际贸易实务》，对外经济贸易大学出版社 2007 年版。

解景林：《国际金融大辞典》，黑龙江人民出版社 1990 年版。

（孔瑞　黄斌全）

信用证
Letter of Credit（L/C）

信用证（Letter of Credit，L/C）是指由银行（开证行）依照（申请人）的要求和指示或自己主动，在符合信用证条款的条件下，凭规定单据向第三者（受益人）或其指定方进行付款的书面文件。即信用证是一种银行开立的有条件的承诺付款的书面文件。在国际贸易活动中，买卖双方可能互不信任，买方担心预付款后，卖方不按合同要求发货；卖方也担心在发货或提交货运单据后买方不付款。因此需要两家银行作为买卖双方的保证人，代为收款交单，以银行信用代替商业信用。银行在这一活动中所使用的工具就是信用证。《跟单信用证统一惯例》（Uniform Customs and Practice for Documentary Credits, UCP）是国际银行界、律师界、学术界自觉遵守的"法律"，是全世界公认的、到目前为止最为成功的一套非官方规定。《UCP600》（《跟单信用证统一惯例》2007 年修订本，国际商会第 600 号出版物）是目前规范信用证使用的最重要和主要的国际惯例。

信用证的主要特点是：第一，信用证是一项自足文件（Self-sufficient Instrument）。信用证不依附于买卖合同，银行在审单时强调的是信用证与基础贸易相分离的书面形式上的认证；第二，信用证方式是纯单据业务（Pure Documentary Transaction）。信用证是凭单付款，不以货物为准。只要单据相符，开证行就应无条件付款；第三，开证银行负首要付款责任（Primary Liabilities for Payment）。信用证是一种银行信用，它是银行的一种担保文件，开证银行对支付有首要付款的责任。

信用证类别：（1）以信用证项下的汇票是否附有货运单据划分为：跟单信用证（Documentary L/C）及光票信用证（Clean L/C）；（2）以开证行所负的责任为标准可以分为：不可撤销信用证（Irrevocable L/C）及可撤销信用证（Revocable L/C）；（3）以有无另一银行加以保证兑付为依据可以分为：保兑信用证（Confirmed L/C）及不保兑信用证（Unconfirmed L/C）；（4）根据付款时间不同，可以分为即期信用证（Sight L/C）、远期信用证（Usance L/C）、假远期信用证（Usance L/C Payable at Sight）；（5）根据受益人对信用证的权利可否转让，可分为：可转让信用证（Transferable L/C）和不可转让信用证（Non-transferable L/C）；其他还有：（6）循环信用证（Revolving L/C）；（7）对开信用证（Reciprocal L/C）；（8）背对背信用证（Back to Back L/C）；（9）预支信用证/打包信用证（Anticipatory L/C/Packing L/C）；（10）备用信用证（Standby L/C）。

信用证虽然是国际贸易中的一种主要支付方式，但它并无统一的格式（目前国际上使用最多的是 SWIFT 电讯系统的格式）。不过其主要内容基本上是相同的，大体包括以下几个方面：（1）对信用证自身的说明：信用证的种类、性质、编号、金额、开证日期、有效期及到期地点、当事人的名称和地址、使用本信用证的权利可否转让等；（2）汇票的出票人、付款人、期限以及出票条款等；(3) 货物的名称、品质、规格、数量、包装、运输标志、单价等；(4) 对运输的要求：装运期限、装运港、目的港、运输方式、运费应否预付，可否分批装运和中途转运等；(5) 对单据的要求：单据的种类、名称、内容和份数等；(6) 特殊条款：根据进口国政治经济贸易情况的变化或每一笔具体业务的需要，可做出不同的规定；(7) 开证行对受益人和汇票持有人保证付款的责任文句。

议付信用证支付的一般程序：(1) 进出口双方在贸易合同中，规定使用信用证支付方式；(2) 进口商当地银行提交开证申请书，同时缴纳押金或其他保证；(3) 开证行根据申请内容，向出口商（受益人）开出信用证，并寄交通知银行；(4) 通知行核对印鉴或密押无误后，将信用证寄交给出口商；(5) 出口商审核信用证与合同相符合后，按照信用证规定装运货物，并备齐各项信用证要求的货运单据，在信用证有效期内，寄交议付行议付；(6) 议付行按照信用证条款审核单据无误后，按照汇票金额扣除利息，把货款垫付给出口人；(7) 议付行将汇票和货运单据寄开证行（或其指定的付款行）索偿；(8) 开证行（或其指定的付款行）核对单据无误后，付款给议付行；(9) 开证行通知进口商付款赎单。

参考文献：

顾民：《UCP600 制单兑用实务手册》，对外经济贸易大学出版社 2008 年版。

[美] 保罗·克鲁格曼、茅瑞斯·奥伯斯法尔德：《国际经济学》，中国人民大学出版社 2006 年版。

[美] 多米尼克·萨尔瓦多：《国际经济学》，清华大学出版社 2008 年版。

（孔瑞　邢曙光）

仲裁
Arbitration

仲裁是根据当事人之间的事前或事后协议，将某项争议托付给一个第三方机构，由其做出对当事人有约束力的裁决，以此确定当事人权利和义务的一种争议解决方式。

仲裁的起源可以追溯到古希腊时期。公元前 621 年，希腊成文的法律制度中已经包含仲裁的内容，用于解决城邦之间的争议。公元前 5 世纪，古罗马共和国编著的《十二铜表法》也有仲裁的记载。当前，仲裁已经成为重要的争议解决制度之一，被各国广泛运用于解决民事、商事、劳动等方面的纠纷。按照仲裁使用的领域，可以分为：一是国际仲裁。即利用仲裁来解决某些国际争端。1900年设立于海牙的常设仲裁院属于处理这类国际仲裁事务的国际机构。国际仲裁属于国际公法研究的范畴。二是国内仲裁。指一国范围内自然人、法人和其他组织之间不涉及国际或涉外因素的仲裁，主要解决国内经济、劳动争议，属于国内程序法的研究范围。许多国家都通过国内立法对国内仲裁加以专门规定。三是国际商事仲裁。主要是指自然人、法人和其他组织之间因商事交易而产生的具有国际或涉外因素的仲裁。传统的国际商事仲裁一般采用电话、传真、会面等沟通方式以及纸质文书。随着互联网的发展，出现了互联网在线仲裁，即仲裁程序的全部或主要环节在互联网上进行，利用互联网进行沟通并使用电子文书。

作为国内商事仲裁的延伸，国际商事仲裁一般有如下特征：第一，仲裁具有国际性，受到国际协议的规范。第二，它是一种自愿解决争议的方法。国际商事仲裁基于当事人之间的仲裁协议而产生，若无仲裁协议，仲裁不可能产生。一方当事人不能强迫另外一方当事人参与仲裁。第三，仲裁解决争议具有较大的灵活性。当事人可以协商确定仲裁体系，如确定仲裁员、仲裁规则、仲裁时间和地点，仲裁费用的承担等。另外，仲裁一般采用不公开审理的方法，较好保护当事人的商业信誉和商业秘密。第四，一裁终局，裁决具有与法院判决相同的法律效力。仲裁裁决是终局性的，一旦做出，双方当事人即需按裁决履行义务，如一方当事人不自觉履行裁决确定的义务，另一方当事人可以依执行地国家或地区的法律申请强制执行。

为了从程序上规范国际商事仲裁活动，很多国家在制定民事诉讼法典或国内仲裁法时，纳入了国际商事仲裁的相关内容。例如，1809年法国《民事诉讼法典》、1887年德国《民事诉讼法典》、1890年日本《民事诉讼法》、1925年美国《统一仲裁法》、1929年瑞典《仲裁法》等等。中国在1994年8月31日第八届全国人民代表大会常务委员会第九次会议通过了《中华人民共和国仲裁法》，确认仲裁的合法性并对其进行司法监督，该法对国际商事仲裁也做了相应的规定。随着国际贸易交往的日渐增多和现代科学技术的飞速发展，国际商事争议的解决方式日趋协调和统一，国际层面的国际商事仲裁立法开始出现。1889年在蒙得维的亚签署的《关于国际民事诉讼法的公约》是涉及仲裁的第一个区域性公约。1923年国际联盟主持在日内瓦缔结的《仲裁条款协定书》（Protocol on Arbitration Clauses）第一次在国际上承认仲裁条款作为仲裁协议的效力。随后，各国于1958年签订了《承认及执行外国仲裁裁决公约》(the New York Convention on the Recognition and Enforcement of Foreign Arbitral Awards)，简称《纽约公约》，是国际商事仲裁领域最重要的国际公约。1965年在华盛顿签订了《解决国家与他国国民间投资争端公约》(Convention on the Settlement of Investment Disputes Between States and Nationals of Other States, ICSID)，促进了国际投资相关的纠纷的解决。为了使各国仲裁立法更趋一致，联合国大会在1976年通过了《联合国国际贸易法委员会仲裁规则》(UNCITRAL Arbitration Rules)。联合国国际贸易委员会在1985年制定《联合国国际贸易法委员会国际商事仲裁示范法》(UNCITRAL Model Law on International Commercial Arbitration)，成为各国制定或修订仲裁法的蓝本。

国际商事仲裁是提供仲裁服务的组织，包括临时仲裁机构和常设仲裁机构。目前，国外著名的国际商事常设仲裁机构包括：1892年成立的伦敦国际仲裁院(London Court of International Arbitration, LCIA)、1923年成立的国际商会(International Chamber of Commerce, ICC)国际仲裁院、1926年成立的美国仲裁协会(American Arbitration Association)、1966年成立的解决投资争议国际中心(International Center for the Settlement of Investment Disputes)以及1993年成立的世界知识产权组织仲裁与调解中心(World Intellectual Property Organization Arbitration and Mediation Center)。中国国内主要国际商事仲裁机构是中国国际经济贸易仲裁委员会(China International Economic and Trade Arbitration Commission)和中国海事仲裁委员会(China Maritime Arbitration Commission)。

在发生国际商事争议后，一方当事人可以向国际商事仲裁机构提出仲裁申请。仲裁当事人必须是国际商事仲裁协议的当事人，与仲裁结果有直接的法律上的利害关系，以自身名义独立参加仲裁，且必须受国际商事仲裁裁决的约束。仲裁机构收到当事人提交的仲裁申请书后，将对申请仲裁的条件进行审查，决定是否受理仲裁，并通知当事人。仲裁机构接受仲裁申请后，则根据当事人要求或仲裁机构指定仲裁员组建仲裁庭，对仲裁案件进行审理。仲裁审理程序有普通审理程序、简易审理程序和加速审理程序三种，审理包括开庭审理与书面审理。开庭审理一般包括开庭前准备、开庭、核对当事人身份、宣布仲裁庭的组成和当事人的权利义务、当事人陈述主张、庭审调查、辩论、当事人最后陈述、调解、合议、裁决、闭庭等程序。仲裁庭做出终局裁决后，整个仲裁程序即告终结，进入仲裁裁决的执行阶段。

仲裁除了解决自然人、法人及其他微观组织之间的民事、商事纠纷，国家或地区之间的贸易纠纷往往也通过仲裁的方式解决。1994年4月的马拉喀什会议上通过《马拉喀什建立世界贸易组织协定》（Marrakesh Agreement Establishing the World Trade Organization），建立WTO，该协议的附件2是《关于争端解决规则与程序的谅解》（Understanding on Rules and Procedures Governing the Settlement of Disputes，DSU）。DSU确立了专家组程序和仲裁程序两种争端解决方法，仲裁作为解决多边贸易成员之间争端的制度由此正式产生。仲裁是当前世界贸易组织（WTO）解决成员国贸易纠纷的重要法律实践。

参考文献：

邓瑞平等：《国际商事仲裁法学》，法律出版社2010年版。

李圣敬：《国际经贸仲裁法实务》，吉林人民出版社2003年版。

林一飞：《中国国际商事仲裁裁决的执行》，对外经济贸易大学出版社2006年版。

杨良宜：《仲裁法》，法律出版社2006年版。

［英］艾伦·雷德芬、马丁·亨特等：《国际商事仲裁法律与实践》，北京大学出版社2005年版。

赵秀文：《国际商事仲裁法原理与案例教程》，法律出版社2010年版。

（孔瑞　张文城）

补偿贸易
Compensation Trade

补偿贸易是指买方（进口方）在卖方（出口方）提供信贷的基础上，购进机器、设备、技术、原材料或劳务，并在一定期限内用引进的设备和技术所生产的全部或部分产品或双方商定的其他产品清偿价款的一种贸易方式。

补偿贸易是从20世纪60年代末至70年代初发展起来，并在苏联、东欧等经济互助委员会（简称经互会）国家与西方发达资本主义国家之间的贸易中被较为广泛地采用。经互会一些成员国存在外汇储备短缺、对外支付能力有限等困难，但又急需得到西方发达国家的技术、设备和某些重要物资；而西方发达国家的设备和资本大量过剩，市场问题尖锐。为了给自己比较成熟的技术和过剩设备或物资寻找出路、开辟比较稳定的原料供应来源，

补偿贸易

西方发达国家愿意接受用产品作为支付的条件。在这种双方各有所需的情况下，补偿贸易这种新型贸易方式应运而生。补偿贸易在20世纪70年代之后发展迅速。仅在1980年，苏联同西方签订的大中型补偿贸易合同就有100项之多，主要集中于铺设输气管道、开发煤矿、冶炼黑色金属和有色金属、兴建石油化工厂等项目。20世纪80年代，补偿贸易逐渐在发展中国家拓展开来。发展中国家积极利用这种形式解决国内资金不足、外汇短缺的困难，并通过引进外资和先进技术，加速本国经济和贸易的发展。现今，补偿贸易已成为国际上常用的贸易方式之一。

国际上，补偿贸易的形式多样，具体做法也不同。按照补偿的方式划分，补偿贸易主要可以分为以下几种类型：一是直接产品补偿，又称回购或返销。即由设备进口方利用对方提供的设备和技术制造的直接产品偿付进口设备的货款。一般来说，设备进口方总是愿意用直接产品来补偿的，因此返销是补偿贸易中最基本、也是最简单的做法。二是其他产品补偿，又称反购买或互购。即设备进口方支付设备的货款，不是用直接产品，而是用双方商定的其他产品或劳务来偿付。如果引进的设备不生产可供出口的产品，如交通设施、旅游设施、电讯设备等项目，或设备所生产的直接产品非对方所需时，那么交易双方可以通过协商，用一致同意的其他产品来偿付设备价款。这种情况下的交易为两笔互有联系而分别进行的交易。三是劳务补偿。即进口方不以商品来抵偿进口的设备和技术的价款，而以劳务来支付。这种形式的交易常见于来自如来料加工或来件装配的中小型补偿贸易中，往往是由购进设备或技术的一方以提供劳务所赚取的收入来补偿购进设备或技术的价款和利息。四是综合补偿。即进口方以部分产品、部分外汇或者部分直接产品、部分其他产品搭配的方式补偿对方。在这种方式中，双方交易形式更为灵活，但也更加复杂。此外，按照参与人的数量划分，补偿贸易又可以分为双边补偿和多边补偿。其中，双边补偿是指设备或技术的引进以及产品的补偿，都由供应方和引进方双方直接洽谈，不涉及第三方；多边补偿是指从设备或技术的引进到产品返销的整个流程中，除了供应方和引进方外，存在第三方参与补偿贸易，例如由第三方接受并销售补偿产品，或由第三方承担或提供补偿产品。不论采取何种形式的补偿贸易，交易双方经过磋商达成协议后，一般都要签订补偿贸易的书面文件作为补偿贸易当事人执行协议的依据，主要包括补偿贸易协定、设备进口合同、返销或互购合同等。

补偿贸易通常容易被描述成为易货贸易的一种形式，尽管补偿贸易也表现为双方的商品交换，具有易货贸易的性质，但它又与一般的易货贸易有所区别。补偿贸易最普遍的两种交易形式（返销和互购）显示它们并不包括易货条款（即以货易货），交易的基础是建立在分离的钱物交易协议之上，即进口是基于出口方从进口方购买商品或服务。因此，这种反向贸易协议的实质不是易货而是互惠（Hennart，1989）。补偿贸易作为一种特殊的贸易形式，具有以下几方面的特点：第一，贸易与信贷结合。交易一方购入设备等商品是在对方提供信贷的基础上，或由银行介入提供信贷。补偿贸易离不开银行的介入，与信贷有着密切的关联。第二，贸易与生产相联系。补偿贸易的开展需要双方当事人在生产上的通力合作，如设备供应方需要对零部件的供应、技术的改进、设备的维修与人员的培训等环节承担相应义务，从而保证生产的顺利进行。第三，进口与出口相结合。设备或技术的出口方必须承诺回购进口方的产品或劳务，从而实现了购与销、进口与出口的紧密结合。第四，贸易双方是互惠关系。补偿贸易购入的是机器设备，出口的是产品，可以说是一种进出口相结合的特殊的信贷交易，具有明显的利用外资的功能。

  补偿贸易对设备或技术的进口方和出口方具有不同的作用。首先，对于设备或技术出口方而言，补偿贸易的作用首先是有利于突破进口国外汇支付困难的限制，扩大本国产品销售，增加贸易机会。特别是在投资萎缩、市场衰退的情况下，其作用更为突出；其次，通过返销可以在较长时间内稳定地取得原料、燃料或其他急需商品的供应；再其次，引进设备或技术的国家，其工资水平一般都较低，从而产品的生产成本也较低，因而有利于提高返销产品的国际竞争能力。对于设备或技术进口方来说，补偿贸易首先是在一定时期内可以解决外汇不足的困难，从而扩大进口能力、取得国内所需要的设备或技术资源，既有利于缓和对外支付手段不足的困难，又可提高本国的生产能力，扩大出口、增收外汇；其次，通过补偿贸易兴建的企业，如果生产原来必须进口的产品，在兴建这些企业后即可自行生产，从而减少进口、节约外汇开支；再其次，通过产品返销，利用对方的销售渠道，给产品的出口建立了长期内较为稳定的销售渠道和市场；最后，通过先进设备或技术的引进，能够提高进口国的劳动生产率，从而增加产量、提高产品质量，增强产品在国际市场上的竞争能力。

  尽管如此，补偿贸易对设备或技术的进口方也可能存在不利的影响，开展补偿贸易的问题和风险主要体现在以下几个方面。首先，引进的设备或技术有时并不是最先进的。出口方为了维护自己的竞争地位，往往不愿转让最先进的技术或设备；其次，返销往往不易被出口方接受，其原因在于出口方担心返销产品会影响其国内同类产品的产销，扰乱正常的市场秩序；再次，出口方对于补偿产品的品种、规格、交货期要求严格，对进口方的约束性较大；最后，国际产品市场波动较大，而补偿的产品供给又是长期的，一旦市场需求萎缩，出口方往往借故拒购。补偿产品的销售一旦受此影响，势必影响贷款的偿还，从而引起信贷纠纷。

中国在 20 世纪 70 年代中期就已开展补偿贸易，但达成的项目规模较小、期限较短。自 1979 年以来，中国实行对外开放政策后，补偿贸易由于其形式多样且比较灵活，开始成为中外双方比较乐于接受的一种交易形式。作为利用外资的一种方式，补偿贸易业务开始迅速发展。近年来，外商以设备或技术作为直接投资进入中国，补偿贸易规模有所缩减。但是，随着中国市场经济的发展，补偿贸易在利用外资、促进销售方面的优越性仍不容忽视。

参考文献：

何新浩：《补偿贸易知识》，人民出版社 1984 年版。

叶正茂、顾卫平、叶正欣：《补偿贸易的经济学解释》，载于《经济学动态》 2003 年第 7 期。

Hennart, J. F., The Transaction-Cost Rationale for Countertrade. *Journal of Law, Economics, & Organization*, Vol. 5, No. 1, 1989.

（孔瑞　林峰）

来料加工
Processing with Imported Materials

来料加工，是对外加工装配贸易的简称，加工贸易的一种，是以商品为载体的一种劳务输出。根据《中华人民共和国海关关于对外加工装配业务的管理规定》（1990 年 10 月 5 日海关总署修订发布）第二条和《加工贸易审批管理暂行办法》第二条，来料加工指由国外厂商作为委托方提供全部或部分原材料、辅助材料、零部件、元器件和包装材料（简称料件），必要时提供机器设备及生产技术，国内企业作为承接方按照合同规定的质量、规格和式样等要求进行加工、装配，成品由国外厂商负责销售，中方按合同规定收取加工费用（工缴费），外商提供的作价设备价款由中方用工缴费偿还的一种贸易方式。来料加工没有货物所有权的转移，实际上是国际生产合作的一种初级形式。

来料加工有如下几种方式：一是全部来料来件的加工装配。委托人提供全部原辅材料，来料和成品都不计价，来料后委托人只代为加工，然后向委托人收取约定的工缴费；二是部分来料来件的加工装配。来料和成品分别计价，成品价款扣除来料价款的余额即作为工缴费，成品交由委托人销售；三是对口合同，各作各价。国外委托方和承接方签署两份对口合同。一份是委托方提供的原辅材料和元器件的销售合同，另一份是承接方出口成品的合同。对于全部来料来件，两份合同的差价即为工缴费，对于部分来料来件，两份合同的差价，既包括工缴费，也包括国内承接方所提供的料件的价款。以对口合同方式进行的加工装配贸易，必须在合同中表明。承接方无须支付外汇。四是委托人为了提高加工效率和产品质量，在来料的同时，提供部分加工设备，其价款由加工方以公缴费分期扣还。这实际上是一种与补偿贸易相结合的交易方式。

来料加工和进料加工、来件装配等构成加工贸易的主要形式。来料加工贸易和进料加工的共同之处在于原材料和元器件来自国外，加工后成品也销往国外市场。但两者有本质上的区别，主要区别如下：一是进口料、件的不同。进料加工的所有进口料、件由经营企业用外汇购买。而来料加工的进口料、件则由外商无偿提供。进料加工的风险比来料加工的风险大；二是进出口货物的买卖方不同。进料加工由于各作各价，因此进口物料的外商不一定就是经营企业成品出口的买方。而来料加工的进出口货物买卖方必须是同一外商；三是外商的结算不同。进料加工项下的经营企业出口货物，外商按一般贸易方式付款，经营企业收取外汇。而来料加工项下的经营企业出口货物不作价，经营企业只按约收取工缴费；四是退税的方式不同。进料加工后出口货物，实行"先征后退"的方式；来料加工后出口货物，实行"不征不退"的方式。

来料加工是中国加工贸易早期的主要贸易形式，根据《中国海关统计年鉴》，1980年来料加工进出口额为13.3亿美元，占加工贸易总额的79.8%。在中方企业规模有限、参与国际分工经验不足的情况下，来料加工具有特殊的优势。到20世纪80年代末期，加工贸易的结构发生了改变，1989年进料加工进出口额首次超过来料加工贸易额，达到53.1%。随后，进料加工所占比重逐年提高，到2001年达到了71.4%。其原因是外商投资企业尤其是跨国公司更加注重通过加工贸易占据中国国内市场，而进料加工方式可以兼顾国内国际两个市场。

来料加工有利于充分发掘人力资源,增加外汇收入,提高工业生产技术,进行来料加工的企业多分布在劳动力或土地费用较低、交通方便且进出口贸易自由度较高的地区,对繁荣地方经济和推动出口贸易方面,起了很大的作用。来料加工因其加工贸易的性质具有主动性差,创汇少,加工增值部分主要由委托方获得,其产品一定程度上与中国原来的出口贸易争夺市场。承接来料加工的企业有两种类型,一种是承接方为中国企业或合资企业,另一种是国外委托方在国内直接投资设厂。尽管目前这种方式对发展中国经济利大于弊,但从长远来看,把这一利用外资方式,用政策导向技术密集型和资本密集型产业,并加强税务管理,是十分必要的。

参考文献:
邓福光:《中国国际加工贸易发展和海关监管创新》,中国海关出版社2010年版。
戚晓曜、邱志珊:《中国国际加工贸易研究》,中国经济出版社2011年版。
沈玉良、孙楚仁、凌学岭:《中国国际加工贸易模式研究》,人民出版社2007年版。

(孔瑞 姚文勇)

出口加工区
Export Processing Zones (EPZs)

出口加工区,又称"加工出口区",是一国为吸引外资、发展对外贸易以及出口导向型经济而建立的集中生产出口制成品的特殊工业区,从事进口原材料、加工并出口到世界各地。广义上出口加工区还包括自由贸易区、对外开放区、工业自由区、投资促成区等。依据出口产品种类,出口加工区可以划分为单类产品出口加工区和多类产品出口加工区。

出口加工区产生于20世纪50年代初,60年代初在亚非拉等发展中国家得到广泛发展。出口加工区作为促进发展以及出口导向型增长的重要政策工具,广泛存在于世界130多个国家并取得了良好的效果。发展中国家拥有丰富的劳动力资源,而发达国家的资本跨出国界进行国际投资。这二者的劳动力资源与资本在出口加工区结合,为发展中国家吸收外商直接投资,并通过创造出口融入世界经济。

一般而言,出口加工区作为开发区的一种特殊类型,具有"境内关外"

的特殊性质，即处在一国地理范围内并受该国法律法规约束，但处于该国海关监管范围之外。进入出口加工区的国外产品以及由出口加工区出口至国外的产品都视为一般贸易产品，免关税、增值税。而由出口加工区所在国政府进入该区的物品属于出口，可以获得出口退税，所有由该出口加工区进入该国的物品都属于进口，需要征收关税以及进口环节的增值税。原材料来自国外、产成品销往国外并在该区使用廉价丰富劳动力资源的企业获益最多，也是出口加工区的目标客户和设置初衷。其他类型的企业进入出口加工区应综合衡量成本收益条件。一般情况下，在出口加工区内不实行进出口配额和许可证管理，但不能开展拆旧、翻新业务，也不能加工国家及该出口加工区明令禁止的业务。

基于经济视角，出口加工区是惠及较少数人、扭曲资源配置的次优政策，但是作为本国贸易自由化的基石，其作用不可忽视，如创造就业和外汇收入、促进出口、传播技术、管理方法、促进本土企业吸收知识外溢效应和发挥干中学效应，催化其出口发展进程，刺激本国经济发展。

随着WTO规则对出口补贴的规制，出口加工区的税收激励被逐步淘汰，一些出口加工区以此为契机转化为科技与工业园区，开始与本土经济融合。

改革开放以后中国抓紧建设出口加工区，目前形成了包括九江、赣州、昆山、天津、在内的几十个出口加工区，为中国充分利用丰富的劳动力资源、发展对外贸易、促进国内产业提升发挥了重要作用。

参考文献：

陈宪：《国际贸易理论与实务》，高等教育出版社2000年版。
Wu. Fulong, *Export Processing Zones*, *International Encyclopedia of Human Geography*, Oxford：Elsevier，2009.
Michael Engman. Osamu Onodera. Enrico Pinali，Export Processing Zones：Past and Future Role in Trade and Development，Ideas Working Paper，No.53，2007.

（孔瑞　洪丽明）

保税仓库
Bonded Warehouse

保税仓库是保税制度中应用最广泛的一种形式，是指经海关批准设立、受海关监督管理的专门存放保税货物及其他未办结海关手续货物的仓库。保税仓库仅限于存放供来料加工、进料加工复出口的料件、暂时存放之后复运出口的货物及经过海关批准缓办纳税手续进境的货物。存入保税仓库的货物可以免纳关税、免领进口许可证,在规定的存储期满时可以复运出口或办理进口内销的报关和纳税手续。

保税仓库根据使用对象的不同可以分为公用型保税仓库和自用型保税仓库。其中,公用型保税仓库是指由主营仓储业务的中国境内独立企业法人经营,专门向社会提供保税仓储服务的仓库。自用型保税仓库是指由特定的中国境内独立企业法人经营,仅存储供本企业自用保税货物的仓库。此外,保税仓库中专门用来存储具有特定用途或特殊种类商品的称为专用型保税仓库。专用型保税仓库又包括液体危险品保税仓库、备料保税仓库、寄售维修保税仓库和其他专用型保税仓库。

保税仓库允许存放的货物范围包括:加工贸易进口货物;转口货物;供应国际航行船舶和航空器的油料、物料和维修用零部件;供维修外国产品所进口寄售的零配件;外商暂存货物;未办结海关手续的一般贸易货物;经海关批准的其他未办结海关手续的货物。保税仓库应当按照海关批准的存放货物范围和商品种类开展保税仓储业务,不得存放国家禁止进境货物、未经批准的影响公共安全、公共卫生或健康、公共道德或秩序的国家限制进境货物以及其他不得存入保税仓库的货物。

保税仓库实际上是口岸功能的延伸,除了传统的保税仓储功能外,还具有转口贸易、缓税、简单加工和增值服务、物流配送、商品展示等功能。在国际贸易中,除国家禁止进境货物外,保税仓库货物一般不受仓库所在地国家的税费和进口许可证件管理制度的约束。因此许多企业常常通过保税仓库来合理规避国际市场价格风险和有关税费、贸易管制等,这有利于进出口商把握交易时机、顺利开展业务和发展转口贸易。其作用主要体现在以下几个方面:

第一,有利于促进对外贸易。在国际贸易过程中,从询价、签订合同到货物运输需要一个较长的时间。为了缩短贸易周期、降低国际市场价格波动的影响,先将货物运抵本国口岸,预先存入保税仓库,可以使货物尽快投入使用,这有力地促进了国际贸易的健康发展。

第二,有利于提高进口原材料的使用效益。利用保税仓库,可以使需要进口的原材料统一进口、相互调剂,从而降低了进口价格,提高了原材料的利用率和经济效益。

第三，有利于开展多种贸易方式。利用保税仓库的暂缓缴纳关税等优惠条件开展多种贸易方式（如来料加工等形式），这有利于扩大贸易出口、增加外汇收入，同时利用价格变化中的差价也为开展转口贸易提供了契机。

第四，有利于加强海关监管。随着贸易方式的灵活多样，海关的关税的征收工作的难度也在加大。保税仓库出现后，海关工作人员可以借助仓库管理人员的力量进行协同管理，有效增强了海关监管的效率。通过对保税仓库出入的货物实行核销监督管理，对加工业实行重点抽查与核销，有效限制了内销行为的出现。

第五，有利于促进本国经济的发展。外贸企业利用保税仓库综合性、多功能的特点，开展一系列如报关、装卸、运输、中转等相关业务，在促进国家对外贸易发展的同时，也促使本国经济深入国际经济体系之中，对国家经济的发展产生了积极的推动作用。

中国早在20世纪80年代初就已经建立了保税仓库。随着改革开放，中国的对外贸易尤其是加工贸易发展迅速，保税仓库的建立对中国发展外向型经济具有重要的促进作用。在法制监管方面，中国于2004年2月1日正式施行《中华人民共和国海关对保税仓库及所存货物的管理规定》，明确了保税仓库的类型、功能、范围和申请条件等，为海关的监督管理提供了有效的制度保障。

参考文献：

陈宪：《国际贸易理论与实务》，高等教育出版社2000年版。
胡东升、周耀荣：《〈海关对保税仓库及所存货物的管理规定〉详解》，载于《中国海关》2004年第4期。
黎孝先：《国际贸易实务》，对外经济贸易大学出版社2003年版。
亦鸣：《保税区、保税仓库简介》，载于《唯实》1993年第3期。

（孔瑞　林峰）

国 际 投 资

国际资本流动
International Capital Flows

国际资本流动是指资本在不同国家和地区之间的转移，国际资本流动按资本的使用期限长短分为长期资本流动和短期资本流动两大类。长期资本流动是指使用期限在一年以上或未规定使用期限的资本流动，短期资本流动是指使用期限在一年或一年以内的资本流动。国际资本流动具体包括贷款、援助、投资、债务的增加、债权的取得、利息收支、买方信贷、卖方信贷、外汇买卖、证券发行与流通等。

自 20 世纪 70 年代中期以来，国际资本流动出现了大幅增长，其中发达国家不仅是国际资本流动的主要资本流出国，同时也是主要的资本流入国，而剩下的国际资本流动主要发生在新兴经济体。为了验证观测到的国际资本流动的数量是否跟经济理论预测的一致，小罗伯特·埃默生·卢卡斯（Robert Emerson Lucas，Jr.）通过建立一个部门模型发现了一个悖论，即更多的资本并没有从收益率低的发达国家流向收益率更高的发展中国家，这就是著名的"卢卡斯悖论"。对此卢卡斯给出了三个可能的解释：一是富裕国家工人的劳动生产率可能是其他穷国工人劳动生产率的好几倍；二是人力资本有可能是一个遗漏的要素，而富裕国家的人力资本相比其他国家高得多；三是穷国的政治风险比富国高得多，因而所要求的风险溢价也很高。接着也有不少学者对卢卡斯的模型进行了进一步扩展，从而来更好地解释"卢卡斯悖论"。

国际资本流动与经济增长直接的关系一直是经济学家们研究的中心话题。在理论上，国际资本流动可以通过一系列直接和间接的渠道来促进一个国家经济增长，直接渠道包括：增加国内储蓄、通过更好地进行风险分担来减少资本成本、传递技术和管理知识、刺激国内金融部门的发展。间接渠道则包括促进专业化和承诺制定更好的经济政策。尽管如此，实证结果却发现国际资本流动对经济增长的作用并不显著。

另一些研究则发现经济全球化与经济增长之间并不存在稳健的因果关系，对于发展中国家来说更是如此（Eichengreen，2001）。正是由于理论和实证结果存在着很大的差距，经济学家们开始探寻其中的原因，最著名的论断要属构成假说（Composition Hypothesis）和门槛假说（Threshold Hypothesis）。构成假说认为不同类型的资本流动是不一样的，国际直接投资和国际证券组合投资形成的资本流动似乎跟经济增长是正相关的（Bekaert et al.，2004），相反，没有证据表明外国私人债务，包括国家贷款，可以有效地促进经济增长，甚至国际贷款跟经济增长是负相关的。门槛假说则认为要想使一个国家从金融全球化中受益，这个国家在某些方面必须达到一定的条件，也就是存在门槛效应，如果不能跨越这个门槛条件，那么金融全球化就会给这个国家带来更多的危机和更慢的经济增长，其中公共机构和人力资本就是两个重要的门槛条件，只有那些具有相当好的公共机构（如能够有效控制腐败）和最低水平人力资本的国家，金融全球化才能有效促进投资和经济增长。构成假说和门槛假说并不是对立的，具有更好的公共机构的国家更可能吸引更多的国际直接投资而不是国际银行贷款（Wei，2001）。

2008年以来，中国一直是国际私人资本最大的目的地，国际资本大量流入中国不仅对中国经济产生了积极影响，同时也带来了一系列问题。面对逐年增长的外国投资，如何利用好这些资本，避免潜在的危机，同时引导本国资本"走出去"，是对我国的巨大挑战（范小云等，2007）。在长期内利差和人民币预期升值率都是影响中国短期资本流动的主要因素，但是人民币升值预期的影响更加重要。中国需要进一步加快汇率改革，同时要在开放之中提高资本管制的有效性（王世华等，2007）。

参考文献：

范小云、潘赛赛：《国际资本流动理论的最新发展及其对中国的启示》，载于《国际金融研究》2008年第9期。

王世华、何帆：《中国的短期国际资本流动：现状、流动途径和影响因素》，载于《世界经济》2007年第7期。

Bekaert, G., Harvey, C. and Lundblad, C., Does Financial Liberalization Spur Growth?, *Journal of Financial Economics*, Vol. 77, No. 1, 2005.

Eichengreen, B., Capital Account Liberalization: What Do Cross-country Studies Tell Us?, *World Bank Economic Review*, Vol. 15, No. 3, 2001.

Lucas, R. E., Why doesn't capital flow from rich to poor countries? *The American Economic Review*, Vol. 80, No. 2, 1990.

Wei, S. J, Domestic Crony Capitalism and International Fickle Capital: Is There a Connection?, *International Finance*, Vol. 4, No. 1, 2001.

（杨权　陈婷）

国际直接投资
International Direct Investment

国际直接投资也称为对外直接投资（Foreign Direct Investment，FDI）、跨国直接投资（Transnational Direct Investment，TDI）和海外直接投资

(Overseas Direct Investment，ODI)，是指一国的自然人、法人或其他经济组织单独或共同出资，在其他国家的境内创立新企业，或增加资本扩展原有企业，或收购现有企业，并且拥有有效管理控制权的投资行为，一般认为至少要拥有10%以上的所有权才能拥有有效管理控制权。

国际直接投资理论于20世纪60年代初期由斯蒂芬·赫伯特·海默（Stephen Herbert Hymer）提出，到70年代后期由约翰·哈里·邓宁（John Harry Dunning）完成了国际直接投资的一般理论，即国际生产折衷理论，邓宁指出，跨国公司从事的国际生产方式大致有国际技术转让、产品出口和对外直接投资三种，究竟采用哪种方式取决于跨国公司的所有权优势（Ownership Advantage）、内部化优势（Internalization Advantage）和区位优势（Location Advantage），即所谓的"OIL"理论。这一理论在研究国际直接投资问题时，强调了与传统国际资本流动有两个不相同的地方：其一是进行国际直接投资的企业可以获得较大的利益；其二是这类企业可以节省交易成本。跨国企业一般均衡模型的出现对"OIL"理论进行了扩展，其中的一个模型认为跨国企业的生产活动可以分为两种类型，总部的高技术密集型活动和低技术密集型的生产活动，如果不同国家的资源禀赋差异足够大，那么跨国企业将会进行垂直分工，母国的企业总部从事高技术密集型的服务活动，而在东道国进行低技术密集型的生产活动，这个模型就是"垂直型国际直接投资"模型（Helpman，1984）。相反，另一个模型则认为由于贸易存在成本，比如运输成本、贸易壁垒等，如果这些成本足够大的话，跨国企业就会在东道国成立新企业来满足当地市场的需求，这就是所谓的"水平型国际直接投资"（Markusen，1984）。后来很多的论文都是在这两个模型的基础上来进行扩展的，比如引入异质性企业和交易成本等。在实证研究方面，主要讨论了汇率、税收、东道国制度、贸易保护政策等因素对国际直接投资的影响。

国际直接投资的一个重要研究领域就是国际直接投资对东道国的经济影响，主要的研究方向包括国际直接投资对东道国工资水平、技术溢出和经济增长等的影响。对于国际直接投资对东道国工资水平的影响，不论是在发达国家还是在非发达国家，跨国企业都会支付更高的工资。更有趣的问题是跨国公司是否也会促使东道国的企业支付更高的工资，但是这方面的理论发展还不完善，实证结果也不一致。同时国际直接投资对工资不平等的影响也有不少研究，运用理论模型分析发现国际直接投资导致技术工人和非技术工人的工资水平增大，利用墨西哥的数据进行实证研究发现，美国对墨西哥的直接投资对墨西哥工资不平等产生了显著的影响（Feenstra et al., 1997）。对国际直接投资技术溢出的研究众多，但是结果却是不一致的（Görg et al., 2001），主要原因一方面是这一领域的理论还不完善，另一方面可能是通过数据来识别溢出效应还存在困难。还有许多学者试图来探讨国际直接投资对东道国经济增长的影响，但是一个很难克服的难题就是内生性问题，同时数据方面也还不能完全达到要求。

根据联合国贸易和发展会议公布的《世界投资报告》显示，2011年中国FDI流入量增长8%，达到1240亿美元，世界排名第二，仅次于世界排名第一美国的2269亿美元；FDI流出量为651亿美元，世界排名第九，居于美国、日本、英国、法国、中国香港、比利时、瑞士和俄罗斯之后，国际直接投资已经成为影响中国经济发展的一个重要因素。因此，中国一方面要充分利用好流入中国的直接投资，为中国的经济发展和经济转型服务；另一方面也要合理引导我国企业走出去，制定好相关的政策，确保我国的跨国企业在国外的直接投资取得成功。

参考文献：

Helpman, E., A Simple Theory of International Trade with Multinational Corporations, *Journal of Political Economy*, Vol. 92, No. 3, 1984.

Markusen, J., Multinationals, Multi-Plant Economies, and the Gains from Trade, *Journal of International Economics*, Vol. 16, No. 3-4, 1984.

Feenstra, R. and Hanson, G., Foreign Direct Investment and Relative Wages: Evidence from Mexico's Maquiladoras, *Journal of International Economics*, Vol. 42, No. 3-4, 1997.

Görg, H. and Strobl, E., Multinational Companies and Productivity Spillovers: a Meta-Analysis, *Economic Journal*, No. 475, 2001.

（杨权　陈婷）

国际直接投资的类型
Types of International Direct Investment

国际直接投资也称为对外直接投资（Foreign Direct Investment，FDI）、跨国直接投资（Transnational Direct Investment，TDI）、海外直接投资（Overseas Direct Investment，ODI），是指一国的自然人、法人或其他经济组

织单独或共同出资，在其他国家的境内创立新企业，或增加资本扩展原有企业，或收购现有企业，并且拥有有效管理控制权的投资行为。

国际直接投资可从不同的角度，划分成不同的类型。

一是从投资者是否创办新企业的角度，可分为创办新企业和控制国外企业股权两种形式。

创办新企业可以采取投资者到东道国创立拥有全部控制权的独资企业的方式或是采取由两个以上的投资者共同创办合资企业的方式。它包括开办新厂矿或设立分支机构、附属机构、子公司、同东道国或第三国联合创办合资企业、收买外国现有企业等。

控制国外企业股权是指购买外国企业股票并达到一定比例，从而拥有对该外国企业进行控制的股权。目前，国际上对控股率达到多少时才称为直接投资，并没有统一的标准。按国际货币基金组织（IMF）的定义，只要拥有25%的股权，即可视为直接投资。

二是从投资企业与被投资企业的生产和经营方向是否一致的角度，可分为水平型国际直接投资、垂直型国际直接投资和混合型国际直接投资。

水平型国际直接投资，也称横向型国际直接投资，是指投资企业与国外被投资企业的生产和经营方向基本一致，被投资企业能够独立地完成产品的全部生产和销售过程的国际直接投资。它一般适用于机械制造业和食品加工业。

垂直型国际直接投资，也称纵向型国际直接投资，是指投资企业与国外投资企业之间实行纵向专业化分工的国际直接投资。它可分为两种形式：一种是投资企业和被投资企业从事同一行业产品的生产，但分别承担同一产品生产过程的不同工序；另一种是投资企业和被投资企业从事不同行业，但它们互相衔接、互相关联。前一种形式多见于汽车、电子行业，后一种形式在资源开采和加工行业中较多出现。

混合型国际直接投资是指投资企业与国外被投资企业在生产和经营方向完全不同的国际直接投资。例如，美国的埃克森石油公司不仅投资于石油开采、精炼和销售，而且还投资于石油化学工业、机械制造业、旅游业和商业等。

三是从投资者对外投资的参与方式不同，可分为股权参与和非股权参与两种形式。

股权参与是参与制的基本方式，母公司通过持有国外子公司具有投资表决权的股票份额，从而达到控制其生产经营活动的目的，这也是典型的国际直接投资形式。

股权参与的方式具体包括以下几种形式：

独资经营。独资经营是指完全由外国投资者出资并独立经营的一种国际直接投资方式，它是历史最悠久的直接投资方式。一般来说，生产规模大、技术水平高、在国际市场竞争中处于垄断优势地位的大型跨国公司，倾向于以创立独资企业的形式进行对外直接投资。独资经营的特点有：外国投资者提供全部资本，自主经营，自担风险；通过独资经营，东道国可引进国外先进技术和管理经验，有利于提高本国的技术和管理水平；东道国政府对独资企业的审批尺度较为严格。

合资经营。合资经营是外国投资者以创办合资企业的方式进行国际直接投资的一种方式。合资企业，又称合资经营企业或股权式合营企业，是指由两个或两个以上不同国家（或地区）的公司、企业或其他经济组织根据东道国的法律，并经东道国政府批准，在东道国境内设立的，以合资方式组成的经济实体。合资企业具有法人资格，能以自己的名义享受权利、承担义务。一般来讲，生产规模小、技术水平不高、在国际市场竞争中无垄断优势的小型跨国公司，偏向于以建立合资企业的形式进行对外直接投资，其目的在于占领东道国市场，并获取东道国政府的支持。合资企业既可通过新建投资项目的方式设立，也可通过购买东道国企业股权的方式设立。合资企业有以下特点：资本由合资各方共同投资；生产经营由合资各方共同管理，根据出资比例，合资各方共同组成董事会，合资各方共享收益、共担风险。

合作经营。合作经营是一种比合资经营更简便灵活的国际直接投资方式，特别适用于投资少、周期短、见效快的投资项目。合作经营是指以跨国公司为主体的投资者与另一方签订契约共同经营企业，各方出资不采取股份形式，风险的分担和盈亏的分配也不一定与出资比例挂钩，而是依据契约中规定的比例分成。合作经营企业又称契约式合营企业，是指国外企业、其他经济组织与东道国企业或其他经济组织，根据东道国有关法律和双方共同签订的合作经营合同而在东道国境内设立的合作经济组织。

合作开发。合作开发是指资源国利用国外投资开发本国资源的一种国际经济合作形式。通常由资源国政府（或政府经济机构、国营企业等）与国外投资者共同签订协议、合同，在资源国指定的区域内，在一定的期限内，与国外投资者共同勘探、开发自然资源，共担风险、分享利润。它适用于自然资源的大型开发及生产项目，特别是海洋石油开采等风险大、投资多、技术要求高、建设周期长的项目。合作开发的整个过程分两个阶段：第一阶段由从事开发的公司经东道国批准后进行地球物理勘探，所需的资金、设备、技术等全部由从事开发的公司提供，风险也由其承担。通过勘探，如果未发现具有商业开采价值的资源，已经耗费的一切费用均成为该公司的无偿损失；如果发现具有商业开采价值的资源，则根据合同进入第二阶段，即资源开发阶段。在这一阶段，从事开发的公司与东道国共同投资，进行合作开发资源。第一阶段的所耗费用及第二阶段的投资回收与收益分配均可用所开发的资源进行补偿。

非股权参与是指以跨国公司为主体的国际投资者并不持有在东道国的企业的股份，而只是通过与东道国的企业建立某些业务关系来取得某种程度的实际控制权，实现本公司的经营目标。非股权参与的主要形式有：

国际工程承包。国际工程承包是国际劳务合作的主要形式，它是指一国承包商按照国外业主提出的条件，同意承担某项工程建设任务并取得一定报酬的跨国经济活动。国际承包工程涉及工程技术，管理及法律方面的问题，又涉及国际贸易、国际金融、国际投资等国际经济关系的诸多方面，具有集耗资多、获利多、竞争性强为一体的特征。

国际租赁。国际租赁是指位居不同国家的出租人和承租人之间的租赁，也称跨国租赁。出租人通过国外厂商购买承租人所需要的设备，根据双方签订的租约，承担人向出租人缴纳租金而获得设备使用权。它是国际信贷和国际贸易相结合的新型融资和融物合为一体的业务。国际租赁对于出租人来说，能起到既输出资本，又输出设备的双重作用，而对承租人来说，既能利用外资，又能引进国外先进设备。

补偿贸易。补偿贸易是一国企业在外汇短缺的情况下，以不支付现汇为条件，从另一国引进技术、设备及其他制成品，待工程建成投产后用生产的产品分期偿还其价款的一种投资与贸易相结合的、灵活的国际投资方式。

国际加工装配贸易。国际加工装配贸易是集国际贸易与国际投资于一体的、比较灵活的新型国际直接投资形式。由于它不需要东道国的投资，并可利用现有的厂房、土地、劳动力等达到引进先进技术和利用外国投资的目的，因此特别适合缺少外汇、技术相对落后的发展中国家和地区。

许可证合同。许可证合同又称技术特许，指跨国公司通过与东道国的公司签订合同，转让已经注册的商标、专利或未经注册的"技术诀窍"。

管理合同。管理合同又称经营合同，指跨国公司通过签订合同，派遣管理人员到东道国的企业担任总经理等高层职务，负责经营管理方面的日常事务，企业的所有权仍属于东道国，企业的董事会也仍由东道国的政府代表组成。

技术援助或技术咨询协议。技术援助是指应东道国业主的要求,为解决某一技术上的困难进行帮助和指导,直到问题获得解决。技术咨询与技术援助略有不同,它只是由跨国公司派遣专家充当顾问,为东道国业主解决某一技术问题提供一些参考性的建议,这些建议是否被采纳,则完全由业主自行决定。

销售协议。销售协议是跨国公司利用东道国的销售机构来扩大自身的产品销售能力的方式。

特许营销。特许营销是商业和服务行业中跨国公司比较流行的一种参与方式。营销总店允许营销分店使用它的商号名称,并对分店的经营活动给予协助,但分店的所有权并不归总店所有,而是独立的经济实体。分店只按销售额或利润的一定的百分比(也有的按固定金额)向总店缴纳特许权使用费。

参考文献:

陈湛匀:《国际投资学》,复旦大学出版社2008年版。
胡朝霞、张明志:《国际投资》,高等教育出版社2005年版。
孔淑红:《国际投资学》,对外经济贸易大学出版社2010年版。
任淮秀:《国际投资学》,中国人民大学出版社2011年版。

(杨权　许昌平)

内部化理论
Theory of Internalization

内部化理论是运用市场内部化方法分析跨国公司直接投资行为的一种理论。内部化理论,也称市场内部化理论,它的理论基础源于20世纪30年代科斯的交易成本理论。1937年美国经济学家罗纳德·哈里·科斯(Ronald Harry Coase)在一篇题为《企业的性质》的论文中,探讨了在市场交易中发生的交易成本问题,他把市场成本分为搜寻合适价格的活动成本,确定合同签约人的责任成本,接受合同的风险成本和从事市场交易的交易成本,他认为企业的内部化组织是一种低成本有效率的生产组织,当企业的内部组织交易的成本低于通过市场交易的成本时,企业就会倾向于内部化交易(Coase, 1937)。1976年,英国经济学家彼得·巴克莱(Peter J. Buckley)和马

内部化理论

克·卡森（Mark Casson）分别于1976年和1978年合作出版了《跨国公司的未来》和《国际经营论》，在书中他们以市场不完全为假设前提，把科斯的交易成本理论融入国际直接投资理论中，提出了更具有现实意义的内部化理论。所谓内部化，是指用企业内部的管理协作（内部市场），取代自由交换的契约关系（外部市场），从而降低外部市场交易成本而取得市场内部化的额外收益。内部化理论将市场不完全归因于市场机制的内在缺陷，指出中间产品市场的不完全性促使企业进行市场内部化。

内部化理论以市场不完全为假设前提，其假设主要表现在三个方面：一是假设企业在不完全竞争市场上从事各种贸易活动的目标是追求利润最大化。二是生产要素市场特别是中间产品市场不完全时，企业可以以内部市场替代外部市场。三是在不完全市场上实施内部化来降低交易成本，而此内部化跨越国界时，跨国公司和对外直接投资就产生了。由上述假设可得，当技术、管理、知识、信息等中间产品市场外部的交易成本高于内部的交易成本或是难以保证中间产品交易正常进行时，企业为追求最大化利润，会将其市场内部化。

巴克莱和卡森认为决定市场内部化的因素主要有四个：产业特定因素（产品的性质、外部市场结构、规模经济等）、区域特定因素（地理距离、文化差异等）、国家特定因素（政治、法律、财政政策等）、企业特定因素（企业组织机构、管理协作能力等）。他们认为内部化进程取决于企业对内部化的成本和收益的比较。内部化成本具体包括以下几个方面：一是资源成本。跨国公司市场内部化后，一个完整的市场被分割为若干个独立的小市场（内部市场），因而不能实现资源的最佳配置，不能发挥规模经济的作用。资源成本实际上是牺牲规模经济而产生的成本。二是通讯成本。主要包括两个方面：①由于地理、语言、社会环境的差异，跨国公司各分支机构的通讯成本会比非跨国公司高出很多。②跨国公司为了防止技术、管理方法和信息的泄露，其分支机构只能利用成本相对较高的内部通信系统进行通讯。③国家风险成本。跨国公司若在当地市场形成垄断或损害当地企业的发展时，往往导致东道国政府的众多限制。东道国政府可能采取歧视性政策，甚至没收跨国公司所有的当地资产。四是管理成本。市场内部化后，跨国公司要对遍布各地的子公司进行监督管理，从而增加了企业的管理成本。市场内部化收益来源于消除外部市场不完全所带来的经济效益，主要包括以下几个方面：统一协调相互依赖的跨国公司各分支机构的各项业务，消除外部市场经常出现的"时滞"而带来的经济效益。为获取经济效益制定有效的差别价格或实施转移价格。消除国际市场不完全所带来的经济效益。增强技术优势所带来的经济效益。

　　内部化理论解释了20世纪70年代跨国公司从事对外直接投资的动机，并从国际分工和企业生产组织形式的角度来探讨跨国公司对外直接投资的决定因素。它是建立在科斯交易成本理论基础上的一种新型的国际直接投资理论，是西方国际直接投资理论研究的转折点。与以往其他理论相比，内部化理论研究的角度发生了变化，它从成本和收益的角度解释了国际直接投资的动因，论证了只要内部市场的净收益大于外部市场的净收益，企业就有动机实现国际直接投资。因此，内部化理论对于发达国家和发展中国家都适用。内部化理论最初是建立在科斯的交易成本理论基础上，其受交易成本的限制很大而忽略了生产成本对企业进行国际经营的决定性作用。对此，奥利弗·伊顿·威廉姆森（Oliver Eaton Williamson）等人在交易成本基础上引入生产成本进行综合，来更好地解释跨国公司的横向一体化和纵向一体化，从而使内部化理论向前迈进了一大步。但内部化理论仍存在许多缺陷，它忽略了对跨国公司这一具有代表性的国际化垄断组织行为特征的研究，没有对国际直接投资的地理方向和区域分布作出解释，并且只强调了市场竞争的不完全性对国际直接投资的影响，而忽视了市场积极方面对国际直接投资的促进作用。

参考文献：

李琮：《世界经济学大辞典》，经济科学出版社2000年版。

陈湛匀：《国际投资学》，复旦大学出版社2008年版。

綦建红：《国际投资学教程》，清华大学出版社2012年版。

杜奇华：《国际投资》，对外经济贸易大学出版社2009年版。

赵春明：《跨国公司与国际直接投资》，机械工业出版社2007年版。

Coase, R. H., The Nature of the Firm, *Economic*, Vol. 16, No. 4, 1937.

Buckley, P. J. and Casson, C., *The Future of the Multinational Enterprise*, London: Macmillan, 1976.

Buckley, P. J. and Casson, C., *A Theory of Cooperation in International Business*, London: Macmillan, 1978.

（杨权　许昌平）

国际生产折衷理论
Eclectic Theory of International Production

国际生产折衷理论是综合企业拥有的所有权、区位及内部化优势来解释国际直接投资的理论。20世纪60年代以前，国际生产格局比较单一，以美国为基地的跨国公司在国际生产中占主要地位，但70年代以后国际生产格局呈现出复杂的趋势，发达国家间出现相互交叉的投资现象，一些跨国公司还向发展中国家投资，而发展中国家也逐渐加入投资者的行列。这使得以往的国际直接投资理论如垄断优势理论、内部化理论、产品周期理论等，对此现象都无法解释。1977年英国里丁大学教授约翰·哈里·邓宁（John Harry Dunning）试图建立一种全面的理论，他将直接投资、国际贸易和区位选择综合起来加以考虑，以研究对外直接投资的起因和影响对外直接投资发展方向的因素。1977年他在诺贝尔奖研讨会上首次提出国际生产折衷理论（Dunning，1977），并在1981年出版的《国际生产与跨国公司》中系统论述了该理论。他的理论综合了以往国际直接投资理论的长处，并结合区位理论，用以解释对外直接投资的动因及条件，被誉为国际直接投资"通论"。

国际生产折衷理论的核心是"三优势模式（O. I. L. Paradigm）"即所有权优势（Ownership Advantages）、内部化优势（Internalization Advantages）、区位优势（Location Advantages）。邓宁认为这三种优势是决定跨国公司经济行为和对外直接投资最基本的因素。这三个因素不分主次，通过它们之间的不同组合和相互联系能决定不同的国际投资方式。只有当上述三个因素都具备时，投资者才选择对外直接投资。

所有权优势，又称垄断优势或厂商优势，是指一国企业所拥有或能够得到的而他国企业没有或无法获得的，或是两国企业都有但在国际市场上一国企业优越于他国企业的特定优势。所有权优势包括三个方面：第一，资产性的所有权优势，指对有价值资产（设备、原材料、先进技术等）的拥有。第二，交易性的所有权优势，指对无形资产（管理、专利、商标、信息等）的拥有。第三，规模经济优势，它包括成本和创新等优势。邓宁认为，跨国公司就是因为拥有一种东道国竞争者所没有的垄断优势才进行对外直接投资，因为此优势能给跨国公司带来除海外生产所引起的附加成本和政治风险产生的损失以外的额外收益。所有权优势是跨国公司从事对外直接投资的基础。

内部化优势是指企业为避免外部市场的不完全性对企业经营不利，将企业所有权优势内部化过程中所拥有的优势。外部市场的不完全性包括结构性的市场不完全（竞争壁垒、政府干预等）和自然性的市场不完全（信息不对称、高交易成本等）。邓宁认为企业拥有的所有权优势不是企业进行对外直接投资的决定因素，它既可将所有权资产或资产使用权出售给其他企业或别国企业，即利用市场交易将资产使用外部化，也可将资产在分支机构间转移，即在企业内部交换，把资产使用内部化，企业的最终选择在于资产使用内部化和外部化的净收益比较。而在外部市场不完善的情况下，企业选择内部化，因为其净收益大于外部化的市场净收益。企业通过内部化可使其所有权优势取得最大收益，当企业内部化行为跨越国界时，便引发了对外直接投资活动。

区位优势是指可供投资的国家或地区在投资环境方面所具有的优势。区位优势是投资者选择投资地点的重要条件，其包括以下几个因素：一是自然因素，即自然资源、地理条件、劳动力资源等。二是经济因素，即经济发展水平和经济结构。三是制度和政策因素，即政治经济制度、贸易金融政策、对外资的优惠条件等。邓宁认为一家企业具备了所有权优势，并有能力将这些优势内部化，还不能完全解释直接投资活动，还必须加上区位优势。

国际生产折衷理论从跨国公司国际生产角度，论述所有权优势、内部化优势和区位优势这三个因素对企业选择参与国际经济活动方式的影响。三个因素的不同组合决定了企业参加国际经济活动的三种主要形式，即对外直接投资、商品出口和许可证贸易。当企业只具备所有权优势，既没有能力使之内部化，也没有能力利用国外的区位优势时，其参与国际经济活动的最好方式是进行许可证贸易，把技术专利转让给国外厂商使用；当企业具备所有权优势，并有能力使之内部化，其参加国际经济活动的最好方式是出口商品；当企业同时具备了所有权优势、内部化优势和区位优势，对外直接投资便成为其国际经济活动的最优选择。

国际生产折衷理论是国际上有关跨国公司的理论中极具影响力的理论。它借鉴和综合了早期国际直接投资的精华，较全面地分析了企业对外直接投资的动因和条件。高度的概括性和广泛的涵盖性得到了理论界的普遍认同，其主要贡献在三个方面：一是继承了垄断优势理论的核心内容，吸收了内部化理论的观点，增添了区位优势因素，弥补了早期国际投资理论的片面性。二是引入了所有权、内部化和区位优势三个变量来对投资决策进行分析，较好地从理论上解释了企业如何选择参与国际经济活动的方式，创建了一个关于国际贸易、对外直接投资和国际协议安排三者统一的理论体系。三是邓宁后期发展了此理论,将其同各国经济发展的阶段与结构联系起来进行动态分析,提出了投资发展周期理论,更好地解释了跨国公司对外直接投资的行为。

国际生产折衷理论也有许多不足之处:一是该理论几乎综合了以往各种对外直接投资理论,缺乏一个统一的理论基础,且该理论设定跨国公司对外投资的主要目标单一,这与近年来目标的多元化现实不符。二是国际生产折衷理论将所有权、内部化和区位优势三个因素等量对待,单独研究,而没有强调它们间关系对直接投资的影响,这使得理论仍停留在静态分析中。三是国际生产折衷理论研究对象仍为发达国家,仍无法解释发展中国家参与对外直接投资的现象。四是与投资发展周期理论相比,国际生产折衷理论的动态性分析确实存在很大欠缺。

参考文献:

李琮:《世界经济学大辞典》,经济科学出版社 2000 年版。

綦建红:《国际投资学教程》,清华大学出版社 2012 年版。

杜奇华:《国际投资》,对外经济贸易大学出版社 2009 年版。

赵春明:《跨国公司与国际直接投资》,机械工业出版社 2007 年版。

Dunning, J. H., *Trade Location of Economic Activities and the MNE: A Search for an Eclectic Approach*, Proceedings of a Nobel Symposium Held in Stockholm, 1977.

Dunning, J. H., *International Production and the Multinational Enterprise*, London; Boston: Allen & Unwin, 1981.

(杨权　许昌平)

投资发展周期理论
Theory of Investment Development Cycle

投资发展周期理论是指说明国际直接投资流入量和流出量与各国经济发展水平相互关系的理论。由于国际生产折衷理论主要分析发达国家的直接投资行为且偏重于静态分析,英国经济学家约翰·哈里·邓宁(John Harry Dunning)于 1981 年在《投资发展周期》一文中提出了投资发展周期理论,他将国际生产折衷理论从企业层次推论到国家层次,并阐述了处于经济发展不同阶段国家的所有权、内部化和区位优势是不同的,实际上是从动态的角度分析了处于经济发展不同水平的国家的直接投资行为（Dunning，1981）。

邓宁通过对67个国家在1967~1978年直接投资流入量和流出量与经济发展不同阶段间关系的研究，得出了投资发展周期理论。邓宁用人均国民生产总值（GNP）代表一个国家的经济发展水平，用一国的人均直接投资流出量、人均直接投资流入量和人均直接投资净流出量表示一国对外直接投资的水平。该理论的中心命题是发展中国家对外直接投资倾向取决于经济发展阶段和该国所拥有的所有权优势、内部化优势和区位优势。邓宁按照人均国民生产总值指标将经济发展划分为四个阶段，在不同阶段，由于各国经济发展水平的不同，其所有权优势、内部化优势、区位优势都发生相应的变化，改变了其对外直接投资的流入量和流出量，从而最终使其国际投资地位发生改变（见表1）。

表1　　　　　　　　邓宁的投资发展周期理论

经济所处阶段	FDI 流入	FDI 流出	FDI 流入量	FDI 流出量
第一阶段：人均GNP 400美元以下	外国所有权优势显著，外国内部化优势显著，本国区位劣势	本国所有权劣势，本国内部化优势不适应，外国区位优势不适应	低	低
第二阶段：人均GNP 400~1500美元	外国所有权优势显著，外国内部化优势可能下降，本国区位优势上升	本国所有权优势较少，本国内部化优势和专业化程度低，外国区位优势开始出现	增加	低
第三阶段：人均GNP 2000~4750美元	外国所有权优势下降和更专业化，外国内部化优势可能上升，本国区位优势下降	本国所有权优势上升，本国内部化优势仍然受限制，外国区位优势上升	增加	增加
第四阶段：人均GNP 5000美元以上	外国所有权优势下降和/或更专业化，外国内部化优势显著，本国区位优势下降	外国所有权优势上升，本国内部化优势上升，外国区位优势上升	下降	增加

资料来源：Dunning, J. H., *International Production and the Multinational Enterprise*, London; Boston; Allen & Unwin, 1981.

如表1所示，投资发展周期理论分为四个阶段：第一阶段，人均国民生产总值在400美元以下的国家，对外直接投资的流入和流出量均很少，因为此时本国企业所有权、内部化和区位优势都缺失且本国区位优势较差。第二阶段，人均国民生产总值在400~1500美元的国家，对外直接投资流入量大于流出量，而且差额很大，因为本国的区位优势增强而本国企业进行对外直接投资的所有权、内部化优势未形成。第三阶段，人均国民生产总值在2000~4750美元的国家，因为本国的区位优势虽有下降，但本国企业所有权和内部化优势大大加强，外国企业要想进入这些国家必须更多地利用其所有权优势和内部化优势。第四阶段，人均国民生产总值在5000美元以上的国家，本国企业具备了所有权、内部化和区位优势，对外直接投资流出量大于流入量，其净对外投资呈正向增长。

此外，邓宁还指出，仅用经济指标衡量一国吸引外资投资是不够的，政治经济制度、法律体系、市场机制、教育及科研水平等因素也需考虑到。与此同时，一国的所有权、内部化和区位优势可以分为国家、产业和企业三个层面，邓宁对此做了系统论述。

邓宁的投资发展周期理论指出一国的经济水平决定了一国的"三优势"，即所有权、内部化和区位优势的强弱，而"三优势"的均衡决定了一国的净国际直接投资的地位。他将一国经济发展周期与企业竞争优势因素结合起来分析，以说明一国国际投资地位是怎样随其竞争优势的消长而相应变化的。而世界上发达国家和发展中国家国际投资地位的变化正大体上符合这一趋势。同时，投资发展周期理论仍沿袭了国际生产折衷理论的综合分析框架，在分析"三优势"基础上，动态地描述了对外直接投资、吸引外资与经济发展的关系。但该理论仍有许多不足之处，它无法解释处在同一经济发展阶段的国家仍会出现直接投资流入和流出不一致的情况；虽处于发展中国家，但其对外直接投资仍在不断扩大的情况；使用人均国民生产总值这一唯一指标来划分各国经济发展水平不同阶段的不准确性。

参考文献：

李琮：《世界经济学大辞典》，经济科学出版社2000年版。
陈湛匀：《国际投资学》，复旦大学出版社2008年版。
綦建红：《国际投资学教程》，清华大学出版社2012年版。
杜奇华：《国际投资》，对外经济贸易大学出版社2009年版。
Dunning, J. H., Explaining the International Direct Investment Position of Countries: Towards a Dynamic or Developmental Approach, *Review of World Economics*, Vol. 117, No. 1, 1981.

Dunning, J. H., *International Production and the Multinational Enterprise*, London, Boston: Allen & Unwin, 1981.

(杨权　许昌平)

边际产业转移理论
Theory of Marginal Industrial Transfer

　　边际产业转移理论是由日本一桥大学教授小岛清（Kiyoshi Kojima）于20世纪70年代中期在国际贸易比较成本理论的基础上，经过对日本厂商的对外直接投资实证研究的基础上提出的。小岛清认为，海默的垄断优势理论只是从微观理论出发，强调厂商内部垄断优势对直接投资的影响，重视对海外投资企业进行微观经济分析和公司管理的研究，而完全忽视了宏观经济因素的分析，特别是忽略了国际分工原则的作用。小岛清同时也认为，根据美国对外直接投资企业的实际情况得出的国际直接投资理论不能解释日本的对外直接投资现象，因为日本对外投资的企业与美国不同。

　　20世纪60年代以来，随着日本经济的快速崛起，日本跨国公司发展迅速，日本与美国、欧洲构成了"三足鼎立"的国际贸易新格局。在经济迅速发展的同时，日本开始大规模的对外直接投资。与美国不同的是，日本对外直接投资的主体大多是中小企业，这些企业所拥有的是容易为发展中国家所接受的劳动密集型技术优势。因而，日本经济学家对垄断优势理论进行了反思，认为垄断优势理论所涉及的跨国公司是美国型的，不具备普遍意义。在此基础上，日本经济学者开始了本国对外直接投资的研究，逐渐形成了具有本国特色的对外直接投资理论，其中，最具代表性的就是小岛清的边际产业转移理论。

　　小岛清在1977年出版的《对外直接投资论》一书中，从国际分工原则出发，第一次系统地阐述了他的对外直接投资理论。在1981年再版的《对外贸易论》、1982年出版的《跨国公司的对外直接投资》等论著中，小岛清对自己的理论作了进一步的补充。小岛清从宏观角度，综合考虑国际分工的作用来分析跨国公司的对外直接投资。他认为国际分工不仅能解释对外贸易，也能解释对外直接投资。美国的对外直接投资企业主要分布在制造业部门，这种直接投资是建立在贸易替代结构上的，美国从事直接投资的企业正是美国具有比较优势的产业部门。根据国际分工的原则，美国应该将这类企业留在国内，通过不断扩大出口来获得比较利益。但由于这些企业竞相到国外投资建厂，把产品的生产基地转移到国外，结果造成了美国的出口被直接投资所代替，致使美国的出口减少，国际收支逆差加大，贸易条件恶化。而日本的对外直接投资方式与美国不同，资源开发型投资具有很大比重，即使是制造业方面的投资，也属于"贸易制造型"，而不是"贸易替代型"，即日本在制造业的投资不仅没有替代国内同类产品的出口，相反还带动与之相关的产品的出口，从而使对外直接投资和出口贸易结合起来。日本向国外投资的企业，是在日本国内生产已处于比较劣势的部门。为了继续维持这些企业的生产规模，就需要到仍然处于比较优势的国家进行生产。在国内应集中发展比较优势更大的产业，这样一方面可以优化国内的产业结构，另一方面又可以促进对外贸易的增加。可见，日本的对外直接投资可以将日本国内处于比较劣势的部门在国外转为比较优势的部门，从而形成了该产业比较优势的延伸。

小岛清的对外直接投资理论包括三个基本命题：一是生产要素的差异导致比较成本的差异。二是比较利润率的差异与比较成本的差异有关。三是美国和日本的对外直接投资方式不同。美国型的对外直接投资人为地将经营资源作为一种特殊生产要素，并在此基础上产生了寡头垄断性质的对外直接投资，而日本型的对外直接投资是将经营资源作为一般的生产要素，并在此基础上产生了处于劣势的产业即边际产业的对外直接投资。

边际产业转移理论的基本内容包括：

日本对外直接投资的产业是按照比较成本的顺序依次进行的。日本对外直接投资以开发与进口自然资源、生产纺织品、零部件等标准化产品的劳动力密集型行业的直接投资为中心。这些产业在日本是已经失去或即将失去比较优势的产业，而在东道国正在形成比较优势或具有潜在的比较优势。日本对这些国家的投资可以振兴并促进对方国家的比较优势产业，所生产的产品不仅在东道国市场销售，而且也销向第三国或返销日本，这对日本也是有利的。此外，日本可以集中发展具有比较优势的产业。美国的对外投资则不同，它以制造业为主，并集中在高新技术产业，这些产业在美国仍处于比较优势阶段。

日本对外直接投资以中小企业为主，其规模远比欧美国家的对外直接投资小得多，并且是从与对方国家技术差距最小的产业依次进行投资的，转让技术也多为适用技术，符合当地的生产要素结构及水平。因此，日本对外直接投资对东道国经济的波及效应比较大，不仅促进了当地劳动密集型产业的发展，增加了产品的出口，也提供了大量的就业机会和对东道国的劳动力及管理人员进行了有效的培训。美国的对外直接投资与此相反，既是以大型跨国公司为主，也是以垄断型的高新技术为主，从而造成了与东道国在技术上的巨大差距。

日本对外直接投资是以合资与合作企业为主。一般采取股权式的合资经营形式，有时也采取契约式的合作经营形式或非股权安排方式，而美国对外直接投资一般采取独资形式。

日本对外直接投资是"顺贸易导向"的，而美国对外投资则大多是"逆贸易导向"的。

边际产业转移理论的基本核心是：对外直接投资应该从投资国已经处于或即将处于比较劣势的产业即边际产业依次进行。这些边际产业是东道国具有比较优势或潜在比较优势的产业。从边际产业开始进行投资，可以使投资国丰富的资本、技术、经营技能与东道国廉价的劳动力资源相结合，发挥出该产业在东道国的比较优势。小岛清定义的"边际产业"包括三种形式：一是与被投资国相比，投资国产业趋于比较劣势，变成"边际性产业"；二是在同一劳动密集型产业中可能一些大企业还能保持较强的比较优势，而中小企业则已处于比较劣势，成为"边际性企业"；三是在同一企业中，可能有一些部门还保持较强的比较优势，而另一些部门则已经处于比较劣势，成为"边际性部门"。

小岛清根据边际产业转移理论的核心，提出了四个推论：一是国际贸易和对外直接投资的综合理论建立在"比较优势原理"的基础上；二是日本式的对外直接投资和对外贸易的关系不是替代关系而是互补关系，也就是说日本的对外直接投资可以制造和扩大对外贸易；三是应立足于"比较优势原理"进行判断；四是投资国与东道国在同一产业的技术差异越小越容易移植。

边际产业转移理论所研究的对象是日本跨国公司，反映了日本这个后起的经济大国在国际生产领域寻求最佳发展途径的愿望，比较符合20世纪六七十年代日本对外直接投资的实际，因而有其科学性的方面：第一，边际产业转移理论与以往的国际直接投资理论不同，它从宏观角度，利用比较优势理论，采用不同的分析模式提出了从边际产业开始依次对外进行直接投资的理论。第二，边际产业转移理论依据比较成本动态变化对直接投资所作出的解释，比较符合发达国家和新兴工业化国家对发展中国家的直接投资状况。第三，边际产业转移理论认为对外直接投资的主体是中小企业，因为中小企业拥有的技术更适合东道国当地的生产要素结构，这就很好地解释了中小企业对外直接投资的原因和动机。第四，边际产业转移理论强调并非拥有垄断优势的企业才能进行跨国经营，具有比较优势或寻求比较优势的企业，都可进行跨国经营。但是，20世纪80年代后发展中国家对外直接投资增长迅速，边际产业转移理论无法解释这种逆向比较优势的对外直接投资。此外，20世纪80年代日本经济实力增强和产业结构发生变化，日本对外直接投资偏向于对发达国家的制造业进行投资，而该理论无法解释这些新变化。

参考文献：
小岛清：《对外贸易论》，南开大学出版社1987年版。
孔淑红：《国际投资学》，对外经济贸易大学出版社2010年版。
胡朝霞、张明志：《国际投资》，高等教育出版社2005年版。

（杨权　许昌平）

国际间接投资
International Indirect Investment

国际间接投资也称为对外间接投资，是指一国投资者不直接参与国外所投资的企业的经营管理，而是通过证券、信贷等形式获取投资收益的国际投资活动。国际间接投资包括国际信贷投资和国际证券投资两种类型，其中前者是指一国政府、银行或者国际金融组织向第三国政府、银行、自然人或法人提供信贷资金；后者是指以购买国外股票和其他有价证券为内容，以实现货币增值为目标而进行的投资活动。国际间接投资是以资本增值为目的，以取得利息或股息等为形式，以被投资国的证券为对象的跨国投资，它对筹资者的经营活动无控制权。

国际间接投资是在国际分工的基础上产生和发展起来的。随着经济全球化的不断发展，国际资本的流动性空前增大，国际间接投资重新受到重视并活跃起来，并相应地呈现出若干新趋势，同时对东道国也产生了重要影响（马全军，1996）。新趋势主要有：国际资本市场融资规模加速扩大、国际间接投资的投向带有明显的地区和投资方向的倾斜性、国际资本市场融资证券化和国际化步伐加快、流入发展中国家的国际间接投资不断增长。对东道国的影响主要表现在对东道国国际收支、宏观调控、外汇汇价、政治、主权和文化方面的影响。国际间接投资的迅速发展跟金融风险紧密相关。国际间接投资超前、超大规模的发展，潜伏着巨大的金融风险。其风险因发达国家、新兴市场经济国家、发展中国家金融市场机制的完善程度而逐级递增。在世界经济日趋全球化的今天，国际间接投资是不可或缺的融资形式之一。对其接纳程度，也因各国经济总量与金融总量各异而逐级递减。中国及其他发展中国家应力主国际间接投资的健康发育，趋利避弊（于永达，2000）。

中国"入世"以后，资本市场面临的开放压力很大。由于存在监管法规限制、人民币尚未实现可自由兑换、资本账户严格管制以及资本市场本身的发育不完善等因素，资本市场的全面开放以及大规模利用国际证券投资存在不可克服的障碍。但资本市场渐进开放的步伐已经开始加快，中国利用国际证券投资的规模也将逐步扩大。由于不依附于实体经济的证券投资具有较强的流动性、盲目性和投机性，利用国外证券投资在给我国资本市场发展带来利益的同时，也可能对我国金融稳定和安全构成威胁（曲凤杰，2004）。

参考文献：

马全军：《国际间接投资对东道国的影响》，载于《国际贸易》1996 年第 7 期。

于永达：《国际间接投资超前发展论析》，载于《世界经济》2000 年第 7 期。

曲凤杰：《利用国际证券投资现状影响和策略》，载于《国际金融研究》2004 年第 2 期。

（杨权　陈婷）

投资自由化
Investment Liberalization

投资自由化是指减少或消除政府对投资主体实施的限制或鼓励措施，对其提供公平待遇，废除歧视性的造成市场扭曲的做法，以确保市场的正常运行。研究表明，投资自由化是指自 20 世纪 80 年代末 90 年代初以来，适应经济全球化发展的要求，世界各国对国际直接投资普遍放松管制和提高待遇的过程。

贸易和投资自由化问题在 APEC 成立之初便提出了，并渐渐成为 APEC 的一项重要目标。尤其是 1993 年西雅图会议之后，贸易和投资自由化成了 APEC 活动的基础，以后更变成了核心问题。1994 年 11 月雅加达召开的 APEC 第六届部长级会议及第二次领导人非正式会议，在 APEC 贸易和投资自由化方面取得了重要成果，其标志是在《茂物宣言》中提出了实现这一目标的时间表，并提出了贸易和投资自由化的基本含义，即"消除贸易和投资障碍，使商品、劳务、资金和投资在 APEC 各成员之间自由流动"。此时贸易与投资自由化相结合，并没有提出对投资自由化的单独表述。在联合国贸易和发展会议《1998 年世界投资报告》中对投资自由化有单独定义，并指出投资自由化包括以下内容：一是减轻或消除所谓的市场扭曲。造成市场扭曲的原因可能是外资法中专门针对外国投资者的限制性措施（如外资准入和经营方面的障碍），也可能是外资法中有关给予或不给予外国投资者某种优惠措施及补贴的规定。二是提高对外国投资者的待遇标准，如给予外国投资者以国民待遇、最惠国待遇及公平和公正待遇。三是加强市场监管以确保市场的正常运转。如制定竞争规则、信息披露规则和审慎监管等。在上述三项因素中，前两项因素是核心，但其效应的发挥在很大程度上又依赖于第三项因素。

近年来，上述投资自由化的观点得到西方学者的广泛支持，他们不断地为投资自由化提供理论上的证据，并希望这些观点尽快地反映到有关国际直接投资的立法中去。极力支持投资自由化的美国学者范德菲尔德（Vandevelde, K. J.）曾指出，投资自由化是全球经济自由化的重要组成部分和推动力量，而经济自由化能最大限度地促进经济的发展。他认为，自由市场的基本原则在国际直接投资方面的运用产生投资自由三原则，即投资安全原则、投资中性原则和投资便利原则。投资安全原则要求国家确保投资不受来自公共权力或私人的干预；投资中性原则要求国家允许由市场决定跨国界投资的流动方向和性质；投资便利原则要求国家保障市场的正常运作，保证投资者充分知晓投资机会和有关投资的法律法规。

目前，研究投资自由化的学者主要是国际投资法学者。他们大多只是简单地引述联合国贸易和发展会议的投资自由化定义，或者按范德菲尔德等西方学者的思路展开对投资自由化的讨论，使对投资自由化的研究停留于表面或流于形式，只有极少数学者的观点不同程度地触及问题的实质。这些观点主要有，投资自由化应包括减少对外国直接投资的限制，改善对外国投资者的待遇标准，以保证外国投资者能够正常进行商业活动。发达国家推动投资自由化，试图在国际直接投资领域制定一项有约束力的全球性法律规范，以构建符合自身利益的国际法律框架。发展中国家的投资自由化是对发达国家一定程度的依附和对一体化国际生产潮流的被迫适应。推行投资自由化是欧美发达国家经济政策的战略工具之一。这一工具被新自由主义的信徒们推崇为国家意识形态而广泛传播,已经在国际上产生了相当大的影响。连许多发展中国家都不同程度地实施了投资自由化,甚至出现了一种前所未有的"单边投资自由化"趋势(杨国亮,2007)。

随着投资自由化的迅猛发展,中国也被纳入全球自由投资体系之中。投资自由化促进资本大规模流入,推动中国经济持续快速增长;推动中国产业结构升级和贸易结构优化;提升中国技术水平;推进市场化改革进程;改善就业状况。但投资自由化给中国带来积极影响的同时也带来了负面影响。跨国资本的大规模进入使中国民族工业发展受到冲击,外资分布不均导致中国地区经济差距拉大,国际产业转移加大了中国资源和环境压力,投资自由化加速国际金融风险传导,从而威胁到中国经济安全。

参考文献:

朱廷珺:《发展中国家投资政策自由化的实质及其政策特点》,载于《国际经贸探索》1999年第1期。

徐泉:《略论外资准入与投资自由化》,载于《现代法学》2003年第4期。

韦根强:《WTO体制下的国际投资自由化的新发展》,载于《经济问题探讨》2005年第11期。

杨国亮:《论投资自由化的思想渊源》,载于《海派经济学》2007年第5期。

郭连成、李作双:《全球投资自由化与中国经济发展的互动效应》,载于《财经问题研究》2008年第5期。

联合国贸易和发展会议:《1998年世界投资报告》,中国财政经济出版社2000年版。

刘笋:《国际直接投资保护的国际法制——若干重要法律问题研究》,法律出版社2002年版。

苏旭霞:《国际直接投资自由化与中国外资政策》,中国商务出版社2005年版。

郭飞、李卓等:《贸易自由化与投资自由化互动关系研究》,人民出版社2006年版。

陈安:《国际经济法学》,北京大学出版社2007年版。

Vandevelde, K. J., Investment Liberalization and Economic Development: The Role of Bilateral Investment Treaties, *Columbia Journal of Transnational Law*, Vol. 502, No. 36, 1998.

(杨权 许昌平)

绿地投资
Green Field Investment

绿地投资又称"新建投资",是指跨国公司等投资主体在东道国境内依照东道国的法律设立的部分或全部资产所有权归外国投资者所有的企业。绿地投资会直接导致东道国生产能力、产出和就业的增长。早期跨国公司的海外拓展业务基本都是采取绿地投资的方式,后来随着跨国并购的兴起,它所占的比重虽有所下降,但其重要性仍不容忽视。

绿地投资有两种形式:

一是建立国际独资企业,包括国外分公司、国外子公司和国外避税地公司。国外分公司是指投资者为扩大生产规模或经营范围在东道国依法设立的,并在组织和资产上构成跨国公司不可分割的国外企业。国外分公司不具有法人资格,没有自己独立的公司名称与章程,其主要业务完全由母公司决定,并以母公司的名义进行业务活动。国外分公司的资产全部属于母公司,母公司对分公司的债务承担无限责任。国外子公司是指一定比例以上的股份被另一个公司持有或通过协议方式受到另一个公司实际控制的公司,子公司具有法人资格,可以独立承担民事责任。避税地公司是指在避税地正式注册、经营的跨国公司或将其管理总部、结算总部、利润形成中心安排在那里的跨国公司。避税地,又称避税天堂,是指那些无税或税率很低,对应税所得从宽解释,并具备有利于跨国公司财务调度制度和经营的各项设施的国家和地区。著名的避税地有百慕大群岛、巴拿马、瑞士、中国香港地区等。

二是建立国际合资企业,包括股权式合资企业和契约式合资企业。股权式合资企业,是指由两个或两个以上不同国家(或地区)的公司、企业或其他经济组织根据东道国的法律,并经东道国政府批准,在东道国境内设立的,以合资方式组成的经济实体。契约式合资企业,是指国外企业、其他经济组织与东道国企业或其他经济组织,根据东道国有关法律和双方共同签订的合作经营合同而在东道国境内设立的合作经济组织。

绿地投资的条件有:东道国欠发达,工业化程度低;跨国公司等投资主体拥有最先进技术和其他垄断资源。绿地投资的优点:一是选址较为自由,投资者拥有更多自主权,可独立策划项目,有利于跨国公司的生产与经营。二是较少受到东道国有关产业保护的法律和政策的限制。三是可以更好地保护投资者在技术和管理等方面的垄断优势,并利用其垄断优势来占领东道国市场。绿地投资的缺点:一是需大量的筹建工作,建设周期长,速度慢,缺乏灵活性，要求跨国公司有雄厚的经济实力和丰富的经营管理经验等，不利于跨国公司的快速发展。二是创建企业后，跨国公司需自行开拓市场，建立分销渠道，时常面临管理方式与东道国惯例不相适应，管理人员和技术人员匮乏等问题。三是创建企业过程中，跨国公司完全承担风险，充满了不确定性。

改革开放以来，中国吸引的外资一直以绿地投资为主，但随着世界经济的发展，绿地投资的比例逐渐下降，跨国并购的比例则持续上升，但绿地投资的形式仍占主要地位。同时中国在进行对外投资时也是主要采用绿地投资的形式，对外投资的行业多为劳动密集型或自然资源密集型行业，所投资的技术多为已标准化的技术，对技术的保护程度较低。

参考文献：
陈湛匀：《国际投资学》，复旦大学出版社2008年版。
杜奇华：《国际投资》，对外经济贸易大学出版社2009年版。
任淮秀：《国际投资学》，中国人民大学出版社2011年版。

（杨权　许昌平）

跨国并购
Cross-border M&A

跨国并购是指一国企业（又称并购企业）为了达到某种目标，通过一定的渠道和支付手段，将另一国企业（又称目标企业）的所有资产或足以行使运营活动的股份收买下来，从而达到对另一国企业的经营管理实施实际的或完全控制的行为。跨国并购是国内企业并购的延伸，涉及两个以上国家的企业、两个以上国家的市场和两个以上政府控制下的法律制度。企业并购（Mergers & Acquisitions）包含兼并和收购两层含义。兼并有狭义和广义之分。狭义的兼并是一个企业通过产权交易行为获得其他企业的产权，通常是指一家企业以现金、证券或其他形式购买取得其他企业的产权，使这些企业法人资格丧失或法人实体改变，并获得这些企业的决策权和经营控制权的经济行为。这相当于吸收合并。而广义的兼并是指一个企业通过产权交易获得其他企业产权，并企图获得其控制权，但这些企业的法人资格并不一定丧失。广义的兼并包含了狭义的兼并和收购。收购是一企业通过产权交易行为获得另一企业的大部分产权，并获得该企业控制权的经济行为，通常是一家企业以现金、证券或其他形式购买另一家企业的部分或全部资产或股权,以获得其控制权。收购有两种形式:资产收购和股权收购。两者的主要区别:资产收购仅仅是一般资产的买卖行为,由于在收购一家企业资产时并未收购其股份,因此收购方无须承担其债权和债务。但股权收购是购买一家企业的股份,收购方将成为被收购方的股东,因此要承担该企业的债权和债务。

跨国并购的类型:第一,按跨国并购双方的行业关系划分,跨国并购可分为横向并购、纵向并购和混合并购。横向并购,又称水平并购,是指两个或两个以上国家生产或销售相同或相似产品的企业间的并购。并购方与被并购方处于同一行业,生产或经营同一产品,生产的工艺也相近,并购后可按并购企业的要求生产和加工。纵向并购,又称垂直并购,是指两个或两个以上国家生产相同或相似产品但又处于不同生产阶段的企业间的并购。这种并购是生产经营上互为上下游关系,具有很强前后关联性的企业间的并购。混合并购,又称复合并购,是指两个或两个以上国家不同行业的企业间的并购。这种并购是指在经营活动无关联的企业间的并购,目的在于降低企业风险,寻求多元化经营。第二,按跨国并购双方是否直接进行并购活动,跨国并购分为直接并购和间接并购。直接并购,又称协议收购或友好接管,指并购企业直接向目标企业提出并购要求,双方通过一定程序进行协商,共同商定并购的各项条件,然后依协议的条件达成并购。间接并购是指并购企业不直接向目标企业提出并购要求,而是通过证券市场以高于目标企业股票市场价的价格收购目标企业股票,从而取得目标企业控制权的行为。第三,按跨国并购的目标企业的法律状态来分,跨国并购分为新设型并购、吸收型并购和控股型并购。新设型并购指并购双方都解散,成立一个新的法人的并购。吸收型并购指目标企业解散而为并购企业所吸收的并购。控股型并购指并购双方都不解散,但被并购企业所控股的并购。第四,按跨国并购中支付方式划分,跨国并购可分为股票互换式并购、债券互换式并购、现金收购和杠杆收购。股票互换式并购指以股票作为并购的支付方式,并购方增发新股换取目标企业的旧股。债券互换式并购指增加发行并购企业的债券,用以取代目标企业的债券,使目标企业的债务转到并购企业。现金收购指凡不涉及发行新股票或新债券的企业都可被认为是现金收购,包括以票据形式进行的收购。杠杆收购指并购企业通过信贷所融资本获得目标企业的产权,并以目标企业未来的利润和现金流偿还负债的并购方式。

跨国并购动因的相关理论有很多,如企业价值低估论、产业组织论、速度经济性理论等。企业价值低估论最早由约翰·凯（John Kay）等人于1977年提出，他们认为企业的真实价值或潜在价值未能得以反映。后来众多学者利用跨国公司的国际数据证明了目标企业价值低估正是跨国并购的主要原因之一。产业组织论认为，企业的最有效生产规模、核心技术和政府对产业进入的限制，都可能对企业的行业进入形成产业壁垒，但相对于绿地投资，企业可通过跨国并购更有效地降低或消除行业壁垒，规避政府限制。速度经济性理论由美国企业史学家阿尔弗雷德·杜邦·钱德勒（Alfred DuPont Chandler, Jr.）于1999年首次提出，他认为企业的经济效率不仅取决于转换资源的数量，还取决于时间和速度。而速度经济性正是跨国公司采取跨国并购的重要原因。

跨国并购的优点：一是市场进入方便灵活，资产获得迅速；二是获得目标公司廉价的资产；三是获得被收购企业的市场份额，利用适合当地市场的原有的管理制度和管理人才，便于生产和经营工作的迅速展开；四是便于企业扩大经营规模，实现跨国公司的多元化经营。跨国并购的缺点：一是为保护本国民族工业，防止某些部门的垄断，东道国政府有时会限制某些行业的并购；二是企业间原有契约及传统关系对跨国并购的束缚；三是由于国际会计准则差别、市场信息不足等问题的存在，并购企业对目标企业的价值评估非常困难，从而加大了决策的难度；四是企业规模和选址受目标企业的制约。

20世纪90年代以来，跨国公司为实现全球战略利用资本、技术和管理的优势在中国开展了一系列的并购活动，其并购的方式多样化，主要集中于制造业，其次为零售贸易和批发业，在金融保险业的跨国并购也日益增多。跨国公司并购的地区选择主要集中在中国经济较发达的三大区域，即珠江三角洲、长江三角洲、环渤海地区。随着中国经济的发展，中国近年来一些企业也采用跨国并购来实现对外直接投资。

参考文献：
陈湛匀：《国际投资学》，复旦大学出版社2008年版。
綦建红：《国际投资学教程》，清华大学出版社2012年版。
杜奇华：《国际投资》，对外经济贸易大学出版社2009年版。

（杨权　许昌平）

国际金融

国际货币体系
International Currency System

　　国际货币体系是各国政府为适应国际贸易和国际支付的需要而就国际货币关系、国际收支调整等问题达到的一系列准则、协议，形成的国际惯例，采取的措施和建立的组织机构的总称。其主要内容有：一是各国货币的可兑换性及国际结算的原则。即一国货币是否能自由兑换，国际结算时采用何种结算方式及国际支付时是否有所限制等。二是汇率制度的安排。确定汇率波动界限、调整幅度等。三是国际收支的调节方式。即当国际收支不平衡时，各国政府应采用何种方式调节。四是国际金融事务的协调与管理。国际货币体系负责协调各国与国际金融活动有关的货币金融政策，通过国际金融机构制定能为各成员国所认可和遵守的规则、惯例和制度。国际货币体系的作用主要包括：第一，汇率制度的相对稳定，为建立公平的世界经济秩序提供了良好的外部环境。第二，储备资产的确定与创造，提供了足够的国际清偿力。第三，国际金融合作方式的多样性，促进了国际金融市场的发展和金融秩序的稳定。国际货币体系是世界经济发展的产物，其发展至今经历了三个阶段：第一，国际金本位制。第二，布雷顿森林体系。第三，牙买加体系。20世纪90年代以来发生的金融危机，特别是最近由美国次贷危机引发的全球金融危机，充分暴露了现行国际货币体系的缺陷，经济学家和政治家为此越来越关心国际货币体系改革的问题。

参考文献：

刘树成：《现代经济辞典》，凤凰出版社、江苏人民出版社2005年版。
胡代光、高鸿业：《西方经济学大辞典》，经济科学出版社2000年版。
侯高岚：《国际金融》，清华大学出版社2005年版。
史燕平：《国际金融市场》，中国人民大学出版社2010年版。

（黄梅波　许昌平）

国际金本位制
International Gold Standard

国际金本位制是黄金作为国际货币，以世界各国普遍采用金本位制为基础的国际货币体系。金本位制包括金币本位制、金块本位制和金汇兑本位制三种不同的形态，其中金币本位制是典型的金本位制。国际金本位制的特点：一是黄金作为国际货币，作为最终清偿手段。二是各国货币的汇率由它们的含金量比例决定，汇率制度为严格的固定汇率制。三是自动调节的国际收支机制。四是国际金本位制是一种既统一又松散的国际货币体系。

在国际金本位制建立之前，历史上曾实行过复本位制，即金银本位制，最后导致"劣币驱逐良币"现象出现，从而引起黄金在国际上的自由流动，世界各国的黄金向金价偏高的国家集中。另一方面，国际贸易的发展要求内在价值更高的金属充当货币。因此，最终导致国际金本位制的建立。金本位制最初仅为一种国内货币制度，早在1816年英国就颁布《金本位制法案》，开始实行金本位制，随后其他资本主义国家纷纷仿效英国，在19世纪后期普遍实行金本位制。自此，各国之间就自然形成了一个统一而松散的国际货币体系——国际金本位制。

第一次世界大战前夕，各国货币当局大量发行银行券，黄金的兑换越来越困难，各国对黄金的流动纷纷加以限制。同时，各国为了备战在世界范围内对黄金的争夺也愈演愈烈，到1913年年末，英国、法国、美国、德国和俄罗斯5个国家的黄金存量达到约世界黄金存量的2/3，直至第一次世界大战爆发，各参战国均实行黄金禁运和银行券停止兑换黄金。国际金本位制就此瓦解。由于战争期间发行了大量不能兑换黄金的纸币，导致战后通货膨胀相当严重。同时各国汇率波动剧烈，这使得国际贸易和国际关系受到严重影响。再加之黄金分配不均及供应不足等原因，传统的金本位制已难以恢复。"一战"后国际货币体系的重建问题受到各国重视，人们渴望恢复金本位制。1922年世界货币会议在意大利热那亚城召开，会上提出了"黄金荒"问题，决定采用"节约黄金"的原则。除美国仍采用金币本位制外，英国和法国采用金块本位制，其他国家采用金汇兑本位制，使本币与英镑、美元或法郎挂钩，形成了英镑区、美元区和法郎区。但经过调整的金本位制未能承受1929～1933年经济大萧条的冲击。西方国家在大萧条中为转嫁国内经济危机和争取竞争优势采取的"以邻为壑"的政策（货币竞相性贬值和外汇倾销政策），加速了金本位制的崩溃。1929～1931年，巴西、阿根廷、澳大利亚、奥地利、德国因国际收支而逐步宣布放弃金本位制，并向英格兰银行大量挤兑黄金，而英国面对黄金即将枯竭的压力，被迫于1931年9月放弃金本位制。英镑区国家也纷纷效仿。1933年3月，美元危机再次爆发，美国黄金外流严重，不得不放弃金本位制。国际金本位制最终崩溃标志是1936年法国、荷兰和瑞士三国金本位制的瓦解。

表1　　　　　主要国家的金本位制（两次世界大战期间）　　　　（年/月）

		开始	停止
欧洲：			
	英国	1925/5	1931/9
	德国	1924/8	1931/7
	意大利	1927/12	1934/5
	比利时	1926/10	1935/3
	法国	1928/6	1936/9
	荷兰	1925/4	1936/9
	瑞士	1928/8	1936/9
	葡萄牙	1931/7	1931/12
	希腊	1928/5	1932/4
	瑞典	1924/4	1931/9
	丹麦	1927/1	1931/9
	挪威	1928/5	1931/9
	芬兰	1926/1	1931/10
北美：			
	美国	1919/6	1933/4
	加拿大	1926/7	1931/10
拉丁美洲：			
	阿根廷	1925/6	1929/12
	智利	1926/1	1932/4
亚太地区：			
	澳大利亚	1925/4	1929/12
	日本	1930/1	1931/12

资料来源：上川孝夫、藤田诚一、向寿一：《国际金融论》，日本有斐阁出版社1999年版。

参考文献：
陈建忠：《国际金融》，电子工业出版社2009年版。
侯高岚：《国际金融》，清华大学出版社2005年版。

史燕平：《国际金融市场》，中国人民大学出版社 2010 年版。
陶君道：《国际金融中心与世界经济》，中国金融出版社 2010 年版。

（黄梅波　许昌平）

布雷顿森林体系
Bretton Woods System

布雷顿森林体系是第二次世界大战后建立的以美元为中心的国际货币体系，其实质是一种以美元为中心的国际金汇兑本位制。1944 年 7 月 1 日，来自 44 个国家的 730 位代表在美国新罕布尔州的布雷顿森林召开联合和联盟国家国际货币金融会议，通过了《国际货币基金组织协定》（Agreement of the International Monetary Fund）和《国际复兴开发银行协定》（Articles of Agreement of the International Bank for Reconstruction and Development），总称为《布雷顿森林协定》（Bretton Woods Agreements），该协定于 1945 年 12 月 27 日生效，布雷顿森林体系正式建立。国际货币基金组织（IMF）成为布雷顿森林体系发挥作用的关键机构。该体系的主要内容有：第一，建立国际货币基金组织。IMF 于 1947 年 3 月 1 日开始工作，1947 年 11 月 15 日成为联合国的专门机构，它被赋予三项职责，即为各国之间的政策提供接洽平台，对各成员国的汇率进行监督，为成员国提供短期资金融通帮助，其资金来源于各成员国缴纳的基金份额。第二，实行美元与黄金挂钩，其他货币与美元挂钩。IMF 规定 35 美元可兑换 1 盎司黄金，美国有义务维持各成员国政府或中央银行用所持有的美元按此固定比价无限地兑换黄金。美元处于等同黄金的地位，成为各国外汇储备中最主要的国际储备货币。第三，实行可调整的固定汇率制。IMF 规定各成员国将其通货与美元规定一个平价，并承担保证其通货的市场汇率在其公布平价的 1% 范围内波动的义务。若市场汇率波动超过此范围，则其他国家有义务通过干预外汇市场来稳定汇率。作为一个过渡安排，使汇率的一次性调整少于初始平价 10% 是可以允许的。若会员国法定汇率的变动超过 10%，就必须得到国际货币基金组织的批准，除成员国一国国际收支为"根本的不平衡"状态时可获批准外，其他情况 IMF 都不予批准。第四，取消外汇管制，建立多边支付体系。《国际货币基金组织协定》第八条规定，成员国不得限制经常项目支付，不得采取歧视性货币措施，要在货币可兑换基础上实行多边支付。第五，调节国际收支平衡。IMF 通过三种方式来进行调节：一是为促进国际合作，敦促各成员国广泛协

布雷顿森林体系

商。二是为成员国融通资金提供便利。三是严格监督成员国履行规定的义务，为各成员国国际收支平衡提供良好的外部环境。

该体系的形成。为了使国际贸易的运转更有效率，国际货币制度应运而生，它能保证不同国家间通货的自由兑换，大大有利于国际贸易。在拿破仑战争结束到 1914 年的 100 年，国际货币制度逐渐转向金本位制，并大概在 1880 年完全实现。在英国的领导下，英镑是当时外汇交易的标准媒介，但周期性危机导致英镑与黄金的兑换中止，而且金本位制本身的缺陷导致就业和价格的大起大落。第一次世界大战到大萧条为止，西方各国生产力有所发展，金本位制得到了一定程度的恢复，但大萧条的到来导致汇率波动，货币竞相贬值和贸易限制的增加。在第二次世界大战进行得如火如荼之时，为了避免大萧条的再次发生，美国和英国开始筹划和设计新的国际货币体系。新体系的主要设计师是英国的约翰·梅纳德·凯恩斯和美国财政部长哈里·德克斯特·怀特（Harry Dexter White）。英国方面提出了从英国当时自身利益考虑，旨在争夺国际金融贸易的世界霸主地位的激进的"凯恩斯计划"，美国方面提出了完全代表美国利益，旨在取消外汇管制和贸易保护，建立一个稳定的国际货币与金融环境的保守的"怀特计划"，英美双方经过激烈谈判，最后接受了"怀特计划"，而《布雷顿森林协定》就是以此计划为主要内容，此计划是整个布雷顿森林体系的理论基础。

该体系的缺陷。首先，布雷顿森林体系是以美元作为主要储备货币，这就导致了国际清偿能力供应和美元信誉间不可调和的矛盾，即特里芬难题。1960 年，美国经济学家罗伯特·特里芬（Robert Triffin）提出由于美元与黄金挂钩，而其他国家的货币与美元挂钩，美元虽然取得了国际核心货币的地位，但是各国为了发展国际贸易，必须用美元作为结算与储备货币，这样就会导致流出美国的货币在海外不断沉淀，对美国来说就会发生长期贸易逆差；而美元作为国际货币核心的前提是必须保持美元币值稳定与坚挺，这又要求美国必须是一个长期贸易顺差国。这两个要求互相矛盾，因此是一个悖论（Triffin，1960）。这一内在矛盾称为"特里芬难题"（Triffin Dilemma）。其次，僵化的汇率制度不利于各成员国国际收支平衡的调节。IMF 为维持固定汇率，很少允许成员国运用汇率制度来调节其国际收支，而国内财政和货币政策作用有限，使得成员国的国际收支难以平衡，从而造成世界经济发展不平衡，各国利率水平差异较大，客观上使国际资本加速流动，致使固定汇率制度难以维系。此外，在该体系下，外汇投机带来不对称的风险和收益，以至在特定时期引起特大的投机风潮。该体系就是在三次美元危机爆发后，在投机风潮的推波助澜下迅速瓦解的。最后，布雷顿森林体系是以美元为中心的国际货币体系，主要参与者是西方发达国家，具有内在弱点和不足，如缺乏广泛参与性，忽视发展中国家利益，发达国家为争夺世界金融霸权而激烈斗争致使体系极不稳定等。

该体系的维持与崩溃。布雷顿森林体系从建立到崩溃，大致经历了美元荒、美元灾、美元危机三个阶段。

第一阶段，美元荒。是指各国普遍出现美元缺乏和支付困难的情况。此情况出现在第二次世界大战结束至20世纪50年代初期。第二次世界大战后，西欧和日本的经济都受到严重破坏，各国黄金储备几乎殆尽，资金短缺，物资匮乏，贸易遭受巨额逆差，而美国国力雄厚，黄金储备充足，连年顺差，力量悬殊致使各国都迫切需要美元购买美国商品以促进本国经济的恢复，而且以美元作为外汇储备还能带来一些利息收入，这又使得美元比黄金更有吸引力，从而造成了美元在世界范围内的严重稀缺，美元荒因此而产生。

第二阶段，美元灾。是指美元在国际市场上供过于求的现象。1948年4月，美国开始实施"马歇尔计划"对西欧提供巨额经济援助并在西欧大量驻军，美元大量流入西欧。与此同时，随着西欧经济的复苏，大量西欧国家商品进入美国，西欧各国国际储备增加，国际收支状况逐渐好转。1950年，美国发动耗资巨大的朝鲜战争，致使大量美元外流，而美国长期执行的对外援助和贷款计划及低利率政策也一定程度上加速了美元的外流。随着美元大量外流，国际金融市场上出现了美元泛滥的现象，美元灾随之产生。

第三阶段，美元危机。是指国际金融市场上大量抛售美元、抢购黄金和其他国家货币，并用美元向美国兑换黄金，导致美元汇率不断下跌和黄金价格不断上涨的现象。布雷顿森林体系崩溃的过程，实际上就是美元危机不断爆发——拯救——再爆发，直至美元与黄金停止兑换，西方主要国家实行浮动汇率制的过程。20世纪60年代中期到70年代中期，伦敦黄金市场的金价变动就是对美元危机的真实反映（见表1）。

表1　　　　　1965～1974年伦敦黄金市场年底金价变动情况　　　单位：美元

年份	1965	1966	1967	1968	1969	1970	1971	1972	1973	1974
价格	35.12	35.19	35.20	41.90	35.20	37.37	43.63	64.90	112.25	186.50

资料来源：《国际金融统计》，国际货币基金组织，1992年。

流出美元的数额超过美国黄金储备的余额，被称为"悬突额（Overhang）"，它与美元危机高度相关。随着美元悬突额的不断增加，美元危机一触即发，布雷顿森林体系也日益衰弱（见表2）。

表2　　　1962～1972年美元输出的增加和美国黄金储备的下降　　单位：亿美元

年份	黄金储备	美元输出	美元悬突额
1962	160.0	115.3	+44.7
1963	156.0	131.6	+24.4
1964	154.7	160.8	-6.1
1965	140.7	172.7	-32.0
1966	132.4	209.6	-77.2
1967	120.7	233.2	-112.5
1968	108.9	264.5	-155.6
1969	118.6	376.6	-258.0
1970	110.7	312.7	-202.0
1971	102.1	269.1	-167.0
1972	96.6	680.0	-583.4

注：（1）黄金储备按1盎司等于35美元计算。
（2）美元输出以美国对外短期流动负债衡量，指累计额。
（3）美元悬突额等于美元输出减去黄金储备，负号表示该部分美元输出已失去了美国黄金储备的保证。
资料来源：《国际金融统计》，国际货币基金组织，1992年。

三次美元危机的表现及对策。第一次美元危机产生于1960年10月，美国黄金储备（178亿美元）已低于其对外短期负债（210亿美元），导致国际金融市场上出现大量抛售美元、抢购黄金和其他货币的浪潮。为维护布雷顿森林体系，西方主要国家采取的对策有：达成"君子协定"，签订《巴塞尔协定》（Basal Agreement），建立"黄金总库（Gold Pool）"，签订《借款总安排》（General Agreement to Borrow，GAB），签订《货币互换协定》（Swap Agreement）。第二次美元危机产生于1968年3月，当时人们大量抛售美元、抢购黄金，就美国而言，在半个月内就创下了美国黄金储备流出的历史最高纪录——14亿美元的黄金。IMF和西方国家主要的对策有：实行"黄金双价制"，设立特别提款权（Special Drawing Rights，SDRs）。第三次美元危机表现为1971~1973年的一系列危机过程。1971年8月15日,实行"新经济政策"后的尼克松政府单方面中止了美元对黄金的兑换。1971年12月《史密森协议》(Smithsonian Agreement)试图通过汇率重组来挽救布雷顿森林体系,包括让美元贬值10%,即1盎司黄金等于38美元,允许市场汇率围绕新的固定汇率在一个更宽的幅度内波动。此时,欧共体的一些成员已实行较窄范围内波动的汇率制度——欧共体蛇形浮动。1973年2月,美元再次贬值10%,即1盎司黄金等于42.22美元。1973年3月,抛售美元,抢购黄金和其他货币风潮再次爆发,主要西方国家纷纷采用浮动汇率制,布雷顿森林体系最终崩溃。

参考文献:

[美]弗兰克·N·马吉尔:《经济学百科全书(上卷)》,中国人民大学出版社2009年版。

陈元等:《国际金融百科全书》上卷,中国财政经济出版社1994年版。

史燕平:《国际金融市场》,中国人民大学出版社2010年版。

陶君道:《国际金融中心与世界经济》,中国金融出版社2010年版。

Triffin, R. *Gold and the Dollar Crisis*, New Haven: Yale University Press, 1960.

(黄梅波 许昌平)

牙买加体系
Jamaica System

布雷顿森林体系崩溃后,国际金融形势混乱,为建立一个新的国际货币体系,国际上经历了一个长期讨论和协商的过程。1976年1月国际货币制度问题临时委员会(简称"临时委员会")在牙买加首都金斯敦举行的第五次会议上,签署了《牙买加协议》。同年4月,国际货币基金组织(IMF)理事会通过《国际货币基金组织协定第二修订案》,并于1978年4月1日正式生效。自此,牙买加体系正式建立。

该体系基本内容有:第一,确定浮动汇率制合法性。IMF给予成员国自由选择浮动或固定汇率制度的权利,但其必须受到IMF的监督,并与IMF协商。第二,黄金非货币化。《牙买加协议》决定,废除黄金国际货币职能,删除黄金条款,取消黄金官价,允许各成员国按市场价自由买卖黄金,

牙买加体系

取消各成员国间及成员国与IMF间以黄金清算的债权债务关系。IMF将其持有的黄金总额的1/6（2500万盎司）按市价出售，对官价（每盎司42.22美元）的超额部分用于援助发展中国家，1/6由成员国按官价购回，其余的黄金需根据IMF成员国总投票权85%的多数通过来决定其处理方式。第三，扩大特别提款权（Special Drawing Rignts，SDRs）的作用。新条款表明SDRs可逐步替代黄金和美元成为主要的国际储备资产，并成为各国货币定价的基础。成员国可用SDRs来进行借贷、接受IMF的贷款及履行其义务等。第四，增加基金组织的份额。各成员国缴纳的份额由原来的292亿SDRs增加到390亿SDRs，同时，各成员国缴纳份额比重有所调整，石油输出国组织份额比重由5%增加到10%，其他发展中国家不变，主要西方国家除德国和日本外份额比重都有所下降，而英国下降最多。第五，增加对发展中国家的资金融通。用在市场上出售黄金超官价部分的收入建立信托基金，以优惠条件向相当贫困的发展中国家提供贷款，同时扩大IMF"信用贷款"额度，由占成员国份额的100%增至145%，并增加IMF"出口波动补偿贷款"，由占成员国份额的50%增至75%。

牙买加体系的特点主要包括以下几条：一是国际储备体系多元化。美元仍为主导货币，但马克、日元等逐渐成为主要国际储备货币，SDRs的作用也日益增加，改变了单一美元的国际储备体系，逐步向多元化体系发展。二是汇率安排多样化。《牙买加协议》没有限制成员国的汇率安排，各国可根据本国国情和经济发展自由选择汇率制度。三是国际收支调节方式更加灵活。牙买加体系除可利用财政政策和货币政策来调节国际收支外，还可通过汇率机制、外汇储备的灵活变动、国际货币金融合作、国际商业银行和金融市场的融资活动等来调节。

牙买加体系的缺陷则主要有：首先，国际储备的多元化不利于世界经济的均衡发展。国际储备多元化情况下，美元仍为主导货币，其国际清偿能力仍不能完全符合世界经济均衡增长的形势，且体系本身就缺乏统一、稳定的货币标准，具有内在的不稳定性，不利于世界经济的均衡发展。其次，多样化汇率安排导致国际经济发展不稳定。汇率安排多样化，汇率波动频繁且幅度较大，让国际金融市场动荡不安的同时也使得各国外汇风险加大，严重地影响了国际经济的稳定发展。再次，国际收支调节机制多样以至难以相互协调。在牙买加体系下，国际收支的调节机制虽然多样，但各种机制都有其局限性，且相互间难以协调，它们的作用也经常相互矛盾，相互抵消，从而难以较好地改善国际收支。

参考文献：

陶君道：《国际金融中心与世界经济》，中国金融出版社 2010 年版。

陈建忠：《国际金融》，电子工业出版社 2009 年版。

侯高岚：《国际金融》，清华大学出版社 2005 年版。

（黄梅波　许昌平）

国际金融市场
International Financial Markets

国际金融市场是一个涵盖各种金融工具和机构的复杂的网络，它的结构和运行主要受宏观经济环境（特别是利率和汇率的频繁波动）、法规与技术环境和某些根本因素（其推动国际经济中实际部门的发展）的影响。此外，国际金融市场的结构和运行在贸易与生产格局、企业跨国并购和企业重建中得以反映。

组成国际金融市场的现金和衍生工具是建立在以下四个基础之上：外汇交易市场；欧洲货币市场；国际信贷和债券；股权资本。

第一，外汇交易市场。外汇交易市场处于国际金融市场的核心地位，外汇交易市场基本上是由大量经营者（主要是商业银行）组成的 24 小时的场外交易市场，是一个以众多参与者、有很低廉的信息和交易成本以及高的流动性为特征的主要货币的交易市场。它包括银行同业间的即期（两日内清算）交易和银行同客户间的远期交易（在未来一个特定生效日清算），以及在世界各种有组织外汇交易市场上进行的远期外汇交易和期权。

进行外汇交易的形式各种各样，从投机性的短期期货合约的买入卖出到商业上通过直接远期、外汇掉期（买入某一到期日外汇的同时卖出另一到期日的外汇）、期货交易或期权交易来进行的对冲交易或投资交易。后者与现金交易相反构成外汇衍生工具。交易者不断地开价与出价，反映了市场的批发交易的一面。其他参与者，包括政府、公司、个人构成市场的零售或最终用户的一面。它们被给予或高或低的交易报价加成，这一加成反映零售客户在信息和交易费用上或多或少的不利地位。对于主要货币和交易量不大的货币，即所谓"外币"外汇市场组成了一个无间隔的全球 24 小时的结构，在此基础上，国际金融市场其他部分也纷纷建立起来。

第二，欧洲货币市场。国际金融市场的另一基础是欧洲货币市场，即"离岸"注册的没有众多条规约束成本和税收的货币市场，其业务为各种类型货币和期限（主要是 3 个月与 6 个月）的无担保的银行同业存款。同外汇交易市场一样，该市场的核心是活跃的银行间交易中不断地出价与报价的主要交易银行。英格兰银行对一组参考银行每日的利息率进行抽样，并公布市场双方伦敦同业拆入利率（LIBID）和伦敦同业拆借利率（LIBOR）的平均值。伦敦同业拆借利率（LIBOR）已成为全球金融市场借贷工具中浮动利率最重要的定价基本依据。

大多数国际贷款的筹资和国际债券的发行的重要部分是通过欧洲货币市场进行的，它们用 LIBOR 为基础进行定价。该市场的中心是伦敦，其他重要职能（与注册相对）中心有纽约、中国香港（地区）和新加坡。欧洲货币市场交易中心以非常低（或是 0）的税收和条规约束成本为特征。

第三，国际信贷和债券。国际信贷和发行债券（与它们活跃的二级交易市场）是国际金融市场的第三个重要组成部分。

国际信贷历史最为悠久的借贷形式也许是贸易融资，也就是国外购买者同意在一定时期后对所进口商品进行付款。为了获得商品的货款，出口者向进口者开出汇票，进口者为了得到商品而"承兑"汇票许诺未来的付款，进口国银行也可以承兑支付汇票，在银行承兑市场上，汇票以一定折扣卖予投资者，贷款支付归出口者。进口商拒付的风险通过进口方银行开立的（有时由出口国银行所"确认"）的不可撤销信用证转移给了银行。当进口商拒付货款时，银行承兑投资者或其他债权人可向确认行追索，确认行可向国外信用证开出行追索（进口国银行）而后者必须尽力向进口者收取贷款。

国际银行融资的公司或政府在需要一般国际银行融资时，可以通过从循环贷款便利、定期贷款和项目融资到多种担保贷款，以及期限各异的租赁的多种结构下向国外融资中介机构（或本国机构的国外分支）借款。作为此过程的一部分，借款者和融资中介机构可对贷款承诺进行谈判，不管是否实施但承诺确实向借款人提供了一定时期有保证的流动性，承诺费用作为补偿构成合同的一部分。

国际信贷便利的利息率在整个期限内可以是固定的，也可以是与融资成本相关的指标，如 LIBOR 为参照，实行浮动。定价也可在未来借款之前事先确定（远期利率协定），和在浮动利率中可能有固定或变动上限或下限（Caps，Floors and Collars）及范围的安排来保护借方、贷方或双方免受利率波动的风险。贷款便利也包括一个对借贷者用不同货币或在几种不同合约安排中的选择权。除固定或浮动利率外，信贷便利使用方通常要支付一定的费用来补偿贷方包括安排、承诺和参与合约的各项服务。

在一般情况下，包括贷款延长和利率保护的服务将被发起机构卖予其他人，或在开始时由国外的银行组织银团贷款。这些银行在贷款协议中按比例分享。一些未清偿的贷款也可能在二级市场上由中介机构交易。银行提供的国际信贷便利通常在欧洲货币市场上融资。

另一种对许多企业和政府借贷者适用的银行融资方法是以自己的名义发行债券。这包括以折扣出售的短期债务（商业票据或政府国库券）也包括中长期含固定或浮动利息的债券。债券通常卖予（或被承购）投资银行或债券公司，再由它们以更高的价格或加价卖予个人或机构投资者。承购也可能由一组国内外的债券经营商联合承担，以分散承购的风险和更好地分销，从而可得到最高可能的债券价格以及发行者得到最低、最有竞争力的融资成本。

债券在二级市场交易中趋于活跃，市场参与者提供买卖价格，给予投资者不断变化程度的流动性。流动性公众市场的存在要求债券被一独立的机构，最通常是标准普尔（Standard & Poor's）和/或穆迪（Moody's）投资服务公司来评定级别。

债券可能是以一种货币发行，立即通过即期市场转变成另一种货币，同时引入一个远期的合同以避免未来的利息损失和主要再偿付责任风险（外汇掉期）来避免外汇风险。另外发行者根据其在固定和浮动利率市场中的相对优势，直接债务发行引致的固定利率支付可与浮动利率支付在银行间产生调换。或相反（利率掉期），这样发行的债务（所谓掉期发行，或合成债券）通过对汇率或利率期货市场中的交易提供了另一种避免风险的方法。

公司和政府债券可在遵守地方债券法规（外国债券）下向各种国内市场的投资公众发行，或在欧洲债券市场和欧洲商业票据市场上发行，在后两种市场上，债券以不记名的形式发行且没有法规的约束。另外，债券可私下向大的机构投资者发行，这样可以减少新的发行成本并很可能使债券更能满足具体的投资者的需要，但这也减少了流动性从而提高了利息成本。法规的变化使机构投资者间的债券私下交易成为可能，尤其在美国，它增强机构投资者的流动性和国外发行者的市场准入性。国外债券、欧洲债券和私人配售市场共同组成了国际债券市场。

银行借贷和债券发行在许多重要方面是互相联系的。首先，银行和其他金融中介对债券投资的同时，银行发行的可转换贷款可能会售予非银行投资者。其次，新发行的债券可能要求安排信用额度保障。例如，为使公司商业票据投资者确信，当债务到期而票据不能展期时，有清偿能力。它们也可能要求银行发行备用信用证以保证最终的偿付来提高债券的等级,许多信用支助(Backstop)和信用证被许多银行或其他金融机构联合承担。再其次,它们通过各种形式的债务证券化而相联系,例如,联合抵押或消费者负债和这种债务所支持的各种国内外的债券市场的发行。

第四,股权资本。国际金融市场的第四块基石涉及产权,也就是普通和优先的股份。谋求扩大股权资本的公司可以通过主要的承购渠道在国内市场发行股份,它同时也可以通过称为"国际份额"的形式由外国投资者来发行。考虑到相对较大的风险通过产权承购(特别是原始公开发行,IPOs)发行通常比债务承购加成大。股票可能再,也可能不在全世界各种类型的交易所上市,比如纽约股票交易所、伦敦股票交易所或东京股票交易所。或它们可以在各种场外市场进行交易。个人股票的期权或股票市场指数(股权衍生物)也在许多交易市场上交易,为投机和对冲交易提供机会。

债务工具的发行者也可以通过可转换的证券或认股权证使他们与股权相联系,认股权证是一个在固定日或特定时期以预定的价格买入债券的选择权。认股权证具有很大的潜在价值,所以根据设想认股权证的价值来对发行债券的息票有一定的减让,但如果认股权证随后发生,发行者收益减低的预期会增高。认股权证在发行后,通常被"分开"卖。有时和外汇期权一并在所谓的有保证的认股权证市场以和其他货币形式卖出,分离后债券的债务部分足以使息票与市场利率相一致,并以此折扣率卖予投资者。

国际金融市场的机构动力:

对构成国际金融市场的金融工具的最终需求,来自跨国金融体系间的交易、信贷和投资流动。

对于公司或政府借贷者,它们提供范围很广的融资工具的选择,通过它可以创造许多不断变化和创新性的融资机构。市场准入主要靠个人和机构的需要、信用状况和融资的复杂程度。虽然新兴不对称可能十分突出——迫使一些筹资者通过银行或信用资助来进入公共市场——但不断的银行和证券融资的结合,拓宽了许多人的市场可准入性。即使是个人(家庭)筹资者也可通过遍布世界的证券化抵押贷款或消费贷款而进入全球资本市场。

投资者同样面对一系列安排和分配股票的决策。许多国家的公司、养老基金、保险公司、信托公司和其他机构投资者不断将外国资产和衍生物纳入自己的资产安排,这或是因为外国市场预计比国内市场情况好(包括预计的汇率作用),也可能是因为存在对冲后的大套利机会,或是因为国际经营的多样化使机构的这种资产管理活动是合理的。从根本上讲,通过国际股票和证券共同基金（单位信托）。个人投资者也可以获得这些选择——通过对国际债务、产权和衍生工具投资使其在零售层次也可以得到。

从商业银行、金融公司到服务齐全的投资银行和投资管理公司都为中介过程中的费用和利差而相互竞争（有时也同自己的委托人竞争）。为做到这一点，它们频频使用新的信息和交易技术，趁机利用市场缺口（Market Gaps）和市场的低效率。全球金融除了规章和税收引起的扭曲外，以少量人为低效率为特征，所以国际金融市场有着很强的竞争压力，以致新的获利机会被创造性的破坏了。

全球金融中介激烈竞争，低效的金融中介不断地被高效的中介所代替。近几十年以来，这一规律导致诸如国际银行借款的全面中介融资为部分非中介融资所代替。国际金融市场的非中介化现象，由于大公司和政府部门自己融资能力的提高而扩大，这使得它们开展许多传统融资活动，在批发的层次上与潜在的资金来源直接接触。这种行为也包括大量外汇的和各种融资工具的资产交易，以及复杂程度不断增长的风险管理和对衍生工具及其组合的运用。在投资者方面也有类似的发展。保险公司、养老基金、共同基金和其他机构投资者更加精明和以业绩为取向。因为顾客处于资产组合业绩数据随处可得的情况下，他们越来越不得不为留住最终受益而努力。

在这种环境中能够兴旺的银行和其他金融机构，将是通过超常的信息获得能力、解释分析技术，或具有较低交易成本，或上述的综合，以至于最能利用市场不完善之处的机构。不同的机构可以利用不同的竞争优势，竞争战将在某些市场展开，这类市场深受累进的但不公平的放松管制。战略集团竞争的相互渗透以及国外融资机构对国内市场的渗透的影响。总之，在不断的战略挑战下，这些力量既反对持续的非中介化过程，又向金融公司和金融中心提出挑战。

参考文献：

[英] 伊特韦尔等：《新帕尔格雷夫经济学大辞典》，经济科学出版社1996年版。

李琮：《世界经济学大辞典》，经济科学出版社2000年版。

史燕平：《国际金融市场》，中国人民大学出版社2010年版。

（黄梅波　许昌平）

国际金融危机
International Financial Crisis

国际金融危机指超越一国范围而仅涉及少数几国的金融危机，也指范围十分广泛的波及全球金融市场，并且在一定条件下极有可能引发世界经济危机或全球经济衰退的金融危机。如 1929 年首先爆发于美国的"大危机"，1997~1999 年亚洲金融危机和 2008 年的国际金融危机。

《新帕尔格雷夫经济学大辞典》对金融危机的定义为：金融危机是全部或大部分金融指标——短期利率、资产（证券、房地产、土地）价格、商业破产数和金融机构倒闭数的急剧、短暂和超周期的恶化。金融危机的特征是基于预期资产价格下降而大量抛出不动产或长期金融资产，换成货币，而金融繁荣或景气的特征则是基于预期资产价格上涨而大量抛出货币，购置不动产或长期金融资产。这个定义的特点是揭示了全部或大部分金融指标在一个较短的时间内急剧恶化，且这种恶化是超周期的，是金融危机的主要表现形式。货币主义经济学家米切尔·鲍度（Michael Bordo）则是以预期的改变、担心金融机构丧失偿债能力、企图将真实资产或非流动性资产转换成货币等 10 项关键要素来定义金融危机。

针对金融危机的类型，国际货币基金组织在其 1998 年 5 月发表的《世界经济展望》中认为，"金融危机可以大概分成几种类型，货币危机（Currency Crisis）是指投机冲击导致一国货币大幅度贬值，抑或迫使该国金融当局为保卫本币而运用大量国际储备或急剧提高利率。银行业危机（Banking Crisis）是指真实的或潜在的银行破产致使银行纷纷中止国内债务的清偿，抑或迫使政府提供大规模援助以阻止事态的发展，银行业危机极易扩散到整个金融体系。系统金融危机（Systemic Financial Crisis）是指金融市场出现严重的混乱局面，它削弱了市场的有效性原则，会对实体经济产生极大的负面效应，一次系统金融危机可能包括货币危机，但一次货币危机却不一定陷入国内支付体系的严重混乱，也就不一定导致系统金融危机的发生。最后，债务危机（Foreign Debt Crisis）是指一国处于不能支付其外债利息的情形，无论这些债权是属于外国政府还是非居民个人。"哈佛大学教授杰弗里·萨克斯（Jeffrey D. Sachs）因给苏联及东欧国家开出"休克疗法"的药方而闻名全球，他认为，烦扰新兴市场经济的金融危机不外乎三种形式，"其一财政危机，是指政府突然丧失延续外债和吸引外国贷款的能力，这可能迫使该国政府重新安排或者干脆不再履行有关义务；其二汇兑危机，是指市场参与者突然需要从本币资产向外币资产转换，这在钉住汇率制度条件下可能殆尽中央银行的外汇储备；其三银行业危机，是指一些商业银行突然丧失延续其市场工具的能力或遭遇突然发生的存款挤提，从而导致这些银行的流动性下降并可能最终破产。"萨克斯进而指出尽管金融危机的这三种形式在某些情况下可以被区分得非常清楚，但是在现实中它们又往往以一种混合的形式出现，这是因为有关政府公债市场、外汇市场和银行资产市场的冲击或预期一般是同时发生的。

由于国际金融危机只是范围更广阔的金融危机，也可以划分为以上几种类型，只是影响范围更广，其通常在全球范围表现为经济增长率下降，失业率上升；货币贬值、物价飞涨、通货膨胀率上升；普遍提高利率；国际资本流向改变。国际金融危机在对陷入危机的国家经济产生严重的负面影响的同时，也为各国提供了一次调整经济结构，改善经济增长方式的机会。尽管它是被动的，但在客观上存在一定的积极作用：第一，金融危机迫使各国调整产业结构，充分重视产业多样化、高级化，加快基础设施建设，从而有助于这些国家的经济长期稳定发展。第二，货币贬值在一定程度上挤去了经济中的泡沫成分。第三，促使各个国家整顿金融秩序，加强金融监管，提高金融管理水平，引发人们对于金融风险的再认识，使社会的各方面充分认识到金融体系的正常安全运作对于经济全局的稳定和发展的至关重要性。第四，促使各国调整汇率制度以抵御金融危机的冲击。第五，促使国际货币体系的改革以稳定全球金融市场，增强抵御危机的能力。

参考文献：

［英］伊特韦尔等：《新帕尔格雷夫经济学大辞典》，经济科学出版社1996年版。

韦伟等：《金融危机论》，经济科学出版社2001年版。

李小牧等：《金融危机的国际传导：90年代的理论与实践》，中国金融出版社2001年版。

王德祥：《经济全球化条件下世界金融危机研究》，武汉大学出版社2002年版。

Jeffrey D. Sachs, Alternative Approaches to Financial Crises in Emerging Markets, 1998.

（黄梅波　许昌平）

国际金融监管
International Financial Supervision

国际金融监管指的是国际金融组织或者一个国家的金融监管机构按照相关法律、法规、国际条约和国际惯例对金融机构及其活动进行规范和约束的行为的总称。具体则包括对金融机构市场准入、业务范围、市场退出等方面的活动进行规范和约束，对金融机构内部组织结构，风险管理和控制等方面的规范性、达标性的要求，以及一系列相关的制度、政策和法律法规体系的建立与实施的过程。

国际金融监管的主体通常包括国际金融监管机构和国内金融监管机构。其中常见的国际金融监管机构包括如巴塞尔银行监管委员会（Basel Committee on Banking Supervision），国际货币基金组织等跨国机构。国内金融监管机构则包括如美国的联邦储备委员会，日本的大藏省和日本银行，意大利中央银行，中国人民银行等机构。当然，国际金融监管的框架并非随意拼凑组成，其点滴的发展都是与世界上金融形势的发展紧密联系。而有些国际金融监管组织的成立的背后还有令全球金融系统为之轰动的事件发生。如1974年联邦德国赫斯塔银行（Bankhaus Herstatt）的倒闭促成了巴塞尔银行监管委员会的成立，其成立的目的在于交换各国的监管安排方面的信息、改善国际银行业务监管技术的有效性、建立资本充足率的最低标准及研究在其他领域确立标准的有效性等，以防止类似事件的重演。被监管的客体则包括跨国金融机构，主要可以分为银行和非银行两大类，其中非银行机构种类较常见的有证券公司、保险公司、金融租赁公司、信托投资公司等。

国际金融监管的主要目的是维护金融机构的安全稳健及整个金融体系的稳定健康发展。随着当今国际金融市场一体化进程的加快以及金融工具创新以前所未有的汹涌澎湃之势涌向市场，国际金融监管的重要性就越发凸显。因为经济学家们都达成共识的一点便是屡次爆发的全球性金融危机均有金融监管不完善这一因素在其中作为影响因素。

跨国银行的扩张和海外资产的急剧膨胀，金融创新的不断发展特别是金融衍生品交易的迅速发展，在利益为诱导的驱使下，会偏离原本设计的轨道运行，这些均会增加全球金融系统的风险性与不稳定性。一旦这些风险被释放出来，就会形成"多米诺骨牌效应"，给脆弱的全球金融系统带来巨大的伤害。2007年年初，占全球债务不足1%的美国次级贷款风暴席卷全球金融市场引发了规模巨大的全球性金融海啸，这不能不说是给全球金融监管体系的一次严重警告。因此，在全球范围内各国联合起来实施国际金融监管不仅是必要而且是必需的。

目前国际上现行的金融监管主要有四种模式：一是混业经营分业监管的美国模式，由美联储作为伞形监管者，负责监管混业经营的金融控股公司，银行、证券、保险分别由其他监管部门监管，中国香港也是采取此种监管模式。二是混业经营混业监管的英国模式，就是将银行、证券、保险的监管统一于非中央银行的单一的金融监管机构，日本也是采用这种模式。三是分业经营混业监管的韩国模式，就是由中央银行同时负责货币政策和银行、证券、保险的监管，目前许多发展中国家仍采取此种监管模式。四是分业经营和分业监管的法国模式，也就是说将银行、证券、保险的监管从央行中分离出来，欧洲中央银行成立后，法国等多数欧元区国家都采取了此种监管模式。目前中国采用的就是这种分业经营和分业监管的模式。

20世纪90年代以来，随着国际金融市场的一体化进程的加速发展，不断涌现出的金融创新和国际金融市场发展新趋势也迫使国际金融监管发生了一系列的变化，总体上表现为以下六个方面。

第一，金融监管的范围不断扩大。由于金融工具的不断创新迫使各国金融监管机构将过去不受监督的非监管单位纳入自己的监管对象中来。各国金融监管当局必须扩大金融监管的范围和指定同意监督的标准。其中对海外分支机构的监督是防止隐含国际业务逃避监督的一个重要方面。20世纪90年代以来，金融机构混业经营已经成为常态，各国监管机构也随之逐步将金融机构的各项业务纳入自身的监管范围中。

第二，金融监管手段的现代化和监管内容的标准化。在金融国际化电子化和网络化成为当今世界发展大趋势的背景下，各国普遍强调采取现代化的管理手段，充分利用计算机辅助管理，有效地促进金融机构日常监督、现场监督和外部审查的有机结合。

第三，金融监管模式的日益趋同。如英国原为自律监管体制，特点是以金融机构自律性为主，英格兰银行监管为辅，主要通过道义劝说的方式使金融机构自觉与其合作共同维护金融市场秩序。1979年英国颁布了《银行法》使英格兰银行监管权力以法律形式得到承认，标志着英国金融监管迈出了法制化、制度化的关键一步。同样，美国也是采取了法治化、规范化的多元金融监管体系。日本于1998年以通过《新日本银行法》为起点，对金融监管体制进行了大幅度的机构调整和改革。到2001年为止形成了一个以金融厅为核心，独立的中央银行和存款保险机构共同参与，地方财务局等协调管监管的全新的金融监管体系。

第四，金融监管体系的集中统一化趋势体现。为适应经济全球化，银行也加强调整兼并和金融创新。这使分业经营和分业管理名存实亡。银行与非银行金融机构之间的业务界限逐渐模糊，金融机构业务交叉走向多元化、综合化。例如，银行已经不单单从事传统的房贷业务，还涉足于证券投资领域、信贷、抵押保险等一些非传统银行领域。同样证券公司、租赁、保险等金融公司也已经开始向特定顾客发放贷款。随着经济的发展和金融自由化的不断深入，金融业由分业向混业经营的趋势也在进一步加强。当金融市场变得越来越一体化时，通信技术和计算机的运用使得现行监管体系下难以对金融风险进行集中控制和管理，此时就有必要建立更加集中和协调的监管体系。例如在英国，工党政府已经提出将所有金融机构的监管归到证券投资委员会的领导下。

第五，以市场约束为基础的监管体系正在形成。因为信息披露是市场约束的基础，国际组织正在努力指定会计标准以提高信息披露的作用。巴塞尔委员会在1999年6月发布了《新资本充足框架》，其中最引人关注的内容是将外部评级引入资本风险加权。新框架的适用对象仍然是那些在国际业务领域活跃的大型国际性银行。

第六，监管的国际合作不断加强。巴塞尔委员会在加强金融监管的国际合作方面做出了很大的努力。首先，巴塞尔委员会推动了越来越多的国家加入金融监管国际合作的行列中，其1997年4月发布的《有效银行监督的核心原则》的制定，已不再是少数发达国家之间谈判协商的结果，而是与许多非十国集团（地区），包括发展中国家密切合作的结果。其次，巴塞尔委员会加强与一些国际性金融监管组织的合作，1999年2月公布的《多元化金融集团监管的最终文件》就是巴塞尔委员会、国际证券委员会组织与国际保险监管协会自1993年开始合作的标志。另外，西方发达国家还通过一年一度的西方七国首脑及财长、央行行长会议，研究防止某一国和地区出现金融危机的问题和措施。东亚金融危机后，西方各国又成立了"金融稳定论坛"来共同协商金融监管方面的问题。在亚洲，中日韩与东盟也开始每年召开央行行长和财长会议，以讨论地区金融稳定的相关问题。

参考文献：
陈元等：《国际金融百科全书》上卷，中国财政经济出版社1994年版。
庄宗明等：《世界经济学》，科学出版社2007年版。

史燕平：《国际金融市场》，中国人民大学出版社2010年版。
陶君道：《国际金融中心与世界经济》，中国金融出版社2010年版。
姜波克：《国际金融新编》，复旦大学出版社2001年版。
朱孟楠：《国际金融学》，厦门大学出版社1999年版。

（黄梅波　李强）

主权债务危机
Sovereign Debt Crisis

主权债务危机是指一国以自己的主权为担保向外（可能是向国际货币基金组织、世界银行等国际机构，也可能是向其他国家）借来的债务比重大幅度增加，可能面临未来无法偿还的风险而引发的债务危机。

20世纪80年代，拉丁美洲爆发债务危机。长期殖民地统治留下的经济结构不合理以及政策失误是造成拉美国家债务危机的主要原因。"二战"后，拉美许多国家急于实现国民经济的现代化，实行高目标、高投资、高速度的方针，大量举借外债，制定了远远超过本国财力限制的经济发展规划，追求那种不切实际的经济发展速度；同时，西方国家推行贸易保护主义，转嫁经济危机等政策，这些都大大加剧了拉美国家债务危机。拉美国家不得不进行债务重组，并通过调整国内经济来整顿债务危机。

1998年，俄罗斯发生债务危机，当时俄罗斯债务危机与金融危机、生产危机、预算危机交织在一起。持续的经济危机导致卢布大幅贬值。经过前期危机的冲击后，1988年俄罗斯大笔债务陆续到期，主权债务危机发生。新政府要承担偿债任务，责任重大，不得不公布严重恶化的财政状况。该次主权债务危机，引发了当时俄罗斯、德国等金融市场的剧烈波动。最后，俄罗斯采取了债务转换方式（以货抵债、以股抵债以及外债资本化等）化解危机。

2001年12月，阿根廷818亿美元的主权债务违约，随后，阿根廷被迫放弃自己当时盯住美元的外汇制度；阿根廷比索随即大幅贬值，比索对美元贬值高达75%；阿根廷通货膨胀迅速上扬，比索贬值后累积通胀率最高达80%；大批阿根廷企业倒闭；失业率大幅上涨至25%；2002年经济下滑达10.9%。阿根廷在2001年违约后，未能及时重组债务，造成阿根廷至今无法在国际市场上顺利发行国债，到2005年才提出重组方案。阿根廷在发生债务危机的同时，还陷入政治危机和社会危机，到2003年经济才开始复苏。

主权债务危机

前几次主权债务危机主要发生在第三世界以及新兴经济体中,且对宏观经济造成的冲击周期较短。21世纪初期,由于发达国家普遍实行低利率,国际金融市场上又充斥着大量资金。这些资金主要流向两个地方:对发达国家和发展中国家的私人贷款,以及对发达国家政府的贷款。正是这些变化,带来了新的主权债务危机。而2008年以来这一系列主权债务危机,主要爆发在发达国家,甚至是核心国家。从冰岛主权债务危机、迪拜主权债务危机、欧洲主权债务危机,到美国国债风险,全球性债务危机越演越烈,其中欧元区成员国的债务危机最重。

2009年10月21日,希腊新政府在对欧盟提交的报告中宣布,2009年希腊政府财政赤字和公共债务与国内生产总值(GDP)之比预计将分别达到12.7%和113%,远远超过欧盟《稳定与增长公约》规定的公共赤字占当年GDP的比重3%和公共债务占当年GDP的比例60%的趋同标准。这一消息立刻引起了国际金融市场的恐慌,随后全球三大评级机构——惠誉、标普和穆迪相继调低希腊的主权信用评级,从而拉开了希腊主权债务危机的序幕。欧元区作为一个经济整体,其内在的联系非常紧密,由于没有及时有效的措施解决希腊的主权债务问题,2010年4月底、5月初,希腊债务危机的传染效应显现,危机迅速向欧洲其他国家蔓延,葡萄牙、西班牙、意大利、爱尔兰等国同时遭受主权信用危机,形成了所谓的"欧猪五国"(PIIGS),包括德国、法国等欧元区的龙头国家也受到了危机的影响。2010年5月10日,欧盟和国际货币基金组织(IMF)通过总额7500亿欧元的救助计划,其中4400亿欧元是由欧元区成员国政府通过特定目的机构为渠道提供的一系列贷款,另外600亿欧元来自扩大后的国际收支援助基金,以欧盟2013年之前每年1410亿欧元的预算作担保通过市场融资获得,而IMF将提供不超过2500亿欧元的资金以扶持欧盟紧急基金的建立。此外,欧洲中央银行表示将购买政府和私人债券;美联储则启动与欧洲中央银行、加拿大、英国和瑞士中央银行的临时货币互换机制,以帮助缓解国际金融市场的流动性压力。2010年5月18日,德国金融监管局宣布从2010年5月19日~2011年3月31日实施"裸卖空"(投资者没有借入股票而直接在市场上卖出根本不存在的股票,在股价进一步下跌时再买回股票获得利润的投资手段)禁令,并将对此进行密切监控。在2012年年中,由于危机最严重国家成功的财政整顿和结构性改革,欧盟领导人和欧洲央行所采取的各项政策措施的落实,欧元区的金融稳定性显著改善,利率也稳步下降。这也大大减弱了向其他欧元区国家的风险蔓延。截至2012年10月还只有3个欧元区国家,包括希腊、葡萄牙和塞浦路斯的长期利率处在6%以上。

欧洲主权债务危机爆发除了由于欧洲一些国家经济结构僵化，高工资、高失业救济金、高公费医疗的奢华的福利待遇和人口老龄化问题的加剧等国家自身原因外，其根本原因在于欧元区统一货币政策和各国不同的财政政策的冲突和错配，此外，针对成员国不遵守财政纪律的情况，欧盟缺乏一套切实有效的监督和检查机制，外部冲击，即2008年全球金融危机、高盛等跨国银行的投机行为和信用评级机构的恶意炒作，也是欧洲主权债务危机爆发的一个重要原因。

欧洲主权债务危机的爆发，打乱了欧盟通过经济刺激政策促进欧洲经济复苏的步伐，欧洲主要国家不得不迅速退出财政刺激政策，压缩财政开支。这将会使欧洲脆弱的经济复苏变得更加坎坷。虽然债务危机不会使欧元垮台，但的确可能使欧洲经济复苏夭折，使欧洲经济出现再次下滑（Feldstein，2010）。欧洲主权债务危机还使得国际金融市场波动性加剧，投资者恐慌情绪激增，从而导致大量避险资金涌向黄金和美元资产，此外，还使世界经济复苏步伐放缓，严重影响各国经济刺激政策的退出战略，促使IMF等国际组织纷纷调低对相关国家和整个世界经济的增长率预期。

参考文献：

詹向阳、邹新、程实：《希腊杠杆撬动全球经济——希腊主权债务危机的演变、影响和未来发展》，载于《国际金融研究》2010年第7期。

郑宝银、林发勤：《欧洲主权债务危机及其对我国出口贸易的影响》，载于《国际贸易问题》2010年第7期。

徐明棋：《欧元区国家主权债务危机、欧元及欧盟经济》，载于《世界经济研究》2010年第9期。

周茂荣、杨继梅：《"欧猪五国"主权债务危机及欧元发展前景》，载于《世界经济研究》2010年第11期。

罗传健：《欧洲主权债务危机及其对中欧贸易的影响研究》，载于《国际贸易问题》2011年第12期。

张明勇：《基于主权债务危机的成因、影响及启示的研究综述》，载于《工业技术经济》2012年第9期。

Feldstein Martin, A Double Dip is a Price Worth Paying, *Financial Times*, June 2010.

（黄梅波　许昌平）

主权财富基金
Sovereign Wealth Funds（SWFs）

  主权财富基金是指由一国政府拥有的，通过对外汇储备盈余、财政盈余、自然资源类商品出外汇盈余和国际援助基金等资产在全球进行有效配置，以实现外汇资产保值增值为主要目标，并混合有其他多重目标的投资基金或机构。

  主权财富基金的分类方法很多，但比较全面的方法是按其设立的原因进行分类：

  第一类，对于国家经济严重依赖不可再生自然资源出口换取外汇的国家来说，跨期平滑国家收入的动因尤其重要。为保障自然资源枯竭后政府有稳定的收入来源和避免短期自然资源产出波动导致经济不稳定，这些国家都先后设立主权财富基金，对其进行多元化投资、延长资产投资期限、提高长期投资收益水平，旨在跨期平滑国民收入。通常称这种主权财富基金为稳定型主权财富基金。

  第二类，主权财富基金设立目的在于协助中央银行分流外汇储备、干预外汇市场、冲销市场过剩的流动性。按照国际货币基金组织的定义，以主权财富基金形式用于中长期投资的外汇资产不属于国家外汇储备。因此，一些国家为缓解外汇储备激增带来的升值压力，便通过设立主权财富基金分流外汇储备。这种主权财富基金称为冲销型主权财富基金。

  第三类，出现严重人口老龄化和具有老龄化趋势的国家，为了建立更稳固的养老金系统，以及实现在代际间更公平地分配财富，设立专门的主权财富基金来达此目的，这种主权财富基金称为储蓄型主权财富基金。

  第四类，正如个人预防性储蓄动机一样，许多亚洲国家都持有巨额外汇储备，以应对潜在社会经济危机和发展的不确定性。这种预防国家社会经济危机、促进社会和经济平衡发展为动因的主权财富基金称为预防型主权财富危机。

  第五类，主权财富基金设立目的在于支持国家发展战略，在全球范围内优化资源配置资源，培育关键领域的世界领先企业，更好地实现国家在国际经济活动中的利益。通常称这种主权财富基金为战略型主权财富基金。

  最早的主权财富基金可追溯到 20 世纪 50 年代。1953 年，科威特政府为了减少对石油出口的依赖，成立了科威特投资理事会，专门负责运营石油外汇盈余。1965 年，该理事会并入科威特投资管理局下属的科威特投资办公室，由科威特办公室负责运营"未来世代基金"（Future Generation Fund），科威特政府每年把石油收入的10%划入该基金。主权财富基金的发展经历了三个高潮，第一个高潮始于20世纪70年代，以新加坡国有投资公司淡马锡控股（Temasek Holdings）和阿联酋阿布扎比投资局（Abu Dhabi Investment Authority，ADIA）为代表。新加坡国有投资公司淡马锡控股成立于1974年，是公认的主权财富基金的成功典范。该公司创建的宗旨是"负责持有并管理新加坡政府在各大企业的投资，目的是保护新加坡的长远利益"。截至2009年3月，其投资组合的账面价值为1180亿美元。阿联酋在1976年利用石油美元组建了阿布扎比投资局，该投资局2007年资产规模排在主权财富基金首位。此外，美国和加拿大也分别成立了阿拉斯加永久储备基金（Alaska Perpetual Reserve Fund，APRF）和奥伯特继承基金（Obert Inheritance Fund）。第二个高潮是在20世纪90年代。1990年挪威政府石油基金成立，2005年年底改为政府全球养老金基金，2007年拥有资产3480亿美元。1998年乌干达成立了扶贫基金（Poverty Alleviation Fund），2005年委内瑞拉成立了国家发展基金（National Development Fund），伊朗于1999年利用石油美元成立了石油稳定基金（Oil Stabilization Fund），用以规避因石油收入不稳定而带来的风险，2007年资产达120亿美元。此外，阿塞拜疆也于1999年成立了国家石油基金（State Oil Fund）。第三个高潮是2000年以来，2004年1月俄罗斯用240亿美元成立了俄罗斯联邦稳定基金（Stabilization Fund of the Russian Federation），2007年已发展到1570亿美元。韩国投资公司于2005年7月成立，初期投资200亿美元，目标是"实现外汇资产收益的可持续性，通过从事投资经营业务使韩国的金融产业达到国际水平"。澳大利亚未来基金（Future Fund of Australia）设立于2006年，2007年资产约为520亿美元。智利同年利用出口铜所获得的美元收入建立了经济和社会稳定基金（Economic and Social Stabilization Fund）。中国主权财富基金是于2007年9月底组建的中国投资公司（China Investment Corporation），首次注入资金2000亿美元。据2007年9月国际货币基金组织《国际金融稳定报告》统计，全球已有至少36个国家设立了主权财富基金，总规模在3.5万亿美元左右。至2008年2月，据摩根士丹利和花旗集团的统计报告可知，在全球主权财富基金中，基金规模排在前5位的国家有阿联酋的阿布扎比、挪威、新加坡、科威特和中国。

主权财富基金管理模式分为两个阶段：

第一阶段：中央银行直接管理。由于国家外汇盈余和财政盈余数量在满足必要流动性后略有富余，一般由中央银行负责管理外汇储备和财政储备。中央银行根据政策目标、储备资产的风险特征和期限，以及市场上可供选择的投资工具将其分割成不同的投资组合。中国香港实行的就是这种管理模式。中国香港金融管理局将外汇储备分割成两类：一类是以满足流动性为目的的资产储备，而另一类则是以积极的资产管理为目的的多余储备，并据此分别进行投资和管理。

中央银行直接管理模式有明显优势：央行可以对所有的国家盈余财富集中管理，避免新设机构因缺乏经验可能付出的成本。由于不需要对两个独立机构进行协调，因此当金融市场出现波动时，央行可以迅速作出反应。但央行直接管理模式也存在着缺陷：首先，流动性管理和积极的资产管理在发展战略上迥然不同。当两者同属一个管理机构时，即使操作层面上可分离，但不同的管理策略需提交同一个管理层或者董事会确定。倘若管理层思维方式倾向传统的央行管理模式，积极的资产管理可能难以实施，最终将可能走向传统的以政府为主导的储备管理。其次，中央银行直接管理模式易有操纵外汇市场之嫌，导致中央银行有声誉风险。

第二阶段：专门投资机构管理。自20世纪90年代以来，各国外汇盈余和财政盈余持续增加，各国主权财富基金逐步在满足资产必要的流动性和安全性的前提下，以盈余资产单独成立专门的投资机构，拓展投资渠道，延长资产投资年限，提高投资总体收益率水平。将国家盈余资产委托给一个独立的专业化资产管理机构，可以多元化经营资产，有利于分散风险，提高其风险承受能力。而且，委托不同的资产管理机构对不同的资产储备进行管理，可以拓展投资渠道，提高投资决策的灵活性。

无论采取哪一种管理模式，主权财富管理的基本发展趋势是一致的：主权财富管理正逐渐从传统的以规避风险为目的的流动性管理模式向更加多元化和具有更强风险承受能力的资产管理模式转变。这种转变，使主权财富基金能够积极拓展储备资产的投资渠道，在有效风险控制的条件下构造更加有效的投资组合，进而获取更高的投资回报。而且这种管理模式的转变，也为经济和货币政策的制定者们提供了一种全新的、更加有效的政策工具。

主权财富基金对金融市场的影响：主权财富基金的加入，给市场注入了新的活力，放大了投入的资金量，增强市场的流动性；主权财富基金在全球配置过程中增加了对金融产品的需求；资产管理服务机构通过为主权财富基金提供各种服务，可获得许多潜在收益；主权财富基金为陷入次贷危机的机构提供救急资本；主权财富基金长期投资理念对金融市场有稳定作用；主权财富基金对资源的需求可能推高资产价格。

参考文献：

陈元等：《国际金融百科全书（上卷）》，中国财政经济出版社1994年版。

[美] 弗兰克·N·马吉尔：《经济学百科全书（上卷）》，中国人民大学出版社2009年版。

高洁：《主权财富基金论》，中国金融出版社2010年版。

李石凯：《全球经济失衡与新兴市场经济体主权财富基金的崛起》，载于《国际金融研究》2008年第9期。

（黄梅波　许昌平）

国际储备货币
International Reserve Currency

国际储备货币是指一国政府特有的可直接用于国际支付的用作外汇储备的自由兑换货币。它是一国为保持汇率稳定和弥补国际收支赤字而持有的国际储备资产的一部分。阿维纳什·佩尔绍德（Avinash Persaud）提出过去的国际货币有中国的两（Liang），德国公元前5世纪的硬币——德拉克马（Drachma），4世纪印度银打孔标记的硬币（Punch-marked Coins），罗马的德纳里（Denari），中世纪拜占庭的苏勒德斯（Solidus）和伊斯兰的第纳尔（Dinar），还有文艺复兴时期威尼斯的杜卡托（Ducato），17世纪荷兰盾（Dutch Guilder）和后来的英镑和美元（Persaud，2004）。18世纪，英镑、法郎和荷兰盾为三大国际储备货币。第二次世界大战前，英国凭借其强大的国力和世界霸主的地位，使得英镑成为当时国际最主要的储备货币。"二战"后，英国实力的下降，美国实力的上升和布雷顿森林体系的建立，使美元替代了英镑的中心地位，成为主要的国际储备货币。但随着后来日本和联邦德国经济实力日益强大，特别是在70年代美元危机的频频发生，国际储备货币向多元化方向发展。现今国际储备货币主要有美元、欧元、英镑、日元、瑞士法郎。

在各国国际储备中充当储备货币的条件有：第一，它必须是可自由兑换的，具有较高的流动性。第二，发行该货币的国家必须具有强大的政治与经济实力。第三，该货币具有稳定的价值，人们对其有信心。

国家货币不宜充当主要的国际储备货币，因其造成的"特里芬难题（Triffin Dillemma）"难以解决。英镑体系和"二战"后布雷顿森林体系的崩溃都是此难题导致的，多元化国际储备货币体系的出现缓和了此困境。国际学术界普遍认为，储备货币的多元化，是各国中央银行依据"资产选择理论"，将证券管理的原则运用到储备货币管理中去的结果。资产选择理论的核心内容是，资产的组合应根据各种资产的风险和收益的比较来确定。由于决定储备资产利息收益的国际货币市场和决定储备资产兑换收益的外汇市场尚未达到充分效率，国际储备货币的构成也应以此作为基本准则。由2007年美国次贷危机引发的全球金融危机充分暴露了现行国际储备货币体系的缺陷，各国越来越关心如何建立一个更优的国际储备货币体系，储备货币该如何组合或搭配。2009年3月23日，中国人民银行行长周小川首次公开提出创建"超主权国际储备货币"（一种与主权国家脱钩并能保持币值长期稳定的国际储备货币）的主张，中国人民银行也在其《2009年金融稳定报告》中重点阐述了这一主张。2009年G20峰会召开之前，"超主权国际储备货币"成为国际社会的热点问题。俄罗斯、巴西、亚洲和拉丁美洲一些国家纷纷表示赞同，但欧盟、美国等发达西方国家出于自身利益考虑均投了反对票。2009年6月16日，俄罗斯官员表示，他们可能更使用"金砖四国"货币作为储备货币，但到最后，"金砖四国"公报中并未提到此议题。2009年6月27日，余永定提出用新的国际货币代替美元是国际货币体系改革最核心的问题。2009年9月3日，联合国贸易和发展会议（UNCTAD）呼吁建立由新的国际储备银行管理的以SDRs为基础的国际储备货币体系。2010年，UNCTAD呼吁放弃以美元作为单一主要储备货币，强调新的储备货币体系不应该由单一国家货币或是多种国家货币组成而是应该适当控制储备货币的国际流动来建立一个更稳定的储备货币体系。

参考文献：

陈元等：《国际金融百科全书（上卷）》，中国财政经济出版社1994年版。
李琮：《世界经济学大辞典》，经济科学出版社2000年版。
Persaud, A., Why Currency Empires Fall, Gresham Lectures, 2004.

（黄梅波　许昌平）

外汇储备
Foreign Exchange Reserves

国际储备资产，又称储备资产、官方储备或国际储备，是一国官方持有的，用于平衡国际收支、稳定汇率和作为对外偿债保证的国际普遍接受的各种流动资产的总和，其包括货币黄金、特别提款权、在 IMF 储备头寸和外汇储备等。国际货币基金组织对外汇储备定义为：货币当局以银行存款、财政部库存、长短期政府证券等形式所拥有的，在国际收支逆差时可以使用的债权。外汇储备是一国政府持有的国际储备资产中的外汇部分，用于国际收支中最后结算的可兑换货币。外汇储备有广义和狭义之分。狭义外汇储备是指一国官方持有的用于稳定汇率和国际支付的那部分外汇流动资产，以官方结算项目中储备资产金额记录于国际收支平衡表上。广义的外汇储备除包括狭义的外汇储备外，还包括一国国际交易所能利用的其他外汇资源的总和，如非官方外汇银行持有的外汇资产、政府的对外借款等。外汇储备实际主要由储备货币构成，目前主要的储备货币为美元、欧元、日元、英镑等，储备货币正向多元化发展。

外汇储备的优点：相比黄金储备，无须保管费，此外某些形式的外汇储备，如国外存款和国库券形式，还可获得额外的收益，而且储备外币资产便于政府随时动用，及时干预外汇市场。外汇储备的缺点：一方面，由于储备货币贬值易使储备国遭受损失。另一方面，易受储备货币发行国的强力干预。但外汇储备的优点远超于其缺点，因此外汇储备成为当今世界各国国际储备中最主要的储备形式。在 IMF 各成员国中，外汇储备占各国国际储备的比重都在 90% 以上，且从总体上看，外汇储备的绝对数额一直呈上升趋势。第二次世界大战后的数十年中，全球外汇储备规模总体呈现上升趋势，只是在少数几个年份出现外汇储备的负增长，而发展中的外汇储备增长相对更为迅速。

中国的外汇储备，从 2002 年年底的 2684 亿美元一路攀升，直至 2008 年 10 月，累积达 2 万亿美元，平均年增长达 32.9%，其主要用于购买美国国债和其他各种政府发行的债券。

参考文献：

李琮：《世界经济学大辞典》，经济科学出版社 2000 年版。

侯高岚：《国际金融》，清华大学出版社 2005 年版。

刘树成：《现代经济辞典》，凤凰出版社、江苏人民出版社2005年版。

（黄梅波　许昌平）

特别提款权
Special Drawing Rights（SDRs）

  特别提款权是国际货币基金组织（IMF）创设并分配给各成员国以补充其储备资产的一种账面储备资产。IMF为应对第二次美元危机于1969年在第24届国际货币基金组织年会上创设了"特别提款权"，并决定在1970~1972年，由IMF发行95亿特别提款权单位，按成员国所缴纳的基金份额进行分配。特别提款权的特点：第一，特别提款权的动用无须通过协议或事先审查，无须按照规定日期归还。第二，特别提款权只是一种有名无实的账面资产，虽称为"纸黄金（Paper Gold）"，但无价值，只能在IMF成员国发挥计价结算作用，用于政府间相互划拨。初创时，特别提款权以黄金定值，即1单位特别提款权等于1/35盎司黄金，但自从美元两次贬值后，IMF改用"一篮子"货币加权平均来给特别提款权定值，权数以各国对外贸易占世界贸易总额的比重来确定。自从1980年9月18日以后"一篮子"货币由最初的16种减为5种，即美元、德国马克、英镑、法国法郎、日元。IMF从1986年1月1日起每5年修改1次"一篮子"货币中的货币及其所占比重。2001年1月1日起，欧元取代了德国马克和法国法郎。特别提款权利率，自1983年8月1日以来，都是参照市场综合利率来确定。特别取款权的价值每日计算，并以美元列示。计算方法是依据美元、欧元、日元和英镑于每日中午伦敦市场所报汇率，计算四种货币指定数额的等值美元总额，所得总额即为特别提款权价值。IMF每日于其网站公布特别提款权的价值。特别提款权用途主要有：用以向其他成员国换取外汇，协议挽回其他成员国持有的本国货币，用以偿还和支付IMF贷款和利息。1978年后，特别提款权的使用范围扩大，可用于交易安排、远期业务、信贷、金融债务清算等，并允许成员国政府以外的金融机构持有，也可用于私人交易。

参考文献：

陈元等：《国际金融百科全书（上卷）》，中国财政经济出版社1994年版。
史燕平：《国际金融市场》，中国人民大学出版社2010年版。

刘树成：《现代经济辞典》，凤凰出版社、江苏人民出版社 2005 年版。
侯高岚：《国际金融》，清华大学出版社 2005 年版。

（黄梅波　许昌平）

银行承兑
Bankers' Acceptance

银行承兑是指银行在特定条件下的将来某个时间承诺付出一定数量的货币的行为。

银行承兑最早是为了交易安全而设置的金融产品。交易的双方在相互不信任的情况下，为了资金或者货物的安全并达到交易顺利完成的目的，找银行当作中间人来完成交易。收货方先将款项存入银行并开具银行承兑汇票，并规定收款方在一定时间后才能兑现，当收款方能兑现时收货方也收到了货物，这样就防止了交易中的欺诈行为。作为一种重要的货币市场工具，银行承兑行为经常发生在国际贸易的往来中。在银行承兑的过程中，银行承诺作为主要债务人，在无论随后发生什么的情况下，都有责任和义务为客户偿还债务。

银行承兑的主要载体为银行承兑汇票，银行承兑汇票是由在承兑银行开立存款账户的存款人出票，向开户银行申请并经银行审查同意承兑的，保证在指定日期无条件支付确定的金额给收款人或持票人的票据。对出票人签发的商业汇票进行承兑是银行基于对出票人资信的认可而给予的信用支持。我国的银行承兑汇票每张票面金额最高为 1000 万元（实务中遇到过票面金额为 1 亿元）。银行承兑汇票按票面金额向承兑申请人收取万分之五的手续费，不足 10 元的按 10 元计。承兑期限最长不超过 6 个月。承兑申请人在银行承兑汇票到期未付款的，按规定计收逾期罚息。

银行承兑汇票主要有以下几个特点：

首先，银行承兑汇票具有良好的银行信用作为通兑的保证。银行承兑汇票经银行承兑到期是无条件付款的，即使此时付款方银行账户上没有资金，银行也会付出这笔钱，因此银行承兑汇票不会出现空头支票的情况，非常有保障。这使得银行承兑汇票的持票人十分具有安全感。因为有银行信用作为担保。对企业来说，收到银行承兑汇票，就如同收到了现金。

其次，流通性强，灵活性高。银行承兑汇票可以背书转让，也可以申请贴现，不会占压企业的资金。

最后，对于实力较强，银行比较信得过的企业，只需缴纳规定的保证金，就能申请开立银行承兑汇票，用以进行正常的购销业务，待付款日期临近时再将资金交付给银行，这样可以达到节约资金成本的目的。由于银行承兑汇票具有上述优点，因而受到企业的欢迎。然而，伪造银行承兑汇票等犯罪行为呈现上升势头，有些企业深受其害。

如今的银行承兑汇票已经发展到具有融资功能。开具银行承兑汇票是要缴纳保证金的，最早是100%缴纳，现在某些银行最低可以达到10%的保证金。这意味着开票方交纳10%的资金，便可以开出100%资金的票，然后拿着100%面额资金的票去消费。开票方只需在银行承兑汇票到期前将90%的资金到银行补齐就行。这往往比在银行贷款相同金额更划算。

参考文献：

陈元等：《国际金融百科全书》，中国财政经济出版社1994年版。
黄斌元：《英汉路透金融词典》，中国金融出版社2005年版。
史燕平：《国际金融市场》，中国人民大学出版社2010年版。

（黄梅波　李强）

欧洲债券
Euro Bond

欧洲债券是一国政府、金融机构、工商企业或国际组织在国外债券市场上以第三国货币为面值发行的债券。例如，英国一家机构在法国债券市场上发行的以美元为面值的债券即是欧洲债券。因此，欧洲债券的发行人、发行地以及面值货币分别属于三个不同的国家。

按面值货币划分，欧洲债券可分为欧洲美元、欧洲马克、欧洲日元、欧洲英镑和欧洲瑞士法郎债券等多种形式，其中欧洲美元债券市场比重最大。

欧洲债券最早产生于20世纪60年代，是随着欧洲货币的形成而兴起的一种国际债券。60年代以后，美国政府因为本国资金持续外流被迫采取一系列限制性措施。1963年7月，美国政府开始征收"利息平衡税"，规定美国居民购买外国在美发行的债券，所得利息一律要付税。1965年，美国政府又颁布条例，要求银行和其他金融机构限制对国外借款人的贷款数额。这两项措施使外国借款者很难在美国发行美元债券或获得美元贷款。另一方面，在60年代，许多国家有大量盈余美元，需要投入借贷市场获取利息。

于是，一些欧洲国家开始在美国境外发行美元债券，这就是欧洲债券的由来。欧洲债券自产生以来，发展十分迅速。1992年债券发行量为2761亿美元，1996年的发行量增至5916亿美元，在国际债券市场上，欧洲债券所占比重远远超过了外国债券。

欧洲债券不受任何国家资本市场的限制，免扣缴税，其面额可以发行者当地的通货或其他通货为计算单位。对多国公司集团及第三世界政府而言，欧洲债券是它们筹措资金的重要渠道。但是欧洲债券的发行比其他债券更为严格。首先是待发行的债券要通过国际上权威的证券评级机构的级别评定，其次债券还需要由政府或大型银行或企业提供担保，另外还需有在国际市场上发行债券的经验，再者在时间间隔方面也有一些限制。这种债的发行通常由国际性银团进行包销，一般由4~5家较大的跨国银行牵头，组成一个世界范围的包销银团。有时包销银团还要组织一个更大的松散型的认购集团，联合大批各国的银行、经纪人公司和证券交易公司，以便在更大范围内安排销售。欧洲债券的票面货币除了用单独货币发行外，还可以用综合性的货币单位发行，如特别提款权、欧洲货币单位等。

欧洲债券对投资者巨大的吸引力主要有以下几个方面的原因：

第一，投资可靠且收益率高。欧洲债券市场主要筹资者都是大的公司、各国政府和国际组织，这些筹资者一般来说都有很高的信誉，且每次债券的发行都需政府、大型企业或银行作担保，所以对投资者来说是比较安全可靠的，且欧洲债券与国内债券相比其收益率更高。

第二，债券种类和货币选择性强。在欧洲债券市场可以发行多种类型、期限、不同货币的债券，因而筹资者可以根据各种货币的汇率、利率和需要，选择发行合适的欧洲债券。投资者也可以根据各种债券的收益情况、风险程度来选择某一种或某几种债券。

第三，流动性强，容易兑现。欧洲债券的二级市场比较活跃且运转效率高，从而可使债券持有人比较容易地转让债券以取得现金。

第四，免缴税款和不记名。欧洲债券的利息通常免除所得税或不预先扣除借款国的税款。另外欧洲债券是以不记名的形式发行的且可以保存在国外，从而使投资者容易逃避国内所得税。

第五，市场容量大且自由灵活。欧洲债券市场是一个无利率管制、无发行额限制的自由市场，且发行费用和利息成本都较低，它无须官方的批准，没有太多的限制要求，所以它的吸引力就非常大，能满足各国政府、跨国公司和国际组织的多种筹资要求。

参考文献：

董有德：《当代国际筹资的主要形式——欧洲债券》，载于《财贸研究》1996年第8期。

任映国：《欧洲债券与国际银行辛迪加》，载于《金融科学》1990年第2期。

（黄梅波　李强）

浮动利率债券
Floating Rate Notes

浮动利率债券是指发行时规定债券利率随市场利率定期浮动的债券，这意味着债券利率在偿还期内可以进行变动和调整。作为浮动利率债券变动参照对象的一般为常见的金融指数，如银行同业拆借利率，也有以非金融指数作基准的，如某种初级产品价格。当这些基准发生变动时，债券利率便作相应调整。

浮动利率债券往往是中长期债券，这是因为一般情况下中长期债券才会面临较长时间段内利率波动的问题。浮动利率债券的利率通常根据市场基准利率加上一定的利差来确定。美国浮动利率债券的利率水平主要参照3个月期限的国债利率，欧洲则主要参照伦敦同业拆借利率（指设在伦敦的银行相互之间短期贷款的利率，该利率被认为是伦敦金融市场利率的基准）。如1984年4月底，苏联设在英国伦敦的莫斯科国民银行发行了5000万美元的7年期浮动利率债券，利率为伦敦同业拆借利率加0.185%。

浮动利率债券的种类较多，如规定有利率浮动上、下限的浮动利率债券，规定利率到达指定水平时可以自动转换成固定利率债券的浮动利率债券，附有选择权的浮动利率债券，以及在偿还期的一段时间内实行固定利率，另一段时间内实行浮动利率的混合利率债券等。

由于债券利率随市场利率浮动，采取浮动利率债券形式可以避免债券的实际收益率与市场收益率之间出现任何重大差异，使发行人的成本和投资者的收益与市场变动趋势相一致。但债券利率的这种浮动性，也使发行人的实际成本和投资者的实际收益事前带有很大的不确定性，从而导致较高的风险。

参考文献：

陈元等：《国际金融百科全书（上卷）》，中国财政经济出版社1994年版。

史燕平：《国际金融市场》，中国人民大学出版社 2010 年版。
陶君道：《国际金融中心与世界经济》，中国金融出版社 2010 年版。

（黄梅波　李强）

短期债券发行机构
Short-term Bond Releasing Agency

短期债券通常指的是偿还期限在 1 年以下的债券，它的流动性强、风险低，往往受短期投资者欢迎，但利率较低。短期债券发行机构主要是政府和大型工商企业。按发行人的分类不同则可以分为金融企业的短期债券和非金融企业的短期债券。金融机构中的银行因为有本身吸收的存款作为自己的主要资金来源，所以较少发行短期债券。

企业发行短期债券大多是为了筹集临时性周转资金，调节现金余缺，以保障企业能够得到良好持续的发展。如 2012 年我国特大型国有煤炭企业开滦集团为了应对宏观经济总体回落、煤炭销售价格大幅下滑的严峻形势，依据有关法律规定和政策要求，在深入分析论证的基础上，制订了发行短期融资券的债务融资方案，成功分两期共融资 29 亿元，短期债券的成功发行为开滦集团年节约财务费用 3880 万元。

在我国，一般短期债券的期限分为 3 个月、6 个月和 9 个月。1988 年，我国企业开始发行短期债券，截至 1996 年年底，企业通过发行短期债券共筹资 1055.08 亿元。政府发行短期债券多是为了平衡预算开支。如美国政府发行的短期债券分为 3 个月、6 个月、9 个月和 12 个月四种。此外，我国政府发行的短期债券较少。

参考文献：

陈元等：《国际金融百科全书（上卷）》，中国财政经济出版社 1994 年版。
陶君道：《国际金融中心与世界经济》，中国金融出版社 2010 年版。
董泽民：《开滦集团发行两期短期债券融资 29 亿元》，中国煤炭报，2012 年 11 月 7 日。

（黄梅波　李强）

货币掉期
Currency Swap

货币掉期指在约定期限内交换约定数量的两种货币，同时定期交换两种货币利息的交易协议。自1994年我国实施汇率改革以来,汇率变动幅度较之以前增大。货币掉期作为一种金融衍生产品成为了许多企业所采取的避险手段。企业可以通过办理人民币与外币之间的掉期业务来帮助他们管理不同期限、不同币种的资金缺口,达到规避汇率风险的目的。同时在当前人民币处于不断增值的状态下,货币掉期的运用也能为企业带来额外的收益。货币互换的目的在于降低筹资成本及防止汇率变动风险造成的损失。

假设一家美国公司A需要贷款1000万英镑,另一家英国公司B欲贷款1600万美元。其中美国公司A在美国本土贷款美元需支付的利率成本为8%,在英国贷款英镑的需支付的利率为11%。相应的英国公司B在美国贷款美元的利率成本比美国公司A要高为9%,在英国贷款英镑的利率为10%。在此种情况下,美国公司A可以向英国公司B贷款1000万英镑,B公司则同时向A公司贷款1600万美元。而这些资金分别是2家公司从本国贷款的,这一步叫作交换本金。第二步为交换利息,A公司支付1000万英镑×10%=100万英镑的利息。B公司支付1600万美元×8%=128万美元的利息。既两者分别各自支付自己标的借款的利息。如果两家公司直接从本国借款,则A公司需要支付1000万英镑×11%=110万英镑,B公司需要支付1600万美元×9%=144万美元的利息。通过货币掉期两公司都节约了贷款利息支出。

表1　　　　　　　　　　　　货币掉期举例

	在美国拆借美元的成本	在英国拆借英镑的成本
A公司（美）	8%	11%
B公司（英）	9%	10%
借款成本差额	1%	1%

货币掉期有如下优点:

第一,货币掉期有利于企业和金融机构避免外汇风险,从而降低筹资成本,获得最大收益。

第二,有利于企业和金融机构的资产负债负责管理。企业和金融机构可根据将一种货币的资产或负债通过货币掉期交易转换成另一种货币的资产或负债,从而适应资产和负债需求一致的资产负债管理战略要求。

第三,货币掉期还可用于投机获利,增加参与掉期交易的金融机构的表外收入。

第四，有助于人们自由地进入某种欧洲资本市场。人们可以通过货币掉期交易，绕过一些国家阻碍进入欧洲资本市场的规章制度，从而自由地、间接地参与到交易之中。

第五，货币掉期完全不同于以前外汇市场上的外汇掉期，外汇掉期只是在签约和到期日作反向的本金货币交换，在交易的有效期内，它没有利息交换，并只限于外汇市场。而货币掉期除了本金的交换外，这有一段时期内的一系列的利息交换，并出现在各类金融市场中，发挥的作用更大，也更重要。

参考文献：

王栋琳：《货币掉期成对冲流动性"第三宝"》，载于《中国证券报》2007年4月2日版。

陈元等：《国际金融百科全书（上卷）》，中国财政经济出版社1994年版。

史燕平：《国际金融市场》，中国人民大学出版社2010年版。

陶君道：《国际金融中心与世界经济》，中国金融出版社2010年版。

（黄梅波　李强）

欧洲货币

Eurocurrency

欧洲货币指的是由货币发行国境外银行体系所创造的该种货币存贷款业务，一般有广义和狭义之分。狭义的欧洲货币特指在欧洲一国国境以外流动的该国货币资金，亦即欧洲各国商业银行吸收的除本国货币以外的其他国家的货币存贷款。而广义的欧洲货币则泛指存放在货币发行国境外既包括欧洲也包括其他国家银行中的各国货币。

欧洲货币的历史可以追溯至20世纪60年代，在当时英美等主要资本主义国家实行严格的外汇管制措施导致国际金融市场发展步伐放慢的大背景下，美国国际收支出现持续巨额逆差，同时黄金储备也外流加剧，人们纷纷将资金抽走从而使得资金外逃严重，美元在国际市场上的地位岌岌可危。这时美国被迫采取了一些限制资本外逃的措施，导致大量美元为逃避管制而纷纷流向境外金融市场，从而形成了欧洲美元市场。后来，由于类似的原因，又出现了"欧洲英镑市场"，"欧洲马克市场"等其他欧洲货币市场，与欧洲美元市场一起统称为欧洲货币市场。可以说，欧洲货币市场是在欧洲美元市场的基础上发展起来的，交易对象也主要是欧洲美元。欧洲货币存贷业务由于不受货币发行机构的管辖，同时又游离于国际金融市场的规则约束，因此其自由主义的色彩极为浓厚。

欧洲货币的支持者认为，它不仅将世界各国的金融市场有效地整合成了一个大的市场，提高世界资本的流动性，而且为借贷双方提供了更多的信用选择工具，从而增进了金融交易效率，也提高了国内银行的竞争与效率。此外，欧洲货币还提高了世界资本利用效率，打破了各国金融垄断，使借贷双方更有效分散风险，欧洲货币市场的营运成本得以降低，国际资本的运用效率得以全面提高。

而欧洲货币的反对者则认为，它损害了欧洲各国货币政策的自主权。欧洲货币市场成为各国人民（金融机构）规避或减轻货币政策管制的管道，因而使各国的货币政策丧失独立性与效力。影响国际金融的稳定。欧洲货币市场的存在，使国际短期资金的移动更加频繁，数量更加巨大，其中有许多属"热钱"性质的资金移动，因而对各国外汇市场与利率的稳定造成不利的影响。欧洲货币市场虽然对于促进美元的回流有很大的贡献，但也造成许多国家过度依赖欧洲货币市场来融资国际收支逆差，而不设法减少逆差。这种舍本逐末的做法，一方面导致国际债务累积的问题，同时也会阻碍国际收支的调整，危害了国际金融的稳定。

参考文献：

张才圣：《德国与欧洲货币体系的创建》，载于《武汉大学学报（人文科学版）》2010年9月版。

陈元等：《国际金融百科全书（上卷）》，中国财政经济出版社1994年版。

陶君道：《国际金融中心与世界经济》，中国金融出版社2010年版。

（黄梅波　李强）

欧洲美元
Eurodollar

欧洲美元指的是存放在美国以外银行的不受美国政府法令限制的美元存款或是从这些银行借到的美元贷款。由于这种境外存款、借贷业务开始于欧洲，尤其是伦敦，因此习惯上称其为欧洲美元。它与美国境内流通的美元是同样的货币，并具有同样的价值。它们之间的区别只是账务上的处理有所不同。时至如今，欧洲美元已经遍布世界各地。

欧洲美元的历史起源于第二次世界大战之后，当时欧洲经济已经被战争摧残得满目疮痍，濒临崩溃。为了帮助欧洲恢复其经济体系，同时也达到阻止和抵抗当时苏联在欧洲势力的进一步扩张的目的，美国当时凭借其在"二战"后的雄厚实力，开始了对欧洲国家的援助。此称作马歇尔计划，该计划因时任美国国务卿乔治·马歇尔（George Catlett Marshall）而得名。美国援助欧洲国家后，欧洲顺理成章地成为了美国的最大出口市场，这样欧洲便积累了大量的美元。

在冷战期间，尤其是1956年苏联入侵匈牙利的匈牙利事件之后，苏联政府担心美国会因此冻结其在北美银行的美元存款，便采取先将其美元存款存入一家英国银行账户，然后该英国银行再将美元存入美国银行的策略。因为经过了2次操作，这样苏联政府的美元存款就绕过了美国政府的审查并且降低了其银行账户被冻结的风险，该次操作被认为是"欧洲美元"一词的首次使用。

参考文献：

[美] 弗兰克·N·马吉尔：《经济学百科全书（上卷）》，中国人民大学出版社2009年版。

黄斌元：《英汉路透金融词典》，中国金融出版社。

Galen Burghardt, *The Eurodollar Futures and Options Handbook*, McGraw-Hill, 2003.

（黄梅波　李强）

欧洲货币市场
Euro Currency Market

欧洲货币市场，又称离岸金融市场，指的是经营欧洲美元和欧洲一些主要国家境外货币交易的国际资金借贷市场。此处"欧洲"并非地点名词，实际上指的是"非国内的"、"境外的"、"离岸的"的意思。

欧洲货币市场起源于20世纪50年代，市场上最初只有欧洲美元。当时，美国在朝鲜战争中冻结了中国存放在美国的资金，这引起了一些国家的担心。苏联和东欧国家为了本国资金的安全，将原来存在美国的美元转存到苏联开设在巴黎的北欧商业银行和开设在伦敦的莫斯科国民银行，以及设在伦敦的其他欧洲国家的商业银行。美国和其他国家的一些资本家为避免其"账外资产"公开暴露而引起美国管制和税务当局追查，也把美元存在伦敦的银行，从而出现了欧洲美元。当时，欧洲美元总额不过10亿多美元，而且存放的目的在于保障资金安全。

在第二次世界大战结束以后，美国通过对饱受战争创伤的西欧各国的援助与投资，以及支付驻扎在西欧的美国军队的开支，使大量美元流入西欧。当时，英国政府为了刺激战争带来的经济萎缩，企图重建英镑的地位。1957年英格兰银行采取措施，一方面对英镑区以外地区的英镑贷款实施严格的外汇管制；另一方面却准许伦敦的商业银行接受美元存款并发放美元贷款，从而在伦敦开放了以美元为主体的外币交易市场，这就是欧洲美元市场的起源。后来随着时间推移，越来越多国家的货币加入到这个市场中来，最终形成了现在的欧洲货币市场。

欧洲货币市场兴起有其必然的原因。

首先，该市场内聚集着大量的境外美元和境外欧洲货币，这为大型的跨国公司，中央银行，甚至政府机构等提供了良好的融资平台以调节自身的需求。同时，市场内的资金增长规模速度非常之快，超过了传统意义上的一般市场，繁荣的市场能够为供求双方提供高效并且方便的交易平台。

其次，欧洲货币市场管制较松并且市场中资金调拨方便。相对于其他市场对借贷资金的严格甚至严厉的审核流程，筹集资金的一方的需求更容易在欧洲货币市场得到批准。因此，一些发展中国家政府或企业常常在此借取资金，以满足其经济发展的需要。而且市场中经验丰富的金融机构大量扎堆于市场中，能够办理的业务种类丰富，因此融资者极容易调成各种所需货币，可以在最短的时间形成高效完全竞争的局面。因此资金调拨非常方便。

最后，欧洲货币市场中的融资者交易时面临的税费较轻，而且可选货币多样资金来源广泛，银行机构各种服务费平均较低，这些都极大地降低了交易成本而受融资者的青睐。欧洲货币市场所提供的资金不仅限于市场所在国货币，而几乎包括所有主要西方国家的货币，从而为融资者选择借取的货币提供了方便条件。欧洲货币市场打破了资金供应者仅限于市场所在国的传统界限，从而使非市场所在国的资金拥有者也能在该市场上进行资金贷放。

参考文献：
刘树成：《现代经济辞典》，凤凰出版社、江苏人民出版社2005年版。

王传纶、吴念鲁：《欧洲货币市场的形成、发展及其影响》，载于《世界经济》1979 年第 6 期。

西青：《欧洲货币市场的形成与发展》，载于《国际金融研究》1987 年第 3 期。

（黄梅波　李强）

欧洲货币单位
European Currency Unit

欧洲货币单位（European Currency Unit，ECU），又称埃居，是由一定量的欧洲货币体系成员国货币组成的综合货币单位。它是欧洲共同体国家共同用于内部计价结算的一种货币单位，是欧洲货币体系非常关键的一环。

欧洲货币单位建立的主要目的是为了保证欧洲最大限度地避免因汇率突变带来的负面影响，同时保持各成员国经济的趋同性。当时欧洲经济共同体国家为推进欧洲经济和货币联盟目标计划，由联邦德国和法国倡议，于 1978 年 7 月经共同体九国首脑会议讨论，并于同年 12 月 5 日在布鲁塞尔举行的共同体理事会上通过决议建立欧洲货币体系。其重要内容之一就是创建并采用有多种职能的欧洲货币单位（ECU），以代替欧洲记账单位（European Unit of Account，EUA）。

欧洲货币单位于 1979 年 3 月 13 日开始正式使用。1987 年时，欧洲货币单位的发行总额已经增长到了 700 亿左右（约合 800 亿美元）。据官方统计，1981~1987 年，总计有 310 多亿的欧洲货币单位债券参加了交易。另据国际清算银行统计，1984 年欧洲货币单位占西方工业国外汇储备的 26%，世界外汇储备的 11%。可以说其在国际上的重要性仅次于美元、英镑、日元、西德马克等重要货币。随着欧洲货币单位在金融等领域的广泛运用，人们对它的认识也逐渐深入。1980 年 11 月，欧共体网球锦标赛冠军奖金便是用欧洲货币单位发放的。时至 1985 年年底，人们已经开始使用欧洲货币单位旅行支票。然而令人遗憾的是，尽管欧洲货币单位出现在众多领域，并且地位逐渐稳定，但其却缺乏实物形态为载体的货币。历史上欧洲货币单位仅作为纪念币的时候有过偶尔发行，如 1988 年比利时为庆祝欧共体成立 30 周年发行的纪念币。

欧洲货币单位是由各成员国货币组成的"篮子"货币，每一种货币在其中所占比例基本与该国的经济实力相当，欧洲货币单位本身的价值随着其他各种相关货币的变化而变化。作为欧洲货币体系的核心，欧洲货币单位由德国马克、法国法郎、英国英镑、意大利里拉等12种货币组成。组成欧洲货币单位的每一种货币在欧洲货币单位中所占的比重一般每5年调整一次。欧洲货币单位类似于特别提款权，是成员国货币组成的复合货币，各国货币在ECU中所占权重按其在欧共体内部贸易中所占权重及其在欧共体GDP中所占权重加权计算，指标取过去5年中的平均值。权数每5年调整一次，必要时可随时调整。ECU的币值根据这些权重和含量及各组成货币汇率用加权平均法逐日计算而得。

欧洲货币单位主要有以下几个用途：它可以用作确定各成员国货币之间的固定比价和波动幅度的标准，也是共同体各机构经济往来的记账单位，还可以用作成员国货币当局的储备资产和私人领域使用。20世纪90年代以后，欧洲货币单位的使用范围逐步扩大，这为实现欧洲货币联盟打下了良好的基础。时至今日，随着欧元的兴起，欧洲货币单位已经完成其使命，退出了历史的舞台。1999年1月1日，埃居以1∶1的兑换汇率全部自动转换为欧元。

参考文献：

［美］弗兰克·N·马吉尔：《经济学百科全书（上卷）》，中国人民大学出版社2009年版。

章树德：《欧洲货币单位的现状和发展前景》，载于《上海金融》1988年第7期。

陈元等：《国际金融百科全书（上卷）》，中国财政经济出版社1994年版。

陶君道：《国际金融中心与世界经济》，中国金融出版社2010年版。

（黄梅波　李强）

套期保值

Hedging

套期保值指的是交易者为了避免现货市场上的价格风险而在期货市场上采取与现货市场上方向相反的买卖行为，这意味着交易者需要在远期市场买入（卖出）和现货市场数量相当、但交易方向相反的远期合约，以达到在未来某一时间通过卖出（买入）远期合约来补偿现货市场价格变动所带来的实际价格风险的目的。即对同一种商品在现货市场上卖出，同时在期货市场上买进，或者相反的行为，从而在"现"与"期"之间、近期和远期之间建立一种对冲机制,以使价格风险降低到最低限度。

套期保值有两种形式,即空头套期保值(又称为卖出套期保值)和多头套期保值(又称为买入套期保值)。所谓空头套期保值,就是在现货市场上买进而在期货市场上卖出的交易行为,其目的在于保护没有通过远期合同销售出去的商品或金融证券的存货价值,或者是为了保护预期生产或远期购买合同的价值。而多头套期保值则是指在现货市场上卖出而在期货市场上买进的交易行为,其目的在于防止在固定价格下通过远期合同销售产品而引起的风险。

一个典型的多头套期保值例子为:某一用铜企业,2008年3月按照生产销售计划,预计未来几个月需要用铜1000吨,由于近期铜价一路攀升,价格从年初的58000元/吨上涨到3月初的69000元/吨,短短两个月涨幅超过20%。企业估计未来铜价还会大幅上涨,又限于资金紧张,无法于目前价位买入1000吨铜。此时这家企业选择在期货市场上做多铜期货的6月品种,按照现在的期货价格68800元买入1000吨的期货合约。然而由于前期涨幅过高,现货价格并没有再现一季度涨势,并且3~6月间,铜价格出现了明显的回调。到6月初,铜价已跌至61100元/吨。企业从厂家拿到的现货价格是61000元,成本节约69000元-61000元=8000元/吨。而企业最终在61300元将期货多头头寸平仓,由于没有能够及时平仓,该企业在期货市场的亏损是为68800元-61300元=7500元/吨,大大稀释了企业在现货市场中的收益。如果该企业能够及时平仓将会获得更多的收益。

套期保值的过程一般分三个阶段:

第一阶段,投资者首先要确定自己在现货市场上的位置,也就是首先分析清楚自身在现货市场上有什么风险。

第二阶段,投资者根据自己在现货市场上的风险所在来建立期货头寸(例如面临价格下跌风险,在期货市场上就采取空头)。

第三阶段,最后投资者对冲掉自己在期货市场上的位置。所谓对冲就是在期货市场上进行一个与现有未平仓部位相反的交易。对冲时所交易的期货合约的品种,合约月份和合约数量,应与被对冲的合约完全一致。

套期保值和常见的投机行为有明显的区别。首先是目的性不同,套期保值是单纯地为了降低由于远期市场的不确定性而带来的风险,而投机则是为了从市场的波动中赚取利润。其次,相比投机而言,因为套期保值存在着对冲机制,因此行为主体只是承担基差带来的风险,而投机则往往需要承受非常大的风险。

参考文献：

［美］弗兰克·N·马吉尔：《经济学百科全书（上卷）》，中国人民大学出版社2009年版。
姜波克：《国际金融新编》，复旦大学出版社2001年版。
周好文、郭洪钧：《股指期货的套期保值问题》，载于《数量经济技术经济研究》2008年第2期。

（黄梅波　李强）

远期保值
Forward Hedge

远期保值又被称作远期外汇市场套期保值，指的是公司在远期外汇市场上按照已经确定的期汇汇率，买入或卖出在未来约定的日子交出或收入确定数量的一种货币，以换取确定数量的另一种货币，从而将外汇交易风险固定在一定范围的行为。

远期外汇市场套期保值的目的是为了降低因市场上无法预测的汇率变动给经营者带来的影响，因此其本质是提前"锁定"汇率，最大程度地减小因汇率变动给市场交易者的损失。

例如，2012年8月10日，某公司预期在3个月后将收到一笔100万美元的款项，但是细心的公司财务人员发现，此时美元兑人民币汇率已经有贬值的趋势。公司为了确保这100万美元不因汇率变动而遭受损失，决定在远期外汇市场按3个月的远期汇率6.35元卖出100万美元。形势正如财务人员所预料，到了3个月后的11月10日，美元对人民币汇率已经在持续下跌了两个多月后又连续跌停了12个交易日，汇率为1美元兑换6.22元人民币。此时人民币对美元创下了1994年汇率改革以来新高。在此背景下，2012年11月10日，公司收到100万美元，公司按照当初约定的汇率卖出价6.35元进行合约的交割，获得人民币635万元（未计算手续费）。这样，公司可以在预期收到100万美元时，将其收入锁定在人民币635万元，避免由于汇率的不确定性而导致的损失，从而减少了损失人民币13万元。

同样如果到期后人民币对美元的实际汇率为6.5元，则公司还是必须按照6.35元的汇价履行合约卖出美元，这时便会产生15万元的损失。因而，采取远期外汇市场套期保值措施要求对汇率波动的方向做出正确的预测，如果对汇率未来走势判断不正确，仍有遭受损失的可能。

参考文献：
李琮：《世界经济学大辞典》，经济科学出版社2000年版。
陈元等：《国际金融百科全书》上卷，中国财政经济出版社1994年版。
史燕平：《国际金融市场》，中国人民大学出版社2010年版。

（黄梅波　李强）

远期外汇市场
Forward Foreign Exchange Market

远期外汇市场又称"期汇外汇市场"，指的是成交日交易双方以约定的外汇币种、金额、汇率，在约定的未来某一日期交割结算各种外汇的交易市场。作为外汇市场的一部分，远期外汇市场中的各种外汇一般按1、3、6个月或者12个月的期限进行远期交易。

由于即期汇率经常会因各种可预期或不可预期的因素发生波动，汇率的频繁变动给市场主体带来无法预料的风险。而远期外汇市场则正是一个减少或避免即期汇率波动给市场主体所带来的风险的场所。

按照对远期外汇市场的判断所需能力的高低程度顺序和利用方式的差异，一般可将参与者划分为避险者、套利者和投机者三类。避险者一般情况下仅利用远期外汇市场中外汇在远期交易价格的确定性来达到资产保值的目的。套利者则会利用各国间利率差距以及即期汇率和远期汇率间暂时的脱轨空隙，达到套利增值的目的。而投机者则不仅需要对所投资的汇率市场走势有精确的判断，还要有当面临判断失误时，对失败的承受能力。

远期外汇市场受到人们的青睐主要是因为它有以下几种非常实用的经济功能。

首先，人们利用远期外汇市场的最常用的一个功能就是套期保值，在目前市场仍以浮动汇率制为主导的情况下，如果市场主体拥有外汇的资产或者负债，就时刻需要承担汇率变动而带来的市场风险。远期外汇市场提供了市场主体规避风险的场所。市场主体可以通过事前在远期外汇市场中买入或者卖出与自己持有的外汇负债或者资产，达到提前锁定自己的货币价值从而达到规避汇率风险的目的。而更加精明和成熟的投资者甚至有时还可以在两国短期利率出现差异的情况下，将资金从低利率国家的货币兑换成高利率国家的货币赚取利息差额。

其次，中央银行可以有效地利用远期外汇市场作为调节本国汇率的一种政策工具。在存在远期交易时，中央银行可以同时将即期交易和远期交易搭配起来使用以对汇率市场进行调控。中央银行运用该方式干预外汇市场的好处是能够同时影响到外汇市场与国内的货币市场，这为中央银行协调本外币政策提供了一个巨大的缓冲空间。自 1994 年 1 月 1 日后，我国取消汇率双轨制，实现汇率并轨，同时开始实行以市场供求为基础的、单一的、有管理的浮动汇率制度以来，中国人民银行为了避免较大幅度汇率的变动对经济造成的不良冲击，肩负了人民币汇率的稳定的使命。为维持汇率的稳定，中国人民银行需要使用货币政策主动干预外汇市场的供求平衡。而远期外汇市场的发展使得外贸企业自身能够主动在该市场中交易，从而增强外贸企业抵御汇率波动风险的能力，从而减轻了中央银行需要随时维持汇率稳定的负担。

最后，远期外汇市场的发展还为商业银行提供了更大的业务空间和重要利润来源。同时还对于其流动性管理、风险管理以及短期融资等都起到了重要的作用。商业银行在充分运用远期交易获取交易利润、管理风险的同时，还可以为客户提供更为全面的服务，增强对客户的吸引力和提升品牌形象，增加客户的黏性等。

因此远期外汇市场的上述功能不仅使其成为外汇市场风险管理的新工具，而且也成为中央银行可以利用的中央银行干预外汇市场的一种新的政策工具。同时远期外汇市场的发展还极大丰富了商业银行的业务空间和利润来源。

参考文献：

[美] 弗兰克·N·马克尔：《经济学百科全书（上卷）》，中国人民大学出版社 2009 年版。
黄斌元：《英汉路透金融词典》，中国金融出版社 2005 年版。
李琮：《世界经济学大辞典》，经济科学出版社 2000 年版。

（黄梅波　李强）

期货合同
Futures Contract

期货合同（Futures Contract），简称期货（Futures）。是当事人于将来特定的时间和地点，买进或卖出商品的书面约定。在期货合同中，其合同要素除其唯一的变量单位即合同价格外，与一般买卖合同并无差异。

期货合同是一种特殊性质的合同，它是独立于一般买卖合同和有价证券交易之外的金融流通工具，并且组成了当今金融世界的一个重要组成部分。

期货合同标准化的本质，带给期货合同一个普遍性的特点。期货合同的转让被设计成仅用手势便可达成的地步，不必像其他物权证书和金融证券那样，需经合法背书才能实现转让。对于像远期交货合同那样的契约，由于规格、条款内容不同，若想在实物交割前转手，在操作上有很大的困难。期货合同的标准化极大地简化了其交易的过程，使期货合同可以便捷、迅速、多次甚至是连续地买卖而没有任何结算上的不便；同时，也让那些希望通过期货交易转移价格波动风险的人，得以顺利实现他们的目的。

期货合同标准化的本质，也带给期货合同一个大众化的特点。一个远期合同交易的谈判、条款的商定，都是由买卖双方的专家出面切磋的，绝非一般人士甚至"外行"所能对付得了的。而期货交易不像其他种类的交易那样难以参与。期货合同已经把几乎所有棘手的、技术上的问题解决了，交易人需要关注的唯一问题便是价钱是否合适。所以只要投资者对期货交易有一个基本的了解，对期货价格的走势有理智的分析，并且具备一定的承担风险的经济实力和当机立断的性格品质，不论是否为某一具体商品的生产或经营者，都可以从容地走向期货市场博得风险收益。

目前国际上主要期货品种有以下两种：

商品期货，例如在我国三大商品期货交易所上市交易较成熟的品种，主要有大豆、玉米、豆粕、小麦、铜、铝、燃料油、白糖、天然橡胶等13大类商品合约。

金融期货，主要包括外汇期货、利率期货和股指期货。目前芝加哥商业交所（Chicago Mercantile Exchange，CME）的标准普尔500指数期货合约是世界交易量最大的股指期货合约之一。

随着期货市场的不断发展，期货品种也不断创新，一些与传统商品期货和金融期货有所不同的新期货品种也应运而生。如保险期货、经济指数期货、船运价格期货等。

参考文献：

毛初颖：《期货合同性质探讨》，载于《法学研究》2000年第1期。
陈元等：《国际金融百科全书》上卷，中国财政经济出版社1994年版。
陶君道：《国际金融中心与世界经济》，中国金融出版社2010年版。

（黄梅波　李强）

套汇
Arbitrage

套汇是指利用不同外汇市场的外汇差价，在某一外汇市场上买进某种货币，同时在另一外汇市场上卖出该种货币，以赚取利润的行为。

套汇一般可以分为地点套汇、时间套汇和套利三种形式。

其中地点套汇又分两种，第一种是直接套汇，又称为两地套汇，是利用在两个不同的外汇市场上某种货币汇率的差异，同时在两地市场贱买贵卖，从而赚取汇率的差额利润。第二种是间接套汇，又称三地套汇，是在三个或三个以上地方发生汇率差异时，利用同一种货币在同一时间内进行贱买贵卖，从中赚取差额利润。例如，1美元可以买到0.7英镑，1英镑可以买到9.5法郎，而1法郎则可以买到0.16美元。一个实行这种交易方式的人可以靠着1美元而得到1.064美元，获利率是6.4%。一次成功的三角套汇交易必须以一种货币开始，并且以同一种货币为结束。但是任何货币都可以作为初始的货币种类。

时间套汇，它是一种即期买卖和远期买卖相结合的交易方式，是以保值为目的的。一般是在两个资金所有人之间同时进行即期与远期两笔交易，从而避免因汇率变动而引起的风险。时间套汇实质上就是掉期交易，不同的只是时间套汇侧重于交易动机，而掉期交易侧重于交易方法。时间套汇的目的在于获取套汇收益，只有在不同交割期的汇率差异有利可图时，才进行套汇。而掉期交易往往是为了防范汇率风险进行保值，一般不过分计较不同交割期的汇率差异的大小。时间套汇往往在同一外汇市场内进行。

套利又称利息套汇，是利用两个国家外汇市场的利率差异，把短期资金从低利率市场调到高利率市场，从而赚取利息收入。

套汇交易不像股票和期货那样集中在某一个交易所里进行交易。事实上，交易双方只要通过一个电话或者一个电子交易网络就可以成交一笔交易。因此，套汇交易市场被称作是场外交易市场（Over The Counter，OTC）或"银行间"交易市场。套汇交易市场之所以被称作是"银行间"交易市场，是因为长期以来，该交易都是被银行所控制，包括中央银行、商业银行和投资银行。然而，如今的交易主体正迅速扩大，一些跨国公司、注册交易商、国际货币经纪人、期货和期权交易商和私人投机商也参与其中。事实上，套汇交易市场是一个即时的24小时交易市场，交易每天从悉尼开始，并且随着地球的转动，全球各金融中心的营业日将依次开始，首先是东京，然后是伦敦和纽约。与其他金融市场有所不同的是，在套汇交易市场中，投资者可以对无论是白天或者晚上发生的经济、社会和政治事件而导致的汇率波动而随时做出反应。

套汇交易的交易货币种类套汇交易中，主要交易货币是指政局稳定的国家发行的，由中央银行认可的，汇率较稳定的，通常用来交易的或者流通性强的货币。如今，大约日交易量的85%是这些主要货币，包括美元、日元、欧元、英镑、瑞士法郎、加拿大元和澳大利亚元。

参考文献：

陶君道：《国际金融中心与世界经济》，中国金融出版社2010年版。
姜波克：《国际金融新编》，复旦大学出版社2001年版。
史燕平：《国际金融市场》，中国人民大学出版社2010年版。

（黄梅波　李强）

外汇管制
Foreign Exchange Control

外汇管制是指一国货币当局对本国外汇交易进行干预和控制，以达到平衡国际收支的目的。外汇管制有狭义与广义之分。狭义的外汇管制指一国政府对居民在经常项目下的外汇买卖和国际结算进行限制，广义的外汇管制指一国政府对居民和非居民的涉及外汇流入和流出的活动进行限制性管理。

实行外汇管制的国家可以分为三类：第一类是实行较严格的国家。这类国家对其国际收支中的所有项目进行严格的管制。这类国家通常是一些发展中国家。第二类国家是实行部分管制的国家。这类外汇管制的国家只对国际收支中的资本项目进行管制，而对经常项目不实行管制，这类国家主要是一些发达国家和发展较快的新兴工业化国家和地区。第三类是实行名义上取消外汇管制的国家，这类国家对国家收支中的经常项目和资本项目都不直接管制，但是事实上这些国家对非本国居民间的外汇往来进行间接的外汇管制。这类国家主要包括美国、英国等发达国家。

外汇管制的方式可以分为直接外汇管制和间接外汇管制。

直接外汇管制是指对外汇买卖和汇率实行直接的干预和控制。按照实行方式不同，可以分为行政管制、数量管制和成本控制。其中行政管制是指政府以行政手段对外汇买卖，外汇资产，外汇资金来源和运用所实行的监督和控制。其方法是，政府垄断外汇买卖，管制外汇资金，管制进出口外汇和控制资本的输出输入。数量管制是政府对外汇收支实行数量调节和控制。而成本控制是通过调节汇率的方法影响外汇的供求关系。

间接外汇管制是对外汇买卖和汇率不直接进行调控，而是通过一定的政策对国际收支的经常项目和资本项目进行调节从而达到影响外汇收支和稳定汇率的目的。

外汇管制对一国经济既有正面影响也有负面影响。

正面影响主要体现在：

第一，保护本国产业的发展。外汇管制可以控制外国产品的大量流入对本国产品的冲击，而且可以鼓励国内经济发展急需的原材料以及先进的技术设备的进口，并通过各种积极措施鼓励出口，有利于本国经济的发展。

第二，维持币值的稳定。出于本国经济发展以及政治稳定的要求。外汇管制手段可以使本国货币汇率保持高估或低估的状态。当一国国际收支持续顺差时，当局可以用高估本国货币的方法增加进口，反之当局又可以通过低估本国货币的方法扩大出口，以保持国际收支平衡和币值的稳定。

第三，防止资本大量外流。当一国国际收支持续恶化时，本国的汇率会下跌，短期资本持有者为避免经济损失会把大量资本调往国外，引起资本外逃，持续下去会引起人们对该货币的信任危机。运用外汇管制手段可以控制资本大量的外流而造成的国际收支失衡。

第四，便于国内财政政策货币政策的推行。外汇管制可以防止外来不稳定因素的影响，以保证国内财政政策和货币政策的实施效果。

其负面影响则主要包括：

第一，外汇市场的调节作用受到影响。在自由外汇市场上，通过自由的多边交易，汇率由汇率市场的供求来决定，并且自发调节到合理水平，外汇市场的调节作用此时能够得到充分发挥。但是，外汇管制实施后，一方面汇率由官方制定或进行干预，一切外汇交易都要受到有关当局的监督和控制，使得外汇的供求关系失去了自发调节汇率的作用，外汇市场的调节作用受到影响；另一方面，实行外汇管制使得银行外汇业务的机能受到限制，外汇的自由交易不复存在，因而世界各外汇市场的联系受到影响，严重时会导致国际外汇市场分裂，外汇市场的调节作用失效。

第二，均衡汇率的扭曲。在纸币流通下，自由外汇市场的汇率是由外汇的实际供给和需求决定的，大体上具有与各国货币购买力平价一致的倾向，而汇率的变动也有一定的平衡均衡体系。在实行了外汇管制后，外汇与购买力平价脱离关系，汇率体系很难达到均衡。

参考文献：
庄宗明：《世界经济学》，科学出版社 2007 年版。
史燕平：《国际金融市场》，中国人民大学出版社 2010 年版。
陶君道：《国际金融中心与世界经济》，中国金融出版社 2010 年版。

（黄梅波　李强）

利率掉期
Interest Rate Swap

利率掉期（又名利率互换）指的是交易双方之间签订一份协议，约定一方与另一方在规定时期内的一系列时点上按照事先确定的规则交换一笔相同借款。其中一方同意定期付给另一方以固定利率（Fixed Rate）计算的现金流（Cash Flow），另一方则同意定期回付以现时浮动利率（Floating Rate）计算的现金流。

例如，一家上市公司 C 欠 A 银行一笔 5000 万美元的 5 年贷款，贷款利率按照浮动利率计算。公司 C 预期未来 5 年中，利率会不断上浮。为规避利率上浮给公司带来的还款压力并且提前锁定还款成本，该公司 C 想将它互换成固定利率，于是和银行 B 签订了一份合同。此后公司 C 向银行 B 支付固定利率，同时银行 B 公司向公司 C 支付浮动利率，然后由公司 C 支付给银行 A。当然，如果 A 和 B 是同一家银行，则交易过程会方便很多。

和期货期权交易相似，利率掉期是近年来发展非常迅速的金融衍生产品之一，并且成为国际金融机构规避汇率风险和利率风险的一个重要工具。作为当今资本市场最重要的工具之一，利率掉期具有价格发现、规避风险及资产配置等功能。利率互换市场的流动性和深度是反映一个国家金融市场成熟程度的重要标志。最常见的利率掉期是在固定利率与浮动利率之间进行转换，债务人通过利率掉期，将其自身的浮动利率债务转换为固定利率债务或反向操作。在利率掉期中，具有较低信用的借款者可以与有较高信用评级的借款者签订利率调期合约。信用等级较低的借款人同意向信用等级较高的借款人支付固定利率长期借款成本，因为持有大量长期资产，可能会因利率上升而提高筹资成本，而受规模或信用等级的限制难以用较低成本筹集长期资金。而信用等级高的借款者由于持有大量短期资产，也可能会因市场利率下降而减少其再投资收入，所以愿意支付以同业拆借利率为基础的短期浮动利率。

20世纪80年代中期,银行纷纷充当掉期交易双方的中间人,开始买卖掉期以及为利率掉期报价,利率掉期活动因而急速发展。根据国际掉期与衍生工具协会(ISDA)的统计,利率掉期未到期的名义总额已从1998年的36万亿美元,上升到2004年6月约127万亿美元。同期的日均掉期交易量也从1550亿美元增加到6110亿美元。目前,利率掉期市场已发展成为全球最大的金融市场之一,其交易量和影响力远超过远期市场。

利率的大小也是按事先约定的规则进行,固定利率订约之时就可以知晓,而浮动利率通常要基于一些有权威性的国际金融市场上的浮动利率进行计算,常用如LIBOR(伦敦银行间同业拆借利率)或者在其基础上再加上或减去一个值等方法来确定当期的浮动利率。人们经常将利率掉期作为一个避险工具,由于市场的多样性和复杂性,总会有一部分人认为利率将会下行,浮动利率好;同时另一部分人可能认为固定利率更划算。这样就很容易找到一个与交易者预期不同的人做交易对象,交易后双方得到了想要的结果。交易的过程中,银行常常充当中介机构,与不同的人签订掉期协议,再来平衡。

利率掉期的主要用途包括:

首先,用于规避利率风险。让使用者对已有的债务,有机会利用利率掉期交易进行重新组合,例如预期利率下跌时,可将固定利率形态的债务,换成浮动利率,当利率下降时,债务成本降低。若预期利率上涨时,则反向操作,从而规避利率风险。

其次,可以增加资产收益。利率掉期交易并不仅局限于负债方面利息支出的交换,同样的,在资产方面也可有所运用。一般资产持有者可以在预期利率下跌时,转换资产为固定利率形态,或在预期利率上涨时,转换其资产为浮动利率形态。

最后,有利于灵活资产负债管理。当欲改变资产或负债类型组合,以配合投资组合管理或对利率未来动向进行锁定时,可以利用利率掉期交易调整,而无须卖出资产或偿还债务。浮动利率资产可以与浮动利率负债相配合,固定利率资产可以与固定利率负债相配合。

参考文献:

纽行:《利率掉期合同在资产负债管理中的运用》,载于《国际金融研究》1997年第4期。

朱长虹、章强:《利率掉期运用重在控制风险》,载于《中国证券报》2006

年 2 月 17 日版。
朱孟楠：《国际金融学》，厦门大学出版社 1999 年版。

（黄梅波　李强）

伦敦银行同业拆借利率
London Interbank Offered Rate，Libor

伦敦银行同业拆借利率（简称 Libor），它是伦敦金融市场银行之间相互拆放英镑、欧洲美元以及其他欧洲货币资金时用以计息的一种利率。

作为全球最重要的基准利率之一，伦敦银行同业拆借利率影响着如互换和期货合约、大宗商品、衍生品、个人消费贷款、房屋抵押贷款以及其他交易，是一个规模以万亿美元计算的金融交易市场的基础，甚至影响着中央银行对货币及经济政策的判断，由此可见其在全球金融市场上举足轻重的地位。此外，Libor 通常也代表着伦敦的第一流银行借款给伦敦的另一家第一流银行资金的利率，并且认为很大程度上代表了最真实的市场资金需求状况。现在 Libor 已经发展成为国际金融市场中大多数浮动利率的基础利率，是银行从市场上筹集资金进行转贷的融资成本。目前最大量使用的是 3 个月和 6 个月的 Libor。除 Libor 外，一些国家从 Libor 衍生出来了更加符合本国国情的拆借利率，其中常见的有新加坡同业拆放利率（Singapore Interbank Offered Rate，Sibor）、纽约同业拆放利率（New York Interbank Offered Rate，Nibor）、香港同业拆放利率（Hong Kong Interbank Offered Rate，Hibor）等。

Libor 的产生依靠 16 家银行（包括瑞士银行、美国银行、巴克莱银行、花旗银行等）的自我报价，这 16 家银行统一由英国银行家协会（BBA）指定并且负责管理。汤森路透（Thomson Reuters）则负责计算 Libor。流程如下，16 家银行在伦敦时间每天上午 11 点左右提交一个利率，代表认为自己在同业银行拆借中需要付出多高的利率，去除报价最高和最低的各 4 家银行，剩余的数据平均后就是当天的 Libor 利率。

正是由于 Libor 是基于这些银行的自主报价而产生的，其形成机制中所存在的缺陷使得其容易被操纵而屡遭诟病。2012 年 6 月 27 日，英国第二大银行巴克莱银行就因涉嫌卷入操纵伦敦银行同业拆借利率（Libor）而被英美两国的监管者，包括美国商品期货交易委员会（U. S. Commodity Futures Trading Commission，CFTC）、美国司法部（Department of Justice，DOJ）和英国金融服务管理局（Financial Service Agency，FSA）处以总额为 2.9 亿英镑（合计约4.5亿美元）的罚金，为Libor容易被操纵的事实增添了最生动的注脚。当然，巴克莱银行操纵Libor的案例绝不是第一宗，早在2010年瑞士银行也曾被指控在2006~2008年操纵Libor，其当时收到了来自于美国证券交易委员会（U.S. Securities and Exchange Commission，SEC）、CFTC和DOJ的传票。通过操纵Libor，幕后操纵者可以轻松地获取巨额利润已是不争的事实。例如，一家大银行债务规模为5000亿美元，其中有10%以Libor为基础计价，那么Libor每压低25个基点（0.25%），一年即可减少1.25亿美元的支出。对于利率衍生品市场来说，由于杠杆作用，操纵Libor则能够获取更加巨额的利润空间。2009年12月全球场外交易衍生产品名义价值总量604万亿美元，其中利率衍生品占72%，为435万亿美元。如果按照25个基点的利率改变，那么衍生产品的合约将在瞬间有超过10000亿美元的价值变动，因此极其微小的利率变动都会带来巨大的财富瞬间转移。以国际著名投行摩根大通2009年三季度48.89万亿美元利率衍生品为例，如果有1%名义价值以Libor作为定价基础，那么Libor变动25个基点即可产生12亿美元价值变动。正是有了如此大的利润空间的诱惑，因此不难理解操纵者们的原始冲动。

总体看来，Libor容易被操纵包括以下几个主要原因。首先，Libor选取的统计样本银行太少，主要以十几家大银行为主。尽管Libor计算中去除了最高和最低报价，可以避免个别银行的极端报价对Libor的影响，但此举仍然无法避免多家报价银行通过串谋的方式操纵Libor。其次，银行间拆借不采取集中统一的竞价交易制度，而是采取询价自选交易对手的方式。因此理论上就存在银行之间通过内部协商，人为压低或抬高其交易出来的利率水平的情况。这种情况下，只有交易双方才确切知道交易信息，报价准确与否很难考证。

参考文献：
陈元等：《国际金融百科全书》上卷，中国财政经济出版社1994年版。
戴国强、梁福涛：《中国金融市场基准利率选择的经验分析》，载于《世界经济》2006年第4期。
陶君道：《国际金融中心与世界经济》，中国金融出版社2010年版。

（黄梅波　李强）

银团贷款
Bank Consortium Loan

银团贷款又称作共同贷款，也叫作辛迪加贷款。指的是多家银行与非银行金融机构参加组成的银行集团采用同一贷款协议，按商定的期限和条件向同一借款人提供融资的贷款方式。通常会选定一家银行作为代理行代表银团成员负责管理贷款事宜。

银团贷款是国际银行业中一种重要的信贷模式。银团贷款的历史最早可追溯到20世纪60年代。1968年，以银行家信托公司与莱曼兄弟银行为经理行，共计12家银行参加组成的银团对奥地利发放了金额为1亿美元的首笔国际银团贷款。从此，银团贷款作为一种中长期融资方式正式登上了国际金融舞台，并且由于其可以满足借款人和银行双方的多种需求而受到了普遍欢迎，由此迅速发展成为一种国际主流信贷产品。银团贷款的时间一般为短期3~5年，中期7~10年，长期10~20年。

按银团贷款的组织方式不同，分为直接银团贷款和间接银团贷款。直接银团贷款是指由银团各成员行委托代理行向借款人发放、收回和统一管理贷款。国际银团贷款以直接银团贷款方式为主。间接银团贷款是指由牵头行直接向借款人发放贷款，然后再由牵头行将参加贷款权（即贷款份额）分别转售给其他银行，全部的贷款管理、放款及收款由牵头行负责。

对于贷款银行来说，银团贷款的优点是分散贷款风险，减少同业之间的竞争；对于借款人来说，其优点是可以筹到独家银行所无法提供的数额大、期限长的资金。即一般来说，银团贷款金额大、期限长，贷款条件较优惠，既能保障项目资金的及时到位又能降低贷款单位的融资成本，是重大基础设施或大型工业项目建设融资的主要方式。在中国，产品服务对象为有巨额资金需求的大中型企业、企业集团和国家重点建设项目。

银团贷款有如下特点：

第一，有利于满足大额融资需求。在银团贷款模式下，由于多家银行联合起来，按照各自的资本规模和承受能力分别提供资金支持，就可以突破有关法律障碍，从而满足客户的实际资金需求。第二，有利于节省谈判时间和精力，降低筹资成本。银团贷款中各银行的贷款条件一般是相同的，并且采用同一个贷款协议和文本，因此，借款人无须像传统双边贷款那样同各家银行一对一地谈判，而只要与牵头行商谈基本就可完成。第三，通过牵头行的推介，借款人可以与一些原本没有业务往来的银行甚至国际化的大银行建立起业务往来关系，从而扩大往来银行的范围。第四，银团贷款由于所受的市场关注度较高，影响广泛，信息传播较快，因而有助于提高借款人的国内外声誉。

对贷款人来说，银团贷款同样具有双边贷款明显不及的优点，择其要者：一是有利于分散信贷风险。这是银团贷款得以产生、发展的源泉和重要驱动力。因为一般而言，贷款越集中，其蕴藏的风险就会越大。为避免因贷款集中而带来的"将鸡蛋放在同一个篮子里"的风险，国际银行业公认的《巴塞尔协议》和我国《商业银行法》的都对商业银行的信贷集中作出了较为明确的限制。而采取多家银行共同承担一笔贷款就可以有效解决这一问题，从而既满足借款人的资金需求，又确保了银行业自身的稳健发展。二是有利于获取中间业务收入和增加资产回报。参加银团贷款的银行除获得一般的利差收入之外，还可以获得一系列的手续费，如前端费、管理费、承诺费、包销费、代理行费等，因而可显著增加银行的中间业务收入。三是有利于银行间加强合作，并促进金融系统健康稳定地发展。开展银团贷款业务，有利于培养银行间的合作意识，有利于提高银行系统的资产质量，进而促使整个金融系统健康稳定地发展。

参考文献：

陈元等：《国际金融百科全书》上卷，中国财政经济出版社 1994 年版。

史燕平：《国际金融市场》，中国人民大学出版社 2010 年版。

陶君道：《国际金融中心与世界经济》，中国金融出版社 2010 年版。

李跃：《银团贷款——"走出去"企业的一种融资方式》，载于《海外投资与出口信贷》2005 年第 4 期。

（黄梅波　李强）

证券化
Securitization

证券化是将资产或负债转换为证券的形态后再加以销售的过程。即企业或金融机构将持有的资产或负债予以规格化、单位化、细分化，并增强其信用等级，然后通过设计、公开发行证券，使资金自由进出资本市场，以达到募集资金提高资产或债权流动性的目的过程。

证券化主要可以分为资产证券化和融资证券化两大类。

其中资产证券化（Asset-Backed Securitization）可以理解为：公司部分地分解自己，把不具有流动性的资产从公司整体风险中隔离出来，随后以该资产为信用基础在资本市场上融资（Steven L. Schwarcz，2002）。资产证券化是20世纪出现的最具影响力的一项金融创新工具。作为一种金融创新，资产证券化最早产生于美国，这与当时美国特有的制度环境有紧密联系。其历史最早可以追溯到1968年前后，当时美国的各大金融机构对存款的激烈争夺日益白热化导致储蓄机构资金来源吃紧，严格的管制规定使美国银行和储蓄机构的信贷资金无法在全国范围内流动，而其资产业务又是以前已经贷放出去的长期按揭贷款，资产负债严重差距的结果使储蓄机构开始着手出售其住房抵押贷款，于是出现了美国政府国民抵押协会首次发行抵押担保证券，这标志着资产证券化的问世。后来的十几年中，资产证券化得到了飞速的发展，1980年前后，资产证券化已经在美国各个领域如租金、版权、专利费、信用卡应收账款、汽车贷款、公路收费均有着相当普遍的应用。欧洲国家的资产证券化则紧随美国，成为资产证券化全球发展仅次于美国的地区。除此以外，加拿大、亚洲、拉美等国的资产证券化速度也十分明显。

融资证券化（Financing Securitization）则是指资金短缺者采取发行证券（或者股票，债券）等方式在金融市场上直接融资的行为，可以说融资证券化是当今金融领域的最重大的创新之一，同时也是影响世界经济发展的最重要问题之一。目前最负盛名的融资证券化理论为美国经济学家弗兰科·莫迪利亚尼（Franco Modigliani）和默顿·米勒（Merter Miller）的"MM理论"，也称为资本结构理论。该理论的一个基本结论是企业的资本结构影响企业的总价值，负债经营将为公司带来税收节约效应。之后莫迪利亚尼和米勒因其对金融理论开拓性的贡献于1985年和1990年分别获得诺贝尔经济学奖。融资证券化主要表现在两个方面：一是金融工具的证券化，即不断通过创新金融工具筹措资金，主要是指银行将其流动性差的债权资产出售给第三者以发行债券，通常称之为资产证券化；二是金融体系的证券化，即通过银行等金融机构借款的比重下降，而通过发行对第三方转让的金融工具的比重相对提高，即所谓资金的"非中介化"或"脱媒"现象，这种意义上的融资证券化实质是一种融资渠道的改变。二者虽然表现形式不同，但都具有直接化的特征，也就是由间接金融趋向于直接金融。

参考文献：

杜奇华：《国际投资》，对外经济贸易大学出版社2009年版。

黄斌元：《英汉路透金融词典》，中国金融出版社2005年版。
Steven L. Schwarcz, Adam D. Ford, Structured Finance: A Guide to the Principles of Asset Securitization, Practicing Law Institute, 2002.

（黄梅波　李强）

外汇
Foreign Exchange

外汇的概念具有双重含义，即动态和静态的外汇概念。外汇的动态概念是指国际汇兑，即货币在国际上的自由流动，以及把一个国家的货币兑换成另一个国家的货币，用来清偿国际上债权债务关系的一种专门性的金融活动。外汇的静态概念强调的是外汇作为一种金融工具所具有的功能，一般是指以外国货币表示的被各国普遍接受的、可用于国际上债权债务结算的支付手段。根据哪些支付手段是外汇，静态的外汇又有广义和狭义之分。广义的静态外汇概念泛指一切以外国货币表示的资产。国际货币基金组织（IMF）对此做过明确的界定："外汇是货币行政当局（中央银行、货币管理机构、外汇平准基金组织和财政部）以银行存款、财政部库卷、长短期政府证券等形式所持有的在国际收支逆差时可以使用的债权。"狭义的静态外汇是指以外币表示的、可以直接用于国际结算的支付手段和工具。在此意义上，只有存放在国外银行的外币存款，以及索取这些存款的外币票据和外币凭证才是外汇，主要包括银行汇票、支票、本票和电汇凭证。通常所说的外汇，是狭义的静态外汇概念。

一般来说，外汇必须具备三个特征：一是可自由兑换性，即外汇能够自由地兑换成其他形式的资产。可兑换性是外汇的最基本特征。二是可偿性，即外汇这种资产是一种在国外能得到偿付的货币债券，能确保其持有人拥有对外币发行国商品和劳务的要求权。三是普遍接受性，是指外汇必须在国际经济交往中能为各国普遍接受和使用。只有当一国或地区在政治和经济方面具备了上述三个条件时，一国的货币才能作为其他国的外汇，因此，当今世界真正成为国际货币的仅有美元、欧元、日元、英镑等少数货币。

外汇按照不同标准可以分为不同种类。第一，按照货币兑换限制程度划分，外汇可分为自由外汇、有限自由外汇和记账外汇。自由外汇是指不需经货币发行国当局批准，可以自由兑换成其他货币或支付给第三者以清偿债务的外国货币及其他支付手段。有限自由外汇是指未经货币发行国批准不能自由兑换成其他货币或对第三国进行自由支付的外汇。这些货币在交易时受到一定的限制。IMF 规定，凡对国际性经常往来的付款和资金转移有一定限制的货币均属于有限自由货币。记账外汇也称不可兑换外汇、双边外汇、协定外汇或清算外汇，是指在两国政府间签订的双边贸易或多边清算协定中所引起的债权债务，不是用现汇逐笔结算，而是通过在对方国家的银行设置专门账户进行相互冲销所使用的外汇。这种外汇不能兑换成自由外汇，也不能对第三国进行支付，只能在双方银行专门账户上使用。第二，按照外汇买卖之间交割期限划分，外汇分为即期外汇和远期外汇。即期外汇也称现汇，是指外汇买卖成交后两个营业日内办理交割的外汇。远期外汇是指买卖外汇的双方先按商定的汇价签订合同，预约到两个营业日以后的某一事件或一定期限办理交割的外汇。第三，按照外汇来源或用途不同，外汇可分为贸易外汇和非贸易外汇。贸易外汇是指进出口贸易及其从属费用收付的外汇，包括对外贸易中收付的贸易货款、交易佣金、运输费和保险费等。非贸易外汇是指由非贸易业务往来发生收付的外汇，主要是由于资产流动而产生的外汇，如捐赠、侨汇、旅游、海运、保险、银行、海关、邮电、工程承包、资本流动等收付的外汇。

中国的外汇管理法令中一般沿用 IMF 对外汇的定义。中国 2008 年 8 月 1 日发布的修改后的《中华人民共和国外汇管理条例》中所称的外汇，是指下列以外币表示的可以用作国际清偿的支付手段和资产：（1）外币现钞，包括纸币、铸币；（2）外币支付凭证或者支付工具，包括票据、银行存款凭证、银行卡等；（3）外币有价证券，包括债券、股票等；（4）特别提款权（Special Drawing Rights，SDR）；（5）其他外汇资产。

参考文献：
陈燕：《国际金融》，北京大学出版社 2010 年版。
梁小民、雎国余、刘伟、杨云龙：《经济学大辞典》，团结出版社 1994 年版。
薛荣久、王绍颐：《当代国际贸易与金融大辞典》，对外经济贸易大学出版社 1998 年版。
叶蜀君：《国际金融》，清华大学出版社 2009 年版。

（黄梅波　占芬）

汇率
Exchange Rates

汇率即外汇买卖的价格,又称汇价、外汇牌价或外汇行市。具体而言,它是指两国货币之间的相对比价,是一国货币用另一国货币表示的价格,或以一个国家的货币折算成另一个国家的货币的比率。

要确定两国货币之间的汇率,首先要明确以哪个国家的货币作为标准。在外汇交易中,人们把各种标价方法下数量固定不变的货币称为基础货币或基准货币,数量随市场变动不断变化的货币称为标价货币或报价货币。目前我国外汇管理局公布的人民币汇率牌价是 100 美元、100 港元或 100 欧元所能兑换的人民币数额,这里的美元、港元和欧元为基础货币,而人民币则为标价货币。

汇率的标价方法主要有直接标价法(Direct Quotation)、间接标价法(Indirect Quotation)和美元标价法三种。直接标价法也称应付标价法,是指以一定单位的(1 个或 100 个、1000 个单位)外国货币为标准,计算应付出多少单位的本国货币,即直接标价法将外国货币当作商品,而本国货币作为价值尺度。在直接标价法下,汇率是以本国货币表示的单位外国货币的价格。目前世界上大多数国家采用直接标价法,我国也采用直接标价法。间接标价法也成应收标价法或数量标价法,是指以一定单位(1 个或 100 个、1000 个单位)的本国货币为标准,计算应收进多少外国货币,即本国货币被当作商品,用外国货币的数额表示本国货币价格,外国货币充当价值尺度。美元标价法又称纽约标价法,是以一定单位的美元为标准来计算应该汇兑多少他国货币的表示方法。非美元外汇买卖时,则是根据各自对美元的比率套算出买卖双方货币的汇价。

根据不同的划分方法,汇率可以分为不同的种类。一是按照汇率制定方法的不同,汇率分为基本汇率(Basic Rate)和套算汇率(Cross Rate)。通常情况下,一国会选定在本国对外经济交往中最常使用的货币作为关键货币,从而制定本国与关键货币之间的汇率这些汇率就是基本汇率。目前,各国一般选择本国货币与美元之间的汇率作为基本汇率。套算汇率也称交叉汇率,指两国货币通过各自对关键货币的汇率套算出来的汇率,目前在国际金融市场上,一般都报各国货币对美元的汇率,而美国以外的其他国家的货币汇率,则由它们对美元的汇率套算出来。二是按银行业务操作情况划分,汇率可分为买入汇率(Buying Rate of Bid Rate)和卖出汇率(Selling Rate or

Offer Rate)、中间汇率（Medial Rate）和钞价（Bank Note Rate）。买入汇率又称买价，是指银行从客户或同业那里买入外汇时所使用的汇价，由于这一汇率多用于出口商和银行间的外汇交易，又称出口汇率。卖出汇率又称卖价，是指银行向同业或客户卖出外汇时使用的汇率，由于这一汇率多用于进口商与银行家的外汇交易，也称进口汇率。钞价即银行购买外币钞票（包括铸币）的价格。三是按照外汇交易支付的方式，汇率可以分为电汇汇率（Telegraphic Transfer Rate，T/T rate）、信汇汇率（Mail Transfer Rate，M/Trate）和票汇汇率（Demand Draft Rate，D/Drate）。电汇汇率是经营外汇业务的本国银行，在卖出外汇后，以电报委托其国外分支机构或代理行付款给受款人所使用的一种汇率。目前国际支付绝大多数用电讯传递，因此电汇汇率是外汇市场的基本汇率，其他汇率都以电汇汇率作为计算标准。一般外汇市场上所公布的汇率多为电汇买卖汇率。信汇汇率是指以信函方式买卖外汇时所使用的汇率。信汇汇率除香港和东南亚以外，其他地区很少采用。票汇汇率是指银行卖出外汇收到本币后，开立以其国外分行或代理行为付款人的银行汇票，交给汇款人，由汇款人自行寄给或亲自携带交给国外收款人，收款人凭该银行汇票向汇入行提取款项，这种方式下所使用的汇率称为票汇汇率。四是从外汇买卖的交割期限的角度来划分，外汇汇率分为即期汇率（Spot Rate）和远期汇率（Forward Rate）。即期汇率又称现汇汇率，用于外汇的现货买卖，是买卖双方成交后，在两个营业日内办理外汇交割时所使用的汇率。远期汇率又称期汇汇率，是买卖双方事先约定，据以在将来一定日期进行外汇交割的汇率。五是按外汇管制的严宽程度不同，外汇汇率可以分为官方汇率（Official Rate）和市场汇率（Market Rate）。官方汇率是货币当局规定的，要求一切外汇交易都采用的汇率。市场汇率是指在外汇市场上自由买卖外汇的实际汇率。六是按汇率使用范围不同，外汇汇率可以分为单一汇率（Single Exchange Rate）和复汇率（Multiple Exchange Rate）。单一汇率是指一种货币（或一个国家）只有一种汇率，这种汇率通用于该国所有的经济交往中，复汇率又称多重汇率，是指一种货币（或一个国家）有两种或两种以上的汇率，不同的汇率用于不同的国际经贸活动。在实行复汇率的国家中，因外汇使用范围不同，汇率又可以分为贸易汇率（Commercial Exchange Rate）、金融汇率（Financial Exchange Rate）等。贸易汇率是用于进出口贸易及其从属费用计价结算的汇率。金融汇率是用于非贸易往来如劳务、资本移动等方面的汇率。七是按纸币制度下汇率是否经过通货膨胀调整，可分为名义汇率（Nominal Exchange Rate）和实际汇率（Real Exchange

Rate)。实际汇率是相对于名义汇率而言,此外有效汇率(Effective Exchange Rate)也是相对与名义汇率而言的。名义汇率是指官方公布的或在市场上流行的、没有剔除膨胀因素的汇率。实际汇率和有效汇率是用两国价格水平调整后的汇率。实际汇率反映的是以同种货币表示的两国商品价格水平,从而反映本国商品的国际竞争力。有效汇率是指某种加权平均汇率指数,以贸易比重为权数的有效汇率所反映的是一国货币汇率在国际贸易中的总体竞争力和总体波动幅度。从20世纪70年代末起,人们开始使用有效汇率来观察某种货币的总体波动幅度及其在国际经贸和金融领域中的总体地位。八是按汇率制度不同,外汇汇率可以分为固定汇率(Fixed Exchange Rate)和浮动汇率(Float Exchange Rate)。

随着布雷顿森林体系的崩溃,对于汇率的简单分类越来越难以反映各国汇率制度的实际情况。1982年,国际货币基金组织(参见"国际货币基金组织")在《国际货币基金组织第二次修正案》的基础上,根据各国官方宣布的汇率安排对各成员国汇率制度进行了分类,主要有三类:钉住汇率、有限灵活汇率和更加灵活汇率。但随着亚洲金融危机、欧元的诞生等一系列重大国际金融事件的发生,上述汇率制度也无法反映成员国汇率制度的实际情况。1999年IMF重新根据实际汇率制度而不是官方宣布的汇率安排对各成员国汇率制度进行了新的分类,主要包括八类:无独立法定货币的汇率制度、货币局制度(Currency Board)、传统的固定钉住制度、水平区间的钉住制度、爬行钉住制度、爬行区间钉住制度、无区间的有管理浮动制度和单独浮动制度。第一,无独立法定货币的汇率制度是指一国采用另一国货币作为唯一法定货币,或成员国属于货币联盟共有同一法定货币。无独立法定货币的汇率制度典型的有美元化(Dollarization)和货币联盟。(1)美元化是指一国或地区采用美元逐步取代本币并最终放弃本币和金融主权的过程。美元化国家完全放弃了自己的货币,直接使用美元代替本币进行流通。已完全实现美元化的国家有巴拿马、波多黎各、利比里亚;已宣布采用美元化的国家有东帝汶、阿根廷、厄瓜多尔、萨尔瓦多等。(2)货币联盟是指成员国共有同一法偿货币。最典型的就是欧元区国家。货币联盟本质上也是一种严格固定汇率制。第二,货币局制度是指在法律中明确规定本国货币与某一外国可兑换货币保持固定的交换率,并且对本国货币的发行做特殊限制以保证履行这一法定义务的汇率制度。多数货币局制度的国家都将美元或英镑作为被钉住货币,当然也有少数国家钉住黄金。除了完全的货币联盟之外,货币局是"最为坚硬的钉住汇率制形式"。货币局制是一种特殊的固定汇率制,它与普通的固定汇率制的区别在于它对汇率水平做了严格的法律规定。已实行货币局的国家和地区有黎波里、文莱、爱沙尼亚、立陶宛、保加利亚、波斯尼亚和黑塞哥维那以及中国香港地区。第三，传统的固定钉住制度又称固定但可调整的钉住制（Adjustable Peg），是指一国货币与某一种货币（钉住单一货币）或"一篮子货币"（钉住一篮子货币）保持固定比价关系，随其汇率的波动而波动，且波幅很小。第二次世界大战后根据《国际货币基金协定》确立的以美元为中心的固定汇率制度就属于可调整钉住汇率制度。第四，水平区间钉住汇率是指汇率被保持在官方承诺的汇率带内波动。政府首先确定一个中心汇率，并允许实际汇率在一个水平区间范围内波动。第五，爬行钉住汇率（Crawling Peg）也称蠕动汇率，在该汇率制度下，政府当局定期性的，以事先宣布的百分比对汇率平价做小幅度调整，直到达到均衡汇率为止。爬行钉住汇率是从可调整钉住汇率发展而来，主要是在发展中国家实行，如巴西、阿根廷、智利、以色列和秘鲁等国都曾采用过这种汇率制。第六，爬行区间汇率制度是指中心汇率变化较为频繁，同时货币当局确定一定的爬行幅度和汇率波动范围，实际汇率在一定的波动上下限之间沿着不断调整的中心汇率进行波动。第七，管理浮动汇率。第八，自由浮动汇率。

随着国际经济的发展，汇率理论不断取得突破和进展，解释汇率变化的大多数方法都是为了说明特定时期的现象而逐步形成的，一般分为4种方法，购买力平价说、利率平价理论、国际收支理论、资产市场理论。

第一，国际借贷论（Theory of International Indebtedness），又称国际收支理论，其渊源可追溯到14世纪。葛逊（G. J. Goschen）在其1861年出版的《外汇理论》一书中首先提出该理论。国际借贷说实质上讲的是汇率由外汇市场上的供求关系决定，外汇供求是由国际收支引起的，外汇供求则源于国家之间存在的借贷关系，而这种借贷关系便是外汇的收入和支出关系。若一国流动借贷相等时，外汇供需便相等，汇率便维持不变，若流动借贷中债权大于债务，即外汇供过于求，则汇率势必趋跌，反之若债务大于债权，即外汇求过于供，则汇率必然趋于上浮。国际借贷论是在19世纪后半期，即国际金本位制度的黄金时代提出的，在当时无疑是正确的。因为当时实行的是固定汇率制度，汇率变动幅度一般要受到黄金输入点的制约。但随着时间的推移，它不可避免地暴露出许多局限性。第二次世界大战后，凯恩斯理论的发展使国际收支说得到了进一步发展，此时的国际收支说认为当外汇供需平衡时，汇率处于均衡汇率水平，而均衡汇率水平是由本国货币政策、财政政策、货币工资率、外国的国民收入、价格水平、利率水平以及两国货币汇率预期等因素决定的。

第二，购买力平价说（Purchasing Power Parity Theory，PPP）。虽然早在16世纪时便曾有西班牙的萨拉蒙卡学派对购买力平价理论做过系统阐述，但是对这一理论进行系统的充实与发展则是在瑞典经济学家古斯塔夫·卡塞尔（Gustav Cassel）。他于1916年发表《外汇之现状》，1917年发表《国际汇兑的异常偏异》及《世界货币问题的深入观察》等重要论文；1921年发表《世界货币问题》及1922年发表《1914年以后的货币及外汇》等重要著作，通过上述论著系统地提出了关于购买力平价理论。该理论的基本思想是：货币的价值在于其具有的购买力，因此各个货币之间的兑换比率取决于它们各自具有的购买力的对比，也就是汇率与各国的价格水平之间具有直接的联系。卡塞尔认为，汇率的变化应当与各国通货膨胀率的差异相一致，实际上是一价定律的套购机制从单个商品向国家市场商品（贸易的）和服务（非贸易的）篮子的延伸，他还讨论了均衡汇率应当从绝对价格水平中推导出来，还是应当从外汇市场处于均衡时价格水平之间的关系中推导出来。

第三，利率平价理论（Theory of Interest Rate Parity），也称远期汇率理论（Forward Exchange Rate Theory）反映的是国际资本流动对于汇率决定的作用，考察的是金融市场上的套利行为。该理论是1923年由英国经济学家约翰·梅纳德·凯恩斯在其论著《货币改革论》一书中提出，该理论通过利率与即期汇率和远期汇率之间的关系来解释汇率的决定和变化的原因。凯恩斯认为决定远期汇率的最基本因素是货币短期存款利率间的差额，只要两国投资收益差异存在，国际资本流动就不会停止，当远期汇率差价因投资调整而不断缩小，直到两种资产所提供的收益率完全相等时，即远期差价等于两国利差，则利率平价成立。简而言之，利率评价论所阐明的是，国内与国外利率之差等于汇率的变动率。后来保罗·艾因齐格（Paul Einzig）进行了补充，形成了动态利率平价说，解释了即期汇率、远期汇率、利率、国际资本流动之间的相互影响。他认为远期汇率取决于利率平价，但利率平价也受套利活动的影响。20世纪70年代，随着浮动汇率制的实施，利率平价说被进一步用于分析汇率行为。现代利率平价说表明利率低的国家的货币，其远期汇率必然升水，利率高的国家的货币，其远期汇率必然贴水，远期汇率的升、贴水率大约等于两种货币的利率差。

第四，资产市场理论。汇率的资产价格方法是在20世纪70年代国际资本流动高度发展的历史背景下产生的。由于资金的国际流动远远大于国际商品的流动，且外汇市场上的汇率变动呈现出与股票等资产价格相同的特点，传统的汇率理论无法解释汇率的这种易变性，因此资产市场理论应运而生。该理论将欧文·费雪（Irving Fisher）的论述纳入一般均衡的框架之中，将商品市场、货币市场和证券市场结合起来进行汇率决定的分析。该理论将汇率看成一种资产价格，这一价格是在资产市场上确定的。汇率的变化反映相对于供给而言，对以各种货币表示的证券的需求变化。资产市场理论主要有三种模型：汇率的货币论、汇率的超调模式以及汇率的资产组合平衡模式。汇率的货币决定理论由罗伯特·蒙代尔（Robert Mundell）等经济学家在20世纪70年代初提出的，认为汇率是由货币的供给与需求的均衡来决定的，均衡汇率在货币存量的供求相等处形成，货币供求存量的任何变化都会引起汇率的变化。汇率的超调模式，又称汇率的黏性价格货币分析法，是由鲁迪格·多恩布什（Rudiger Dorbusch）1976年提出，该理论同样强调货币市场均衡对汇率变动的作用，但与货币主义不同的是，该理论认为从短期看，商品市场价格由于具有黏性，对货币市场的反应很慢，而证券市场的反应却很灵敏，促使利息率立即发生变动，于是货币市场的失衡就完全由证券市场来承受，形成利率的超调，当资本进行国际流动时，利率的变动就会引起套利活动和汇率的变动，而且汇率的变动幅度也将大于货币市场失衡的幅度，这就是汇率超调，而长期来看，由于利息率和汇率的变动，商品价格也会逐渐变动调整，而最终达到汇率的长期均衡水平。资产组合平衡理论接受了多恩布什的商品市场价格在短期内具有黏性的看法，因而认为在短期内汇率取决于资本市场（包括货币市场和证券市场）的均衡。该理论的主要观点是外汇是可供人们选择持有的一系列资产中的一种，其价格（汇率）与利率都是由各国国内财富持有者的资产平衡条件同时决定的，这里的资产平衡条件是指在某一时点上，公众对各种资产的需求量恰好等于资产供应量。因此，均衡汇率就是在资产平衡条件下，资产持有者不再对资产组合加以变动时的汇率。

参考文献：

梁小民、睢国余、刘伟、杨云龙：《经济学大辞典》，团结出版社1994年版。

杨长江、姜波克：《国际金融学》，高等教育出版社2008年版。

叶蜀君：《国际金融》，清华大学出版社2009年版。

[英] 伊特韦尔等：《新帕尔格雷夫经济学大辞典》，经济科学出版社1996年版。

中国社会科学院世界经济与政治研究所《世界经济》编辑部：《当代世界经济实用大全》，中国经济出版社1990年版。

（黄梅波　占芬）

固定汇率制
Fixed Exchange Rate Regime

固定汇率是指一国官方制定的、以法律形式公布的本国货币对外国货币的比价。也就是说，只有在该国官方宣告其货币法定升值或法定贬值的时候才会变更此种比价，否则，一般是不变的。

自19世纪中末期金本位制度在西方各主要国家确定以来，直到1973年布雷顿森林体系崩溃前，世界各国基本上都采用固定汇率。在金本位制下，各国都以法律形式规定本国货币的含金量，两国货币的含金量之比是铸币平价。因此，铸币平价是决定两种货币汇率的基础，在金块本位制和金汇兑本位制下，汇率决定的基础是它们之间的法定平价。在金本位制下，现实汇率是现对固定的，它总是围绕着铸币平价在黄金输送点的上下限内波动。布雷顿森林体系下的固定汇率制度是以美元为中心的汇率制度，根据签署的《国际货币基金协定》的规定，黄金官价是每盎司黄金35美元，即1美元含金量为0.888671，各国货币均与美元挂钩，各国货币之间的汇率也按照双方货币含金量之比来制定。此外还规定各国货币含金量的变动一般不得超过10%，若超过10%，则应征得国际货币基金组织的同意。由于各国货币均与美元保持可调整的固定比价，因此，各国货币相互之间实际上也保持着可调整的固定比价，整个货币体系成为一个固定汇率的货币体系。虽然布雷顿森林体系下的汇率制度与金本位制下的汇率制度都属于固定汇率，但二者有着本质的区别。一是两种制度产生的基础不同。金本位制下的固定汇率制度，是在各主要资本主义国家普遍实行金本位制的基础上自发而形成的；而第二次世界大战后的固定汇率制度，是在国际货币基金组织领导下人为建立起来的，并接受监督。二是调节机制不同。在典型的金本位制下，汇率的波动由黄金自由地输出、输入而进行自动调节，各国货币当局不参与外汇市场活动；而第二次世界大战后的固定汇率制度，主要是靠各国货币当局利用外汇平准基金直接干预外汇市场来维持汇率的稳定。三是货币内在价值不同。在典型的金本位制下，金币本身依其含金量的多寡具有实质性的价值；而第二次世界大战后的固定汇率制度中，纸币本身基本没有价值，是靠法定含金量来人为确定其代表的价值，并以此来决定汇率高低。四是汇率的稳定程度不同。金本位制下的汇率波动受制于黄金输送点，通过四大自由（自由铸造、自由熔化、自由兑换、自由输出入）使汇率稳定；而在第二次世界大战后的固定汇率制度下，当一国的国际收支出现根本性不平衡时，经国际货币基金组织事先同意或事后认可，才可以变更其货币的含金量，即实行本币的法定贬值或升值。

在固定汇率制度下，各国货币当局常采用货币政策维持汇率波动的界限。此外，有关国家也运用外汇储备来维持汇率波动的界限。若汇率波动剧烈，各国也会借助外汇管制的手段，直接限制某些外汇支出，或举借外债，以弥补国际收支逆差，减少外汇的需求。当一国的国际收支危机特别严重，通过上述手段仍不能平抑汇率的波动界限时，该国货币当局最后也会实行货币法定贬值，从而提高外币汇率和降低本币汇率。固定汇率制在一定经济发展时期可起到积极作用。当一个国家发生经济危机和出现恶性通货膨胀时，为抑制通货膨胀、稳定社会政局，实施固定汇率制并配以其他经济措施，对抑制通货膨胀和发展生产会起到明显的积极作用。

关于浮动汇率和固定汇率的早期争论是在米尔顿·弗里德曼（Milton Friedman）的文章中正式形成的。究竟哪种汇率制度能达到特定的政策目标，是由众多因素决定的。弗里德曼（1953）建立了一个产出决定的暗含价格黏性的模型支持浮动汇率，该模型强调在面临外来名义冲击时，浮动汇率具有隔离性质，从而保护国内产出不受国外需求波动的影响。早期的文献继续证明，当国内冲击强劲的时候，汇率制度的选择取决于这些冲击是货币的还是真实的。当国内冲击源于国内货币市场，传统的理论指出，固定汇率在稳定产出中更有效。反之，如果国内扰动源于商品市场，浮动汇率将实现更大的产出稳定性（Robert Mundell，1962）。总之，由于经济很可能面临源于国内和国外的名义和实际的冲击，最能稳定国内产出的汇率制度将以中等程度的浮动性为特征。此外，一种经济的结构特征，如它的对外贸易的开放程度，与世界金融市场的一体化程度和工资指数化程度，也可能影响汇率制度的选择。一个非常开放的经济，固定其汇率功能较好些。经济越开放，使用需求管理恢复外部平衡比使用汇率浮动型更加便宜。而浮动汇率可能会降低国内货币作为交换媒介、价值储藏和记账单位的功能（R. I. Mckinnon，1963）。国内资产市场与世界金融市场一体化的程度也影响汇率制度（Robert Mundell，1962）。总的来说，关于固定汇率和浮动汇率的争论很少有一致的看法，哪种汇率制度能达到特定的政策目标，是由众多因素决定的。

参考文献：

[英]伊特韦尔等：《新帕尔格雷夫经济学大辞典》，经济科学出版社 1996 年版。

中国社会科学院世界经济与政治研究所《世界经济》编辑部：《当代世界经济实用大全》，中国经济出版社 1990 年版。

杨长江、姜波克：《国际金融学》，高等教育出版社 2008 年版。

叶蜀君：《国际金融》，清华大学出版社 2009 年版。

Mundell, R., The Appropriate Use of Monetary and Fiscal Policy for International and External Balance, International Monetery Fund, Staff Paper 9.

McKinnon, R.I., Optimum Currency Areas, *American Economic Review*, Vol. 53, No. 4. 1963.

（黄梅波　占芬）

浮动汇率制
Floating Exchange Rate Regime

浮动汇率是指一国官方不规定本国货币同外国货币之间的固定兑换比率以及该比率波动的上下限度，而是由外汇市场的供求自发决定的两国货币之间的比例。

1973 年布雷顿森林体系崩溃后，主要工业国家都采用这种汇率。1976 年 1 月，国际货币基金组织正式承认浮动汇率制度。1978 年 4 月，国际货币基金组织理事会通过《关于第二次修改协定条例》，正式废除以美元为中心的国际货币体系，至此，浮动汇率制度在世界范围取得合法的地位。在实行浮动汇率制后，各国原规定的货币法定含金量或与其他国家订立纸币的黄金平价，就不起任何作用了，国家汇率体系趋向复杂化、市场化。在浮动汇率制下，各国不再规定汇率上下波动的幅度，中央银行也不再承担维持波动上下限的义务，各国汇率是根据外汇市场中的外汇供求状况，自行浮动和调整的结果。

按照不同的标准，浮动汇率有不同的分类。第一，根据是否有政府的干预，浮动汇率可分为自由浮动汇率和管理浮动汇率。自由浮动汇率又称清洁浮动汇率，是指政府对汇率的波动不采取任何干预措施，汇率完全由外汇市场的供求情况决定和自行调整。政府偶尔的外汇干预旨在减轻汇率变动，防止汇率过度波动，而不是为汇率确定一个基准水平。管理浮动汇率是指政府通过参与外汇市场买卖等手段，干预外汇的变动和走向，汇率的变动由市场供求关系和政府干预行为来共同决定。第二，根据外汇的浮动方式，浮动汇率又可分为单独浮动汇率、钉住某一货币浮动汇率、钉住一篮子货币浮动汇率和联合浮动汇率。单独浮动汇率是指一国货币不同任何一国货币产生固定联系，即其浮动不依赖于任何其他国家的货币，而完全由外汇市场的供求状况来决定。美国、日本和加拿大等在内的30多个国家都采用单独浮动汇率。钉住单一货币浮动汇率是指一国货币与另一国货币挂钩，其汇率波动被限定在很小的范围内。一般地，通货不稳定的国家可以通过钉住一种稳定的货币来约束本国的通货膨胀，提高货币信誉。中国香港是典型的钉住单一货币浮动汇率。钉住一篮子货币浮动汇率是指本国货币与几个国家货币挂钩，按照贸易所占的比重或其他标准对货币的重要程度赋予一定的权数，并以此确定本国货币对外币的汇率及其变动。联合浮动汇率是指一些经济联系紧密的国家组成的货币集团，集团内成员国之间实行固定汇率制度，其货币间的汇率变动不能超过规定的幅度，各中央银行有责任和义务将汇率稳定在该幅度内。欧元诞生之前，参加欧洲货币体系的德、法、意等国家实行的就是典型的联合浮动汇率，它们之间汇率基本稳定，对美元和其他国家的货币则实行联合浮动汇率。

参考文献：

［英］伊特韦尔等：《新帕尔格雷夫经济学大辞典》，经济科学出版社1996年版。

中国社会科学院世界经济与政治研究所《世界经济》编辑部：《当代世界经济实用大全》，中国经济出版社1990年版。

叶蜀君：《国际金融》，清华大学出版社2009年版。

（黄梅波　占芬）

管理浮动汇率制
Managed Flexible Exchange Rate Regime

管理浮动汇率又称肮脏浮动，是指政府通过参与外汇市场买卖等手段，干预外汇的变动和走向。管理浮动汇率的变动由市场供求关系和政府干预行为来共同决定。管理浮动汇率制度的安排目的是保持正常的汇率变动，同时消除过度波动性。管理浮动的优越性之处在于降低不确定性，从而改善经济环境和金融环境。

管理浮动制的特征是货币当局对汇率波动进行某种干预,但如何干预由货币当局自行决定,货币当局并不宣布干预的指导方针或干预标准,也没有平价汇率或宣布目标水平,也不公布汇率波动的界限。一般来说,货币当局用来管理汇率的指标包括国际收支状况、国际储备、平行市场发展以及自行调整等。

1985年1月1日,中国取消内部结算价,恢复了单一汇率,人民币汇率进入"官方汇率与外汇调剂市场汇率"并存时期。1986年,中国实行钉住美元的管理浮动汇率制。国际货币基金组织将这种管理浮动的汇率归属于较高弹性的汇率制度。这一时期,外汇调剂市场汇率主要按供求决定,但整个市场处于国家管理之中,必要时国家可采取行政手段对市场汇率进行干预。

1994年至今,中国实行的是单一的有管理的浮动汇率制。1994年1月1日,人民币实现官方汇率与外汇调剂市场汇率并轨。并轨后的汇率向市场汇率靠拢,是以市场供求为基础的、单一的有管理的浮动汇率制度。1996年11月,中国人民银行宣布中国自同年12月1日起实行人民币经常项目下的可兑换,成功建立中国历史上的第一个现代汇率制度——有管理的浮动汇率制度。从此,中国的外汇管理体制步入现代化进程。亚洲金融危机后,鉴于国内外政治经济形势的变化,人民币成为实际上的"钉住美元汇率制"。2005年7月21日,中国人民银行宣布中国开始实行以市场供求为基础、参考一篮子货币进行调节、有管理的浮动汇率制度,并让人民币对美元升值2%。中国人民银行的这一决定标志着中国的汇率制度改革和经济增长战略调整正在进入一个新的阶段。值得注意的是,虽然人民币汇率的官方表述为"管理浮动制度",但在国际货币基金组织的统计中仍被归为"传统的钉住单一货币"类别。

参考文献:
叶蜀君:《国际金融》,清华大学出版社2009年版。
陈燕:《国际金融》,北京大学出版社2010年版。
陈雨露:《国际金融》,中国人民大学出版社2011年版。

(黄梅波　占芬)

外汇风险
Exchange Risk

外汇风险又称汇率风险,是指经济主体在持有和运用外汇的经济活动中,因汇率变动而蒙受损失或获取收益的可能性。经济主体所持有的外币资产或负债中,并非全部都承担着外汇风险,只有其中一部分承担外汇风险,这部分外币资金通常称为"受险部分"、"敞口"(Exposure)或"风险头寸"(Exposure Position)。具体地,在外汇买卖中,风险头寸表现为外汇持有额中"超买"(Overbought)或者"超卖"(Oversold)的部分。在企业经营中表现为其外币资产与外币负债不相匹配的部分,如外币大于或小于外币资产,或者外币资产与外部负债在金额上相等,但是期限长短不一致。

外汇风险的形成涉及三个基本要素,即本币、外币和时间。只要缺少其中任何一个因素,经济主体便不会面临外汇风险。凡是涉足国际经济交易的经济主体,其在经营活动中所发生的应收账款、应付账款以及货币的借出或借入等外币收付活动,均需与本币进行折算,并考核其经营成果。如果一个国际性企业在其对外交易中未使用外币而使用本币计价收付,那么这个国际性企业就不存在外汇风险。因为它不涉及本币和外币的折算问题,不存在汇率变动的风险。时间是指从一笔经济交易达成后,到应收账款的实际收进,应付账款的实际付出,借贷资本的最后偿还这中间的期限。这个期限越长,在此期间汇率波动的可能性越大,外汇风险也越大,因此时间的长短与外汇风险呈正相关。改变时间结构,如缩短一笔外币债权、债务的收取或偿付时间,可以减缓外汇风险,然而不能消除外汇风险,因为在这个时间段内,本币与外币折算所面临的汇率波动的可能性仍然存在。外汇风险的三要素也可归结为外汇风险产生的两个前提条件:一个是地点差,另一个是时间差。外币、本币之间存在汇率折算是因为地点差的存在,而如果没有时间差,即在同一个时点上,当然也就没有外汇风险了。

外汇风险的类型可按照不同的标准划分,按照不同的经济主体可划分为企业外汇风险、银行外汇风险、国家外汇风险。

企业面临的外汇风险按照外汇交易发生的时间可以分为三类,即交易风险、会计风险和经济风险。交易风险(Transaction Risk)是指经济主体在其以外币计值结算的国际经济交易中,从合同签订之日到其债权债务得到清偿这段时间内,因汇率变动而导致该项交易的本币价值发生变动的风险,是一种流量风险。这种风险起源于已经发生但尚未结清的以外币计值的应收款项或应付款项，同国际贸易和国际资本流动有着密切关系。会计风险（Accounting Risk）又称折算风险（Translation Risk）、换算风险、转换风险或账面风险，它是指经济主体在将各种外币资产或负债折算成记账货币（通常是母国货币）的会计处理中，因汇率变动而出现账面损益的可能性，是一种存量风险。会计风险并不涉及现金的流动或财富的转移，因为在折算过程中并未发生现实的外汇交易，但由于它会影响到向股东及社会公众公开营业和财务状况的结果，因此也被称为风险。经济风险（Economic Risk）又称经营风险（Operating Risk），是指意料之外的汇率变动通过影响企业的生产销售数量、价格、成本，而引起企业未来一定期间收益（税后利润）或现金流量（收益+折旧额）变动的一种潜在风险。这种风险只会对企业未来的经营业绩产生影响，因此，如果决定企业营业收入的因素和决定企业经营的成本因素受到相关货币汇率波动的影响，使企业实际经营效果与企业预测的企业价值不一致时，就表明企业遭受了外汇经济风险。经济风险中定义的汇率变动仅指意料之外的汇率变动，而不包括意料之中的汇率变动。此外，企业面临的风险还有税收风险（Tax Exposure），它是指因汇率的变动而引起的应税收益或应税损失，是一种范围比较小的风险，因国而异，但也不可忽视。

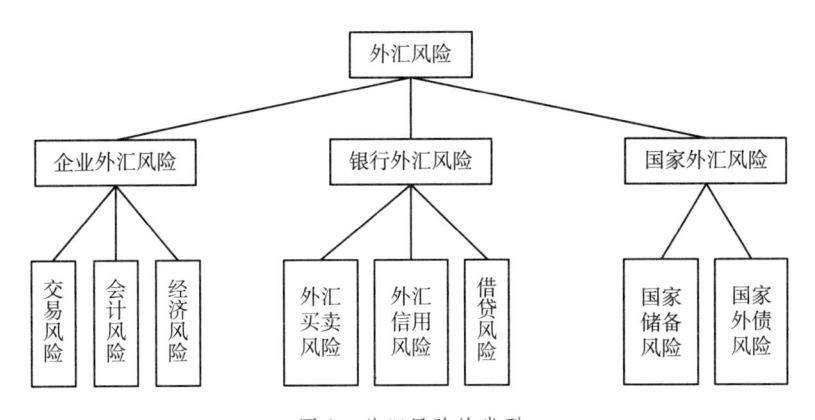

图1 外汇风险的类型

资料来源：叶蜀君：《国际金融》，清华大学出版社2009年版。

对于银行而言，外汇风险主要来自外汇业务经营过程中汇率的变动，具体来说，银行面临的外汇风险主要有三种，即外汇买卖风险、外汇信用风险和借贷风险。外汇买卖风险（Foreign Exchange Trading Risk）是指银行在经营外汇买卖业务中所面临的汇率变动的风险。银行在外汇交易中，只要交易金额不相称或交易期限不相称，就会存在外汇敞口寸头，从而面临外汇风险。外汇信用风险（Exchange Credit Risk）是因交易对方违约而给银行外汇资产和负债带来的风险，这也是银行在外汇业务经营过程中经常面临的一种外汇风险。借贷风险（Lending Exposure）是指银行在经营国际信贷业务中所面临的汇率变动的风险，包括对外负债风险和对外贷款风险。

国家面临的外汇风险有国家外汇储备风险和国家外债风险。国家外汇储备风险（Foreign Exchange Reserve Risk）是指一国所有的外汇储备因储备货币汇率的变动而带来的风险，主要包括国家外汇库存风险和国家外汇储备投资风险。由于外汇储备是国际清偿力的最主要构成部分，是一国国力大小的重要表征，因此，外汇储备面临的风险一旦变为现实，后果将十分严重。国家外债风险（National Debt Risk）是指债务国因缺乏偿还能力，无法如期偿还已经到期的外债本息，从而直接影响债务国及相关地区的金融市场波动所发生的风险。外债风险会影响到债权国和债务国的正常经济活动，甚至波及世界经济的发展。

参考文献：
侯高岚：《国际金融》，清华大学出版社 2005 年版。
史燕平：《国际金融市场》，中国人民大学出版社 2010 年版。
叶蜀君：《国际金融》，清华大学出版社 2009 年版。

（黄梅波　占芬）

外汇交易风险
Transaction Risk

外汇交易风险是指经济主体在其以外币计值结算的国际经济交易中，从合同签订之日到其债权债务得到清偿这段时间内，因该种外币与本币间的汇率变动而导致该项交易的本币价值发生变动的风险，是一种流量风险。交易风险的主要来源包括：以外币计价的赊购或赊销、以外币计价的借贷、尚未履约的远期外汇契约或掉期契约、以外币表示的资产或负债等。汇率制度体系是外汇交易风险产生的直接原因。

一般的，计量交易风险需要两个步骤：首先确定各外币预计的流入量或流出量净额，然后确定这些货币的总体风险。净风险头寸、货币的波动性、货币之间的相关性是决定交易风险的关键因素。在对交易风险进行计量时，除了应将该企业的债权债务款项的结算列在其中，还应包括所有已经商定的并能在未来产生应收或应付款项的外币约定和承诺。简言之，对交易风险的计量应从企业的资产负债表分析开始。也就是应按不同币种对各项风险性的资产和负债分类，再从企业的外币应收项目中减去外币应付项目，得出净额。如果是跨国公司且在海外有多个分公司，则母公司的财务人员在得到各个分公司的交易风险报告后，应按不同币种汇总，编制出综合报表，这些分公司与母公司的外币净额的加总，代表着该跨国公司的交易风险量。

参考文献：
史燕平：《国际金融市场》，中国人民大学出版社 2010 年版。
叶蜀君：《国际金融》，清华大学出版社 2009 年版。
陈燕：《国际金融》，北京大学出版社 2010 年版。

（黄梅波　占芬）

外汇风险管理
Foreign Exchange Risk Management

外汇风险管理是指确定外汇风险的性质，在预测汇率变动的基础上，按一定的风险管理战略，运用各种管理技术来避免汇率变动造成的不利影响。外汇风险管理中应该遵循一些共同的原则——全面重视原则，管理多样化原则，收益最大化原则。

外汇风险防范的目的是保值，即利用有效信息，力争减少汇率波动带来的现金流量的不确定性，控制或者消除业务活动中可能面临的由汇率波动带来的不利影响。从根本上讲就是取消产生外汇风险的时间差和地点差，凡是可以完全或部分消除外汇风险的技术均可称为保值措施或外汇风险的防范方法。

外汇风险管理战略分为完全避免外汇风险的管理战略、消极的外汇风险管理战略和积极的外汇风险管理战略三大类，不同的经济主体采用不同的外汇风险管理战略。完全避免外汇风险的管理战略是指经济主体在国际业务中尽可能地阻止外汇风险的形成，通过各种方法保证外汇收付平衡，以避免汇率波动可能带来的风险损失。消极的外汇风险管理战略是指经济主体对外汇风险采取听之任之的基本态度，勇于承担一切外汇风险。积极的外汇风险管理战略是指经济主体积极地预测汇率走势，并根据不同的预测对不同的风险项目分别采取不同措施的风险管理战略。

外汇风险管理过程一般分为四步，第一，识别风险，即识别各种可能减少企业价值的外汇风险。各类经济主体在进行对外交易时，要了解究竟存在哪些外汇风险，此外，还要识别风险持续时间的长短、影响风险存在的因素等。第二，衡量风险。即衡量外汇风险带来潜在损失的概率和损失程度。通过预测汇率走势，对外汇风险程度进行测算，外汇敞口额越大、时间越长、汇率波动越大，风险就越高。一般衡量外汇风险的方法有两种，一是连续计算外汇敞口额，列明外汇敞口时间；二是预测汇率变动的方向和走势，对面临的外汇风险进行量化。第三，驾驭风险，即在识别风险的基础上采取措施控制外汇风险，坚持稳妥防范，避免产生较大损失。从实际运用来看，包括三个方面：使风险消失；使风险转嫁；从风险中避损得利。具体包括风险管理方法的选择和风险管理的实施两个方面。第四，监督与调整，即对外汇风险管理方法实施后的效果进行监督和评估。外汇市场变化较快，没有哪种方法可以一劳永逸，因此企业必须持续地对风险管理方法的实施情况和适用性进行监督，根据市场和自身的情况，对自己的战略战术进行监控管理，适时做出调整。

外汇风险管理手段从总体上可以分为三类：外汇风险控制、外汇风险融资和内部外汇风险抑制。风险控制手段是指通过降低风险损失概率以及风险损失程度（规模）来减少风险成本的各种行为。外汇风险控制通常可以从以下两个方面来努力：一是减少外汇风险业务；二是提高外汇风险预防能力。风险融资手段也称损失融资（Loss Financing），是指获取资金、用来支付或抵偿外汇风险损失的各种手段，根据风险补偿的资金来源，可以分为自留、购买保险合同和套期保值三种风险融资方法。企业可以根据风险补偿的实际需要，将三种方法结合使用。（1）自留也称自我保险，是指企业自己承担部分或全部的外汇风险。在自留融资方法下，企业可以用内部资源和外部资源来弥补损失。（2）购买保险。国际上有很多保险公司提供与外汇风险有关的保险险种，如种类繁多的汇率波动险和利率波动险等，购买相关保险可以使企业将外部风险转嫁给保险公司。（3）套期保值。在外汇交易中使用相关的衍生金融工具，可以在一定程度上减少汇率的不确定性，企业只承担约定汇率与当前即期汇率之间的价差风险，而由交易对手承担约定汇率与未来即期汇率之间的价差风险，从而在企业与套期保值对手之间实现外汇风险的分摊。内部风险抑制手段是指企业通过内部业务的管理调整来降低外汇风险的各种手段。具体包括分散化经营和信息投资。涉外企业可以通过购买决策所需信息甚至购买外汇风险管理方案，对未来现金流进行更精确的评估和评价，以便更有效地对外汇风险进行管理。

对于不同类型和不同传递机制的外汇风险损失，经济主体应该采取不同的方法来分类防范。企业作为经济中重要的微观主体，其面临的外汇风险主要有交易风险、会计风险和经济风险。交易风险的防范主要可分为内部经营法、套期保值法和国际信贷法。(1) 内部经营法是将交易风险作为企业日常管理的一个组成部分，通过采取一些经营策略对其加以防范、管理，尽量减少或防止风险性净外汇头寸的产生。(2) 套期保值法是当内部经营不足以消除净外汇头寸时，利用各种外汇交易市场，如远期外汇市场、期货市场、期权市场及互换市场进行套期保值，以降低交易风险。(3) 国际信贷法是指在国际收付中，企业利用国际信贷的形式，一方面获得资金融通，另一方面转嫁或抵消外汇风险，主要有出口信贷业务、福费廷业务和保付代理业务。会计风险管理的基本原则是：增加强势货币资产，减少强势货币负债，减少疲软货币资产，增加疲软货币负债。通常的做法是实行资产负债匹配保值。这种方法要求在资产负债表上以各种功能货币表示的受险资产与受险负债的数额相等，以便其会计风险头寸（即受险资产与受险负债之间的差额）为零。经济风险的管理十分复杂，对经济风险的管理需要从长期入手，从经营的不同侧面全面考虑企业的发展。主要方法有经营多样化和融资多样化。经营多样化是指跨国公司在生产、销售等方面实行分散化策略，即企业在全球范围内分散其销售市场、生产基地和原材料来源地，或随汇率变动及时调整原材料、零部件来源，随汇率变动及时调整销售数量、销售价格。融资多样化是指在多个资金市场上寻求多种资金来源和资金去向，在筹资和投资两方面都做到多样化。

从国家整体角度出发，中国对于外汇风险防范主要分为对外贸易中的外汇风险防范、对外债务中的外汇风险的防范和国家外汇储备风险的防范三个方面。外汇风险在我国对外经贸活动中主要表现为三个方面：第一，外币与外币之间。这主要是指各种外币与美元之间汇价的变化。由于美元是国际上的中心货币，我国对外往来（进口、出口、利用外资、非贸易外汇收支）也以美元为基本的计算货币和统计货币，所以，其他外国货币的汇价风险往往表现在其他货币对美元汇价的变化上。第二，外币与人民币之间。这主要是指各种外币与人民币之间汇价的变化。从理论上讲，人民币汇价除了政策性调整外，还要经常随国际市场上西方货币汇价的变化而变化，这些政策性调整和人民币汇价与国际市场上西方货币汇价之间的联系所引起的外币与人民币之间汇率的变化，也会产生外汇风险。第三，先是外币与外币之间，后是外币与人民币之间。对外贸易中外汇风险的防范措施，除了可以采用企业防范外汇风险的一切技术手段外，还要看国家批准给进口企业的是哪种货币的外汇额度，在此基础上企业主要可通过开展远期外汇买卖来防范外汇风险。对外债务中的外汇风险，是指在对外负债（引进外资、发行债券等）中由于汇率变化所产生的风险。这种风险可通过远期交易、预先制定一整套措施等方法来应对。国家外汇储备风险是指由于储备货币汇率的变化影响到储备货币价值的增减。由于国家外汇储备管理的中心任务是保值而不是以盈利为目的，所以国家外汇储备风险的防范对策是：实行储备货币多元化以分散风险；根据进口支付所需货币确定该种货币在储备资产中的比例；在进行储备货币资产选择时，既要考虑资产的流动性，同时也要考虑资产的收益性；做好汇价趋势预测，适当调整各种储备货币的比例，切忌大幅度脱离支付比例。

参考文献：
叶蜀君：《国际金融》，清华大学出版社 2009 年版。
陈燕：《国际金融》，北京大学出版社 2010 年版。
陈雨露：《国际金融》，中国人民大学出版社 2011 年版。

（黄梅波　占芬）

国际租赁
International Leasing

国际租赁是指一国从事经济活动的某单位以支付租金为条件，在一定期限内向他国某一经济活动单位租借物品的经济行为。关于国际租赁，英国设备租赁协会的定义如下：所谓租赁，就是承租人从制造商或卖方处选择租用资产，而在出租人和承租人之间订立合同，根据该合同，出租人保留该资产的所有权，承租人在一定期间内支付规定的租金以取得使用该资产的权力，当以上活动跨越国界进行时，便称为国际租赁。国际租赁通常并不是单纯的设备租赁，而是将贸易融资、贷款发放、设备购买、设备租赁等活动融为一体，既提供外资，也提供先进技术设备，所以这种国际租赁常被称为国际融资租赁，以突出其作为一种国际筹资手段的作用。

国际租赁

国际租赁是在第二次世界大战后兴起的,最初从美国开始。20 世纪 50 年代末,国际租赁市场急剧扩大,1952 年,世界上第一家专业租赁公司——美国租赁公司在旧金山开业。20 世纪 60 年代,大部分发达国家均向发展中国家开展租赁业务,英国、日本、法国、德国相继成立租赁公司。20 世纪 70 年代,资本主义国家陷入"滞胀"阶段,租赁业由于具有灵活筹措资金、减少通货膨胀影响及有利于更新设备等特点,被越来越多的企业所利用,国际租赁获得极大发展。20 世纪 80 年代,一些发展中国家也广泛利用国际租赁方式引进机器设备,国际租赁已被公认为是国际设备筹资的主要来源之一。1988 年,国际上通过了《国际融资租赁统一公约》,从法律的角度规范了国际租赁活动。国际租赁业已成为一种重要的国际资金借贷形式。

随着现代租赁业务的开展,租赁的方式不断推陈出新。国际租赁的形式主要有六种:一是融资租赁(Finance Lease)。融资租赁也称金融租赁,是指出租人根据承租人的决定,向承租人选定的供货人出资购买承租人所选定的机器设备,决定以承租人支付租金为条件,将该设备的使用权转让给承租人,并在租赁期间内,通过连续收取租金,而使出租人收回其投资的行为。二是经营租赁(Operating Leasing)。经营租赁也称服务性租赁(Service Leasing)、使用租赁、营运租赁或者操作性租赁。经营租赁的租赁物其技术更新期较快,故租期较短,服务性较强,凡租赁物的维修、保养、管理及零部件更换,均由出租人负责或提供,因此,承租人所付租赁费较融资租赁较高。三是维修租赁(Maintenance Leasing)。维修租赁是指融资租赁加上各种服务条件的租赁方式,主要适用于运输工具,尤其是汽车的租赁,出租人要向承租人提供一切业务上所需的服务,如登记、上税、车检、保险、检修、保养和事故处理等。四是衡平租赁(Leverage Leasing)。衡平租赁亦称杠杆租赁,是一种比较复杂的租赁形式,其特点是出租人在购进租赁物时只提供所需资金的一部分(20%~40%),其余部分由出租人从其他地方借入(一般能享受政府提供的税费减免和加速折旧的优惠)。因此,出租人可以以少量的资金带动巨额的租赁交易,起到衡平或杠杆的作用。五是回租租赁(Sale and Leaseback Lease)。回租租赁是指由设备原物主将自己拥有的设备卖给租赁公司,然后再从该租赁公司租回使用的租赁方式。主要适用于已使用的设备,当某企业缺乏资金时,就将自己所有,正在使用的设备卖给租赁公司,然后再租回使用,目的在于得到一笔资金,借此改善自己的资金周转状况,加快资金的周转速度。六是综合性租赁(Comprehensive Lease)。综合性租赁是指将国际租赁与其他贸易方式相结合的综合方式,它是一种灵活的全额信贷，只需逐期支付租金，可与补偿贸易、加工装配、包销等方式相结合，以达到融资融物、发展经济的目的。

我国的国际租赁业务是在党的十一届三中全会后才开始起步的。1978年党的十一届三中全会决定把党的工作重点转移到经济建设上来，随着经济体制改革的逐步深化，国际租赁业务蓬勃发展，不仅为中国有关企业提供了一个固定资产筹资的新途径，也为中国利用外资、引进先进技术、进行企业技术改造开辟了一条新渠道。中国国际信托投资公司是率先倡导开拓国际租赁业务的单位，中国民航总局于1981年与美国汉诺威尔制造租赁公司和美国劳埃德银行合作，首次以跨国杠杆租赁方式从美国租进了第一架波音747飞机。1981年2月，中信公司与日本东方租赁公司组建我国第一家中外合资租赁公司——中国东方租赁公司；同年7月，中信公司与国内有关单位合资成立了专营的中国租赁公司，这标志着现代租赁业务在我国的诞生。目前我国国际租赁机构主要有四种类型：（1）银行或金融部门设立专门机构，经营国际租赁业务。如中国国际信托投资公司，后来专设在租赁部经营国际租赁业务。（2）由中外双方合资组成租赁公司，经营租赁业务。如由中日合资建立的中国东方租赁公司。（3）完全由中方合资组成的租赁公司，如中国租赁有限公司。（4）专业租赁公司。专门经营某种设备或面向某些部门的租赁公司。如中国有色金属租赁有限公司。这些不同类型的租赁公司相互之间既建立了横向业务关系，又与国外大租赁公司、金融机构及制造厂商建立了业务往来，引进了一定数量的各种机械设备和运输工具。中国国际租赁业务虽然起步较晚，但发展迅速，对中国有关部门生产水平的提高、生产技术的改进、经济效益的提高起着显著作用。

参考文献：

陈燕：《国际金融》，北京大学出版社2010年版。

刘舒年、萧朝庆：《国际信贷》，西南财经大学出版社2008年版。

［美］苏迪尔·P·阿曼波：《国际租赁完全指南》，北京大学出版社2007年版。

（黄梅波　占芬）

买方信贷
Buyer's Credits

买方信贷是指出口国银行为了鼓励本国商品的出口，而向进口商或进口国的银行提供贷款，使得进口商能够以现汇方式即期支付出口商的贷款，然后再以延期付款的方式向银行偿还贷款。

买方信贷按借款人划分，可分为直接型和间接型；按照出口产品划分，可分为简单支付型和累进支付型。直接型是指贷款银行与进口商直接签署贷款协议。间接型是指贷款银行与进口国的银行签署贷款协议，再由进口国的银行转贷给进口商。简单支付型买方信贷是指那些单机产品或小资本性货物，在发货后不需要调试，买方可直接使用，并可直接从发货日开始计算还款的起始点，银行凭出口商的装船单据放款。累进支付型买方信贷是指那些成套设备出口或承包工程项目，还款日期的起始点不是根据发货日而定，而是根据一些必要的条件满足后而定的。

厂商取得买方信贷要遵循一定的原则：第一，接受买方信贷的进口商只能以所得的货款向发放买方信贷国家的出口商、出口制造商或在该国注册的外国出口公司进行支付，不能用于第三国；第二，进口商利用买方信贷，一般不能以货款进口原材料和消费品；第三，提供买方信贷的国家出口的资本货物限于该国制造的资本货物。如果该资本货物的部件由多国产品组装，本国部件应占50%以上，个别国家规定外国部件不能超过15%；第四，货款只提供贸易合同金额的85%，船舶为80%，其余部分要付现汇。贸易合同签订后，买方至少要先付5%的定金，一般须付足15%或20%的现汇后才能使用买方信贷；第五，贷款偿还均为分期偿还，一般规定半年还本付息一次。

买方信贷对贷款金额、期限和利率也有相关的规定：成套设备及其他机电产品的贷款金额不超过商务合同总价的85%，船舶不超过商务合同总价的80%，贷款金额中可包括适当比例的技术服务费、当地费用和第三国采购费用；出口买方信贷办法规定，贷款期限的上限是自贷款协议签订之日起至还清贷款本息之日止，一般不超过10年；出口买方信贷的利率本着优惠的原则，参考经济合作发展组织每月公布一次的商业参考利率（Commercial Interest Reference Rate，CIRR）来确定。中国银行通常采用贷款协议签署当月的商业参考利率。该利率为固定利率。在某些情况下，中国银行也采用浮动利率。此外，各国提供的买方信贷一般都规定有最低起点，如果所购买的资本货物金额未达到规定起点，则不予提供买方信贷，以利出口国扩大资本货物的推销。

我国的买方信贷业务是在改革开放以后，为了利用国外资金进口机电产品和关键设备，促进四化建设，由中国银行办理。1978~1988年，中国银行先后与法、德、意等16家银行签订了总金额约为133亿美元的买方信贷总协议。1980年开始，中国银行受政府委托，配合对外经济贸易部陆续承办了英国、法国、意大利、加拿大、瑞典、挪威、瑞士、奥地利、西班牙九国的政府混合贷款。两者总数超过400项。后来，中国工商银行、建设银行、农业银行、交通银行等也相继开始办理进口买方信贷。1994年中国进出口银行成立，也办理进口买方信贷业务。根据中国银行2010年的资料显示，我国买方信贷按出口产品类别划分，有出口买方信贷需求的出口商主要集中在电信设备制造商，机电产品出口商，工程建设及劳务承包商，电站设备出口，铁路机车制造商，水泥和玻璃设备生产商，船舶及飞机制造商和承销商，高新技术品及军品等10大类行业，融资对象主要以发展中国家的借款人为主。

参考文献：

[英] 布赖恩·W·克拉克等：《国际信贷管理手册》第3版，机械工业出版社2003年版。

梁小民、睢国余、刘伟、杨云龙：《经济学大辞典》，团结出版社1994年版。

刘舒年、萧朝庆：《国际信贷》，西南财经大学出版社2008年版。

邹小燕、张璇：《出口信贷》，机械工业出版社2008年版。

（黄梅波　占芬）

卖方信贷
Seller's Credit

卖方信贷是指出口国银行为支持出口商，以延期付款方式出口设备、技术和劳务而向出口商提供的中长期贷款。

世界各国在出口信贷发展初期基本上都是以卖方信贷为主，其特点是金额大、期限长、利率优惠，有政府补贴等。根据国际惯例，卖方信贷的贷款金额一般不超过商务合同的85%（船舶80%），预付款最低15%（船舶20%），贷款期限根据商务合同的延付期限而定，原则上不超过10年。在出口信贷中，银行不一定要求出口商必须投保出口信用险，而仅对那些国别风险较大、还款保证较弱的项目要求投保出口信用险，保费由出口商支付。

对出口商而言，卖方信贷的支持使其可以向进口商提供延付货款的优惠条件，在一定程度上提高了出口商品的竞争力，利于出口商拓展市场，扩大出口。对进口商来说，卖方信贷使其得到了延付货款的方便，避免了现汇支付的困难，而且进口商无须进行多方面的洽谈，手续比较简便。

出口商获得卖方信贷的支持必须符合一定的条件，各国依据经济发展水平均有自己的实际规定。以我国为例，申请卖方信贷需要具备以下条件：第一，只有在中国注册的，并经国家有关部门批准有权经营机电产品和成套设备出口的中国法人企业（进出口企业或生产企业），才有资格申请中国的出口卖方信贷支持；第二，出口商品在中国境内制造的部分一般应占总货值的70%以上（船舶占50%以上）；第三，申请出口卖方信贷融资的最低出口合同金额为50万美元，进口商所支付的最低现金比例一般不低于合同金额的15%，同时要求出口商投保出口信用险；第四，卖方信贷的贷款期限一般不超过10年。

国际上，在出口信贷的起步阶段，卖方信贷一般都占到100%，原因是卖方信贷出口商和贷款银行都在同一个国家、联系方便，容易控制风险，而且贷款可以用本币结算，没有汇率风险，易于操作。但随着出口额的增加和信贷期限的延长，卖方信贷逐渐被买方信贷所替代，这是因为出口商的债务负担越来越重，财务报表上显示的高额负债已无法使其再得到新的贷款，此外卖方信贷的操作风险太大，卖方信贷的商务合同和贷款协议是分开的，出口商是先贷款后发货，银行面临出口商挪用贷款的风险和伪造商务合同及其他单据的风险。为了解决这些问题，银行改变了贷款方式，通过直接向买方或买方的银行贷款，从而控制贷款的操作风险，因为在买方信贷项下，商务合同和贷款协议紧密相连，出口商只有在发货后才能从银行得到贷款，这样就限定了贷款的用途。目前发达国家的买方信贷占比已达95%~100%。

卖方信贷和买方信贷都是由银行提供信贷，使进口商取得融资的便利，从而支持出口商的出口。但是由于这两种信贷方式涉及不同的借款人、不同的币种、它们在贷款程序、融资成本方面存在许多差别。买方信贷和卖方信贷的区别如表1所示：

表1　　　　　　　　　　进口信贷与出口信贷比较

	买方信贷	卖方信贷
借款人	进口商/进口国银行或政府	出口商
担保人	进口国银行/财政部	国内企业、金融机构
合同金额	400万美元	100万美元
贷款范围	机电产品/成套设备/高新技术	机电产品/成套设备/高新技术

续表

	买方信贷	卖方信贷
贷款币种	可自由兑换货币	以本币为主
贷款比例	85％合同金额	85％合同金额
贷款期限	1～15年（从起始期开始）	1～15年（从起始期开始）
贷款利率	CIRR/LIBOR＋利差	人民银行公布利率
利息期	6个月	3个月
提款	发货	贷款协议生效
收汇	即期	远期
风险承担	由进口商承担	由出口商承担
出口信用保险	需要投保（保单受益人是银行，赔付率95％）	根据项目情况选择投保（保单受益人是出口商，赔付率90％）
办理程序	较复杂	较简单

资料来源：邹小燕、张璇：《出口信贷》，机械工业出版社2008年版。

在中国，卖方信贷主要由中国进出口银行办理。目前该行办理的出口信贷包括设备出口卖方信贷、船舶出口卖方信贷、高新技术出口卖方信贷、一般机电产品出口信贷、对外承包工程贷款、境外投资贷款六种出口信贷。我国为了扩大机电产品的出口，中国银行于1980年开办了出口卖方信贷业务，即对我国机电产品的出口企业发放政策性低利贷款。

近几年，在国家大力发展装备制造业的政策扶持下，相关产业有了长足的发展，由于目前我国电信、机车等高技术、附加值大的机电产品、成套设备等资本性货物出口的目标市场主要是发展中国家，这些国家面临的普遍性问题是外汇短缺，出口卖方信贷恰好可以满足资本性产品出口所需要的规模大、期限长的融资要求。2003年以来，进出口银行加大了对"走出去"项目的支持力度，重点支持对外工程承包、高新技术、船舶的出口，与国内重要客户建立了广泛的业务合作关系。进出口银行的出口卖方信贷业务模式较为成熟，贷款产品多种多样，有设备出口卖方信贷、船舶出口卖方信贷、高新技术产品（含软件产品）出口卖方信贷、一般机电产品出口卖方信贷、对外承包工程贷款、境外投资贷款等业务品种。国内各商业银行包括外资银行也加快了发展出口信贷业务的步伐。

参考文献：

［英］布赖恩·W·克拉克等：《国际信贷管理手册》第3版，机械工业出

版社 2003 年版。

梁小民、眭国余、刘伟、杨云龙：《经济学大辞典》，团结出版社 1994 年版。

刘舒年、萧朝庆：《国际信贷》，西南财经大学出版社 2008 年版。

邹小燕、张璇：《出口信贷》，机械工业出版社 2008 年版。

（黄梅波　占芬）

国际收支
Balance of Payments（BOP）

国际收支是指某个时期内一国居民与非居民之间的交易汇总统计表，根据国际货币基金组织（IMF）《国际收支和国际投资头寸手册》第六版，国际收支的组成部分有：货物和服务账户、初次收入账户、二次收入账户、资本账户和金融账户。国际收支内的不同账户根据提供和获得经济资源的性质加以区分。其中，经常账户显示的是居民与非居民之间货物、服务、初次收入和二次收入的流量。初次收入账户显示的是作为允许另一实体暂时使用劳动力、金融资源或非生产非金融资产的回报，而应付和应收的金额。二次收入账户。该账户显示收入的再分配，即：一方提供用于当前目的的资源，但该方没有得到任何直接经济价值回报，如个人转移和经常性国际援助。资本账户显示的是居民与非居民之间非生产非金融资产和资本转移的贷方分录和借方分录。它记录非生产非金融资产的取得和处置以及资本转移。金融账户记录经济体对外资产负债变更的交易，如直接投资等。

国际收支的概念是一个发展的过程，它不仅随着世界经济和国际经济关系的发展而有所变化，而且与国际经济在不同发展阶段所采取的不同国际交往形式与规模密切相关。国际收支的概念大约产生于 17 世纪初，在资本主义发展初期，国际经济关系的最主要形式是国际贸易，所以之后近 300 年的时间内，国际收支仅指一国的对外贸易收支。第一次世界大战后，国际资本流动得到了发展，国际经济交易的内容出现了新变化，由原来局限于商品交易拓宽到国际资金往来、劳务输出等诸多内容，从而使国际收支的概念扩大了。由于"一战"后金本位制崩溃后，各国开始用纸币代替黄金作为结算工具，国际经济交易中大多用外汇进行，因此国际收支视为一国的外汇支出，凡发生外汇支出的国际经济交易，均属于国际收支的范围，这就是现在人们所称的狭义国际收支概念。它是指一国（或地区）在一定时期之内，居民与非居民之间所有外汇收入和外汇支出的总和。这一概念是建立在现金或支付基础上的。第二次世界大战后，世界经济迅猛发展，国际经济关系随之扩大，形式也更趋向多样化。各国之间的经济交易不仅包括发生外汇支出的各类经济活动，也包括不涉及外汇支出的易货交易、补偿交易以及不是由于商品、劳务的输入/输出而引起的外汇偿付行为或由于金融资产的变化而引起外汇收支各种资金的单方面转移，如国际上的政府与私人捐赠、政府援助等经济行为。狭义的国际收支概念已不能真实反映一国对外经济关系的全貌，因此，国际收支的概念进一步扩大，成为包括"全部经济交易"的概念。这就是广义的国际收支概念，它是指一国（或地区）在一定时期之内，居民与非居民之间各种国际经济交易的总和。这也是目前世界各国所普遍采用的国际收支概念。它具有以下特点：第一，这一概念不再以支付为基础，而是以交易为基础，即只要是一国居民与外国居民之间的国际经济交易，就是国际收支的内容，即使未实现现金收付的国际经济交易，也要计入国际收支中。包括在国际收支中的交易有四大类，（1）交换；（2）转移；（3）移居；（4）其他根据推论而存在的交易，如国外直接投资收益的再投资。第二，国际收支是一个流量的概念，当人们提及国际收支时，需指明是属于哪一段时期的。第三，一国国际收支所记载的经济交易必须是在该国居民与非居民之间发生的。判断一项经济交易是否应包括在国际收支范围内，所依据的不是交易双方的国籍，而是交易的双方是否分属于不同国家的居民。

宏观经济形势的变化，经济思潮的更替以及政策上的需要使得国际收支理论发生了较大变化。国际收支理论主要产生于本金位制度时期及第二次世界大战后的固定汇率时期，但最早关于国际收支调节理论的系统论述可以追溯到18世纪。1752年，大卫·休谟（David Hume）提出了"价格—铸币流动机制"，认为贸易盈余（赤字）通过黄金的流入（流出），会导致本国物价水平的上升（下降），从而使贸易盈余（赤字）自动消失，因此政府无须调节国际收支。自20世纪30年代起，随着国际金本位制度的崩溃，各国国际收支状况陷入极度混乱的局面，经济学家开始对国际收支理论进行新的探索。阿尔弗雷德·马歇尔（Alfred Marshall）的"弹性论"（Elasticities Approach to the Balance of Payments）是这一时期国际收支调节理论的代表。弹性分析法研究的是在收入不变的条件下汇率变动在国际收支调整中的作用。弹性分析理论表明：货币贬值能否改善贸易收支要看进出口供求弹性如何决定，只有进出口商品需求弹性之和大于1，进出口商品供给弹性趋于无穷时，货币贬值才能改善一国的贸易收支。

随着经济的发展，人们越来越认识到国际收支与整个国民经济相联系，建立在局部均衡分析基础上的弹性说不足以说明一般的总量现象，它未能说明国民收入变化对国际收支的影响，此外马歇尔－勒纳条件（参见"马歇尔－勒纳条件"）假设进出口商品的供给弹性无限大，这一假设在第二次世界大战并不适用。因此，20世纪50年代以詹姆斯·米德和亚德历·亚历山大为代表经济学家采用凯恩斯的宏观经济模式，提出了"吸收论"（Absorption Approach to the Balance of Payments）。该理论以凯恩斯宏观经济理论中的国民收入方程式为基础着重考察总收入与总支出对国际收支的影响。吸收论认为国际收支不平衡的根本原因是国民收入与国内支出的总量失衡。当一国一定时期的总收入大于总吸收时，该国就会出现国际收支顺差；相反，当总收入小于一定时期的总吸收时，该国就会出现国际收支逆差。因此在国际收支失衡时，可以通过变动收入和支出进行调节。减少国际收支逆差的方法可以是增加总收入，或减少总吸收，或两者兼用。

弹性论和吸收论在对国际收支的分析中强调的是实际商品贸易，很少涉及资本与金融项目，然而在第二次世界大战后，随着国际投资和国际资本流动的迅速发展，金融和资本项目在国际收支中占了越来越大的比重，为了充分理解国际经济联系，在国际收支分析中必须把金融资产的作用包括进来。此外，20世纪60年代末至70年代中后期西方开始出现"滞胀"现象，凯恩斯的需求管理政策失灵，在这种背景下，货币主义开始在此盛行，哈里·约翰逊（H. Johnson）等人将封闭经济条件下的货币主义原理应用到开放经济中，从而发展了国际收支货币理论（Monetary Approach to the Balance of Payments）。货币论认为国际收支问题本质上是一个货币现象，国际收支不平衡的根本原因在于国内货币供给与货币需求的失衡。当一国国内货币需求增加，或者货币当局控制国内信贷规模，造成货币需求大于货币供给时，超额的货币需求将由外国货币的流入得到满足，这将导致国际收支逆差。货币论还认为，只要一国不严重依赖于通货膨胀性的货币供给增加为政府支出融资，就不会经历长期或结构性的国际收支赤字。

新中国成立后的相当长时期内，中国都未编制国际收支平衡表，只编制外汇收支计划，作为国民经济发展计划的一个组成部分。中国的外汇收支计划，仅包括贸易收支计划、非贸易收支计划和利用外资还本付息计划三个部分。实行改革开放政策后，中国对外交往日益增多，国际收支在国民经济中的作用越来越大，中国的国际收支对世界各国的影响也越来越大。在这种情况下，中国从1980年开始试编国际收支平衡表，1982年开始对外公布，采取以行业统计为特点的带有计划经济色彩的国际收支统计办法，根据IMF的《国际收支手册》（第四版）并结合中国的实际情况进行分类、设置和编制。1997年，中国开始采用最新的国际收支统计的国际标准——IMF《国际收支手册》（第五版）的原理和格式编制国际收支平衡表。1996年开始实行新的《国际收支统计申办办法》。在1996年推出通过金融机构进行国际收支间接申报的基础上，1997年又推出了直接投资、证券投资、金融机构对外资产负债及损益、汇兑等四项申报工作。国际收支统计申报和分析预测在中国宏观经济调控体系中发挥了重要作用。中国的国际收支平衡表所反映的对外经济交易，既包括中国与外国之间的也包括中国内地与中国香港、澳门、台湾地区之间的经济交易。

1994年以来，我国国际收支持续顺差，不仅经常项目大量贸易盈余，而且资本与金融账户也有大量盈余，造成了我国国际收支的"双顺差"现象。从中国历年的国际收支平衡表数据来看，贸易、经常转移和直接投资项下多保持顺差，并成为中国国际收支保持整体顺差的主要因素。而服务和收益项下均呈现逆差，但规模远小于贸易、经常转移和直接投资项的顺差规模。

参考文献：

陈燕：《国际金融》，北京大学出版社2010年版。

国际货币基金组织：《国际收支和国际投资头寸手册》第六版（BPM6）。

李琼：《世界经济学大辞典》，经济科学出版社2000年版。

梁小民、睢国余、刘伟、杨云龙：《经济学大辞典》，团结出版社1994年版。

史燕平：《国际金融市场》，中国人民大学出版社2010年版。

叶蜀君：《国际金融》，清华大学出版社2009年版。

［英］伊特韦尔等：《新帕尔格雷夫经济学大辞典》，经济科学出版社1996年版。

（黄梅波　占芬）

马歇尔—勒纳条件
Marshall-Lerner Conditions

马歇尔—勒纳条件是指，在其他情况不变时，如果进出口对实际汇率有足够的弹性的话,实际贬值将有利于经常账户的改善。该条件是以发现者阿尔弗雷德·马歇尔(Alfred Marshall)和阿巴·勒纳(Abba Lerner)这两位经济学家的名字来命名的。

1923年,在其著作《财富、信用与商贸:货币的实质与商贸通识》中,马歇尔第一个指出,如果本国货币贬值前本国贸易余额为零,且本国和外国的商品需求价格弹性之和小于1,那么本国货币贬值对本国可能产生非意愿的影响。1944年,勒纳在其著作《控制经济学》中也阐述了和马歇尔相同的推论。勒纳的研究指出,在一定的假设条件下,本币贬值能改善贸易收支的充分必要条件为:出口商品的需求价格弹性与进口商品的需求价格弹性之和大于1。勒纳为此提出了下列四条假设:(1)国际贸易的主体仅为本国和外国两个国家;(2)国际贸易的客体仅为出口商品和进口商品2种;(3)出口商品和进口商品的供给价格弹性为无穷大;(4)本币贬值前的贸易差额为零。上述条件被罗宾逊夫人1947年在《外汇论》一文中命名为"马歇尔—勒纳条件"。

1942年,A. J. 布朗(A. J. Brown)将供给弹性、边际进口倾向以及一些其他条件也作为本币贬值时贸易余额的决定因素,扩展了马歇尔的推论。需要注意的是,在探讨本币贬值对本国贸易余额的影响时,马歇尔、勒纳、布朗的分析起点都是假设本币贬值前本国贸易余额为零。1947年,琼·罗宾逊(Joan Robinson)放松了"本币贬值前本国贸易余额为零"这一前提条件,推导出了本币贬值对本国贸易余额影响的公式,但是罗宾逊推导中的本国贸易余额是用本国货币表示的,她忽略了用外国货币表示的本国贸易余额的情形(Hirschman, 1949)。

马歇尔—勒纳条件的具体推导过程:首先,把经常项目表示为商品和服务进出口之差,用国内产出单位来衡量,写为 $CA\left(\dfrac{EP^*}{P}, Y^d\right) = EX\left(\dfrac{EP^*}{P}\right) - IM\left(\dfrac{EP^*}{P}, Y^d\right)$,其中假定外国收入不变,所以出口需求仅是 $\dfrac{EP^*}{P}$ 的函数。另外,以 q 代表实际汇率 $\dfrac{EP^*}{P}$,以 EX^* 代表用外国而非本国产出衡量的国内进口。进口 IM 与 EX^* 之间存在如下关系:$IM = q \times EX^*$,故经常项目可表示为:$CA(q, Y^d) = EX(q) - q \times EX^*(q, Y^d)$。现在用 EX_q 表示 q 上升对出口需求的影响,用 EX_q^* 表示 q 上升对进口额的影响,这样有:$EX_q = \dfrac{EX^2 - EX^1}{q^2 - q^1}$,其中 EX^1、EX^2 表示 q 上升前后的出口需求,q^1、q^2 表示变动

前后的实际汇率；EX^* 同 EX_q 有相似的表达。由上可知，$CA^2 - CA^1 =$ $(EX^2 - q^2 \times EX^{*2}) - (EX^1 - q^1 \times EX^{*1}) = (EX^2 - EX^1) - q^2 \times (EX^{*2} - EX^{*1}) - (q^2 - q^1) \times EX^{*1}$ 上式两边同时除以 $q^2 - q^1$ 得到经常项目对 q 变动的反应，即 $\frac{CA^2 - CA^1}{q^2 - q^1} = EX_q - q^2 \times EX_q^* - EX^{*1}$ ——（1）定义出口需求对 q 的弹性 $\eta = \frac{q^1}{EX^1} EX_q$，以及进口需求对 q 的弹性 $\eta^* = -q^1 \times \frac{EX_q^*}{EX^{*1}}$（$\eta^*$ 的定义中有一负号，这是因为 $EX_q^* < 0$ 而我们把贸易弹性定义为正数）。（1）式右边乘以 $\frac{q^1}{EX^1}$ 得到 $[EX_q - (q^2 \times EX_q^*) - EX^{*1}] \times \frac{q^1}{EX^1} = \eta - \frac{q^2 \times q^1 \times EX_q^*}{EX^1} - \frac{EX^{*1} \times q^1}{EX^1}$ ——（2）假设经常项目余额最初为零（这意味着 $EX^1 = q^1 \times EX^{*1}$），（2）式整理后得 $\eta + \frac{q^2 \times \eta^*}{q^1} - 1 > 0$ 时，$\frac{CA^2 - CA^1}{q^2 - q^1}$ 为正。如果 q 变动很小，则可认为 $q^2 \approx q^1$。那么可知 q 上升能改善经常项目的条件为 $\eta + \eta^* > 1$，即马歇尔—勒纳条件（如果经常项目初始值不为零，该条件就会变得相当复杂）。

参考文献：

［美］保罗·R·克鲁格曼、茅瑞斯·奥伯斯法尔德：《国际经济学》，中国人民大学出版社 2006 年版。

Hirschman, A. O., Devaluation and the Trade Balance: A Note. *The Review of Economics and Statistics*, Vol. 31, No. 1, February 1949.

Lerner, A. P., *The Economics of Control*. New York: The Macmillan Company, 1949.

（黄梅波 卫瑞）

国际收支平衡表
Balance of Payments Sheet

国际收支平衡表指的是一国（或地区）在一定时期（如一年、一季或一月）所有由对外政治、经济、文化活动而引起的，以货币为计量单位，按照经济交易特性的账户类别而进行系统归类后所形成的统计报表。国际货币基金组织（International Monetary Fund，IMF）的章程规定，各成员国必须定期向 IMF 提供本国的国际收支平衡表资料。成员国必须根据 IMF 出版的《国际收支手册》中国际平衡表的标准按照统一格式逐月、逐季和逐年汇总编制本国的国际收支平衡表，并予以定期公布。现今采用的是 IMF 于 2009 年出版的《国际收支手册》（第六版）设立的国际收支平衡表标准。

国际收支平衡表是按照"有借必有贷，借贷必相等"的复式记账原理编制的，一切收入项目都为贷方或称正号项目，一切支出项目都列为借方或称负号项目。原则上，国际收支平衡表的借方总额和贷方总额是相等的，其净余额为零，即达到平衡。当收入大于支出而出现盈余时，即为国际收支顺差；反之，当支出大于收入而出现亏空时，即国际收支逆差。依据第五版《国际货币手册》，国际收支平衡表的国际收支账户可分为三大类：经常账户（Current Account），资本和金融账户（Capital and Financial Account），平衡账户（Balancing/settlement Account）。一是经常账户。二是资本和金融账户。（1）资本账户。（2）金融账户。此账户是反映居民和非居民之间的投资和借贷的项目。包括直接投资、证券投资、其他投资。直接投资是跨境投资的一种，特点是，一经济体的居民对另一经济体的居民企业实施了管理上的控制或重要影响。除了带来控制或影响的股权外，直接投资还包括与这种关系有关的投资，包括投资于其间接影响或控制的企业、连属企业（直接或间接受到同一投资者的控制或影响的企业，但其中任何一个连属企业都不控制或影响另一连属企业）、债务（存款性公司、投资基金、保险公司和养老基金以外的其他金融中介等特定关联金融公司之间的债务除外）和逆向投资（直接投资企业将资金借给其直接或间接的直接投资者，或在该投资者中获得股权，前提是它在该直接投资者中不拥有含有 10% 或 10% 以上表决权的股权）。证券投资是指本国居民对外国证券和非居民对本国证券的购买和售卖。其他投资指直接投资、证券投资未包括的金融交易，主要有贷款、预付款、短期票据、金融租赁项目下的货物等。三是平衡账户包括储备资产（Reserve Assets）和误差与遗漏项（Errors and Omissions Account）。2009 年 IMF 出版《国际收支手册》第六版，相对于第五版而言，第六版账户的总体结构和一般定义基本上没有变化。更确切地说，第六版考虑了经济和金融发展动态，以及经济政策所关心问题的演变，提供了旨在澄清和细化这些变化的内容。其中国际收支账户分为经常账户、资本账户、金融账户和误差与遗漏净额，经常账户和资本账户与第五版相比介绍得更详细，金融账户除包括直接投资、证券投资和其他投资外，还包括储备资产、金融衍生工具（储备除外）和雇员认股权。金融衍生产品和雇员认股权是具有类似特征的（如履约价格、某些相同的风险因素）金融资产和负债。但是，尽管两者都是为了转移风险，可雇员认股权还旨在提供一种报酬形式，是向公司雇员提供的一种购买公司股权的期权。而误差与遗漏净额与第五版的内容相似，但分类更细。

记录时，储备资产要反向记录：储备增加，记入借方，用"－"表示；储备减少，记入贷方，用"＋"表示。按复式簿记原理，国际收支平衡表的借方总额和贷方总额应相等，从而总净额为零。但由于不同账户统计资料来源不一，统计不准确、不完整，统计口径和时间不一致以及其他人为因素，会出现结账时存在净的借方或贷方余额，这时需设立一个抵销账户，数目与上述余额相等但方向相反，此账户为"误差与遗漏项"账户。国际收支平衡表以交易的市场价格来计价。各国按国内使用的记账单位编制统计报表，IMF可根据自己需要，用一种现阶段认为最稳定的通用记账单位来把各国报表统一折算。

参考文献：

国际货币基金组织：《国际收支和国际投资头寸手册》第六版（BPM6），2009年。

李琮：《世界经济学大辞典》，经济科学出版社2000年版。

史燕平：《国际金融市场》，中国人民大学出版社2010年版。

侯高岚：《国际金融》，清华大学出版社2005年版。

（黄梅波　许昌平）

经常项目
Current Account

经常项目，又称经常账户，是记录实际资源的流动情况，显示的是一国居民与非居民之间货物服务、初次收入和二次收入的流量。根据国际货币基金组织（IMF）《国际收支和国际投资头寸手册》第六版，经常项目包括货物和服务账户、初次收入账户和二次收入账户。通过此项目形成的外汇收入，是一国可以自主支配的外汇，因而该项目又是一国国际收支平衡表中（参见"国际收支平衡表"）最基本、最重要的项目。

货物和服务账户的侧重点是居民与非居民之间货物和服务的交换环节。货物（Goods）用来反映一国商品的出口和进口，又称为有形贸易交易规模的项目。商品出口所得货款，构成一国的贸易外汇收入，商品进口所付款项，构成该国贸易外汇支出。为了避免重复统计，国际货币基金组织建议，商品的进口和出口均按离岸价格计算，可以说，对于大多数国家而言，商品进出口规模的大小，往往反映一国经济实力的高低。经常账户各项交易差额的总和称为经常账户差额，它是分析对外不平衡的重要经济总量指标。它不仅是经常项目中最重要的项目，而且也是整个国际收支平衡表中最重要的项目。服务（Services）是指一国居民为非居民提供的各种服务和该国居民利用非居民提供的服务而引起的外汇收入和支出。由于服务形式的多样性，该项目所包括的内容十分庞杂，主要有运费、通信费、旅游费、保险费和保险赔偿金以及其他劳务（如广告、银行手续费、专利转让等）。但是凡属无偿提供的劳务都不列入这一项。货物和服务流量的对应分录可在金融账户、经常账户或资本账户中。如果项目的款项是在货物或服务提供时支付，对应分录在金融账户下，例如，货币和存款。如果款项不是在所有权变更时支付，则产生贸易信贷或其他形式的金融工具（例如，汇票）。如果款项是在所有权变更前支付，则为进口方向出口方的预付款。有些情况下，货物和服务交换获得的不是金融资产，例如，易货贸易，则对应分录为货物和服务。援助或赠与时，对应分录是经常转移或资本转移。

初次收入账户显示的是作为允许另一实体暂时使用劳动力、金融资源或非生产非金融资产的回报，而应付和应收的金额；初次收入账户显示的是居民与非居民机构单位之间的初次收入流量，其分为两类：一是与生产过程相关的收入。雇员报酬是向生产过程投入劳务的收入。对产品和生产的税收和补贴也是有关生产的收入；二是与金融资产和其他非生产资产所有权相关的收入。财产收入是提供金融资产和出租自然资源所得的回报。投资收益是提供金融资产所得的回报，包括股息和准公司收益提取、再投资收益和利息。但是，对金融衍生产品和雇员认股权的所有权不产生投资收益。金融资产和其产生的投资收益类型之间的关系。国际账户中，所有的初次收入流量皆与初次收入分配账户相关。国际账户将初次收入分成以下类型：雇员报酬；股息；再投资收益；利息；归属于保险、标准化担保和养老基金保单持有人的投资收益；租金；对产品和生产的税收和补贴。

二次收入账户显示收入的再分配，即：一方提供用于当前目的的资源，但该方没有得到任何直接经济价值回报，包括个人转移和经常性国际援助等。二次收入账户表示居民与非居民之间的经常转移，由于资金的国际转移不产生归还或偿还问题，所以又称为单方面转移。各种不同类型的经常转移记入本账户，表明其在经济体间收入分配过程中的作用。转移可以为现金或实物。现金转移包括一个机构单位向另一个机构单位支付货币或可转让存款而无任何回报。实物转移包括非现金类货物或资产所有权的转移，或服务的提供，而未获得具有相应经济价值物品的回报。转移可分为经常转移或资本转移。资本转移是资产（非现金或存货）所有权从一方转到另一方的转移；或使一方或双方获得或处置资产的转移；或债权人减免负债的转移。因非现金资产（非存货）的处置或获得而产生的现金转移也是资本转移。资本转移使交易一方或双方的资产存量相应变化，而不影响任何一方的储蓄。无费用的实物转移且包含下列要素时应属于资本转移：（1）非金融资产（非存货，即固定资产、贵重物品或非生产资产）所有权的转移，或（2）债权人不获得相应价值回报而减免债务。经常转移包括资本转移以外的所有其他类型转移。经常转移直接影响可支配收入的水平和对货物或服务的消费能力。即经常转移减少捐赠方的收入和消费能力，并增加接受方的收入和消费能力。国际账户将经常转移进行了如下分类：一是个人转移；二是其他经常转移，包括（1）对所得、财富等征收的经常性税收；（2）社保缴款；（3）社会福利；（4）非寿险净保费；（5）非寿险索赔；（6）经常性国际合作；（7）其他经常转移。二次收入账户的差额为贷方合计减借方合计，称为二次收入差额。此外，所有经常账户交易合计差额也列示于本账户最后，因为该账户是经常账户序列中的最后一个账户。

初次收入应与二次收入进行区分。初次收入为提供劳务、金融资产和出租自然资源而获得的回报。二次收入则是通过政府或慈善组织等的经常转移对收入重新分配。初次收入影响国民收入；二次收入与初次收入共同影响国民可支配总收入。

经常项目的所有这些账户的差额又称经常项目差额。经常项目差额显示的是出口和应收收入之和与进口和应付收入之和之间的差额（出口和进口指货物和服务，而收入指初次收入和二次收入）。

参考文献：

International Monetary Fund, *Balance of Payments and International Investment Position Manual*, Washington, D.C.: International Monetary Fund Press, 2009.

（黄梅波　占芬）

资本项目
Capital Account

资本项目又称资本账户，显示的是一国居民与非居民之间非生产非金融资产和资本转移的贷方分录和借方分录。它记录非生产非金融资产的取得和处置以及资本转移，即一方提供用于资本目的的资源，但该方没有得到任何直接经济价值回报。《国际收支手册》（Balance of Payments Manual，BPM）第五版之前的版本也一直采用"资本账户"这一术语来表示国际收支中的金融账户和《国民账户体系》中所称的金融账户。但BPM第六版本将资本账户和金融账户分开表述，主要是为了与国民账户体系保持一致，以区别资本交易和金融交易。因此国际账户资本项目的对应内容仅反映非生产非金融资产交易。国际账户中的资本账户分为两类：居民与非居民之间的应收和应付资本转移及居民与非居民之间非生产非金融资产的取得和处置。

居民与非居民之间的应收和应付资本转移是资产（非现金或存货）的所有权从一方向另一方变化的转移；或者是使一方或双方获得或处置资产（非现金或存货）的转移；或者为债权人减免负债的转移。资本转移在所有相关要求和条件满足且接受单位具有无条件权利主张时进行记录。包括：（1）固定资产所有权的转移，通常是实物转移；（2）同固定资产买进、卖出相联系或以其为条件的资金转移；（3）债务注销，即债权人不索取任何回报而取消债务。

居民与非居民之间非生产非金融资产的取得和处置是指不由生产创造的有形资产和无形资产的收买与出售。非生产非金融资产包括：（1）自然资源，包括土地、矿产权、林业权、水资源、渔业权、大气空间和电磁光谱。与资源的所有权变化不同，临时使用自然资源的权利划分为租借或契约、租约或许可；（2）契约、租约和许可，包括确认为经济资产的契约、租约和许可。这些资产为社会和其法律体系所创建，有时称为无形资产。包括可销售经营租赁、使用自然资源的许可同时不对这些资源拥有完全所有权、进行某些活动的许可（包括某些政府许可）以及购买某项货物或服务的专属权。此类资产的交易计入资本账户，但是持有这些资产不计入国际投资头寸，因为没有对应的负债；（3）营销资产（和商誉），包括品牌、报刊名称、商标、标志和域名等。当拥有营销资产的实体单独将其销售时，即记为非生产非金融资产的取得和处置。需要注意的是，当交易资产为无形资产时，由于无形资产的使用所引起的收支记录在经常账户的服务项下，而无形资产所有权买卖所引起的收支记录在资本账户的非生产、非金融性资产的取得和处置项下。

资本账户差额表示资本转移和非生产非金融资产的贷方合计减去借方合计。此外，经常账户差额和资本账户差额合计也可列示为平衡项目，其中，平衡项目表示为来自资本账户和经常账户的净贷款（+）/净借款（-）。

参考文献：

薛荣久、王绍颐：《当代国际贸易与金融大辞典》，对外经济贸易大学出版社1998年版。

International Monetary Fund, *Balance of Payments and International Investment Position Manual.* Washington, D.C.: International Monetary Fund Press, 2009.

（黄梅波　占芬）

货币自由兑换
Currency Convertibility

货币自由兑换是指一国货币的持有者可以为任何目的而将所持有的货币按汇率兑换成另一国货币的权利。在货币完全可兑换的情况下，即使在国际收支出现逆差的时候，也保证持有任何国家货币的任何人享有无限制的货币兑换权。

货币可自由兑换具有三个关键性特征：第一，货币可自由兑换的核心问题是货币兑换权，即一国货币持有者可以为任何目的而将持有的货币按照市场汇率兑换成另一货币的权利。第二，货币兑换权是无限制的，表现在持有者、币种、数量、目的、价格和时间六个方面都没有限制。第三，货币兑换权是国家和有关法律保证的权利。

当一国货币的持有人能自由地把该货币兑换为其他任何国家货币而不受任何限制时，该种货币就成为自由兑换货币（Convertible Currency）。自由兑换货币是指无须货币发行国批准，在国外金融市场上可以自由兑换成其他国家的货币，或用于对第三国进行支付的货币，接收方应无条件接受并承认其法定价值。目前世界上有50多种货币是可自由兑换货币，其中主要有：美元、欧元、英镑、日元、港币、瑞士法郎、新加坡元、加拿大元、澳大利亚元、丹麦克朗、挪威克朗、瑞典克朗、新西兰元等。但是真正普遍用于国际结算的可自由兑换货币只有十多种，主要有美元、英镑、欧元、日元、瑞士法郎等。

根据产生货币可自由兑换需要的国际经济交易的性质的不同，可将货币的自由兑换分为经常项目下的货币可自由兑换和资本项目下的货币可自由兑换。经常项目下的货币可自由兑换是指对国际收支中经常账户的外汇支付和转移的汇兑实行无限制的兑换。即如果一国对经常项目下的对外支付解除了限制或管制，则该国货币就实现了经常项目下的货币可自由兑换。国际货币基金组织在其章程第八条的二、三、四条款中规定，凡是能够兑付外国持有的在经常交易中所取得的本国货币的国家，该国货币就是经常项目下的可自由兑换货币，也即承担了国际货币基金组织的第八条所有规定的义务，成为"第八条款国"。此外，IMF 还规定实现经常项目下的货币可自由兑换应对以下四项内容的支付不加以限制：一是所有与对外贸易，包括服务在内的其他经常性业务以及正常的短期银行信贷业务有关的对外支付；二是应付的贷款利息和其他投资收入；三是数额不大的偿还贷款本金或摊提直接投资折旧的支付；四是数额不大的家庭生活费用汇款。资本项目下的货币可自由兑换又称为资本与金融项目下的货币可自由兑换，是指对资本流入和流出的兑换均无限制。具体包括：避免限制内资投资境外或者外资投资境内所需转移的外汇数量；避免到国外投资的内资购汇流出或者相应外汇流入结转内资的审批或限制；避免限制资本返还或者外债偿还汇出；避免实行与资本交易有关的多重汇率制度。如果一国既实行了货币经常项目可兑换，又实现了资本项目可兑换，那么该国货币就是完全可兑换货币。

从各国经验来看，实现货币可自由兑换的过程是漫长的，只有条件成熟时才能实现货币的自由兑换。一国货币能成功地实行自由兑换（特别是资本与金融账户下的自由兑换），应具备以下条件：第一，稳定的宏观经济条件；第二，健全的微观经济主体；第三，合适的汇率制度和汇率水平；第四，外汇短缺的消除和可维持性的国际收支结构；第五，高效、稳健的金融监管。

近年来发展中国家资本项目的对外开放已经成为经济自由化进程中最有争议的问题之一。这是因为，资本项目的对外开放在使一国享受许多现实利益的同时，可能也会带来一些损失。总的来说，资本项目的对外开放伴随而来的金融自由化可以给国家带来以下好处：其一，有利于吸引外资，因为资本能否自由流动，尤其是外商投资利润、利息能否自由汇出，是国际投资者考虑的重要因素；其二，有助于强化国内市场经济体系的整体素质，构建高效而富于竞争性的国内经济环境，有利于资源的优化配置；其三，促进企业在国内外扩展业务，提高技术和管理水平，有利于新的金融产品、金融工具的推广，实现融资渠道和融资手段多样化；其四，一定程度上可将本国的不良经济现象通过资本流动转移到其他国家，减少本国经济损失；其五，使投资者持有的资产组合更加国际化，降低投资风险；其六，可以提升一国的国际声望，使其在国际社会发挥更重要的作用。但大规模的国际资本流动也可能会对一国经济造成较大的影响和冲击，特别是短期资本由于流动性和投机性色彩浓厚，难以控制，如果一国在基本条件尚未成熟的情况下过早开放资本项目，会给国内经济带来很多消极影响，如国际收支失衡，利率、汇率体系混乱，大规模的资本外逃，货币替代，扰乱现有国内金融机制等。

自 1994 年起，我国开始实行外汇管理体制改革，基本上取消了国际货币基金组织有关经常项目可兑换定义中的绝大多数限制，实现了人民币经常项目有条件可兑换。1996 年 12 月 1 日起，中国接受国际货币基金组织协定的第八条的全部义务，不再限制不以资本转移为目的的经常性国际交易支付和转移。这标志着中国实现了经常项目下的人民币的完全可兑换，人民币经常项目下可兑换的实施进一步改善了外商投资和经营环境，增强了国内外对人民币的信心，促进了中国经济融入世界经济主流。自 1996 年实现了人民币经常项目可兑换，人民币资本项目的开放也在积极有序地推进。在国际货币基金组织划分的 43 个资本交易项目中，中国已有 20～30 个资本项目交易基本不受限制或有较少限制，人民币资本项目下已经实现了部分可兑换。

参考文献：

［美］保罗·克鲁格曼、茅瑞斯·奥伯斯法尔德：《国际经济学》，中国人民大学出版社 2006 年版。

陈燕：《国际金融》，北京大学出版社 2010 年版。

［美］格林沃尔德：《现代经济词典》，商务印书馆 1981 年版。

梁小民、睢国余、刘伟、杨云龙：《经济学大辞典》，团结出版社 1994 年版。

杨长江、姜波克：《国际金融学》，高等教育出版社 2008 年版。

叶蜀君：《国际金融》，清华大学出版社 2009 年版。

（黄梅波　占芬）

最优货币区理论
Theory of Optimum Currency Areas

最优货币区理论试图回答，为维持内部均衡和外部均衡，在何种情形下一个国家或地区应当与其他国家或地区形成一个统一区域，在该区域内使用一种单一的共同货币，或具有无限可兑换性的几种货币，区域内的国家或地区与区域外的国家或地区之间的汇率保持浮动。

最优货币区概念起源于固定汇率与浮动汇率的争论。早期的最优货币区理论主要探讨用哪些标准来判断货币区的最优性，试图回答最优货币最具有决定性的经济性质。20 世纪 60 年代，罗伯特·蒙代尔（Robert A. Mundell）、罗纳德·麦金农（Ronald I. Mckinnon）、詹姆斯·英格拉姆（James. C. Ingram）、彼特·凯南（Peter B. Kenen）等人做出了开拓性的工作，他们试图找出最优货币区最具有决定性的经济性质。20 世纪 70 年代，赫伯特·格鲁贝尔（Herbert G. Grubel）、马克斯·科登（W. M. Gorden）、托尔（E. Tower）和威利特（Edwarel Tora David Willtets）等从评估参加一个货币区的效益和成本的角度，提出了各自的最优货币区理论。20 世纪70 年代之后，关于最优货币区的研究角度更加多样化。宾田（Hamada）研究了一些国家加入货币区的福利含义；雷曼（S. S. Rehman）对最优货币区的判断标准进行了总结；保罗·克鲁格曼（Paul R. Krugman）和茅瑞斯·奥伯斯法尔德（Maurice Obstfeld）也对最优货币区理论的研究进行了总结，并提出了 GG-LL 模型，用于判断加入货币联盟的时机。

早期的最优货币区理论提出最优货币区应具有的特点如下：

要素市场的一体化：蒙代尔在其 1961 年的论文中提出，确立最优货币区的标准是"内部生产要素高度流动，内部与外部的生产要素不流动"。蒙代尔主要回答了三个问题：（1）浮动汇率体系在什么情形下是有效的？（这里的有效是指"在维持内部均衡与外部均衡方面的表现"）（2）西欧各国成立共同货币区的条件是否具备？（3）在世界范围内，应当如何划分货币区。蒙代尔通过一个两主体模型阐述了第一个问题。两主体可以是两个国家，一国国境内的两个地区，或是跨越国境的两个地区。蒙代尔探讨了在这三种情形下实行浮动汇率在维持内部均衡和外部均衡方面的有效性。在回答第二个问题时，蒙代尔指出，"内部要素高度流动，内部与外部之间要素不流动"是最优货币区的一个特征。学者们赞成或反对西欧成立共同货币区，其实质是在判断西欧各国要素是否高度流动时的标准有所不同。关于应当如何划分货币区，蒙代尔指出，要素在货币区内部的流动性程度是货币区的一个重要指标，那么尽可能地划分较多的货币区，"要素在货币区内部高度流动"这一条件可在更大程度上被满足，但这意味着存在多种货币，国家或地区之间的交易成本过高。蒙代尔因此得出结论：最优货币区及共同货币的数量，存在一个上限（Mundell，1961）。

蒙代尔的最优货币区理论，有以下四点应当注意：（1）像大多数20世纪60年代的宏观经济学家一样，蒙代尔具有浓厚的战后凯恩斯思想，即财政政策、货币政策可以解决有效需求不足问题，平息私人投资部门对需求或供给方面的冲击，这一思想贯穿其最优货币区理论。这在信奉货币中性的经济学家看来，蒙代尔的推论显然是有问题的。（2）区别20世纪60年代和20世纪70年代，蒙代尔在货币区问题上的看法。关于货币区的大小，蒙代尔在20世纪60年代，以内部生产要素高度流动为标准，认为货币区应当采取较小规模。在20世纪70年代，蒙代尔又提出，如果区域内的共同货币可以保证购买力平稳，那么货币区的规模越大越好。（3）马库斯·弗莱明（John Marcus Fleming）强调区别劳动力流动与资本流动，二者对货币区的影响是不同的。（4）蒙代尔的劳动流动性标准受到人们的批评。蒙代尔认为生产要素的内部高度流动可以在经济体供求不均衡时，调整生产要素的价格，从而减轻把改变汇率作为改变要素实际价格的工具的要求。但是，劳动力的流动具有成本，这一点不应当忽略。

商品市场的一体化：罗纳德·麦金农（Ronald I. Mckinnon）从对外开放程度的角度来研究具有一定对外开放的区域是否应该选择与其他区域实行浮动汇率，或参加进去形成一个更大的货币区。然而，作者在文中并没有正面回答这一问题。麦金农的结论是：对外封闭的地区，在内部应当将其货币钉住一组从区域外部看来是非贸易品、在区域内是可贸易品的商品，以保持区域内价格的稳定。这样的对外封闭的经济不应该再细分为具有独立货币、汇率相互浮动的较小地区，也不应该与其他地区形成一个货币区（因为该地区相对封闭）（Mckinnon，1963）。

金融市场一体化：英格拉姆和塞托夫斯基（Tiber. Scitovsky）倾向于用内部适度的金融一体化程度作为最优货币区的标准。他们认为，一个地区的金融资本市场存在高度一体化可以为地区间收支的不平衡融通资金，该地区适合成为一个货币区，在金融一体化的区域内实行固定汇率制更好。

20世纪80年代以及90年代初，由于国际货币领域，特别是欧洲迈向货币一体化的进程重现活力，以及宏观经济理论的发展，出现了大量的文章和著作阐述最优货币区理论。这一时期对最优货币区问题的研究仍是最优货币区选择中的标准问题，以及最优货币区的收益与成本分析，但宏观经济学的发展使得最优货币区理论发生了很大变化。根据预期形成、时间不连续和信誉问题、不确定条件下的劳动流动以及汇率决定等方面的理论的发展，最优货币区理论已经得到了一些修改、完善。

这一时期关于最优货币区理论的修正，具体表现在四个方面：（1）垂直的菲利普斯曲线和政策失效：20世纪70年代中期的文献假设，灵活的汇率允许一国采取独立的货币政策以便在菲利普斯曲线上选择一个最优点，而在这一阶段高通货膨胀率与高失业率并存的现实证明不存在上述最优点。（2）时间不连续问题：最优货币区理论的早期文献将通货膨胀率相似性标准作为加入货币区的一个前提条件。该阶段时间不连续问题的提出把通货膨胀率相似性作为加入货币区产生的一个合意结果。（3）不确定条件下的劳动力流动：不确定条件下，劳动力流动的成本会增大。（4）对外调节过程：早期的最优货币区理论把要素的流动的相对性与汇率调节相对立，这一时期，学者强调，汇率调节存在较长时滞（Krugman，1991）。

20世纪90年代以来，计量技术的发展推动了最优货币区的实证研究，学者从经济多样性、内生性等角度对包括西欧在内的地区进行经验分析，发展了最优货币区理论。这一阶段最优货币区理论的特点是模型化，在这一阶段几乎所有最优货币区的属性都被详细地检验过。

自从20世纪70年代初布雷顿森林体系崩溃以来，汇率制度的选择和国际货币合作一直是理论界和实务界的热点问题。蒙代尔于1961年开创的最优货币区理论给出了一种区域货币一体化方案，自问世以来得到了广泛的关注。90年代以来，欧洲经济货币联盟（Economic and Monetary Union，EMU）的实践再一次将最优货币区理论推上前台，欧洲的实践者们第一次在真正意义上创立了一种共同货币和货币联盟。然而，最优货币区理论和EMU的实践中还有很多值得关注的问题。欧元区是在不断地争论和实践中建立起来的。虽然欧元纸币和硬币于2002年1月1日起正式流通，但是关于欧元区是否是一个最优货币区，欧元前景如何的讨论从来没有停止过。2009年，欧元区国家希腊率先爆发主权债务危机，随后危机迅速蔓延到爱尔兰、西班牙和葡萄牙等国并最终转变为一场欧元区的主权债务危机。此次主权债务危机使得整个欧元区面临自成立以来最严峻的考验，影响了人们对单一货币欧元的信心，使最优货币区理论陷入现实的困境，并引发对最优货币区理论和欧洲货币一体化机制的反思和质疑。

参考文献：

姜波克、罗得志：《最优货币区理论综述兼述欧元、亚元问题》，载于《世界经济文汇》2002年第1期。

Mundell, R. A, A Theory of Optimum Currency Areas, *The American Economic Review*, Vol. 51, No. 4. September 1961.

Mckinnon, R. I., Mundell, The Euro, and Optimum Currency Areas, *The American Economic Review*. 2002.

（黄梅波　卫瑞）

欧元
Euro

欧元是欧洲中央银行发行的、在欧元区流通使用的统一货币。

1992年2月7日，欧洲共同体（European Communities，以下简称欧共体）成员国正式签订了欧洲经货联盟与政治联盟条约草案——《欧洲联盟条约》（Treaty on European Union），即《马斯特里赫特条约》（Maastricht Treaty，以下简称《马约》）。1993年11月，《马约》生效，欧洲开始向经济和货币联盟迈进。根据《马约》，欧洲经济和货币联盟的建设分三个阶段进行，第三阶段最迟将于1999年1月1日开始。在这一阶段，欧洲中央银行（European Central Bank，ECB）开始运作，欧元正式启动。1995年12月15~16日，各国首脑在马德里峰会上重申货币联盟必须从1999年1月1日开始，并同意单一货币的名称叫欧元。1997年6月16~18日在荷兰首都阿姆斯特丹举行了欧盟首脑会议，会议通过了新的《欧洲联盟条约》草案，称《阿姆斯特丹条约》（Amsterdam Treaty），并批准了《预算稳定和增长公约》、《欧元的法律地位》和《新货币汇率机制》等3个条约，各国首脑重申单一货币将如期实现。这一条约不仅为1999年1月1日欧洲货币联盟的按期启动和未来单一货币欧元的稳定提供了法律保障，而且为其发展扫清了技术障碍。1998年5月初，欧盟领导人在布鲁塞尔正式同意1999年1月1日启动欧元。

1999年1月1日欧元正式诞生时只作为"电子货币"（包括银行账户、信用卡、旅行支票等）使用，欧元纸币和硬币于2002年1月1日起才正式流通。从1999年1月1日到2002年1月1日，欧元和欧元区国家货币同时存在，至2002年7月1日欧元成为唯一法定货币，各欧元区国家货币退出流通。欧元由欧洲中央银行和各欧元区国家的中央银行组成的欧洲中央银行系统（European System of Central Banks，ESCB）负责管理。欧洲中央银行是效仿美联储与德国联邦银行成立的一个独立的机构，它享有独立制定货币政策的权力。欧元区国家的中央银行参与欧元纸币和欧元硬币的印刷、铸造与发行，并负责欧元区支付系统的运作。

欧元诞生后，欧元区各国货币间的转换均需通过欧元进行。欧元转换比率是由欧洲议会根据欧洲委员会（European Commission，EC）的建议，按1998年12月31日的市场汇率为基础而确定，1欧洲货币单位等于1欧元。欧元与欧元区各国原有货币的固定转换如表1所示：

表1　　　　　　　　欧元区成员国与欧元的汇率

奥地利先令（ATS）	13.7603	葡萄牙埃斯库多（PTE）	200.482
比利时法郎（BEF）	40.3399	西班牙比塞塔（ESP）	166.386
荷兰盾（NLG）	2.20371	希腊德拉克马（GRD）	340.75
法国法郎（FRF）	6.55957	塞浦路斯镑（CYP）	0.585274
德国马克（DEM）	1.95583	马耳他镑（MTL）	0.4293
爱尔兰镑（IEP）	0.77564	斯洛伐克克朗（SKK）	30.126
意大利里拉（ITL）	1936.27	爱沙尼亚克朗（EEK）	15.64664
卢森堡法郎（LUF）	40.3399		

资料来源：根据European Central Bank中Euro板块的数据整理而成。

罗伯特·蒙代尔提出的"最优货币区"（Optimal Currency Area，OCA）为欧元的诞生奠定了理论基础。但90年代理论界对欧元的诞生及欧盟到底是不是一个最优货币区产生了激烈的争论。1992年6月11日，62位德国经济学家在法兰克福发表了题目为《欧洲货币联盟——对欧洲决定性的考验》（EC Currency Union—An Aid Test for Europe），其副标题为"62位德国经济学家反对《马约》的决定：动作太快把欧洲推向危险的境地"（以下简称《考验》）。此文指出，《马约》存在十大失误，认为欧盟尚不具备引入共同货币的条件，贸然行事将带来经济与政治的双重灾难。但是，另一份名为《赞成欧洲货币联盟：欧洲经济学家宣言》（In Favor of EMU：A Manifesto of European Economists，以下简称《宣言》），由70位欧洲各国的经济学家，其中包括10名德国经济学家，联名对《考验》进行反驳。两份宣言的作者围绕"欧盟是否是最优货币区"的争论主要集中在衡量标准、对应条件下汇率政策工具的效应、货币联盟能否提高物价稳定政策的有效性以及加入单一货币的成本收益等几个方面。学者们的意见分为三种：一是赞同派，认为单一货币是欧盟的最佳选择（如前述的70位经济学家），引入欧元是有利的；二是中间派，认为当前的条件还不成熟，但不反对把单一货币作为欧盟演进的方向（如62位德国学者）；三是反对派，该派学者认为无论在当前还是在以后，欧盟都不是OCA，即使建立了货币联盟，也只是政治动机使然。

作为"一个市场，一种货币"理论最伟大的实践，欧元取得了迄今为止国际货币合作史上最伟大的成就。蒙代尔曾说：欧元的重要性在于它具有改变国际货币体系权力结构的绝大潜力，有可能成为另一种国际记账单位和储备货币而挑战美元。事实上，欧元的诞生对其后欧洲经济的增长起到了积极作用，对中国、美国及整个世界的经济发展也有着重要影响。伴随着欧元的流通，欧元汇率一路上扬，欧元的诞生使国际货币体系形成欧元体系与美元体系并存的局面。对于欧洲自身来说，从短期看，欧元通过促进欧元区的消费需求、投资需求以及对外出口来刺激欧洲的短期经济增长；从长期看，欧元促进技术创新、资本供给和创造劳动就业扩大了欧洲长期经济增长潜力。更为重要的是，欧元在一定程度上促进了欧元区市场结构和政策结构的一致性，从而为欧洲经济的持续增长奠定稳固的基础。我国与欧盟互为最重要的经贸合作伙伴。欧元诞生后，中欧双边出口、投资大幅增长。此外，欧元还促使我国外汇储备结构得到了优化，使之更趋合理和安全。

欧元问世以来，国际地位和影响不断提高，面临的问题也日益增多。欧元区特别是老成员国经济持续低迷、欧洲央行统一货币政策处于两难境地、各成员国对财政赤字超标意见分歧、政治一体化进程的缓慢以及广大民众对一体化态度的转变等，都成为欧元前进中的障碍。2008年，欧元区国家希腊、爱尔兰、西班牙和葡萄牙等相继爆发主权债务危机，危机逐渐向欧元区其他国家蔓延并最终转变为一场欧元区的主权债务危机。欧元区的此次危机使不少学者担忧欧元的前景。曾任欧洲央行首席经济学家、德国央行行长，现任德国法兰克福大学金融研究中心总裁，被公认是欧元的创始人之一奥托马·伊辛（Otmar Issing）对欧元及欧元区的未来并不乐观。他认为，为解决各自的经济问题，部分成员国退出欧元区已成定局，为了欧元区长远的未来，那些苦苦挣扎于经济泥潭的成员国应被取消成员国资格，应从小数量成员国开始有序退出，任何一个国家都不应退出的想法实质上是对欧元区的勒索。克鲁格曼、鲁比尼（Nouriel Roubini）、罗杰斯（Jim Rogers）、索罗斯

（George Soros）等美国学者和金融家对欧元也持悲观观点，由于货币联盟与财政联盟脱离的状况尚未从根本上消除，欧元区经济发展不平衡也未见减轻，因此，他们均认为欧元将会消亡。欧洲央行行长马里奥·德拉吉（Mario Draghi）则坚持认为欧元是不可逆转的。面对欧洲主权债务危机，"危机国"和"施援国"，还有整个欧盟和欧元区，以及国际货币基金组织，都在共同努力应对。

参考文献：

冯兴元：《欧洲货币联盟与欧元》，中国青年出版社1999年版。

姜波克、罗得志：《最优货币区理论综述兼述欧元、亚元问题》，载于《世界经济文汇》2002年第1期。

欧洲共同体官方出版局：《欧洲联盟条约》，国际文化出版社1999年版。

张洪梅、刘力臻：《国际区域货币合作的欧元模式研究》，经济科学出版社2009年版。

Mundell A. Robert, A Theory of Optimum Currency Areas, *The American Economic Review*, Vol. 51, No. 4, Sep., 1961.

（黄梅波　占芬）

欧元区
Euro Zone

欧元区是指由欧洲联盟成员中采用欧元作为单一的官方货币的国家组合而成的区域。随着1999年1月1日欧元（参见欧元）的正式出现，欧元区正式成立。欧元区的货币政策由欧元体系（Eurosystem）、欧洲中央银行（European Central Bank，ECB）、欧元区各国中央银行组成的欧洲中央银行系统（European System of Central Banks，ESCB）共同制定，三个机构各有其责任和角色。欧元诞生后，由欧盟条约（The Treaty on European Union）规定的ESCB所需履行的责任由Eurosystem来承担。ECB和Eurosystem中的中央银行的职责是确保欧元区价格稳定。欧元区成员国的中央银行在ECB的指导下实施货币政策操作，欧元区国家的中央银行参与欧元纸币和欧元硬币的印刷、铸造与发行，并负责欧元区支付系统的运作。

截至2013年1月1日，欧元区共有17个成员，分别是爱尔兰、奥地利、比利时、德国、法国、芬兰、荷兰、卢森堡、葡萄牙、西班牙、希腊、意大利、斯洛文尼亚、塞浦路斯、马耳他、斯洛伐克和爱沙尼亚（见表1）。

表1　　　　　　　　　　　　欧元区国家概览

国家	加入日期	人口
奥地利	1999年1月1日	8316487
比利时	1999年1月1日	10584534
塞浦路斯	2008年1月1日	766400
芬兰	1999年1月1日	5289128
法国	1999年1月1日	63392140
德国	1999年1月1日	82314906
希腊	2001年1月1日	11125179
爱尔兰	1999年1月1日	4239848
意大利	1999年1月1日	59131287
卢森堡	1999年1月1日	476200
马耳他	2008年1月1日	404962
荷兰	1999年1月1日	16372715
葡萄牙	1999年1月1日	10599095
斯洛伐克	2009年1月1日	5379455
斯洛文尼亚	2007年1月1日	2013597
西班牙	1999年1月1日	45116894
爱沙尼亚	2011年1月1日	1340415
欧元区		320143372

注：根据European Central Bank中Euro板块的数据整理而成。

根据《马斯特里赫特条约》（Maastricht Treaty）的规定，有意加入欧洲货币联盟（European Monetary Union，EMU）的国家必须满足四个趋同标准（Convergent Criteria）：第一，价格稳定。各成员国通货膨胀率在加入联盟前的一年内不得超过经济形势最好的三个国家平均水平的1.5%；第二，健全的公共财政。政府的财政赤字不能超过国内生产总值GDP的3%，政府债务不能超过GDP的60%；第三，无差别的长期低利率。要求长期名义利率以长期政府债券或可比的有价证券来衡量，不超过三个价格最稳定的成员国前一年平均水平的2%；第四，稳定的汇率。政府必须表明它们有能力使汇率的波动在2年内不突破欧洲货币体系汇率机制所规定的正常波动幅度，不对其他任何成员国货币贬值。欧盟对成员国加入欧元区的时间并没有固定的要求，每一个成员国将根据自己国家的情况，按照自己的时间表加入。

1995年12月的马德里会议确定了欧元引入的具体细节,并把EMU的启动分为三个阶段。第一阶段1998年3月25日欧委会与欧洲货币局公布15个成员的趋同报告,它们推荐11个国家进入。第二阶段又称为过渡时期,从1999年1月1日开始,各国货币与欧元的汇率永久固定。第三阶段从2002年1月1日开始,欧元现钞及硬币开始流通。

欧元区成立之初对欧洲经济及世界经济产生了重要影响,但自2008年欧元区主权债务危机爆发后,欧元区经济陷入持续衰退。欧洲的经济复苏变得更为艰难和缓慢,欧元从高位下跌,大幅贬值动摇了市场对于其储备货币地位的信心,也使美元在与欧元竞争中重新获得优势。国际货币基金组织(IMF)在2012年10月发布的《全球金融稳定报告》中将欧元区危机视为"全球金融稳定的最大威胁"。欧元区主权债务危机对中欧经贸合作也产生了不利影响,欧盟经济复苏进程缓慢抑制我国对欧出口增长,且欧元大幅贬值使我国出口企业面临的风险进一步上升,中欧贸易摩擦也随之增加。

欧元区主权债务危机的爆发使欧元区体制缺陷一览无余,欧元区的稳定性受到挑战和质疑。关于此次欧元区债务危机爆发的根源,以保罗·克鲁格曼等开放宏观经济学家提出了"欧元区缺陷论",认为欧元主权债务危机的实质在于欧元区存在致命缺陷,欧洲还不具备推行单一货币的条件,危机的核心原因是欧元缺乏灵活性,而不是赤字开支(克鲁格曼,2010)。欧元区制度的缺陷导致市场信心降低,阻碍了政府之间的经济合作,助长了投机者对政府债券的投机行为(C. Panico,2010)。这种缺陷主要表现在以下几个方面:

第一,财政与货币政策二元性。欧元启动以后,欧洲经济一体化进入了一个新的阶段,欧元区开始实行统一的货币政策,掌握在超国家的欧洲中央银行手中,而财政政策却是分散管理的,由各个成员国政府确定。加入货币同盟后,单个成员国债务规模的扩大和赤字的增加不会导致汇率降低和信用状况恶化,成员国政府采取逆周期政策的动力降低,结果被迫进入一种高利率、高预算赤字和银行风险的恶性均衡。统一的货币政策使欧元区成员国在面临财政困难时,无法采用货币政策通过货币贬值来增强竞争力和缓和财政负担(Milne,2011),调控经济几乎只能依靠财政政策。当金融危机爆发后,为挽救经济,抵御衰退,成员国不得不采取扩张性的财政政策以刺激经济,结果赤字和债务状况更加严重。即使统一的货币政策也是各成员国利益博弈的结果,无法满足某个成员国的具体要求,货币政策无法发挥出应有的作用。统一的货币政策与分散的财政政策使"相互补充"的一对宏观调控工具变成了"战略替代"（C. Panico，2010）。

第二，财政规则的缺陷。欧盟财政规则的缺陷是导致主权债务危机的关键因素。欧盟财政规则的缺陷主要表现在四个方面。（1）对成员国的监管的指标太少并且缺乏灵活性。在评估财政状况时，主要关注赤字占 GDP 比重不超过 3% 这一规则。其他的指标，尤其是债务水平以及中期预算平衡被政策制定者严重地忽视了。收入过度依赖于某些资源也没有得到监管的重视。财政监督缺乏长远性的方法。（2）成员国向欧盟提供的数据质量成疑。欧洲统计局只能使用成员国提供的数据，不能对这些数据进行修改，但是这些数据的可靠性值得怀疑。尤其是希腊政府，几乎一直在向上修正原有的赤字数据。成员国的自律意识较低导致真实赤字规模只在所有的程序完成后才能发现。（3）无效的过度赤字程序。这个程序繁琐冗长，在向违反规定的成员国提出警告前，必须经过一些复杂的步骤。（4）财政规则没有一个发挥作用的软硬兼施的工具。事实上，欧盟从未对成员国实施过制裁。制裁渐进性较差并且在冗长的过度赤字程序的最后才执行。

第三，危机解决机制的缺失。根据不救助条款以及避免道德风险，欧元区并没有风险解决机制。《马斯特里赫特条约》没有设立成员国有序重组的机制，从而使得评估欧元区政府债券非常困难，造成市场投资者情绪的大幅波动，导致债券市场价格起伏不定。当成员国面临因投资者丧失信心而难以在市场上再融资时，条约没有设立向成员国提供紧急流动性支持的机制。

第四，成员国忽视欧洲经济治理。仅仅监管不足无法解释欧洲经济治理的失败，很显然，欧元区成员国并没有为建立一个可行的货币同盟而付出应有的努力。成员国常常认为，单一货币能否成功是欧洲中央银行的责任。尽管欧盟制定了监管机制和制裁措施，但是并没有付诸实施。成员国并不想干预别国的政策，更别说处罚他国。但是，单一的货币需要成员国之间彼此协调，对他国不合理的经济政策进行干预。

目前，欧债危机在经过两轮长期再融资计划（Longer-Term Refinancing Operation，LTRO）有所缓解之后又出现了反复，西班牙、意大利陷入债务困局，国际资本从欧元区大量流出，欧元汇率急剧贬值，市场对欧元出现信心危机。为了抑制市场对欧元崩溃的恐慌心理，2012 年 9 月 6 日，欧央行推出直接货币交易计划（Outright Monetary Transactions，OMT）；2012 年 10 月 8 日，欧元区永久性救助基金——欧洲稳定机制（European Stability Mechanism，ESM）正式生效，欧盟在实现货币与经济联盟的道路上，迈出了坚实的一步。

参考文献：

［英］伊特韦尔等：《新帕尔格雷夫经济学大辞典》，经济科学出版社 1996 年版。

瞿旭、王隆隆、苏斌：《欧元区主权债务危机根源研究：综述与启示》，载于《经济学动态》2012 年第 2 期。

冯兴元：《欧洲货币联盟与欧元》，中国青年出版社 1999 年版。

欧洲共同体官方出版局：《欧洲联盟条约》，国际文化出版社 1999 年版。

保罗·克鲁格曼：《欧元区的致命缺陷》，载于《中国物流与采购》2010 年第 5 期。

Panico C., The Cause of the Debt Crisis in Europe and the Role of Regional Intergration Political Economy Research Institute, Working Paper Series, No. 234.

Milne A. K. L., Limited Liability Government Debt for the Eurozone, *CESifo Economic Studies*, Vol. 57.

（黄梅波　占芬）

离岸金融中心
Offshore Financial Center（OFC）

离岸金融中心又称离岸金融市场（Offshore Financial Market）或境外金融市场（External Market），是指在高度自由化、全球化金融管理体制和优惠的税收制度下，一国或地区或城市，以自由兑换外币为交易手段，以非本国居民为交易对象，由本地银行与外国银行所形成的独立的资金融通市场和自由交易中心。非居民性、特殊的制度安排和国际性是离岸金融中心的关键属性。广义的离岸金融中心包含资金借贷、外汇黄金买卖、证券交易、离岸基金与保险等各种离岸金融活动，并由这些业务活动形成了离岸货币市场、离岸资本市场、离岸外汇市场、离岸共同基金市场、离岸保险市场以及离岸黄金市场等，而狭义的离岸金融中心仅指资本借贷市场。离岸金融中心的核心功能或者在于通过使用壳公司、信托或其他经济实体，规划和管理资金流动路径来最小化纳税人义务，或者在于通过设计特殊的法律制度来吸引海外金融和公司的业务。

依据国际货币基金组织的定义，离岸金融中心具有下列特征：辖区的大量金融机构主要从事非居民业务，其对外资产和负债超过对区内经济的融资规模；辖区实现免税或低税政策，金融监管相对宽松，银行账户保密或匿名。

离岸金融中心20世纪70年代以来获得迅猛发展，从伦敦、巴黎、法兰克福、苏黎世、卢森堡等欧洲地区扩展到新加坡、巴拿马、巴哈马、拿骚等地；80年代以来，又在纽约、东京等地出现了新的离岸金融中心；到90年代，离岸金融中心已遍布世界各地，截止到2010年，世界上不同国家和地区已经建立起30多个离岸金融中心。

按照不同的标准，离岸金融中心可以分为不同的类型。按照其功能和业务管理的不同可以分为四类：第一，内外一体型离岸金融中心，也称内外混合型离岸金融中心，这种离岸金融中心是典型的国内和国际金融市场的一体化市场，以伦敦和中国香港为代表。其特点是：经营的货币是境外货币，市场的参与者可以经营离岸金融业务，又可以经营自由市场业务。在管理上没有什么限制，经营离岸业务不必向金融当局申请批准。第二，内外分离型离岸金融中心，一般是所在国政府专门为非居民交易而人为创设的国际金融平台。这类离岸金融中心以纽约、新加坡、东京、巴林为代表，其特点是离岸业务和在岸业务相互隔离，不相渗透，分别管理。银行另立户头处理非居民业务部分，进入离岸市场的金融机构也必须开设离岸业务专门账户，非居民禁止经营在岸业务。第三，分离渗透型离岸金融中心，这类离岸金融中心是彻底的内外分离型向内外一体型发展的过渡形式，以马来西亚纳闽岛和泰国曼谷为代表。其特点是以分离型为基础，但兼有"内外一体化型"的部分特点，如允许部分离岸资金流入国内金融市场，并允许居民参与离岸交易，国内企业可以直接在离岸金融市场上融资。第四，避税型离岸金融中心，是指在不征税的地区，只是名义上设立机构，通过这种机构在账簿上对境外交易起到中介作用。这类离岸金融中心一般设在风景优美的海岛和港口，政局稳定，税收优惠，没有金融管制，如加勒比海的巴哈马、开曼群岛及巴拿马等。这是通常意义上所说的离岸金融中心。按照活动区域内资金的来源和运用情况，离岸金融中心也可以分为四类。一是主导中心，即功能齐全的全能型离岸金融中心，这类离岸金融中心通常被视为典型的国际金融中心，能够发挥全球性金融媒介的作用，代表性的中心为伦敦、纽约。二是簿记中心，这类离岸金融中心主要发挥金融转口口岸的作用，如拿骚、开曼群岛等。其所在地通常资源缺乏，一般不对外投资，各银行机构普遍在此转账，从而使该金融中心起到记账中心的作用。三是筹资中心，主要是将所吸收的外部资金运用到区域内，发挥对内金融中介的作用，典型的如新加坡、巴拿马。四是代收中心，主要发挥对外金融媒介的作用，这类金融中心所在地区由于资金过多，而本地区的吸收能力有限，因此该中心将积累的资金转为对区域外部市场的投资，典型的如巴林。此外，离岸金融中心还可按照性质、覆盖范围、所在地、币种结构以及形成动力等进行不同的划分。

离岸金融中心主要包括五种业务：一是离岸银行业务。离岸银行业务是离岸金融中心比重最大的业务类型，主要涵盖了传统的存贷款和贸易融资等。二是离岸保险业务。离岸保险业务是在离岸金融市场上，境外保险机构为非居民办理保险业务来保障投保人的利益。三是离岸证券业务。离岸证券是指由外国的证券发行人在离岸证券市场上发行的、由来自不同国家的投资银行组成的承销银团承销的、在许多国家同时发行出售的证券。四是集合投资计划（Collective Investment Scheme，CIS），即离岸基金，由发行市场所在国境外的基金公司发行，通过不同国家投资银行组成的承销团负责承销，向全球范围的国家同时出售，最终将所得资金投资于本国或者第三国的证券市场，它主要包括对冲基金和公开市场基金。五是其他金融业务，包括投资信托、特殊目的机构、离岸私人银行、FDI 等业务。这些不同的业务是由各类非银行金融机构在市场上开展的，这些机构包括控股公司、投资公司（通常是开放型的投资信托公司）、金融公司（专为跨国企业筹措资金、管理运用资金而设立的子公司）、信托公司等。

20 世纪 90 年代以后，以英属维尔京群岛、开曼群岛、萨摩亚和中国香港地区等为代表的离岸金融中心蓬勃发展，对世界金融经济都有重要影响。中国大陆的金融经济也不例外。为规避资本外逃和洗钱犯罪等方面的负效应，也为进一步提升本国金融的国际竞争力，中国政府在建立和优化相关监管制度、不断加快大陆地区金融深化步伐的同时，也一直在积极筹划和构建区域性离岸金融中心，以形成香港－大陆金融关系的基本格局。香港作为一个国际性重要的离岸金融中心之一，既是一个为国际金融业务提供记账、注册和避税的场所，又是一个具体开展存贷、汇兑、咨询等业务的银行中心，同时，香港的离岸业务和本土业务融为一体。随着中国经济的发展，香港作为离岸金融中心的竞争优势进一步加强。2004 年 2 月，香港银行正式开办人民币离岸业务，随着人民币业务不断扩大，境内外机构在港发行人民币债券，跨境贸易人民币结算试点成功，香港已逐步发展成为离岸人民币业务的重要中心。2010 年 7 月 19 日，中国人民银行与香港金融管理局于签订了《中国人民银行与香港金融管理局合作备忘录》和《香港人民币业务清算协议》，最新开放措施将令香港拥有内地以外全球首个人民币外汇现货市场以及人民币银行同业借贷市场，这项协议进一步推动了香港作为人民币离岸中心的发展。

参考文献：

郭云钊、张鹏：《全球离岸金融中心的发展》，载于《中国金融》2012年第15期。

连平：《离岸金融研究》，中国金融出版社2002年版。

巴曙松、郭云钊、KVB昆仑国际离岸金融项目组等：《离岸金融市场发展研究：国际趋势与中国路径》，北京大学出版社2008年版。

左连村：《国际离岸市场理论与实践》，中山大学出版社2002年版。

（郑建军　占芬）

国际货币基金组织
International Monetary Fund（IMF）

国际货币基金组织是一个由188个国家和地区（截止到2013年1月1日）组成的，致力于推动全球货币合作、保证金融稳定性、促进国际贸易、提高就业和经济增长、减少世界贫困的组织。IMF于1945年12月27日成立，1947年11月15日起成为联合国专门机构。其职能是为汇率监督、资金融通、提供国际货币合作与协商的场所。IMF的最高决策机构是理事会，日常行政工作由执行董事会负责。IMF的业务活动是围绕其宗旨开展的，主要包括汇率监管、资金融通、储备资产创造和技术援助等方面。

IMF的资金主要来源于成员国缴纳的份额、借款、捐款、出售黄金所得的信托基金以及有关项目的经营收入。各成员国应缴纳份额由IMF根据各国的国民收入、黄金和外汇储备、对外贸易量的大小等经济指标计算确定，每5年对份额进行一次审查与调整。份额的计量单位原定为美元，1969年起改用特别提款权（Special Drawing Right，SDR）表示，份额的多少同时决定了在IMF的投票权。

根据国际货币基金组织协定，IMF的贷款提供给会员国的财政部、中央银行、外汇平准基金等政府机构。贷款只限于会员国解决短期性的国际收支的不平衡问题，用于贸易和非贸易的经常项目的支付，贷款规模与会员国的份额成正比。贷款的方式采取"购买"的方式，即会员国用本国货币向IMF换购外汇。偿还时，用外汇或SDR购回本国货币，贷款无论是什么货币提供，都以 SDR 计值，利息也用 SDR 缴付。IMF 提供的贷款主要有：（1）普通贷款，也称基本信用设施贷款（Basic Credit Facility）；（2）补充与应急贷款（Compensatory & Contingency Facility，CCFF）；（3）缓冲库存贷款（Buffer Stock Facility，BSFF）；（4）扩展贷款（Extend Fund Facility，EFF）；（5）石油贷款（Oil Facility）；（6）信托基金贷款；（7）补充贷款（Supplementary Financing Facility）；（8）结构调整贷款（Structural Adjustment Facility，SAF）；（9）制度转型贷款（Systemic Transformation Facility）。

1944~1971 年世界经济处于合作与重建时期，IMF 成为第二次世界大战后世界经济重建计划的一部分。1944 年布雷顿森林会议上签订达成的《国际货币基金协定》（Agreement of the International Monetary Fund）为 IMF 的成立奠定了基础。1945 年 12 月 27 日，IMF 于华盛顿成立。1947 年 3 月 1 日 IMF 开始工作，1947 年 11 月 15 日成为联合国的专门机构。1947 年，法国成为一个向 IMF 贷款的国家。20 世纪 50 年代到 60 年代，由于许多非洲国家完成独立，IMF 成员国快速增加，但是由于冷战的影响，IMF 成员国资格受到限制，苏联势力范围的大多数国家都没有加入 IMF。1945 年至 1971 年加入 IMF 的国家实行"固定而又可调"的汇率体系，每个国家都根据黄金或美元确定期汇率的评价，它只在得到 IMF 允许后才能变动。除非发生"国际收支基本失衡"，否则货币的价值是不准改变的。这种汇率体系一直维持到 1971 年布雷顿森林体系解体。

1971 年布雷顿森林体系解体后，IMF 面临着调整与改革。自 1973 年起，几种主要货币，美元、德国马克、日元和英镑，向加拿大元和瑞士法郎一样，实行相对浮动。1976 年，IMF 协定的条款作了大幅度修正来适应这一新的体系，每个国家都不必确定其货币平价，但可以自主选择汇率制度。IMF 的这一改革有利于成员国在面临外部冲击时进行灵活调整和应对。为了帮助石油进口国应对由油价上涨带来的国际收支问题，IMF 设立了石油贷款。从 20 世纪 70 年代中期开始，针对贫困国家的国际收支问题，IMF 通过信托基金（Trust Fund）进行援助，1986 年，IMF 引入了结构贷款调整（Structural Adjustment Facility，SAF），SAF1987 年被加强结构调整贷款（Enhanced Structural Adjustment Facility，ESAF）取代。

1973 年第一次石油危机之后，国际银行贷款引起的石油进口国和石油出口国大型公共支出巨幅增长，导致这些国家外债迅速增加，当实际汇率上升和1980~1982 年的经济衰退使绝大多数国家贸易恶化的情况下，IMF 在这场危机中起了四种作用。第一，它以备用贷款和其他贷款方式提供金融支持。第二，它会同美国和其他金融机构一起，迫使银行重新修订贷款时间表，并致力于"联合贷款"计划的解决。第三，它提出的建议和贷款条件，与世界银行一起，对债务国政府的政策产生了重要影响。第四，它的报告和贷款条件为债务国提供了"理财的保证"。在此基础上它能劝说银行与之继续合作并提供新的贷款。

1990～2004年IMF经历了两次考验。一是东欧剧变时期。柏林墙的倒塌和东欧剧变使IMF成为一个更加国际性的机构。1989～1991年这3年间，IMF成员国的数量从152个上升到172个，这是自60年代以后成员国数量增速最快的时期。为了更好地履行职责，IMF的工作人员在6年间增加了近30%，执行委员会的席位从22个增加至24个。IMF在苏联和东欧社会主义国家从中央计划经济转向市场经济的转变过程中起到了重要作用，整个90年代，这些国家都与IMF有着紧密的合作，从其政策建议、技术援助、金融支持中获益。到90年代末，大多数国家都成功地转向市场经济，且很多国家2004年加入了欧盟。二是1997年金融危机时期，几乎所有受影响的国家都向IMF要求金融支持和征询经济改革建议，而与此同时IMF也受到了空前的指责。从这次危机中，IMF吸取了教训以更好地应对未来可能出现的危机。首先要更多地关注国家银行部门的脆弱性以及这些脆弱性对宏观经济稳定的影响。1999年，IMF与世界银行一起发起了金融部门评估项目（Financial Sector Assessment Program）。其次IMF认识到制度的先决条件对国际资本流动的自由化的影响比预期得更大。因此，IMF逐渐抑制资本账户的自由化。再其次亚洲金融危机带来的经济衰退使IMF重新衡量财政政策在危机中的作用。90年代期间，IMF与世界银行紧密合作，对贫困国家的贷款进行了削减。1996年启动了重债穷国计划（Heavily Indebted Poor Countries，HIPC），2005年加快速度朝着联合国千年发展目标迈进，并发动多边减债计划（Multilateral Debt Relief Initiative，MDRI）作为HIPC的补充。

2005年至今，经济全球化和金融危机使IMF面临更多的挑战。2008年的金融危机是自大萧条以来最严重的危机，IMF肩负着推动各国走出经济危机、保持经济增长的艰巨任务。金融危机导致国际资本流动的失衡，大部分国家陷入经济衰退，IMF被要求提供备用贷款安排和其他形式的金融和政策支持。IMF的金融支持被认为前所未有的重要，但在金融危机结束前同时也面临着捉襟见肘的危险。IMF的放贷能力提高了3倍左右，为了更有效地利用这些资金，IMF调整了借款政策，包括根据国家经济层面设立浮动信用额度、政策实施效果追踪等。

中国是 IMF 的创始国之一，但在 1980 年以前，中国在 IMF 的席位一直被台湾当局占据。1971 年我国恢复了在联合国的合法席位，在联合国各专门机构的合法席位也相继得到恢复。经积极交涉，1980 年 4 月 17 日，IMF 执行董事会通过决议，恢复了中国的合法席位，之后我国在 IMF 的份额不断增加，在 IMF 的份额的扩大是中国国力近年来不断提升的表现，份额的扩大与中国国际地位的提升相辅相成。

参考文献：

国际货币基金组织网站：http://www.imf.org/external/。

梁小民、雎国余、刘伟、杨云龙：《经济学大辞典》，团结出版社 1994 年版。

［英］伊特韦尔等：《新帕尔格雷夫经济学大辞典》，经济科学出版社 1996 年版。

中国社会科学院世界经济与政治研究所《世界经济》编辑部：《当代世界经济实用大全》，中国经济出版社 1990 年版。

（郑建军　占芬）

世界银行
World Bank

世界银行通常是指世界银行集团，其前身为国际复兴与开发银行（International Bank for Reconstruction and Development，IBRD），IBRD 是根据布雷顿森林会议上通过的《国际复兴开发银行协定》于 1945 年 12 月 27 日成立的，1946 年 6 月开始运作，1947 年 11 月 15 日起成为联合国下属的一个专门机构。自成立以来，IBRD 已从一个单一的机构发展成为一个由五个联系紧密的发展机构组成的集团——世界银行集团（以下简称世行）。世行的成员机构包括 IBRD、国际开发协会（International Development Association，IDA）、国际金融公司（International Finance Corporation，IFC）、多边投资担保机构（Multilateral Investment Guarantee Agency，MIGA）（参见"多边投资担保机构"）和国际投资争端解决中心（The International Center For The Settlement of Investment Disputes，ICSID）。世行的使命已从过去通过 IBRD 促进"二战"后重建和发展演变成为目前通过与其下属机构密切协调推进世界各国的减贫事业。当前，重建仍然是世行工作的重要内容之一，通过实现包容性和可持续的全球化减少贫困仍是世行工作的首要目标。

世界银行的宗旨是通过向发展中国家的经济改革计划和特定项目提供贷款及相关的技术援助，以推动成员国的经济发展。具体包括：对用于生产目的的投资提供便利，以协助会员国的复兴开发，并鼓励不发达国家生产和开发资源；通过对私人贷款提供保证或直接参与私人贷款，促进私人对外投资；通过鼓励国际投资，开发会员国生产资源的办法，促进国际贸易的长期均衡发展，维护国际收支平衡；在提供贷款保证时，应同其他形式的国际贷款配合。与此同时，世行努力使其援助与一国的重点工作保持一致，与其他机构协调提供援助，以增强援助效果。

世界银行成立之初，法定股本为100亿美元，分为10万股，每股10万美元，以后又经过多次增资，会员国所认股本分别以黄金、美元和本国货币缴纳。世行的资金主要来源于三个方面：会员国缴纳的股金，在国际金融市场上融通的资金及出让银行债权。IBRD对发展中国家的贷款主要通过在国际金融市场上出售3A级债券筹集。虽然IBRD可通过其贷款少量获利，但大部分收入还是来自出借世行自有资本金，包括多年来累计的储备和世行成员国股东所付的费用。IBRD收入也支付世行经费，同时还用于IDA和减债工作。世行坚持严格的财务纪律，以保持其债券的3A级地位，继续向发展中国家提供融资。对世行来说，股东支持也非常重要。该支持体现在它们通过履行偿还IBRD债务的责任为世行提供的资本支持上。世行还拥有1780亿美元的"可认购资本"。一旦需要用它来偿还IBRD的借款（债券）或履行担保责任时，可以由股东缴付，作为后备。IBRD从来没有被迫使用过这项资源。IDA是世界上向最贫困国家提供无息贷款和赠款援助最多的机构，其资金每3年由其40个成员方（捐赠国）回补。针对35~40年期无息贷款的还款可以再次形成新增资金，后者可再次用于贷款业务。IDA贷款额占世行贷款总额的近40%。

世界银行的组织机构与IMF类似，是由董事会、执行董事会和行长、副行长等组成的办事机构。理事会是世界银行的最高权力机构。世行成员国或股东国的集体代表组成理事会，所有理事是世行的最终决策者。理事一般为成员国的财政部部长或发展部部长，理事把具体职责委任给25名执行董事。法国、德国、日本、英国和美国各委派1名执行董事，其他成员方则由20名当选的执行董事代表。执行董事会是负责处理日常业务的机构，对行长提议的贷款进行审议并作出决定。世界银行集团行长主持执董会会议，并负责世行的总体管理工作。行长由执董会选出，任期为5年，可连任。

世界银行

《国际复兴开发银行协议条款》规定，一个国家要想成为世行成员国，就必须首先加入国际货币基金组织（IMF）。加入国际复兴开发银行是成为国际开发协会、国际金融公司和多边投资担保机构成员的前提条件。

世行的主要活动是对发展中国家提供长期贷款，大部分是由政府担保的项目贷款，资助它们兴建某些建设周期长、利润率偏低但又为该国经济和社会发展所必需的建设项目。但世界银行最初的服务重点是欧洲国家在第二次世界大战后的恢复建设。这种以欧洲国家为主要贷款使用国的情况很快得到了改变，因为在大规模实施马歇尔计划（Marshall Plan）的帮助下，欧洲复兴工作进展迅速且很成功。世界银行转而开始关注广大发展中国家的援助，并且将这种援助长期化。1956年，世界银行拓展业务，组建了国际金融公司，旨在扶持成员国的私有企业。1960年，又建立了国际开发协会，专门贷款给低收入借款国，提供的条件比一般能贷到的款项优惠的多。1988年，多边投资保证机构（Multilateral Investment Guarantee Agency）设立，通过其保险项目鼓励外国直接投资注入成员国，以减少政治风险。

世界银行对发展中国家贷款的资金主要来自世界银行向投资者发行的债券以及在国际信贷市场的借款，资金成本相对较高。因此，世界银行对贷款的条件要求非常严格。第一，世界银行的贷款对象只限于会员国政府、政府机构或国营、私营企业。除借款人就是会员国政府本身外，会员国国内的公、私机构向世界银行借款时，必须由会员国政府或其中央银行及其他世界银行认可的机构提供担保，保证偿还贷款的本金、利息以及各种费用。第二，世界银行原则上只对会员国的特定建设项目发放贷款，除某些特殊情况外，世界银行的贷款只能用在特定的开发或建设项目，即所谓项目贷款，经世行审查确属经济上应优先考虑的才予发放，贷款专项专用，并受银行监督。第三，申请世界银行贷款的国家和项目，只有当世界银行确认它不能按合理的条件从其他渠道获得资金时，才有可能得到贷款。世界银行提供的贷款一般期限在5年以上，最长可达30年。贷款有还款宽限期，在宽限期只付利息不还本，但是借款人要承担汇率变动风险。

中国是世界银行创始国之一，但中国的席位长期被台湾当局占据，1980年5月，中国恢复在世界银行的合法席位，并在1981年首次利用世界银行贷款。自第一个援助性的贷款项目"大学发展项目"于1981年启动以来，我国利用世界银行援助性贷款逐渐增加。根据世行对中国的《国别伙伴战略》，世界银行目前主要为中国提供以下援助：一是促进中国经济与世界经济的融合：深化中国对多边经济机构的参与，降低对内和对外贸易及投资壁

333

垒，为中国的海外发展援助提供帮助；二是减少贫困、不平等和社会排斥：推动城镇化均衡发展，保障农村生活，扩大基本社会服务和基础设施服务，尤其是在农村地区；三是应对资源短缺和环境挑战：减少大气污染，节约水资源，优化能源利用（部分通过价格改革），改善土地行政管理，履行国际环境公约；四是深化金融中介作用：扩大金融服务（尤其是中小企业），发展资本市场，应对系统性风险，维护金融稳定；五是加强公共部门和市场制度：提升企业竞争力，改革公共部门，理顺政府间财政关系。根据这些目标，世界银行主要通过三种方式实施援助计划：投资贷款、技术援助贷款和赠款（赠款往往由多边合作机构提供，由世界银行管理），以及分析报告、政策咨询、研讨会和培训等非金融服务，根据需要以一种或多种方式相结合来实现具体的目标。30多年来，世界银行的贷款对中国经济的发展起到了重要作用，世界银行贷款资金的注入，有效地弥补了我国经济建设的资金缺口；与世界银行的项目合作，为中国的经济建设培养了大批人才；世界银行贷款项目的运行还带动了中国相关产业的发展。

2010年，世界银行发展委员会通过了发达国家向发展中国家转移投票权的改革方案，这次改革使中国在世行的投票权从2.77%提高到4.42%，成为世界银行第三大股东国，仅次于美国和日本。

参考文献：

[英]伊特韦尔等：《新帕尔格雷夫经济学大辞典》，经济科学出版社1996年版。

世界银行网站：http：//www.worldbank.org/。

中国社会科学院世界经济与政治研究所《世界经济》编辑部：《当代世界经济实用大全》，中国经济出版社1990年版。

（郑建军　占芬）

国际清算银行
Bank for International Settlements（BIS）

国际清算银行成立于1930年，致力于为成员国中央银行在维持货币稳定、金融稳定方面提供服务，促进在上述领域的国际合作，并努力使自己成为成员国中央银行的银行。注册办公地点设在巴塞尔的国际清算银行是世界上成立最早的国际性金融机构，目前仍是国际上中央银行合作的主要中心。

国际清算银行

根据《国际清算银行章程》（Status of the Bank for International Settlements, 2005），国际清算银行的宗旨是：促进各国中央银行的合作；为国际金融操作提供新的便利；根据有关当事各方签订的协议，在国际金融清算方面充当受托人或代理人。具体而言，国际清算银行的宗旨是通过以下五个方面来实现的：促进中央银行间的讨论和合作；为中央银行提供与负责促进金融稳定性的其他机构的对话；对中央银行、金融监管部门面临的政策性问题开展研究；在中央银行金融交易中起到仅次于中央银行的作用；以代理人或受托人身份参与国际金融操作的相关事项。

国际清算银行成立的原因是第一次世界大战后凡尔赛条约（Treaty of Versailles）中战败国德国的战争赔款事项的"杨格计划"（The Young Plan）的实施。国际清算银行成立后取代了柏林的代理一般赔款（The Agent General for Reparations）的功能：收集、管理、分配作为战争赔款的年金。国际清算银行的名称由此而来。同时，国际清算银行也是道斯和杨格贷款（为支付战争赔款而产生的国际借贷）的受托人。战争赔款相关问题很快得以解决，之后国际清算银行的活动完全倾向了促进中央银行间的合作，而且逐渐开始关注其他机构在维持货币稳定、金融稳定方面的活动。自从1930年起，国际清算银行中的中央银行间的合作采取在布鲁塞尔举行例会的方式，例会中有来自中央银行及其他机构的行长、专家。为了支持这一例会，国际清算银行已经发展形成了自己在金融和货币经济学方面的研究，对经济、金融数据的收集、汇编、共享作出了重大贡献。第二次世界大战后，国际清算银行的业务主要集中在以下两个方面：一是在货币政策领域，从第二次世界大战结束到20世纪70年代早期，国际清算银行促成的合作主要是实施和维护"布雷顿森林体系"（Bretton Woods System）。在20世纪80年代，国际清算银行的工作重心是管理第一次、第二次石油危机和国际债务危机以来的跨境资本流动。20世纪70年代的危机同时带来对国际性银行的经常性监管问题，这导致了1998年巴塞尔资本协议以及2001~2006年的修订版"巴塞尔协议Ⅱ"（Basel Ⅱ）。经济一体化和全球化后的金融稳定问题在1997年亚洲金融危机爆发后暴露无遗，国际清算银行对此高度关注。除了促进货币政策的顺利实施，国际清算银行也为各国中央银行履行传统的银行职能（如黄金和外汇交易等），同时也行使受托人和代理人职能。国际清算银行是欧洲支付联盟（The European Payments Union, EPU）的代理人，帮助第二次世界大战后的欧洲各国货币恢复可兑换性。类似的，国际清算银行也是包括欧洲货币体系（The European Monetary System, EMS）在内的各种欧洲外汇汇率安排的代理人。二是除了促进货币政策的实施，国际清算银行在需要时提供有组织的紧急援助来支持国际货币体系。在1931～1933年的金融危机中，国际清算银行向澳大利亚和德国中央银行提供了信用支持。在20世纪60年代，国际清算银行于1968年为法国法郎提供了特别信用支持。在1966年、1968年为英国英镑提供了2个所谓的"集团安排"（Group Arrangements）。20世纪80年代以来，国际清算银行为国际货币基金组织（IMF）牵头的稳定计划提供支持（比如1982年的墨西哥稳定计划，1988年的巴西稳定计划）。

国际清算银行采取股份公司的法定结构，对外发行股本。但是按照海牙协议的规定，作为一个受国际法约束的国际性组织，国际清算银行享有为履行其职能所必需的特权与豁免权。另外，国际清算银行既不受瑞士联邦法有关银行和储蓄银行的约束，也不受瑞士公司法的限制。国际清算银行的法定股本为30亿SDR（SDR的价值由国际货币基金组织决定），共分为面值相等的60万股，分3次发行，现已发行40万股。董事会根据2/3的多数原则做出决定，在其认为可行时，可以一次或分几次发行第三部分的20万股股票。每股25%的股本须在认购时缴付，其余部分可在以后或董事会酌情确定的日期缴清。余额缴纳须提前3个月通知。认购或取得国际清算银行股票的对象只是各国中央银行或由国际清算银行依据其章程指定的其他金融机构。

国际清算银行内部最重要的3个决策机构是年会、董事会、管理机构。国际清算银行的决策涉及其内部的管理以及资源在不同领域的分配（下述内容中的相关数据，比如成员国数目、董事会成员数目等，统计时间截至2012年9月）。一是年会，年会于每年6月底或7月初召开，国际清算银行的60个成员（中央银行和其他金融机构）均有代表权和投票权，投票权与其拥有的国际清算银行的股票成比例。在每年年会期间，中央银行的决策集中在以下四个方面：（1）分红和利润的分配；（2）年度报告的批准；（3）国际清算银行的账目；（4）董事会成员津贴额的调整；（5）国际清算银行外部审计人员的选择。以下三种情况须召开特别股东大会（Extraordinary General Meetings）来决定：（1）修改章程；（2）增加或减少股本；（3）对国际清算银行进行清算。二是董事会，董事会共有19个成员，其中的6名当然董事（Ex-officio Director）由比利时、法国、德国、意大利、英国的中央银行行长以及美联储（US Federal Reserve System）主席组成。每位当然董事可以提名与其国籍相同的另外一名董事。另外，国际清算银行的章程规定不超过

9名的董事经董事会2/3多数同意,从认购股票但未委派当然董事的国家的中央银行行长中选举产生。目前选举产生的8位董事是加拿大、中国、日本、墨西哥、荷兰、瑞典、瑞士的中央银行行长以及欧洲中央银行(European Central Bank,ECB)的主席。董事会对下述事项负责:(1)决定国际清算银行的战略性、政策性方向;(2)监督管理层;(3)履行由章程规定的任务。董事会每年至少召开6次会议。4个由非当然董事组成的咨询委员会协助董事会工作。三是管理层,总经理及其他管理人员由董事会任命。总经理执行董事会决定并就国际清算银行的管理对董事会负责。管理层的三个主要部门是总秘书处、货币和经济处、银行处。另外国际清算银行下设两个地区办公室:亚太代表处(Representative Office for Asia and the Pacific)以及设在墨西哥城的美洲代表处(Representative Office for the Americas)。代表处通过组织会议、从事政策研究和促进信息与数据交流来促进上述两个地区的合作。亚太代表处还为本地区的货币当局提供银行服务。

中国人民银行于1984年与国际清算银行建立了业务联系。1996年9月,国际清算银行董事会通过决议接纳中国人民银行为其成员。2001年3月12日,国际清算银行成立了亚洲顾问委员会,由该行亚太地区成员央行行长出任成员。亚洲顾问委员会为亚太地区成员国中央银行与国际清算银行董事会及管理层之间提供了有效的沟通途径,并为向亚太代表处提供建议提供了重要平台。2004年8月中国人民银行应邀参加国际清算银行数据库系统。2005年12月,中国人民银行开始通过国际清算银行数据库对外提供宏观经济和金融数据,标志着中国在加强对外合作、增加数据透明度方面又上了一个新台阶。2005年3月中国人民银行行长周小川出任亚洲顾问委员会主席,任期两年。2006年7月,国际清算银行增选中国人民银行行长周小川、墨西哥中央银行行长奥迪斯和欧洲中央银行行长特里谢为该行董事会董事,任期3年。这是该行第一次从发展中国家的中央银行吸收新董事,也是该行自1994年以来首次扩充董事会。中国人民银行参与国际清算银行活动的主要形式为:出席每两个月召开一次的成员国中央银行行长和高级官员会议,讨论当前经济金融形势、世界经济及金融市场前景,并就与中央银行相关的专题和热点问题交换意见和经验;参加国际清算银行为中央银行高级官员定期或不定期组织的各种其他类型的会议;以及参与国际清算银行主办的有关研究项目。

作为历史最为悠久的国际性金融机构,自从1930年在海牙会议上成立以来，国际清算银行一直作为一家办理中央银行业务的金融机构，在国际上发挥着独特的作用。国际清算银行的业务围绕其在章程中规定的三项宗旨展开。国际清算银行创立之初是因为战争赔款问题，在该问题解决后国际清算银行的业务重心转向中央银行间的合作，并关注其他机构在维持货币稳定、金融稳定方面的活动。在经济形势、金融形势不容乐观的21世纪，国际清算银行在国际金融体系中将继续发挥重大作用。

参考文献：

《国际清算银行与巴塞尔委员会》编写小组：《国际清算银行与巴塞尔委员会》，中国金融出版社1998年版。

国际清算银行：《BIS History-Overview》，国际清算银行网站，2013年5月，http：//www.bis.org/about/history.htm。

Jaime Caruana, 82nd Annual Report, The Annual General Meeting of the Bank for International Settlements, 2012.

（郑建军　卫瑞）

多边投资担保机构
Multilateral Investment Guarantee Agency（MIGA）

多边投资担保机构（以下简称MIGA）成立于1988年4月12日，致力于补充公共和私人部门对发展中国家非商业风险的投资保险，是世界银行集团（World Bank Group）的五大机构之一。

成立一个多边政治风险保险机构的想法可追溯到1948年，但这一想法直至1985年才开始变为现实。1985年，世界银行的理事会通过了"创立多边投资机构惯例"（Convention：Establishing the Multilateral Investment Guarantee Agency，以下简称"MIGA惯例"或"Convention"），开启了创立一个新型投资保险机构的历程。1985年12月11日提交国际复兴开发银行（The International Bank for Reconstruction and Development，IBRD）的MIGA惯例于1988年4月12日生效，这标志着作为世界银行集团最新成员的MIGA的成立。MIGA是一个法律上、经济上与世界银行集团保持独立的机构，所有国际复兴开发银行的成员都可以申请加入MIGA。MIGA的初始总资本是10亿美元，设立之初有29个成员。

在1985年12月11日提交国际复兴开发银行理事会的MIGA惯例中，

MIGA 设定的目标是：鼓励成员国间生产性投资流动，特别是向发展中国家的投资流动，借此来补充国际复兴开发银行、国际金融公司（The International Finance Corporation，IFC）和其他国际性开发金融机构的不足（Convention，Chapter 1，Article 3）。进入 21 世纪，MIGA 的目标可直接概括为：促进向发展中国家的外国直接投资（Foreign Direct Investment，FDI），以支持经济增长、减少贫困和改善人们的生活质量。具体而言，MIGA 惯例中有以下途径来确保 MIGA 目标的实现：一个成员国向另一个成员国投资时，通过提供担保（包括共同保险和再保险）来消除投资风险；实施适当的补充措施来促进流向发展中国家以及发展中国家间的投资；为促进目标的实现，必要时可运用其他相应的权利（Convention，Chapter 1，Article 2，Article3）。

MIGA 的业务优势在于能够吸引投资者和私人保险商在复杂困难的环境中开展业务。MIGA 关注对以下四个领域的投资的保险业务：一是有资格从国际开发协会（The International Development Association）获得援助的国家（世界上最贫困的国家）；二是政治动乱的国家和地区；三是基础设施和采掘工业方面的复杂工程，特别是涉及项目融资和生态环境、社会因素的工程；四是南南投资（一个发展中国家向另一个发展中国家的投资）。MIGA 通过对私人投资部门提供政治风险担保的方式来完成其目标。MIGA 的担保使得投资免于非商业风险，帮助投资者以改善的金融条款、金融条件获取资金。MIGA 独特的优势在于它是世界银行集团的五大机构之一，其股东来源于世界上大部分国家。

MIGA 的投资担保涉及诸多行业，主要有以下四个主要行业：第一，金融行业：对于发展中国家来说，短期资金可由当地金融部门提供，而长期资金则相对缺乏。当地金融部门无力提供长期资金，外国银行出于该发展中国家的政治、经济方面的不确定性，以及发展中国家对外来资金的限制等方面的考虑，也不愿意向发展中国家提供长期资金。MIGA 的投资担保可降低投资发展中国家的风险，使得外国银行满足发展中国家的限制条件，适应额外风险。MIGA 提供的担保覆盖跨境中期和长期投资：MIGA 以股本的形式为子公司提供资金，以次级贷款的形式来提升二级资本，以高级股东贷款的形式为实体经济、资产负债管理提供长期流动性。具体而言，MIGA 通过以下方式帮助外国银行投资发展中国家：（1）对国家限制进行最优化处理；（2）降低国家风险的资金配置；（3）以更优惠的利率、更便捷的渠道获取资金；（4）确保投资免受新兴市场的政治动乱风险；（5）提高外国银行的信用评级。第二，基础设施行业：MIGA在支持复杂基础设施建设投资方面具有相对优势，特别是涉及市政部门的现金密集型投资，以及需要优惠利率、较长投资期限的融资。第三，农业综合生产、制造、服务行业：投资于新兴经济体的这些行业具有较大风险。例如，新建立的政权仍具有较大的政治风险；不清晰、不健全的法律制度可能使盈利的前景黯淡不堪；对利润返还投资国方面的限制可能使一个项目的融资更为复杂，使得国外债务和当地利润出现更大的不平衡。总之，这些政治风险给投资人带来了更高的资本投入。MIGA的政治风险保险可降低投资于发展中国家这些部门的政治风险。MIGA的保险范围覆盖所有规模，MIGA的不超过1亿美元的投资保险特别适用上述部门；第四，采掘工业：MIGA在该行业的保险主要是采矿以及石油和天然气的开采。这些保险包括保护投资者免于遭受废除合约、特许经营权、关税、管制，免于遭受当地政府违背或拒不履行合同引起的信用风险；免于因生产利润分配、开采权力、钻井权力而引起的争执。同时，采掘工业涉及当地生态环境、社会因素，MIGA可帮助投资者保护环境，降低采掘活动与当地社区的冲突，降低政治风险。

1988年4月30日，中国正式加入世界银行集团所属的MIGA，成为该机构的第35个成员。中国与MIGA展开了广泛的合作。MIGA在中国的业务活动主要包括担保和技术援助两个方面。（1）担保：截至2010年6月30日，MIGA共支持中国38个担保项目，主要涉及制造业和基础设施两个领域，累计担保金额5.3486亿美元。MIGA与财政部、商务部开展合作，协助中国企业到海外投资，特别是到非洲和亚洲其他地区投资。此外，MIGA也与中国出口信用保险公司、中国进出口银行、中非发展基金及其他部门进行合作。（2）技术援助：MIGA多年来与世界银行集团在中国的各机构密切配合，包括投资环境咨询服务（原Foreign Investment Advisory Service，FIAS；2009年6月改为Informal Investment Climate Assessments，ICAS）、国际金融公司（The International Finance Corporation，IFC）私营企业伙伴关系中国办公室（Private Enterprise Partnership-China，PEP-China）和世界银行中国局（The World Bank Office in China）联合开展活动。

自从1988年创立以来，MIGA对政治风险的保险额度超过240亿美元，涉保项目覆盖多个部门和世界上所有地区。同时，MIGA也开展研究、共享知识来支持外国直接投资（Foreign Direct Investment，FDI）流向新兴市场。

参考文献：

Lorin S. Weisenfeld：《多边投资担保机构的十五年发展历程》，载于《国际经济法学刊》2004 年第 9 卷。

多边投资担保机构：Who We Are? 多边投资担保机构网站，2011 年 1 月，http：//www. miga. org/whoweare/index. cfm。

多边投资担保机构：Commentary on the Convention Establishing the Multilateral Investment Guarantee Agency，多边投资担保机构网站，2011 年 1 月，http：//www. miga. org/search/index. cfm? q = Commentary on the Convention Establishing the Multilateral Investment Guarantee Agency&start = 0。

（郑建军　卫瑞）

亚洲开发银行
Asian Development Bank（ADB）

亚洲开发银行（简称"亚行"）成立于 1966 年 12 月，是一个由亚太地区和西方发达国家合资兴办，通过贷款、赠款、政策对话、技术援助和股权投资等援助方式致力于亚太地区脱离贫困的政府间金融组织，总部位于菲律宾首都马尼拉。

1947 年 3 月于上海成立的亚洲与远东经济委员会（Economic Commission for Asia and Far East，ECAFE）对亚洲开发银行的成立起到了关键性的推动作用。1961 年，当时亚洲与远东经济委员会组织了一个"亚洲地区经济合作专家咨询小组"，由它负责研究地区合作的总体情况。该小组在讨论经济合作的途径时触及了地区开发银行的设想，但未进行深入讨论，也未将此设想写入最后的研究报告中。随后，1963 年发生的三件事情使得成立地区开发银行的设想再次获得公众关注。第一件事是 1963 年 3 月在马尼拉召开的第十九届亚洲远东经济委员会会议。此次会议通过了一项旨在探索促进地区经济合作途径的决议，并由亚洲远东经济委员会秘书处负责主持召开一次成员国和准成员国的高层会议。第二件事是 1963 年 7 月在曼谷召开的为即将于 12 月召开的高层会议作筹备工作的专家会议。这次专家会议第一次真正深入地探讨了地区银行的设想，并决定倡导地区开发银行项目，以便为地区工业和发展项目融资，协调地区、国家间的发展规划。第三件事是 1963 年 12 月在马尼拉召开的第一次仅由亚洲国家参加的部长级会议。各国部长们原则上通过了专家会议关于建立地区开发银行的提议，并建议亚洲远东经济委员会组建另一专家组对这一设想做进一步研究。亚洲国家的授权使得地区开发银行的设想开始进入实质性的起步阶段（刘兴宏，2010）。1965年美国对在亚洲成立开发银行发生态度上的转变，日本也宣布它将认购20亿美元的股本金，美国与日本的支持保障了亚行的未来，接着联合国开发署也提供了5万美元的赠款来支持筹建工作。1966年亚洲开发银行在东京成立。

关于亚行的组织设置（下述相关数据截至2013年2月7日）：第一，理事会是最高权力机构。亚行宪章第28章规定，机构的一切决策权归亚行理事会，除宪章中规定必须由理事会执行的权利外，其他由理事会授权给执行董事会执行。亚行理事会成员每年在亚行年会中正式会晤一次；第二，执行董事会负责亚行具体业务。亚行理事会选举产生董事会的12名董事。其中8名董事由亚太地区的成员选举产生，另外4名由亚太地区以外的成员选举产生。每位董事任命1名执行董事。亚行行长兼任董事会主席。董事会在位于菲律宾马尼拉的亚行总部全职履行工作，定期主持召开正式会议和执行会议。董事对亚行的财务报告进行监督管理、核准管理预算、复核并批准所有的政策文件和全部贷款、股权和技术援助项目；第三，亚行行长即董事会主席，并在董事会的领导下开展亚行的各项业务。行长负责根据董事会制定的规章制度组织、任命和解雇官员和职员。行长由理事会选举产生，任期5年，可连任。同时行长还是亚行的法定代理人；第四，以行长为首的管理层包括4名副行长和1名管理总干事，负责监督管理亚行业务部门、行政部门和知识部门的工作。

1966年亚行成立之初仅有31个成员体，截至2011年年底其成员已经发展到67个，其中48个来自亚太地区，19个来自其他地区。1986年3月，中国加入亚行，这是继加入非洲开发银行后，中国加入的第二个区域性开发银行。

在《2020战略：2008~2020亚洲开发银行长期战略框架》中亚行重申了其远景目标，即一个没有贫困的亚太地区，并再次明确了亚行的使命是帮助发展中成员国提高人民的居住环境和生活质量。

参考文献：

中国人民银行国际司：《亚洲开发银行的创立和发展》，中国金融出版社1997年版。

亚洲开发银行：《2020战略：2008-2020亚洲开发银行长期战略框架》，亚洲开发银行网站，2008年4月，http：//www.adb.org/documents/strategy-2020-working-asia-and-pacific-free-poverty-zh。

亚洲开发银行：Annual Report 2012，亚洲开发银行网站，2013年4月，http：//www.adb.org/documents/adb-annual-report-2012。

（郑建军　卫瑞）

非洲开发银行
African Development Bank（ADB）

非洲开发银行成立于1964年9月，是非洲开发银行集团的三大机构之一（其余两个是：非洲开发基金 The African Development Fund，ADF；尼日利亚信托基金 The Nigeria Trust Fund，NTF），总部原设在科特迪瓦的阿比让，现已迁至突尼斯。非洲开发银行是非洲最大的地区性政府间开发金融机构，其宗旨是通过提供投资和贷款，利用非洲大陆的人力和资源，促进成员国经济发展和社会进步，优先向有利于地区的经济合作和扩大成员国之间贸易的项目提供资金和技术援助，帮助成员国研究、制订、协调和执行经济发展计划，以逐步实现非洲经济一体化。

非洲开发银行最初的核定资本是2.5亿美元。1982年12月30日之后由于非洲地区以外的国家的加入，核定资本增加到63亿美元。1987年第四次普遍增资后，核定资本达到223亿美元。1998年第五次普遍增资后，核定资本增加35%，非洲地区股本增加60%，非洲以外的国家的股本增加40%。在地区开发业务中，与非洲开发银行联系紧密的有两个基金：非洲开发基金（African Development Fund，ADF）和尼日利亚信托基金（The Nigeria Trust Fund，NTF）。非洲开发基金成立于1972年6月，允许非洲以外的国家认股。这项基金所提供的贷款不计利息，偿还期限可达50年以上。尼日利亚信托基金由非洲开发银行与尼日利亚政府达成协议后，于1976年成立。尼日利亚信托基金开始运营时只有8000万美元，1981年补充后达到4.32亿美元。除了成员国的认购外，非洲开发银行的资金还来自国际金融市场的借款以及贷出款项的利息收入。

非洲开发银行同非洲以及非洲之外的经济组织有广泛的联系，非洲开发银行也有助于建立和推广其他非洲发展机构，如非洲再保险公司，非洲进出口银行等。

截至2011年6月，非洲发展银行有77个成员方，非洲53个国家全部为成员，此外还有包括中国在内的区外成员 24 个。中国于 1985 年 5 月加入非洲开发银行。

参考文献：

非洲开发银行：AfDB Strategy for 2013~2022—Executive Summary，非洲开发银行网站，2013 年 5 月，http：//www.afdb.org/en/documents/。

非洲开发银行：The Africa Competitiveness Report 2013，非洲开发银行网站，2013 年 5 月，http：//www.afdb.org/en/documents/。

非洲开发银行：Events calendar，非洲开发银行网站，2013 年 5 月，http：//www.afdb.org/en/news-and-events/events-calendar/。

（郑建军　卫瑞）

泛美开发银行
Inter-America Development Bank（IADB）

泛美开发银行成立于 1959 年 4 月，又称美洲开发银行，是泛美开发银行集团（Inter-American Development Bank Group）的三个下属机构之一，是美洲及美洲之外的国家联合建立的向拉丁美洲国家提供贷款的区域性金融机构，总部位于美国华盛顿。

泛美开发银行协定于 1959 年 4 月 20 日由拉丁美洲国家和美国签订，当年 12 月协定正式生效，1960 年泛美开发银行正式营业。泛美开发银行的宗旨是：通过对经济和社会发展项目提供资金和技术援助，促进会员国经济发展，实现泛美体制的目标。

截至 2012 年年底，泛美开发银行（Inter-America Development Bank，IDB）共有成员 48 个，分为三类，一是区内出资国：美国和加拿大。二是区内借款成员国，共 26 个。其中，阿根廷、巴西、墨西哥和委内瑞拉是主要股东。三是区外成员国，共 20 个。

泛美开发银行的资金来源主要是成员国认缴的股本和银行借款。该行最初法定资本为 10 亿美元，包括普通资本 8.5 亿美元和特种业务基金 1.5 亿美元。以后因成员国不断增加，法定资本又分成普通资本（由美洲国家认缴）、区际资本（由美洲和美洲以外的国家共同认缴）和特种业务基金。除法定资本外，还有众多区内外国家如德国、英国、瑞士、加拿大、委内瑞拉、阿根廷等向该行提供资金。为扩大资金来源，该行还在美国、瑞士、德国、日本等国的金融市场上筹措大量资金。此外，该行还同世界银行、国际农业发展基金会、欧洲共同体、石油输出国组织等国际机构有资金往来。

泛美开发银行的组织机构如下（统计数据截至2012年年底）：（1）理事会，银行最高权力机构，由所有成员国各委派1名理事和候补理事组成，任期5年。理事会讨论决定银行的重大方针政策问题，每年召开1次会议；（2）执行董事会，由14名执行董事组成，其中拉美国家9名，美洲以外国家3名，美国和加拿大各1名，负责银行日常业务活动；（3）行长和行政副行长，主持银行的业务工作。

泛美开发银行的主要业务是向成员国提供贷款，包括普通业务贷款和特种业务基金贷款。普通贷款向政府、公私团体的特定经济项目提供，贷款期限一般为10~25年，用贷款使用的同种货币偿还。特种业务基金贷款对以公共工程为主的特别经济项目提供，贷款期限为10~30年，利率低于普通贷款，并可全部或部分用借款货币偿还。另外，由美国政府提供资金形成的社会进步信托基金贷款，主要用于资助拉美国家的社会发展和低收入地区的住房建筑、卫生设施、土地整治和乡村开发、高等教育和训练等方面。

泛美开发银行在美洲各国均设有办事机构，代表银行同当地官方和借款者处理有关事务，并对银行资助的建设项目进行监督。此外，该行还在巴黎和伦敦设立办事机构，以同区外成员国和金融市场保持经常联系。

参考文献：

美洲开发银行：《银行业与发展：拉美的危机与改革》，世界知识出版社2007年版。

美洲开发银行：《影响发展的非经济因素》，世界知识出版社2007年版。

《泛美开发银行简介》，中国人民银行官方网站，2010年4月，http://www.pbc.gov.cn/publish/goujisi/3149/2010/20100719135814636809526/20100719135814636809526_html。

（郑建军　卫瑞）

欧洲中央银行
European Central Bank（ECB）

欧洲中央银行，简称欧洲央行，是根据1992年《马斯特里赫特条约》（The Maastricht Treaty）于1998年7月1日正式成立的，是欧元体系（Eurosystem）和欧洲中央银行体系（The European System of Central Banks，ESCB）的核心。

ECB 于 1998 年在德国法兰克福（Frankfurt am Main）成立，其前身是欧洲货币局（European Monetary Institute，EMI）。根据 ECB2011 年发布的《欧洲中央银行、欧元体系、欧洲中央银行体系》（The European Central Bank, the Eurosystem the European System of Central Banks），成立欧洲经济与货币联盟（Economic and Monetary Union，EMU）主要分为以下三个阶段：在第一阶段，形成单一欧洲市场；在第二阶段，成立 EMI；第三阶段开始于 1999 年 1 月 1 日，标志是确立欧元区固定汇率，原本归属 EMI 的货币政策执行责任由 ECB 履行，以及发行欧元（Euro）。ECB 是欧洲中央银行体系（European System of Central Banks，ESCB）的核心，与 27 个欧盟成员国的中央银行共同构成了 ESCB［ESCB 与欧元体系（Eurosystem）不同，后者范围较小，包括 ECB 和采纳欧元的 17 个欧盟成员国的中央银行］（欧盟成员国数目以及欧元区中央银行的数目均截至 2011 年 1 月）。欧元诞生后，由欧盟条约（Treaty on European Union）规定的 ESCB 所需履行的责任由欧元体系来承担。ECB 和欧元体系中的中央银行的职责是确保欧元区（Euro Zone）价格稳定。欧元区成员国的中央银行在 ECB 的指导下实施货币政策操作。

1992 年的《马斯特里赫特条约》对 ECB 的决策机构的设置作出明确规定。ECB 行长理事会是 ECB 的主要决策机构。行长理事会负责制定欧元区的货币政策和实施货币政策的指导纲要，确定欧元区的货币政策目标、主要利率水平和中央银行体系准备金数量等。行长理事会由 6 位执行董事会成员和 17 位欧元区成员国中央银行行长组成，欧洲中央银行行长担任行长理事会主席。执行董事会主要负责货币政策的实施，由 ECB 行长和其他 5 位成员组成（上述相关数据截至 2012 年 12 月）。

依据《欧洲中央银行条例》（The Statute of the ESCB），ECB 确保自己或欧元区各国中央银行执行欧元区货币政策。与 ESCB 条例中规定的角色相一致，ECB 主要执行下述职能：ESCB 和欧元区的决策主体；确保 ECB 相关政策的持续实施；行使管制和实施制裁；提交欧盟相关立法，提交欧盟委员会以及欧盟成员国相关草案；执行 EMI 在 EMU 第三阶段的任务，因为尚有一些欧盟国家没有加入 EMU。

欧元体系的首要目标是确保欧元区的价格稳定。欧盟条约第二条规定，欧盟（European Union，EU）的目标是促进"经济、社会进步，高就业率、达到均衡的、持续的发展"。上述目标可能和确保价格稳定发生冲突，ECB

的优先选择是确保价格稳定。

　　欧元区采取单一货币政策，主要由 ECB 和成员国中央银行确保执行。根据 ECB 2011 年发布的《欧洲中央银行的货币政策》（The Monetary Policy of the ECB），单一货币政策的有效决策需要两个基本原则：一是 ECB 必须目标明确，即维持价格稳定；二是中央银行应当保持独立。《里斯本条约》（The Lisbon Treaty）的生效确保了中央银行将维持价格稳定作为其首要职能，之后价格稳定提升为欧盟的目标之一，这进一步加强了"中央银行的职责是保持价格稳定"这一原则。ECB 被赋予充分的独立性，不充当政府融资的工具。

　　ECB 实施单一货币政策战略的特点与其对价格波动风险的分析相一致。在分析价格变动时，有两个互补的方法：一是经济分析（Economic Analysis）：该分析方法的目标是评估决定价格的"短期—中期决定因素"；二是货币分析（Monetary Analysis）：该分析方法的目标是评估决定价格的"中期—长期决定因素"。采用货币分析法是基于这样一个事实：在中长期，通货膨胀和货币量的增长有关。在 2007 年秋季，ECB 面临过多的货币增长，ECB 的理事会设立了一个研究项目来加强 ECB 的货币分析。

　　自从 1999 年欧元诞生，欧元体系的单一货币政策受到了一系列冲击。在面临冲击时，ECB 的货币政策做到了中长期规划，确保了实际通货膨胀预期与 ECB 关于价格稳定性的量化定义保持一致。2007 年以后，ECB 开始重视价格波动分析中货币分析方法的应用。作为 ESCB 的核心，尽管遭遇 2008 年的全球性金融危机——20 世纪 30 年代大危机以来持续时间最长的经济危机，欧元区的年度调和消费者物价指数（Harmonized Index of Consumer Prices，HICP）从 1999 年 1 月到 2011 年年初均保持在中期 2% 以下的水平，这在某种程度上表明了 ECB 维持中期物价平稳的能力，是 ESCB 中协调成员国中央银行执行欧元区货币政策的核心力量。

参考文献：

奥托马·伊辛：《欧元的诞生》，中国金融出版社 2011 年版。

欧洲中央银行：Annual Report 2012，欧洲中央银行网站，2013 年 4 月，http://www.ecb.int/pub/pubbydate/2013/html/index.en.html。

欧洲中央银行：The Monetary Policy of the ECB，欧洲中央银行网站，2011 年 5 月，http://www.ecb.int/pub/html/index.en.html。

欧洲中央银行：The European Central Bank, the Eurosystem the European System of Central Banks，欧洲中央银行网站，2011年1月，http：//www.ecb.int/pub/html/index.en.html。

（郑建军　卫瑞）

金本位制
Gold Standard

金本位制是指以一定重量和成色的黄金作为法定价格标准，规定流通中的货币或价值符号按其面额与所代表的黄金保持等值关系的一种货币制度。

广义上的金本位制是以黄金为一般等价物的货币制度，包括金币本位制、金块本位制和金汇兑本位制。狭义的金本位制仅指金币本位制。

中世纪时期，金币在西欧各国得到广泛的应用。到14世纪，欧洲在大额交易中使用金币，而在日常交易中，银币还继续占主导地位（Frank Spooner，1972）。

16世纪至18世纪，为了适应经济发展的双重需要，西欧各国实行的是金银复本位制。黄金的单位价值量大，适用于大宗交易，银币适用于小额零售交易。但是，复本位制存在内在不稳定性：金矿（或银矿）的发现以及矿石提炼技术的改善会使得黄金（或白银）的相对价格下降，从而流出本国，对复本位制下金币、银币的并行流通构成冲击。

1816年，英国以立法的形式宣布实行金本位制（金币本位制）。随后，各主要资本主义国家也陆续实行以金币为本位货币的货币制度。金本位制在英国的确立，有一定的偶然性。在17世纪末的英国，黄金在铸币厂的定价过高。1717年，英国铸币厂厂长伊萨克·牛顿（Isaac Newton）重新设定金银铸造比价，但他调整的幅度太小，黄金价值仍被高估。在格雷欣法则（Gresham's Law）"劣币（金币）驱逐良币"的作用下，银币退出流通领域。这样，本意继续推行复本位制的英国，到18世纪初实际上实行的是金本位制。所以，1816年的立法仅仅是正式认可了从18世纪初期起事实上已在英国存在的金本位制。工业革命后，英国国力日趋强盛，与英国贸易往来的需求以及借鉴英国货币实践的动机使得各主要资本主义国家也陆续实行金本位制。一般把1880~1914年这34年称为"金本位时代"。这一时期的金本位制，更确切地说是金币本位制。金币本位制主要具有以下特点：由国家以法律规定，铸造成一定形状、重量和成色的金币，作为具有无限法偿效力的本位货币来流通；金币和黄金可以自由输入和输出；金币可以自由铸造或可持生金请求国家铸造机构代铸；银行券可以自由兑换金币或等量的黄金（许涤新等，1980）。

第一次世界大战期间，资本主义国家纷纷放弃金本位制。1924~1928年，资本主义各国处于相对稳定时期，为整顿币制，英国、法国、比利时、荷兰等国曾改行金块本位制，德国、意大利、奥地利等国改行金汇兑本位制。金块本位制主要具有以下特点：一国并不铸造金币，只发行代表一定重量黄金的纸币来流通；纸币不能自由兑换黄金和金币，只能按一定条件向发行银行兑换金块。如英国在1925年规定，纸币一次至少兑换净重400盎司的金块，这就大大限制了纸币兑换黄金的范围（许涤新等，1980）。金汇兑本位制又称"虚金本位制"。实行这种制度的国家规定金币为货币单位，但国内并不铸造和流通金币，只同另一金本位制国家的货币保持固定比价并在该国存放外汇储备金，通过无限制供应外汇来维持本国币值的稳定。采用这种货币制度，必然使本国经济受制于与之挂钩的金本位制国家，因而该货币制度本质上是一种附庸的货币制度。

1926年年底，法国稳定住了法郎的汇率，恢复了法郎的黄金可兑换性，这标志着金本位制的重建（巴里·艾肯格林，2009）。1929~1933年，席卷主要资本主义国家的经济危机使这些国家的经济受到重创。1931年，英国的英镑贬值。之后，葡萄牙、爱尔兰、加拿大、日本、法国、美国等国家也停止了金本位制，这标志着世界范围内金本位制的终结。巴里·艾肯格林（Barry Eichengreen）对此评价，两次大战之间作为全球货币体系的金本位，只运行了不到5年的时间，甚至在它悲伤地终结前，它的运行也非常坎坷（巴里·艾肯格林，2009）。

参考文献：

大卫·休谟：《论贸易平衡》，引自陈玮（译）：《休谟经济论文选》，商务印书馆1984年版。

许涤新等：《政治经济学辞典》，人民出版社1980年版。

[美] 米尔顿·弗里德曼：《货币的祸害》，商务印书馆2006年版。

[美] 巴里·艾肯格林：《资本全球化：国际货币体系史》，上海人民出版社2009年版。

（郑建军　卫瑞）

金平价
Gold Parity

金平价是指在金本位制下，货币的汇价应该等于货币的含金量之比，如1英镑黄金含2克金，1美元含1克金，则1英镑＝2美元。

如果一国中央银行的货币汇价偏离金平价较多，会引起黄金的输入或输出。与黄金的输入和输出相对应的是"黄金输入点"和"黄金输出点"。黄金输送点位于金平价的两边，输入点在其上，输出点在其下。黄金输送点与金平价的范围由中央银行的黄金买卖价之差（这种差额用来抵补铸币及其他费用）决定，在金本位制初期，它还由将黄金运送到其他国家的成本决定。

参考文献：
许涤新等：《政治经济学辞典》，人民出版社1980年版。
［美］米尔顿·弗里德曼：《货币的祸害》，商务印书馆2006年版。
［美］巴里·艾肯格林：《资本全球化：国际货币体系史》，上海人民出版社2009年版。

（郑建军　卫瑞）

铸币税
Seigniorage

"铸币税"一词起源于封建社会时期的欧洲，指当时的封建领主凭借铸造货币的特权而获得的净收入，即货币铸造成本低于其面值的差额部分。在货币史上，铸币税的含义经历了一个逐步演变的过程。

在金属本位货币制度下，早期典型的金属本位制度具有自由铸造、自由兑换和自由输出或输入三个特征，因此，此时是不存在铸币税的。而后，封建领主垄断货币铸造，民间若要将贵金属铸成货币，需要向铸币厂缴纳一定费用。该费用扣除铸造成本后的余额归封建领主所有，此时首次出现了"铸币税"这一概念。需要注意的是，铸币税对本位币和辅币具有不同的含义。铸造本位币时，居民需要向铸造厂缴纳一定的铸造费用，但铸造费用仅是对铸币厂铸造成本的一种抵补，不是本位货币名义值与实际值的差异（汪洋，2005）。辅币多为不足值货币，政府垄断铸造。政府基于垄断特权而取得辅币面值高于其实际价值部分的收入，这更符合金属货币制度下铸币税的概念。在金属本位货币制度下，铸币税的另一种表现形式是"硬币削边"阶段统治阶级通过降低货币的金属含量或成色而牟取的短期利润。

在信用货币阶段，铸币税是货币发行当局通过发行货币取得的收入，其含义已经得到极大的扩展。当前，铸币税是指政府发行货币获得的利润，它包括：一是中央银行获得并上缴财政的利润；二是中央银行在基础货币创造过程中通过购买国债向中央政府提供的资金；三是财政直接发行通货所获得的收益（王利民、左大培，1999）。在当前全球经济、金融一体化时期，铸币税可跨越一国国界，即出现了"国际铸币税"这一概念。国际铸币税是指一国货币被外国人持有作为交易和储备资产时，本国由此所得的资产（实物或金融资产）收入减去向外国人支付的利息，再减去该货币国际通用时所花费的额外管理费用后的差额部分（Keith Pilbeam，1992）。

学者们从多个角度（比如最优铸币税、铸币税与通货膨胀的关系、铸币税与赤字的关系等）对铸币税进行理论分析或经验分析。现实情况是，对大多数国家而言，用铸币税去弥补财政赤字的做法仍难以避免。商业银行购买国债后，商业银行在中央银行的存款减少，财政部门在中央银行的存款增加。这样，一方面基础货币减少，另一方面财政部门的存款增加。通过中央银行供给货币取得货币的使用权来弥补财政赤字，在这里明显地体现出来（曾康霖，2002）。

在经济萧条时期，通过铸币税方式及实行赤字财政预算并同时由中央银行通过国债市场将财政赤字货币化，这种方式对经济的刺激作用是显而易见的。这时财政支出会直接扩大总需求，货币扩张又会使得市场利率下降，私人部门的投资相应增加，总需求不足问题得以解决。

参考文献：

谢冰、王烜：《关于铸币税的理论研究进展》，载于《经济学动态》2002年第9期。

王利民、左大培：《关于预算赤字、铸币税和货币扩张通货膨胀税的关系》，载于《经济研究》1999年第8期。

汪洋：《铸币税：基于不同视角的理解》，载于《经济学（季刊）》2005年第4卷第3期。

曾康霖：《央行铸币税与财政赤字弥补》，载于《金融研究》2002年第9期。

（郑建军　卫瑞）

卢浮宫协议
The Louvre Accord

1987年2月，美国、英国、法国、德国、日本、加拿大、意大利七国财长和中央银行行长在巴黎卢浮宫达成协议，采取联合措施，在国内宏观政策和外汇市场干预两方面加强紧密协调合作，以阻止当时的美元币值下滑，保持美元汇率的基本稳定，这次会议被称为"卢浮宫会议"。

卢浮宫协议的主要约定包括：日本和西德等实施刺激内需计划，美国进一步削减财政赤字；G7国家加强外汇市场"干预协调"，秘密保持美元兑日元和马克汇率的非正式浮动，如果汇率波动超出预期目标5%，各国要加强合作干预等。卢浮宫协议后，国际主要货币的汇率在近两年多的时间里保持基本稳定，没有发生太大动荡。

（郑建军　卫瑞）

期权
Options

期权是一种赋予持有者在指定时间（到期日及到期日之前）以指定价格买卖一项资产的权利的证券，该指定价格称为履约价格或执行价格。

最早有关期权使用的记载出现在亚里士多德写于公元前332年的《政治学》一书。据书中记载，米利都学派的创始人泰勒斯最早创造并使用了期权。泰勒斯通过观察天象准确预测了未来的天气情况，他判断来年会有一次橄榄的大丰收，而橄榄的丰收会导致橄榄压榨机供不应求。泰勒斯通过支付少量的定金，购买了当地几乎所有的压榨机。第二年橄榄果然大丰收，橄榄的丰收导致对压榨机的需求大增，泰勒斯顺利地将这些压榨机的使用权高价卖出，创造了有史记载以来第一个期权使用的案例。然而，尽管很多人认为期权只同投资有关，但期权这一概念实际上起源于对波动剧烈的农产品价格进行风险控制的需要，记载期权这种用途的第一份文件出现在1634年的荷兰。当时的批发商从郁金香的种植者那里购买期权，这些期权给予批发商在一个特定时期以特定的价格从种植者那里购买郁金香，这就使得批发商能够锁定郁金香的最高价格。1973年，芝加哥期权交易所（Chicago Board Options Exchange，CBOE）成立，推出股票期权交易，开创了场内期权交易的先河。

按期权的交割时间来划分，期权分为欧式期权（European-style Options）

和美式期权（American-style Options）。欧式期权只有在到期日才可以交割，美式期权在到期日及到期日之前都可以交割。美式期权买方的权利较大，卖方承担的风险相应也较大。

按期权所代表的权利来划分，期权分为看涨期权（Call Option）和看跌期权（Put Option）。"看跌"和"看涨"反映了期权持有者对市场价格走势的判断。看涨期权赋予持有者在到期日（或到期日之前）按指定价格购买一项资产的权利。当市场价格超过履约价格时，看涨期权的持有者以履约价格执行期权是有利可图的，持有者交割期权后获得的支付额等于市场价格与履约价格的差额。当市场价格小于或等于履约价格时，看涨期权的持有者不会执行期权。看跌期权赋予持有者在到期日（或到期日之前）以履约价格售出一项资产的权利。当市场价格低于履约价格时，看跌期权的持有者以履约价格执行期权是有利可图的，持有者交割期权后获得的支付额等于履约价格与市场价格的差额。当市场价格大于或等于履约价格时，看跌期权的持有者不会执行期权。

期权是一种特殊的金融证券，期权定价理论已经成为金融经济理论的基础之一。现代期权定价理论的体系始于1900年法国数学家路易斯·巴舍利耶（Louis Bachelier）的毕业论文《投机理论》。之后，费希尔·布莱克（Fischer Black）和迈伦·斯科尔斯（Myron Scholes）假设可用一个连续样品路径的分布过程来描述期权作用下的资产的价格动态。罗伯特·默顿（Robert C. Merton）在1973年、1979年就连续交易问题正式证明了布莱克－斯科尔斯动态资产组合将避免持至到期的期权头寸的所有风险。目前期权定价理论的应用领域远远超出公司债券的范围，在政府贷款担保、养老基金保险以及存款保险等非公司性财务安排方面的估价应用广泛。

期权的价格与履约价格存在必然的联系。当履约价格上升时，看涨期权的价格下降。看涨期权购买者的收益等于到期日（或到期日之前）的市场价格与履约价格、期权的价格的差额。当履约价格上升时，相对于较低的履约价格，购买者的预期收益下降，对该期权的需求减少，看涨期权的价格下降。相反，履约价格上升时，看跌期权的价格也随之上升。看跌期权购买者的收益等于履约价格与到期日（或到期日之前）的市场价格、期权的价格的差额。当履约价格上升时，相对于较低的履约价格，购买者的预期收益上升，对该期权的需求增加，看跌期权的价格上升。履约价格下降时，原理同上。

期权的价格随着到期日的不同而不同。到期日越靠后，期权的价格越高。例如履约价格为100美元，2月到期的期权售价5美元，而1月到期的期权售价2美元。期权的报酬基于或派生于某些资产（或利率、汇率及各项的任意组合）。2月到期意味着期权的出售者承担较大的资产（或利率、汇率及各项的任意组合）价格变化的风险，购买者理应支付较高的购买价。

期权是一个强有力的投资性工具，商业上多用于进行套期保值交易。期权具有潜在的风险但应用很广，原因在于期权是最廉价、最容易获得的缓冲商品价格、汇率和利率波动的工具之一。

参考文献：

罗孝玲：《期货与期权》，高等教育出版社2006年版。

郑振龙等：《衍生产品》，武汉大学出版社2005年版。

[美] 滋维·博迪、亚历克斯·凯恩、艾伦·J·马库斯：《投资学》，机械工业出版社2008年版。

（郑建军　卫瑞）

债权国
Creditor Nation

债权国是指一国的资本输出大于资本输入。

国际投资头寸（International Investment Position，IIP）反映了一国的对外债权债务状况。根据国际货币基金组织2009年出版的《国际收支和国际投资头寸手册》第六版，国际投资头寸是有关某个时点的统计报表，该报表显示以下项目的价值和构成：一经济体居民对非居民的债券和作为储备资产持有的金块等金融资产；一经济体居民对于非居民的负债。一经济体对外金融资产与负债之间的差额为该经济体的净国际投资头寸（Net International Investment Position，NIIP），净国际投资头寸为正是净债权国，为负是净债务国。

根据中国外汇管理局公布的统计数据，2005年年末中国净国际投资头寸为2875亿美元，2012年3月末中国净国际投资头寸为19340亿美元，中国从2005年来一直是净债权国。

参考文献：

国际货币基金组织：《国际收支和国际投资头寸手册》第六版（BPM6）。

李长春：《最大债权国困境与人民币国际化关系研究》，载于《亚太经济》2011年第3期。
曲凤杰：《理性看待中国净债权国地位》，载于《中国投资》2006年第8期。
徐珺：《从债权国到债务国——美国国际债务模式转变的逻辑分析》，载于《世界经济研究》2011年第10期。

（郑建军　卫瑞）

债务国
Debtor Nation

债务国指一国资本输入大于资本输出。另外，一国对国际组织或另一国家欠债时称该国是该国际组织或该国家的债务国。

国际投资头寸（International Investment Position，IIP）反映了一国的对外债权债务状况。根据国际货币基金组织2009年发布的《国际收支和国际投资头寸手册》第六版，国际投资头寸是有关某个时点的统计报表，该报表显示以下项目的价值和构成：一经济体居民对非居民的债券和作为储备资产持有的金块等金融资产；一经济体居民对于非居民的负债。一经济体对外金融资产与负债之间的差额为该经济体的净国际投资头寸（Net International Investment Position，NIIP），净国际投资头寸为正是净债权国，为负是净债务国。

参考文献：
国际货币基金组织：《国际收支和国际投资头寸手册》第六版（BPM6）。
徐珺：《从债权国到债务国——美国国际债务模式转变的逻辑分析》，载于《世界经济研究》2011年第10期。
杨九声：《发展中国家债务问题的回顾和现状》，载于《世界经济》1989年第10期。

（郑建军　卫瑞）

外汇留成制度
Foreign Exchange Retention System

外汇留成制度是指国家适当给创汇企业一定比例的外汇，以解决发展生产、扩大业务所需的进口用汇。

1979年我国国务院颁发了《关于大力发展对外贸易增加外汇收入若干问题的决定》，决定实行外汇留成制度，区别不同情况，适当给创汇企业一定比例的外汇，以解决发展生产、扩大业务所需的进口用汇。外汇留成方式主要有两种，一是额度留成，即创汇单位将收入的外汇金额结售给国家指定银行，国家再按一定比例分给其一定外汇额度，用汇时再将外汇额度和人民币按牌价买成现汇；二是现汇留成，即创汇单位收入的外汇按规定比例返给创汇单位。额度留成又分为贸易外汇留成和非贸易外汇留成。贸易外汇留成包括一般商品的出口收入留成、机电产品出口收汇留成、外贸试点行业的外汇留成以及来料加工装配业务的外汇留成。贸易外汇留成的计算方法是，凡经批准经营对外贸易出口业务的各类外贸公司，其经营的出口商品（含代理出口商品和自营出口商品）扣除运费、保险费、佣金、归还贷款、周转金等后，外管局根据结汇银行提供的净创汇数，按出口商品规定的比例计算留成。非贸易外汇留成包括旅游外汇留成、侨汇留成、劳务收入外汇留成以及其他非贸易外汇留成。上述非贸易留成项目按《非贸易外汇留成实施细则》给予留成。

1979～1992年，我国主要采取额度留成的方式，调动了企业出口创汇的积极性，起到了奖入限出的作用。当时我国外汇额度留成制度主要包含以下内容：取消国家对创汇企业的出口补贴，对外贸企业实行完全的自负盈亏；企业收汇结汇后的外汇额度分为有偿上缴中央、无偿上缴中央、交地方政府和外贸企业留成四部分；国家将上缴中央外汇的计划按年度分割到各省、市、自治区和计划单列城市（再分割到各创汇企业）；对未按等比例进度上缴中央外汇额度的地区，按季清算；由外贸部门负责会同外汇管理部门停止其外汇额度的分配，从中直接扣缴直至补足。如不能补足，相应扣减其出口奖励并调减其出口商品计划和配额（匡学杰，1992）。

随着我国外汇体制改革的深入、市场化的推进以及1991年外贸体制改革等，外汇额度留成的积极作用逐步缩小，而弊端逐步显露。例如，使用额度留成外汇的审批手续繁多，企业、部门不能及时使用留成外汇；额度留成外汇过于分散，经济效果低。1992年我国开展外汇现汇留成试点工作，截至1992年年底，全国已经有11个地区进行现汇留成试点，对外商投资企业也进行现汇管理。当时的现汇留成管理推进了外汇市场的发展，为官方汇率和市场汇率的并轨创造了条件。但是现汇留成也存在一些问题，例如，现汇留成需要相关部门（外汇管理局、外汇银行和经贸部门）的密切配合方能办理；外汇市场出现不正常波动时应如何进行有效干预等。

1993年12月28日中国人民银行发布《中国人民银行关于进一步改革

外汇管理体制的公告》，决定实行外汇收入结汇制，取消外汇分成。关于外汇额度留成，该公告规定：取消现行的各类外汇留成、上缴和额度管理。对现有留成外汇额度余额和前述允许开立现汇账户范围以外的现汇存款，按以下原则处理：留成外汇额度余额允许按 1993 年 12 月 31 日公布的外汇牌价继续使用。对汇率并轨前已办理结汇，尚未分配入账的留成外汇额度，应在 1994 年 1 月 31 日以前办完入账，也允许按 1993 年 12 月 31 日公布的外汇牌价继续使用。关于现汇留成，该公告规定"前述允许开立现汇账户范围以外的现汇存款，在实行结汇制后，可继续保留原有现汇账户，只许支用，不许存入，用完为止。账户内余额允许用于经常项目支付、偿还外汇债务或向银行结售。"

参考文献：

匡学杰：《谈外汇留成分配体制的改革》，载于《国际贸易》1992 年第 11 期。

宋伟农：《外汇现汇留成试点的实践和探讨》，载于《国际贸易》1993 年第 1 期。

吉文秀：《改革外汇管理体制，促进对外经贸发展》，载于《国际贸易》1993 年第 1 期。

王宝刚：《"外汇留成制度"的探讨》，载于《国际贸易问题》1993 年第 9 期。

张德宝：《中国外汇管理体制改革》，载于《国际贸易》1994 年第 4 期。

胡晓炼：《我国外汇管理体制改革的历程和经验》，载于《中国金融》2008 年第 7 期。

国家外汇管理局：《外汇体制改革专辑》，海洋出版社 1994 年版。

（郑建军　卫瑞）

外汇调剂市场
Foreign Exchange Swap Market

外汇调剂市场是指 1980 年到 1998 年间，在国家外汇管理局统一领导和管理下，调剂境内机构和"三资"企业的外汇余缺，办理人民币同现汇和外汇额度交易的市场。

外汇调剂市场是随着我国推行外汇体制改革和实施外汇留成制度应运而生的。1979 年起为适应外贸体制改革和引进外资的需要，达到鼓励出口的目的，我国开始变高度集中的外汇分配体制为外汇留成制度。实行外汇留成制度后，企事业单位开始拥有一定的用汇自主权，产生了调剂外汇余缺的要求，外汇调剂市场因此诞生。

从1980年到1998年，我国外汇调剂市场的发展大体上经历了四个阶段：第一，产生阶段（1980～1985年），这个时期我国外汇调剂市场的特点是中国银行负责外汇调剂，只允许现汇调剂，如为外汇额度，应向银行购买成外汇再进行调剂；价格以贸易外汇内部价格为基础，在10%的浮动幅度内由买卖双方议定。这个时期正处于我国改革开放初期，外汇流量不大，调剂规模有限（唐赓尧，1991）；第二，初步形成阶段（1986～1987年），1986年国务院颁布了《关于办理留成外汇调剂的几项规定》以及《国务院关于鼓励外商投资的规定》，这两个文件对我国外汇调剂市场的发展起到了积极促进作用。第一个文件的重点内容是：外汇调剂改由外汇管理部门审批；外汇额度可直接参加调剂；在全国范围内提高外汇调剂价格，1美元外汇留成额度价格为1元人民币，1美元现汇调剂最高限价为4.2元人民币。经济特区、海南行政区允许放开外汇调剂价格，由买卖双方自由议定。第二个文件的重点是，我国开始允许在外商投资企业之间进行外汇调剂；第三，迅速发展阶段（1988～1994年），从1988年起，国务院决定全国推行对外贸易承包责任制，对轻工、工艺、服装三个出口行业实行自负盈亏试点。与此同时，取消了使用留成外汇的限制指标。这一阶段我国外汇调剂市场的特点是：在国家外汇管理局的统一领导和管理下，在各省市区、计划单列城市成立外汇调剂中心，在北京设立全国外汇调剂中心；放开外汇调剂价格，价格根据外汇供求关系实行浮动，必要时由国家外汇管理局规定最高限价；进一步扩大调剂范围，除企事业单位留成外汇、外商投资企业外汇外，各地政府的留成外汇也可参加调剂，允许华侨、港澳同胞捐赠外汇参加调剂；在部分地区试办了个人外汇参加调剂；允许外商投资企业与国营集体企事业单位相互调剂外汇；开办外汇调剂公开市场（唐赓尧，1991）。截至1993年年底，全国共开设了108家外汇调剂中心。外汇调剂中心的设立和外汇调剂业务的开办，极大地方便了境内机构尤其是外商投资企业相互调剂外汇余缺，加速了企业资金周转。同时，由于外汇调剂价格在相当长的时期内高于官方汇率，调剂中心的出现也在一定程度上激发了国内企业的出口积极性，促进了我国外贸事业的发展；第四，退出阶段（1994～1998年），1994年的外汇体制改革建立了全国统一的外汇调剂市场，从1994年开始，暂时保留外汇调剂市场，继续为外商投资企业的外汇买卖服务。银行间外汇市场建立后，为避免由于交易方式改变而给外商投资企业的经营带来不便，1994年4

月至 1996 年 6 月，外商投资企业的外汇买卖业务仍在外汇调剂中心进行。由于银行结售汇体系在结算速度等方面较外汇调剂中心具有一定的优势，外商投资企业要求进入银行结售汇体系的呼声较高。因此，为便利外商投资企业的经营，经中国人民银行批准，自 1996 年 7 月 1 日起，将外商投资企业的外汇买卖纳入银行结售汇体系，外商投资企业可同时在银行和外汇调剂中心买卖外汇。在实际运作中，外商投资企业多通过银行结售汇体系办理其结售汇业务。自此，外汇调剂业务量急剧萎缩，但为保证业务的正常开展，仍保留了有关的业务管理人员和网络设备，造成资源上的极大浪费。在银行结售汇体系已能满足企业需求的情况下，继续保留外汇调剂业务和外汇调剂中心已无必要。1998 年 11 月，中国人民银行和国家外汇管理局联合下文，宣布从当年 12 月 1 日起取消外汇调剂业务并相应关闭各地的外汇调剂中心，这标志着境内机构的外汇买卖均已纳入银行结售汇体系，曾经作为境内机构调剂外汇余缺主要渠道的外汇调剂业务和外汇调剂中心退出经济舞台（惠研，1998）。

外汇调剂市场的产生和发展是人民币汇率形成机制日益市场化的一次有益探索。在外汇调剂市场的迅速发展阶段，通过这些遍布全国主要城市的外汇调剂市场分配的外汇资金占全部进出口贸易用汇的 80% 左右（张德宝，1994）。随着 1994 年外汇体制改革，官方汇率与市场汇率并轨，实行以市场供求为基础的、单一的、有管理的浮动汇率制，汇率形成机制更加市场化，外汇调剂市场也就退出了经济舞台。

参考文献：

张德宝：《中国外汇管理体制改革》，载于《国际贸易》1994 年第 4 期。

唐赓尧：《我国的外汇调剂市场》，载于《中央财政金融学院院报》1991 年第 2 期。

胡晓炼：《我国外汇管理体制改革的历程和经验》，载于《中国金融》2008 年第 7 期。

国家外汇管理局：《外汇体制改革专辑》，海洋出版社 1994 年版。

惠研：《外汇调剂业务为何取消?》，人民日报，1998 年 11 月 9 日，http：//www.people.com.cn/english/9811/09/target/newfiles/J102.html。

（郑建军　卫瑞）

国际结算
International Settlement

国际结算是指对国家之间因政治、经济、文化等方面的活动而发生的债权债务关系进行的清算和货币支付。

按国际结算的内容不同,可以分为贸易结算和非贸易结算。具体而言,凡是国际上因贸易而产生的货币收付和债权债务的结算称为国际贸易结算;由其他政治、经济、文化所引起的货币收付的结算称为非贸易结算。在国际结算中,贸易结算是国际结算业务的重点,这是由贸易结算在整个国际结算中所处的特殊地位决定的。贸易结算比非贸易结算在操作上更为复杂,在内容上它几乎包括了国际结算的所有方式和手段。

国际结算经历了一个历史演变过程,主要是:首先是从以货易货、现金结算发展到非现金结算:早期商人用金、银等货币来支付货款,清偿债务。之后,在公元11世纪左右,地中海沿岸的商品贸易已有相当规模,商人开始使用"字据"代替现金;其次是从商品买卖发展到单据买卖:最初的结算方式是以货易货、现金结算,后来随着海上运输业的发展,卖方将货物交给承运人,委托其将货物运至买方,承运人将货物收据交给卖方,卖方将货物收据转寄给买方,由买方向承运人取货。这样一来,单据买卖就取代了商品买卖;最后是从买卖双方直接结算发展到买卖通过银行结算。

国际结算需要一个支付清算体系。要构成一个支付清算体系,最少要包括付款人、付款人的开户银行、清算中心、收款人的开户银行和收款人五个主体。在这五个主体中,最关键的是清算中心。鉴于对效率、防范风险意识、信用度方面的考虑,清算中心一般都由当地的中央银行牵头组建或由多家世界知名银行组建。

随着国家间经济、贸易往来的不断发展,国际上主要货币的跨国清算和支付日益增多,各国中央银行都在开发本国的支付清算系统,积极了解和参与国际支付清算体系。目前,世界范围内被广为接受的主要国际支付清算系统有以下5个:(1) 美元支付清算系统:在当今国际结算中,特别是国际贸易结算中,大多数都是通过美元进行计价、支付并完成交易的。银行在进行美元资金的支付与划转过程中,必然要经常应用美元支付清算系统。美元支付清算系统有两个:纽约清算所同业支付系统(Clearing House for Interbank Payment System, CHIPS)、联邦资金转账系统(Fedwire);(2) 欧元跨国清算系统:1999年1月1日欧元产生后,为保证欧元区资金的自由流动、解决跨国界的银行与客户、银行与银行之间的款项往来、资金调拨问题,在欧元区出现了以下三种主要的跨国欧元清算系统:泛欧自动实时总额清算系统(Trans-European Automated Real-time Gross Settlement Express Transfer System,TARGET)、欧洲银行协会的欧元清算系统、法兰克福的欧元支付系统(Euro Access Frankfurt,EAF);(3)伦敦自动清算支付系统:伦敦自动清算支付系统(Clearing House Automatic Payment System,CHAPS)是有关银行进行英镑支付时采用的电子清算系统。它创建于1984年,由12家清算银行组成;(4)日本的清算系统:日本的清算系统为日本银行金融网络系统(Bank of Japan Financial Network System,BOJ-NET),其功能是通过在线网络处理日本银行与金融机构之间的交易;(5)环球银行金融电讯协会系统:1973年5月,15个西欧和北美国家的239家银行发起成立了"环球银行金融电讯协会",即SWIFT(Society for Worldwide Interbank Financial Telecommunication),总部设在比利时的布鲁塞尔。SWIFT不以盈利为目的,旨在为会员提供高效、优质的金融通信服务。

国际结算存在信用风险、政治风险以及汇率风险。信用风险是指一方当事人发生违约行为而给国际结算带来的风险;汇率风险则是源于汇率的波动;政治风险是一方所在国的国家政策发生变化给另一方带来的风险。

目前国际结算的特点和发展趋势如下:国际结算和贸易融资更加紧密地结合起来;国际结算的电子化程度加深;国际结算的规则日趋完善。

参考文献:

高洁、罗立彬等:《国际结算》(第二版),中国人民大学出版社2012年版。
姜学军:《国际结算》(第二版),东北财经大学出版社2006年版。
李华根:《国际结算与贸易融资实务》,中国海关出版社2012年版。

(郑建军　卫瑞)

热钱与国际游资
Hot Money

热钱又称为国际游资,当资金持有者出于货币汇率变动的投机心理和受国际利率差带来收益的刺激,在国际掀起大规模的短期资本流动,这些大规模进出的短期资本就称为热钱。总体而言,热钱具有四个主要特点,即高收益性与风险性、高信息化与敏感性、高流动性与短期性及投资的高虚拟性与投机性。现在还没有统一的方法计算一定时间流入一个国家热钱的规模，因为热钱流动速度很快，难以统一计算和管理。但可以得到热钱规模的一个估计值。一个常用的方法是在一国外汇储备总额中减去贸易盈余（或赤字）和外商直接投资的净额，用公式表示为：热钱（估计值）= 外汇储备的变动 – 净出口 – 净外商直接投资（Martin and Morrison，2008）。

在金本位制时期，由于人们对该国际货币体系充满信心，热钱的流动极为罕见。但在两次世界大战期间，国际上掀起了大规模的资本流动。如在1926~1928年间，由于预期法国法郎升值，大量热钱流入法国；20世纪30年代后期，大量的热钱流入伦敦和纽约。1973年，热钱的流动达到了一个新的高峰。当时一方面，人们普遍预期史密森协定将最终走向解体；另一方面，美国利率水平在尼克松政府推行工资和价格的管制政策下，处于较低水平。而联邦德国中央银行为了抑制通货膨胀实施紧缩的货币政策，利率水平较高，这就使得大规模热钱由美国流向联邦德国。当1973年3月，欧洲经济共同体成员国货币实行联合浮动时，热钱在蛇形蠕动体系下流动。热钱在亚洲流动最明显的表现是，1997年大量的热钱退出泰国，尔后退出东亚其他国家，直接触发了1997年的亚洲金融危机。

热钱从资本丰富的经济体流向资本匮乏的发展中国家和新兴经济体看似是受欢迎的。因为这些资本服务于发展中国家和新兴经济体的投资和融资，刺激了经济的增长。但是短期的资本流动不利于宏观经济的稳定，快速的资本膨胀会带来了通货膨胀压力。此外，短期资本流动也会对实际汇率、经常账户赤字造成影响。特别是对那些金融市场发展程度不高的经济体而言，热钱的流入使汇率升值的幅度更大、资产和产品价格上升得更快。价格的上升虽改善了财政指标，也激起了国内信贷扩张，但这将进一步加剧国内银行部门结构脆弱性。热钱外流则会减少流出国国内的资本，特别是大量的热钱外流将影响一国经济的稳定性。可见，热钱的大规模进出不利于一国经济的稳定增长，因此需要采取各种措施限制热钱。

调节热钱的政策措施包括：一是汇率调整。汇率是用于控制热钱流动的一种有效工具。一国货币越被认为是低估的，那么热钱流入的可能性越大。在这一条件下，学者往往建议进行货币的一次性升值而不是逐步升值，因为逐步升值可能造成流入更多的热钱。二是利率调节。为减少热钱的流入，一国可以降低中央银行的基准利率。例如，2010年6月，土耳其中央银行在通胀上升和经济增长时降低利率。2011年2月14日，土耳其财政部部长接受采访时说，在中央银行降低基准利率和经济增长的步伐后，超过80亿的短期投资从土耳其退出。三是资本控制。中国对热钱的控制主要是采取对资本进行限制的措施。譬如，中国资本账户的非自由兑换在一定程度上限制了热钱的流入，同样，中央银行可以对国内金融机构使用短期外国贷款设置一定的配额。四是紧缩的财政政策。实行财政紧缩特别是削减非贸易品的开支，以降低总需求和抑制由资本流动造成的通货膨胀。五是提高银行存款准备金率。由于热钱的流入使本国货币面临较大的升值压力，对于汇率稳定性要求较强的国家，货币当局将通过释放更多的货币以减缓升值压力。但是同时也会造成国内流动性过多的问题，因此需要通过提高存款准备金进行反向操作。

  由于人民币汇率制度由钉住美元转变为钉住一篮子货币的浮动管理制度，再加上随着合格境内机构投资者和合格境外机构投资者的不断扩容，资本项目管制不断放松以及中美之间存在一定的利差，热钱在中国的流动规模越来越大，虽然还不能获得中国热钱的准确规模，但不难发现热钱对中国经济的影响越来越明显，尤其是对中国房地产业的影响。因此，在中国经济对外开放程度不断加深的过程中，政府必须采取相应的措施控制大规模热钱的进出。

参考文献：

［英］戴维·皮尔斯，毕吉耀：《现代经济学辞典》，北京航空航天大学出版1992年版。

［英］伊特韦尔等：《新帕尔格雷夫经济学大辞典》，经济科学出版社1996年版。

Martin Michael F. and Morrison Wayne M., China's "Hot Money" Problems, *CRS Report for Congress*, Order Code RS22921, 2008.

McKinnon, R., *Sterilization in Four Dimensions: Major Trading Countries, Euro-Currencies and the United States*, Chicago: University of Chicago Press, 1974.

（郑建军　王珊珊）

资本外逃
Capital Flight

  资本外逃又称资本逃避或资本转移，资本外逃是资本持有者出于对货币不稳定、经济和政治形势的担忧，而将资本转移到其他国家以寻求更大程度安全的行为。学者们从不同角度对资本逃避的特点进行了描述。查尔斯·金德尔伯格（Charles Kindleberger）从成因视角出发，认为资本外逃是投资者出于恐惧或怀疑所导致的短期资本流出,其特点在于资本由利率高的国家流向利率低的国家(Kindleberger, 1937)。约翰·卡丁顿(John Cuddington)也从成因出发将资本外逃定义为短期投机性资金的外流,其异常之处在于流出的资本不是进行长期投资,而是对政治或金融风险、税负加重等做出迅速反应以获取收益(Cuddington, 1986)。英戈·沃尔特(Ingo Walter)从影响后果角度出发,认为资本外逃是造成国家财富损失并大大降低社会福利及国民效用的资本流出(Walter, 1985)。

资本外逃的第一次重大事件发生在第一次世界大战时期,此时资本外逃出现在意大利、法国和中欧各大国。而欧洲中立国寄希望于和平恢复时能够获得暴利,大量买入交战国的货币,则顺应了这一时期的资本外流。20世纪70年代中后期是进行大规模资本外逃的时期,但这种流动主要是由通货膨胀引起的。1976年流入瑞士、法国、意大利和英国的资金,在很大程度上反映了这些国家的通货膨胀率和它们税收结构的非指数化。20世纪90年代以来,一些亚洲和拉丁美洲国家出现了大规模的资本外逃。2001年阿根廷经济危机后,由于担心阿根廷政府的外债违约,再加上阿根廷当局执行低利率政策以及产生对外汇储备的高度依赖,产生了大规模的资本外逃。20世纪90年代末,资本外逃很大一部分发生在低利率的国家,如俄罗斯、阿根廷等。这些大规模的资本外逃短期内会带来经济的混乱与动荡,长期内则会降低本国可利用的资本数量,减少可获得的税收收入,增加本国的外债负担,不利于国内经济的稳定发展。

就资本外逃概念本身而言,有合法与非法之分。合法的资本外逃包括企业或个人为获得利息、股息收入和资本增值进行的资本转移;非法的资本外逃也就是非法金融资产流出,它是有意将资产转向国外,或者对一些非法收入进行海外转移的行为。由于目前中国对资本流动仍存在较多的限制,未经当局批准或违反有关政策法规的资本外流均应视为资本外逃。因此,在中国资本外逃是指基于避险或牟利等动机而出现的非正常资本外流。1998年亚洲金融危机发生后,由于存在人民币贬值的预期,形成了较大规模的资本外逃。此外,由于中国为吸引外资,长期以来实行内外资差别待遇政策,再加上随着金融监管力度的加大,非法所得的外逃更为迫切,中国的资本外逃问题日趋严重。这应该引起中国政府的高度重视并采取相应措施,最重要的是要树立和维护国内外企业和居民对中国经济的信心,同时要进一步加快完善市场经济体制。只有从体制和政策环境等深层次上采取措施,才能从根本上抑制和防止资本外逃。

参考文献：

［英］伊特韦尔等：《新帕尔格雷夫经济学大辞典》，经济科学出版社1996年版。

Cuddington T. John, Capital Flight: Estimate, Issues and Explanation, *Princeton Studies in International Finance*, Vol. 58, 1986.

Kindleberger P. Charles, *International Short Term Capital Movements*, New York: Columbia University Press, 1937.

Walter Ingo, *Secret Money: The World of International Financial Secrecy*, London: Allen & Unwin, 1985.

（郑建军　王珊珊）

货币替代
Currency Substitution

货币替代描述了这样一种现象：外国货币在充当价值标准、交易媒介、支付手段和价值贮藏职能等方面大规模地替代本国货币。货币替代这一概念最早是由卡鲁潘·切提（Karuppan Chetty）1969年在《美国经济评论》上发表"关于近似货币的衡量"一文时提出的。广义上，货币替代的规模可以用本国居民在国内外金融机构的外币存款总量来衡量；而狭义上，货币替代的规模只包括本国居民在国内金融机构中的外币存款及流通领域中的外币现金。罗纳德·麦金农（Ronald McKinnon）将货币替代区分为直接货币替代与间接货币替代。如果同时存在两种或两种以上货币作为商品的支付手段相互竞争，交易的经济主体可以自由地选择支付货币，这种货币作为支付手段职能的替代我们就称之为直接货币替代。间接货币替代指的是货币作为经济主体购买非货币金融资产职能的替代。

20世纪70年代以来，随着世界经济一体化的加速，国际游资的剧增和资本管制的放松，大规模的资本流动成为可能，货币替代问题日益突出。对发达国家而言，货币替代的出现主要与投资者规避外汇风险，实行多元化的投资组合相关；对发展中国家而言，尤其是那些出现美元化的拉美国家，货币替代的发生则与这些国家的经济增长和经济体制变革密切相关。总体而言，货币替代现象的出现与国内外在汇率制度、货币自由兑换制度以及资本市场的一体化程度上的差异紧密相连。当货币替代出现时，将对一国的经济产生诸多不利影响。首先，货币替代加剧经济波动，尤其是加剧汇率和价格水平的不稳定；其次，货币替代使更多的本国资本转换成外币，政府从本币发行中获得的铸币税与通胀税收入将相应地减少，财政税基遭到削弱。最后，货币替代加大了估计经济中货币量的难度，影响货币政策的效果。

目前，中国尚未建立完全开放的经济体系，人民币尚未实现资本项目下的完全自由兑换，大规模货币替代的条件尚不具备。因此，与其他国家相比，中国货币替代程度较低。但随着人民币国际化进程的加快，资本项目的限制和国内金融管制也将进一步放松，再加上中国与世界经济的融合程度越来越高，中国的货币替代问题将逐渐显现。要避免货币替代程度的加剧，根本在于提高本国货币的币值稳定性、收益率。具体而言，应该分步骤逐步开放资本账户，防止资本流动失控，执行稳健的货币政策，保持人民币汇率的稳定，增强人们对汇率稳定的信心。

参考文献：

剧锦文、阎坤：《新经济辞典》，沈阳出版社 2003 年版。

姜波克：《货币替代研究》，复旦大学出版社 1999 年版。

McKinnon, R. I. and K. Y. Tan, Currency Substitution and Instability in the World Dollar Standard, *American Economic Review*, Vol. 73, No. 3, 1982.

Karuppan Chetty, On Measuring the Nearness of Near Moneys, *The American Economic Review*, Vol. 59, No. 3, 1969.

（郑建军　王珊珊）

超主权货币
Supranational Currency

超主权货币是一种与主权国家脱钩，能保持币值长期稳定，并能克服现行国际货币体系暴露出来的各种缺陷的国际货币。超主权货币一方面可以克服主权信用货币的内在风险，另一方面当超主权货币由一个国际性机构管理时，将使全球范围内流动性的调控成为可能。

如果说超主权货币是与主权货币相对的话，超主权货币可以追溯至国际货币体系开始时的金银本位制，当时的储备货币并不是某个主权国家的货币，而是黄金和白银。直到金汇兑本位制时期，国际货币体系才开始进入由主权货币（英镑）占主导的时代。在布雷顿森林体系和牙买加体系时代，实际上都是由作为主权货币的美元充当最主要的国际货币和国际储备货币。超主权货币作为概念的提出则出自约翰·凯恩斯（John Keynes）对建立国际货币单位"Bancor"的建议。第二次世界大战后，在对建立怎么样的国际货币体系的大讨论中，凯恩斯建议成立国际清算同盟，并由其发行一种国际货币"Bancor"的建议。"Bancor"以 30 种代表性商品作为定值依据，是多边商品贸易清算的记账单位（Aunit of Account）及各国政府和财政部之间的结算货币。但凯恩斯的这一设想并没有得到实施，取而代之的是建立以美元占主导的布雷顿森林体系，仍是以主权货币作为最主要的国际货币和国际储备货币。

自布雷顿森林体系建立以来，超主权货币的实践主要表现在两个方面。一是特别提款权（Special Drawing Right，SDR）的创立。SDR 是一种具有超主权货币特征的记账单位。随着布雷顿森林体系缺陷的不断显现，国际货币基金组织为了解决国际流动性不足以及国际货币体系的不对称性问题，于 1969 年创设 SDR，作为储备资产和记账单位。但由于分配机制和使用范围上的限制，SDR 的作用至今没有能够得到充分发挥。二是欧元的诞生。欧元自 1999 年诞生以来，虽然作为欧洲区域内一种超主权的国际货币在国际货币体系中发挥着越来越重要的作用，但美元仍在国际货币体系中占主导地位。此外，随着 2009 年以来欧债危机的进一步蔓延，欧元的未来面临更多的困难和不确定性。

2008 年全球金融危机的爆发，进一步暴露了以主权货币为国际主要储备货币的内在缺陷。于是，2009 年，在伦敦 20 国集团领导人第 2 次金融峰会举行之前，中国人民银行行长周小川撰文表达了关于改革国际货币体系的思考，认为作为主权信用货币的美元同时作为国际货币，容易使本国的货币政策与美元储备国的货币政策要求相矛盾。因此，他提出了构建超主权储备货币的设想，认为应该创造一种与主权国家脱钩的国际储备货币。而重建具有稳定的定值基准并为各国所接受的新储备货币可能是个长期内才能实现的目标，目前充分发挥特别提款权的作用和扩大特别提款权的使用范围则是较为可行的选择。

当前以主权货币作为最主要的国际货币和国际储备货币的国际货币体系使中国面临诸多风险，譬如，美元贬值的风险、金融经济危机传递的风险等。此次金融危机再次警示我们，必须创造性地改革和完善现行国际货币体系，推动国际储备货币向着币值稳定、供应有序、总量可调的方向完善，才能从根本上维护全球经济金融稳定，创造有利于中国的互利共赢的国际货币体系。现行国际货币体系改革的道路是漫长和曲折的，因此，中国政府当局一方面保持着坚定的改革国际货币体系的呼声，另一方面在现有的国际货币体系框架中，积极推进人民币国际化。

参考文献：

周小川:《关于改革国际货币体系的思考》，中国人民银行官网，2009 年 3 月 23 日，http：//www. pbc. gov. cn/detail. asp? col =4200&ID =279。

Mckinnon Ronald and Schnabl Gunther, The East Asian Dollar Standard, Fear of Floating, and Original Sin, *Review of Development Economics*, Vol. 8, No. 3, 2004.

Ricardo Caballero, The Macroeconomics of Asset Shortages. NBER working paper No. 12753, 2006.

Zhang Ming, China's New International Financial Strategy amid the Global Financial Crisis., *China & World Economy*, Vol. 17, No. 5, 2009.

（郑建军 王珊珊）

外债规模管理
Foreign Debt Scale Management

外债规模管理是指一国政府对一定时期内对外债务总量及其增减速度的控制，主要包括确定某个时期外债的总量，以及外债增减的速度。一国举债的规模不是越大越好，也不是越小越好，如果外债规模过大，增长过快，就会增加债务负担，超出一国对外偿债能力，降低信用评级，从而影响一国在国际市场上融资的可持续性，对社会经济长远发展不利；如果外债规模太小，增长速度太慢，导致国内市场上资金短缺，使现有资源得不到优化配置，不利于生产力水平的提高。因此，必须确定适宜的举借外债的规模和增减速度，做好外债规模管理。

进行外债规模管理最重要的是确定外债规模，而影响外债规模的因素主要有三个：一是经济增长对外债的需求，它决定了外债的需求量；二是国际资本市场的可供量，它决定了外债规模的供给水平；三是本国对外债的承受能力，它是一国平衡外债需求和供给的重要条件。在这三个因素的作用下，一国合理的外债规模既能够满足经济发展的需要，又能够在国际市场上融到满足以上规模需求的外债，同时该外债又能与该国经济发展程度对应的偿债能力相匹配。在实际操作中，可通过相关指标的衡量判定一国外债规模是否合理。一般来说，衡量一国外债规模是否合理主要有三个指标：债务率、偿债率和负债率。债务率是指一国外债余额和当年外汇收入的比重，该比例一般不能高于100％；偿债率是指当年外债还本付息的金额与外汇收入的比重，该比例一般不能高于20%；负债率是指外债余额与当年GDP之间的比例，该比例应当控制在20%以内。同时我们也应看到，外汇收入、国民生产总值等都是静态指标，代表的都是过往年份的数据，所以以上三个指标不能动态监测外债规模的合理性。因此，需要衡量一国外债规模是否合理还需使外债规模能够和经济发展保持动态的配比关系。

此外，外债规模管理必须把握好一些基本原则。这些基本原则包括统一管理、量力而行、结构合理、提高效率。统一管理要求成立专门的机构管理外债事务，防止出现多头管理、政出多门的现象；量力而行原则要求外债的负债规模不能超过该国的偿债能力，也就是要结合经济发展状况，不可盲目举债；结构合理原则要求外债管理不仅要关注规模，还要关注外债的种类结构、期限结构、利率结构、币别结构、地区结构和投向结构；提高效率原则要求外债规模管理要注重效率。

与我国外汇储备相比，我国外债规模还比较小，与国民经济的发展速度相比，我国外债的年增长速度也比较慢。根据世界上公认的合理外债规模标准，我国外债的偿债率和债务率都低于国际上公认的20%和100%的安全线，但是在长期，还要加强对外债的效率管理，发挥外债在基础设施建设等方面的作用。

参考文献：

傅晓峰：《外债新论》，西南财经大学出版社2003年版。
刘鸿儒：《简明金融词典》，改革出版社1996年版。
李伟民：《金融大辞典》，黑龙江人民出版社2002年版。
秦池江、张立中：《中国金融大百科全书》金融管理卷，中国物资出版社
　　1999年版。
［美］托马斯·克莱恩：《外债管理》，中国计划出版社2000年版。

（郑建军　王珊珊）

人民币经常项目可兑换
RMB Current Account Convertibility

人民币经常项目可兑换是指不限制国际收支的经常性交易项目中涉及人民币的对外支付和转移，与它并列的另一个概念是人民币资本和金融项目可兑换。国际货币基金组织（IMF）第八条款中对该成员国在经常项目可兑换

性方面应承担的义务作了具体的规定，根据该条款，经常项目可兑换一般应当符合三个主要衡量标准：首先，除非经 IMF 同意，否则不得对国际经常往来的支付和资金转移施加限制；其次，避免施行歧视性货币措施（主要是指双边支付安排）或多种汇率制；最后，如其他会员国提出申请，有义务购回其他会员国所持有的本国货币。而经常账户表示实际资源（货物、服务、收入）交易以及经常转移。

对人民币经常项目可兑换的要求与高度开放的社会主义市场经济体制相适应，也是市场经济发展的内在要求。人民币经常项目可兑换的条件和进程，与中国宏观经济形势、宏观经济政策状况、国际清偿能力等密切相关，也受中国商品和劳动在国内外市场上竞争力的制约。随着这些影响因素的变化，人民币经常项目也逐步实现了可兑换。总体而言，人民币经常项目从限制兑换到条件可兑换到可兑换大致经历了四个阶段。

第一阶段是 1979 年以前。经常项目兑换制度与高度集中的计划经济体制相适应，人民币经常项目兑换受到严格的管制，企业用汇由计划统一分配，每项用汇都需要经过层层审批。第二阶段是 1979~1993 年。这一时期人民币经常项目兑换制度与向市场经济过渡的经济体制相适应，原来对人民币经常项目兑换的限制逐步放松。在 1979 年实行的外汇额度留成制度下，大企业的创汇收入可按规定的比例获得外汇留成归自己支配，由此也形成了创汇企业与收汇企业之间外汇余额的调剂，进一步推动了人民币经常项目的自由兑换。1980 年，IMF 恢复了中国在该组织的席位，中国也承认 IMF 的相关协定，包括对实行货币经常项目自由兑换的第八条款。但当时中国的"双轨"汇率制度、不足的国际清偿手段和企业竞争力状况等都不允许中国立即实行人民币经常项目的自由兑换。第三阶段是 1994~1996 年。虽然这时人民币汇率实现了市场汇率和官方汇率的并轨，但由于其他条件并不成熟，对人民币经常项目只实行有条件的自由兑换。这个条件主要包括两方面的内容：第一，经常项目下非贸易非经营性用汇要审批；第二，有些贸易管制实行售汇限制。第四阶段是 1996 年以后。实行人民币经常项目可兑换。中国当局宣布自 1996 年 12 月 1 日起接受国际货币基金组织协定第八条第二、三、四款的规定，此后所有正当的、有实际交易需求的经常项目用汇都可以对外支付。1996 年我国推出了一系列深化外汇体制改革的举措，这对于实现人民币经常项目可兑换起着举足轻重的作用，其中，最重要的是，从上海、深圳、江苏和大连四个地区作为试点开始并拓展到全国，对外商投资企业实行银行结售汇，取消对外商投资企业的经常项目用汇的审批和限制。

从现实情况看，实现人民币经常项目可兑换首先使中国经济与世界经济联系得更加紧密，可以借助国际市场价格的信号引导国内资源的合理配置。其次，人民币经常项目可兑换有利于中国外向型经济的发展和扩大，有利于中国进一步参与国际分工。再者，它为企业通过引进技术实现技术革新创造了竞争环境，有利于企业的技术革新。

参考文献：

[美]保罗·R·克鲁格曼、茅瑞斯·奥伯斯法尔德：《国际经济学》第六版，中国人民大学出版社2006年版。

黄卫平、彭刚：《国际经济学简明教程》，中国人民大学出版社2010年版。

李婧：《中国外汇市场与资本项目可兑换的协调发展》，首都经济贸易大学出版社2007年版。

王广谦：《中国经济改革30年金融改革卷1978~2008》，重庆大学出版社2008年版。

（郑建军　王珊珊）

人民币国际化
RMB Internationalization

人民币国际化是指人民币跨越国界，在国际上发挥其在个人和官方部门作为计价单位、交换媒介和价值储藏货币职能的过程。对货币国际化概念的界定首先是从货币的职能出发的，因为货币国际化的本质在于货币职能的国际化。本杰明·科恩（Benjamin Cohen）从货币职能的角度对货币国际化进行相关论述，而后菲利普·哈特曼（Philipp Hartmann）在科恩研究的基础上总结了货币国际化在货币职能上的体现，认为国际货币就是在计价单位、交换媒介、价值储藏三个方面成为国际上广泛接受的货币（Hartmann，1998）。此外，这三个方面的职能在政府、非银行、银行的表现是不同的。具体而言，在计价单位方面，国际货币是政府锚货币、非银行贸易中的计价货币以及银行外汇标识货币；在交换媒介方面，它是政府的汇率干预货币、非银行间国际交易结算的货币以及银行间清算和国际债券发行的货币；在价值储藏方面，它是政府的外汇储备、非银行和银行的外汇资产（见表1）。陈庚辛（Chinn Menzie）和杰弗里·弗兰克尔（Jeffrey Frankel）、伊藤隆敏（Takatoshi Ito）在讨论货币国际化时，也将货币职能在官方和私人部门之间进行划分，虽然他们与哈特曼的具体归纳方法有些区别，但他们认为国际货币成为计价单位手段、交换媒介和价值储藏手段的观点与哈特曼是一致的。人民币国际化也不例外，其国际化体现在货币职能的国际化上。

表1　　　　　　　　　　　国际货币职能的表现

职能	政府	私人部门	
		银行	非银行
计价单位	锚货币	外汇标示货币	用于贸易交易中计价
交换媒介	汇率干预	银行间清算、国际债券发行	用于国际贸易结算
价值储藏	外汇储备	外汇资产	外汇资产

资料来源：Hartmann Philipp, *Currency Competition and Foreign Exchange Markets*: the Dollar, the Yen and Euro, London: Cambridge University Press, 1998（17）.

人民币国际化问题的提出可以追随到20世纪80年代末期。随着经济全球化和金融自由化的深化发展，私人资本流动在全球范围内加速流动，由此引发的货币金融危机不断冲击着现有的国际货币体系，促使许多国家开始思考现有国际货币体系存在的问题，以及如何在国际货币体系中获得更有利的地位。在这一时期，中国学者在阐述中国金融国际化问题时提出人民币国际化的建议。亚洲金融危机前，理论界对人民币国际化的研究已有初步进展，开始从货币国际化的条件、规律出发，探讨人民币国际化的必要性、可能性，进而分析人民币国际化的经济效应。亚洲金融危机的爆发使人们开始关注东亚地区的汇率制度安排，而此时人民币不贬值的政策则在东亚区域建立了人民币的信誉。但这一时期人民币国际化并没有引起国际的广泛关注，在国内也没有得到政策的积极响应。人民币国际化成为现在最热门的经济话题之一，这主要有三个方面的原因：其一，中国作为世界经济增长引擎作用的不断显现、在国际贸易中的份额不断增加以及外汇储备的不断膨胀；其二，2008年全球金融危机发生以来，美元作为主导的国际货币地位受到一定的削弱；其三，1997年亚洲金融危机后，为共同应对金融危机，中国与东盟十国（ASEAN-10）以及日韩共同签订了清迈协议（Chiang Mai Initiative，CMI）。但在清迈协议框架下的东亚区域货币合作并没有取得预想中的进展，为此，中国政府当局开始试着突破这一框架，在积极参与区域货币合作的同时，主动推动人民币的国际化。

虽然从国际货币的职能看，人民币仍不是国际货币，但在市场因素和政府力量的推动下，人民币国际化取得了较快的发展。首先，从人民币在私人部门的使用情况看。2009年7月2日推出了《跨境贸易人民币结算试点管理办法（PRTSS）》，规定进出口贸易既可以通过香港、澳门地区进行人民币资金的跨境结算和清算，也可以通过境内商业银行代理境外商业银行进行结算。2010年7月22日PRTSS的适用范围有了进一步的拓展，现在几乎所有中国重要的进口企业都允许使用人民币进行结算，可使用人民币进行结算的贸易不仅包括有形商品还包括服务。在这一政策的推动下，根据香港金融管理局的统计，截至2011年年底，通过香港进行的边境贸易结算额达1.9万亿元人民币。这一现象最主要的影响是，香港居民的人民币储蓄不断增加。截至2011年7月，香港居民的人民币储蓄总额上升为5800亿元人民币，占香港居民储蓄总额的9.5%。此外，从人民币债券的使用情况看，2010年8月和11月，麦当劳（McDonald's）和卡特彼勒（Caterpillar）分别发行了以人民币计价的"点心债券"（Dim Sum Bonds）。

其次，从人民币在官方部门的使用范围看。2008年全球金融危机爆发后，为推动双边贸易和投资，加强外界对区域内金融稳定的信心，中国人民银行先后与韩国、中国香港地区、马来西亚、白俄罗斯、印度尼西亚、阿根廷、冰岛、新加坡金管局八个经济体的货币当局签署了双边本币互换协议。截至2012年7月，与人民币缔结货币互换的国家不仅包括东亚区域内的国家，也包括东亚区域外的其他亚洲国家，如哈萨克斯坦、乌兹别克斯坦、巴基斯坦、土耳其、阿联酋等，同时还包括非亚洲国家，如澳大利亚、新西兰、俄罗斯、乌克兰、冰岛等（见表2）。此外，在中国周边国家中，已经有柬埔寨、菲律宾、尼泊尔、泰国、马来西亚等国将人民币作为官方储备货币或央行可自由兑换货币之一。

表2　中国人民银行与其他国家中央银行签订的货币互换协议

时期	对象	内容
2012年6月26日	乌克兰	150亿元人民币/190亿格里夫纳
2012年3月22日	澳大利亚	2000亿元人民币/300亿澳大利亚元
2012年3月20日	蒙古国	规模由原来的50亿元人民币/1万亿图格里特扩大至100亿元人民币/2万亿图格里特
2012年2月21日	土耳其	100亿元人民币/30亿土耳其里拉

续表

时期	对象	内容
2012年2月8日	马来西亚	互换规模由原来的800亿元人民币/400亿林吉特扩大至1800亿元人民币/900亿林吉特
2012年1月17日	阿联酋	互换规模为350亿元人民币/200亿迪拉姆
2011年12月23日	巴基斯坦	互换规模为100亿元人民币/1400亿卢比
2011年12月22日	泰国	700亿元人民币/3200亿泰铢
2011年11月22日	香港地区	原来的2000亿人民币/2270亿港币扩大至4000亿元人民币/4900亿港币
2011年10月26日	韩国	原来的1800亿元人民币/38万亿韩元扩大至3600亿元人民币/64万亿韩元
2011年6月13日	哈萨克斯坦	70亿人民币的双边本币互换协议
2011年5月6日	蒙古国	50亿人民币的双边本币互换协议
2011年4月19日	乌兹别克斯坦	金额为7亿元人民币的双边本币互换协议
2011年4月18日	新西兰	250亿元人民币的双边本币互换协议
2010年7月24日	新加坡	1500亿元人民币/约300亿新加坡元
2010年6月9日	冰岛	35亿人民币
2009年4月2日	阿根廷	700亿元人民币/380亿阿根廷比索
2009年3月23日	印度尼西亚	1000亿元人民币/175万亿印尼卢比
2009年3月11日	白俄罗斯	200亿元人民币/8万亿白俄罗斯卢布
2009年2月8日	马来西亚	800亿元人民币/400亿林吉特
2008年12月	香港地区	2000亿元人民币/2270亿港元

资料来源：根据中国人民银行官方网站提供的资料整理。

从人民币国际化的前景看，人民币具备成为国际货币的重要潜力，但是其国际化道路又是漫长的，将面临诸多挑战。人民币国际化有其特殊之处，它不同于美元、日元和马克是在实现资本项目可自由兑换条件下进行的国际化，人民币国际化是在尚未实现资本项目自由兑换和存在资本管制的条件下进行的，也是唯一发展中国家的货币国际化，这是绝无仅有的。因此，人民币国际化不可能一步到位。在国际化过程中，人民币的区域使用、货币可兑换性和资本管制程度、汇率和利率等金融资产价格的灵活性、国内金融市场的自由化程度和金融部门的成熟程度是必须要处理好的问题。

参考文献：

李晓、丁一兵等：《人民币区域化问题研究》，清华大学出版社2010年版。

Benjamin J. Cohen, *The Future of Sterling as an International Currency*, London: McMillan, 1971.

Chinn D. Menzie and Jeffrey A. Frankel, Will the Euro Eventually Surpass the Dollar as Leading International Reserve Currency, NBER Working Paper No. 11510, 2005.

Eichengreen, B., The Dollar Dilemma: The World Top Currency Faces Competition, *Foreign Affairs*, Vol. 88, No. 5, 2009.

Philipp Hartmann, *Currency Cooperation and Foreign Exchange Markets: the Dollar, the Yen and Euro*, London: Cambridge University Press, 1998.

Philipp Hartmann, The Currency Denomination of World Trade after European Monetary Union, *Journal of the Japanese and International Economies*, No. 12, 1998.

（郑建军　王珊珊）

人民币升值
RMB Appreciation

汇率是一国货币兑换另一国货币的比率，是以一种货币表示另一种货币的价格。人民币升值是指相对其他货币而言人民币购买力增强，在国际市场上一单位人民币能够购买到更多的商品。

自1973年布雷顿森林体系瓦解后，以美元为核心的固定汇率制度不复存在，世界各主要工业国家纷纷采取浮动汇率制度。在浮动汇率制下，各国不再规定汇率波动的幅度，中央银行也不再承担维持汇率波动大小的义务，各个国家的汇率是根据外汇供需状况自行调整的结果。而中国在汇率改革中则是遵循了一种稳中求发展的路线，直至1994年人民币汇率实现并轨，才最终确立了以市场供需为基础的有管理的浮动汇率制度。2003年以后，一些国家和一些国际机构以各种形式要求人民币升值。它们认为，由于人民币低估，使得中国的出口产品具有很强的国际竞争力，从而对许多国家的工业造成了冲击。2005年7月21日中国人民银行发布公告，自即日起中国开始实行以市场供求为基础、参考一篮子货币进行调节的、有管理的浮动汇率制度，人民币不再钉住单一美元，形成富有弹性的人民币汇率机制。从单一钉住美元到参考一篮子货币，实行以市场供求为基础的、有管理的浮动汇率，中国的汇率制度改革迈出了重要的一步。从此，人民币开始缓慢升值。如图

1所示，2005年7月以后的人民币名义有效汇率和实际有效汇率总体上是升值的（有效汇率参见词条"汇率"）。2005年7月平均名义有效汇率为88.06，2012年8月平均名义有效汇率为105.79，升值幅度为20.1%；2005年7月平均实际有效汇率为84.99，2012年8月平均实际有效汇率为108.36，升值幅度为27.5%。

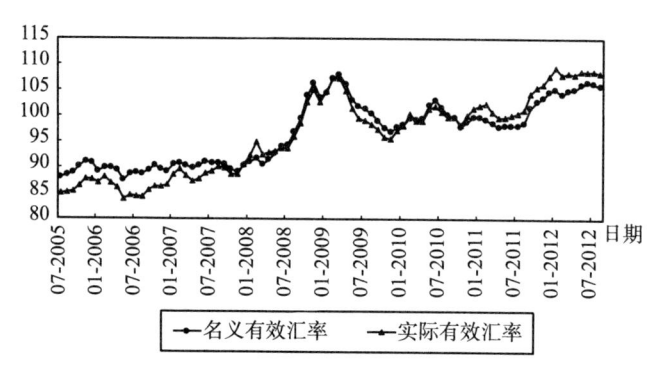

图1 人民币有效汇率走势
（2005年7月~2012年8月）

注：2010年10月平均有效汇率为100。
资料来源：国际清算银行。

人民币升值的原因：一是经济长期稳定增长。改革开放以来，中国经济长期稳定增长，投资利润高，外资大量进入，推动了人民币的持续升值。二是国际收支。国际收支状况是决定汇率长期变动趋势的主导因素。中国国际收支持续顺差，导致人民币持续升值。另外，巨额贸易顺差已经成为中国对外经贸关系发展的一大矛盾，美国等发达国家不断就人民币汇率问题向中国施压，这也促进了人民币升值。三是心理预期。人民币升值已经在国际国内形成了较强的心理预期效应，吸引更多的资本进入中国，从而促使汇率提高。

人民币升值的有利影响：其一，人民币升值有利于促进国际收支平衡，改善中国巨额贸易顺差，减少贸易摩擦；其二，人民币升值可以有效地将技术含量低、附加值低的企业挤出国际市场，激励企业不断创新，增强国际市场竞争力，推动产业结构升级，改善中国在国际分工中的地位；其三，人民币升值后，进口产品价格相对下降，中国居民消费进口商品的支付能力增强，有利于生活质量的提高。

人民币升值的不利影响：第一，由于中国劳动力价格低廉，以及出口企业竞相采用低价销售策略,造成中国产品尤其是劳动密集型产品的出口价格远低于别国同类产品。人民币一旦升值,将对出口企业造成冲击。第二,人民币升值对即将前来中国投资的外商会产生不利影响,因为这会使他们的投资成本上升。在这种情况下,他们可能会将投资转向其他发展中国家。第三,人民币升值对出口企业和境外直接投资的影响,最终将体现在就业上,加大国内就业压力。因为中国出口产品的大部分是劳动密集型产品,出口受阻必然会加大就业压力;外资企业则是提供新增就业岗位最多的部门之一,外资增长放缓,会使国内就业形势更为严峻。第四,目前中国的金融市场尚不完善,用来对冲风险的金融工具较少,人民币升值将带来巨大的汇率风险。

参考文献:

[美] 多米尼克·萨尔瓦多:《国际经济学》,清华大学出版社2008年版。

[美] 格里高利·曼昆:《宏观经济学》,中国人民大学出版社2005年版。

[美] 鲁迪格·多恩布什等:《宏观经济学》,中国财政经济出版社2003年版。

(郑建军　邢曙光)